憲法 1 人権
第9版

渋谷秀樹・赤坂正浩 [著]

有斐閣アルマ

Preface to the ninth edition

　本書の初版を 2000 年に公刊してから，25 年の歳月が流れようとしています。その間，多くの方に本書をお読みいただきました。また大学で教鞭をとられる多くの先生方にも本書を教科書として使い続けていただいています。誠に感謝に堪えません。

　「日本国憲法」を一読すると，「民法」や「刑法」などの基本的な法律に比べて条文数も少なく，簡単だという印象をもつかもしれません。しかし，その内容を深く知るためには，人類が経験してきた数々の試錬と苦難，それを克服するために考え出された思想や原理，そしてそれを実践するための仕組みを考案し，さらに政治社会の変化や新たな科学技術の進展にともなう新たな問題に対応するため新たに作り上げた法制度や裁判における実践例を知る必要があります。

　本書は，人類の歴史的経験から産まれた普遍的な知恵と原理をできるだけわかりやすく解き明かすとともに，社会の変化に対応するための現在進行中の憲法現象，つまり「憲法の今」を紹介し分析しようとしました。そのため初版から第 8 版に至るまで，ほぼ 3 年おきに改訂してきました。

　「憲法の今」を伝えるという本書の使命の一つを果たすため，このたび憲法に関連する法令の制定・改廃，政治の動向，憲法判例の現状などの新たな憲法現象を盛り込み，第 9 版を公刊するに至りました。その際，文章表現などの再吟味，引用法令の条文や言及する判例などの再精査などを通じて，より完成度が高まったと自負しています。

　コンパクトな紙幅の中に，大学における憲法教育にとって必要かつ十分な内容をおさめるという，はじめの意図に変更はありません。

具体的なものから抽象的なものへ，という本書の基本コンセプト，そして全体の構成にも変更はありません。

　その一方で，改訂のたびに憲法に関係する政治の動向のほか，制度の創設や改変の動き，新たな裁判例を追いかけてきました。その他に法令の制定や改廃なども本文中に書き加え，また *Column* であつかうテーマや内容の見直しなどをしてきました。

　本書公刊後，2001年9月11日に発生した世界同時多発テロによって，21世紀が平和な世紀になるように，という人類の願いはむなしく潰え去り，いまもなおロシアのウクライナ侵攻やイスラエルのガザ地区攻撃など世界各地で武力衝突が発生し，生活拠点である住居，傷病治療をする病院，未来を担う若者を育てる教育施設などの破壊，さらに無辜の市民の無差別殺戮が日々行われています。

　日本でも2011年3月11日に発生した東日本大震災は，巨大地震に起因する大津波による多数の犠牲者の発生という自然災害の現実の脅威を改めて突きつけ，さらにそれは福島第一原子力発電所の事故をも誘発して先端科学技術への信頼を根本から揺るがせる事態となって，あらためて人知の限界への謙虚な自覚を促す契機となりました。その後も2016年4月の熊本地震，2024年1月の能登半島地震などの相次ぐ地震や集中豪雨などの自然災害は，政府の果たすべき基本的使命が「山と水を治めること（＝治山・治水）」にあることを啓示しました。

　2020年2月に横浜港に入港した外洋クルーザー船内で新型コロナウイルス感染症が確認されたことに端を発する日本におけるコロナ禍騒動は，それまで想像すらしなかった憲法上の課題を浮上させました。感染拡大防止のために，ロックダウン（都市封鎖）という厳しい政策をとった国もありました。日本では，学校への登校禁止や，飲食店や映画館などの施設の営業自粛を政府が要請する事態と

なりました。このような政策は，教育を受ける権利，移動の自由，営業の自由，表現の自由，集会の自由，宗教の自由などを制限し，また自粛対象施設や損失補填措置に関して平等原則違反となる権利・自由の制限が関係します。より根本的には憲法学がこれまで自覚的に論じてこなかった「生きる権利」，「医療を受ける権利」が脅かされる中で私たちは今も暮らし続けているのです。

　憲法の視点から，これらの政策の是非を，権利・自由の保障の内容，さらには法の支配や法治主義の原理に照らしてじっくりと検証しなければなりません。この騒動を奇貨として，緊急事態への対処とか，防衛力の強化と称して憲法改正へと蠢動する政治家の動向に目を凝らす必要があります。人間生活を根底から覆す災害の常態化は，憲法の下での法制度やその運用，さらには政府や社会のあり方にまで再考を迫っているのです。今後も憲法の基本原理の再確認とともに，「憲法の今」に注目していきたいと思います。

　今回の改訂に当たっては，有斐閣法律編集局学習書編集部の佐藤文子さんと荻野純茄さんには文章表現をはじめとして，法令等の関連資料の調査・再精査など，大変お世話になりました。ここに感謝の意を表したいと思います。

　2025年節分の日に

著　者

Preface

　本書は，主に法学部のみなさんが専門科目「憲法」を学習する際に教科書あるいは参考書として使用することを想定しています。大学によってカリキュラムは異なるでしょうが，基本科目の「憲法」は，1年次ないし2年次に配当されるのが普通です。憲法の学習にあたってよくいわれることは，「とっかかりやすいが，奥が深くて難しい」ということです。確かに，小学校で勉強する「社会科」にも日本政治の基本学習項目として日本国憲法はでてきます。ですから誰もが親近感をもち，また一応の知識ももっているという意味で，「憲法」はとっかかりやすい科目ということができます。しかも学習の中心となる「日本国憲法」の条文数は，おなじく基本科目の「民法」が1000カ条を優に超えるのに，わずかに103カ条，特に本文は99カ条しかありません。しかし，最近の憲法理論は，精緻を極め，ますます複雑になる傾向にありますし，独特の言葉の使い方に慣れるのもひと苦労でしょう。

　みなさんは高校生までの社会科の勉強で，「教科書に書いてあることはすべて正しい」ということを前提に，暗記中心で学習してきたと思います。大学生として「憲法」を学習するときにも，憲法の基本的な枠組みなど知識として暗記する必要があることがらも当然あります。ところが，大学に入ってからは，「憲法」に限らず，「社会科学系」の科目で使う教科書や講義においても，「通説」「判例」「多数説」「少数説」などと称して，それぞれ異なる説が説明されることになります。そのような説明を前にして，どれが「正しい」のか戸惑うこともあるでしょう。しかし，大学の「憲法」において学ぶのは，憲法がどのような考え方に基づいて作られ，なぜ今のような条文になっているのかを知り，それを現在どのように理解すべきかについて考えることです。国の現にある仕組みは，歴史の経験を踏まえ，さまざまな考え方を取り込んでできあがったものです。そして社会状況が変化していくと，新しい考え方で理解した方がよさそうなところも当然でてきます。だから，憲法が私たちに伝えようとしているメッセージの内容

のとらえ方も人によってさまざまになっていきます。いろいろな説が出てくるのはむしろあたりまえといってよいのです。みなさんには，いろいろな説を比べて，どれがいちばん納得できるものかを考える力を養うことが要求されているといってよいでしょう。

　本書は2人の共著です。違う人間ですから，2人の「考え方」も当然違います。しかし，初学者のみなさんに，いきなりそれぞれが考えた独自の説を説いても，かえって迷惑でしょうから，まず現在，憲法学において標準的にいわれている立場，つまり通説・判例の立場に立って書くことにつとめました。その上で，そのような立場の問題点などにも触れるようにしました。また，憲法の基礎的学習のために何が必要かについては，2人の「考え方」は共通しています。

　本書は，これから法学を勉強しようと意欲満々のみなさんが上に述べたような憲法学習の難しさに負けないようにできるだけわかりやすく，できるだけ楽しくなるように心がけ，また具体的なイメージをつかめるように例をあげ，さらに表や図を入れながら書くようにつとめました。ただし，本文を読み進んでいくとわかるでしょうが，「文体」の方はかなり違います。しかし，文章は，それぞれの発想のリズムで書いていきますので，そのリズムを崩すような文体の統一はあえて行いませんでした。むしろリズムの違いを楽しみながら読んでください。

　みなさんが憲法に関連するさまざまな問題について自由で柔軟に考えることができるようになれば，私たち2人の目標は達成されたと思います。*Chapter* 15に出てくる「真理はあなたたちを自由にする」という新約聖書の1節は，宗教の枠を超えた普遍的な意味をもつと思います。

　なお，現在，大学では「憲法」を8単位で履修することが多数派になりつつあることも考えて，原則として，1回の講義で1つの*Chapter*が学習できるように章立てを考えました。4単位や6単位で履修する場合には，いくつかの*Chapter*を組み合わせるなどの工夫をして，また自習で補うようにしてください。

　本書は，いくつかの*Chapter*の原稿ができあがるたびに，それをもち寄って検討する会合を何度も重ねてできあがりました。有斐閣編集部の満田

康子さんと佐藤文子さんには，原稿を読んでいただいて，初学者用の教科書としては難しい表現や，内容について，多くの貴重なアドバイスをいただきました。快適かつ緊張した執筆環境を提供していただいたお2人に心より感謝いたします。

2000年1月

著　者

| 憲法1人権　目　次 |

Invitation for you　1

I　個別の人権　　　　　　　　　　　　　　　　　　　　13

【1　人身の自由】

Chapter 1　移動の自由／奴隷的拘束からの自由　　14

1　移動の自由　14
2　奴隷的拘束・その意に反する苦役からの自由　23

Chapter 2　法定手続の保障／刑事手続の保障　　29

1　法定手続の保障　29
2　刑事手続の保障　39

【2　社会的・経済的権利】

Chapter 3　生　存　権　　51

1　日本の社会保障制度の現状はどうなっているか　51
2　憲法25条にはどのような意味があるか　57

Chapter 4　教　育　権　　67

1　「教育権」という言葉　67
2　教師の「教育権」　69
3　親の「教育権」と子どもの「教育を受ける権利」　75
4　教育をめぐる「子どもの人権」　78

| *Chapter* 5 | 労 働 権 | 84 |

1 勤労の権利　84
2 労働基本権　86
3 公務員の労働基本権　93

| *Chapter* 6 | 職業の自由 | 97 |

1 職業の自由とはどんな権利か　97
2 どんな規制が許されるか　102

| *Chapter* 7 | 財 産 権 | 111 |

1 財産権の保障　111
2 私有財産制度の保障　118

【3 受 益 権】

| *Chapter* 8 | 国家賠償・刑事補償請求権／裁判を受ける権利 | 121 |

1 国家賠償請求権・刑事補償請求権　121
2 裁判を受ける権利　129

【4 精神的自由権】

| *Chapter* 9 | 思想・良心の自由 | 142 |

1 「思想・良心」の意味　142
2 禁止される侵害　144
3 保障の限界　148
4 「内面的精神活動の自由」と「外面的精神活動の自由」の関係　151

Chapter 10　表現の自由①——意味・歴史・機能　153

1 「表現の自由」の意味　153
2 情報伝達手段発展の歴史　156
3 表現の自由はなぜ保護されるべきか？　165

Chapter 11　表現の自由②——知る自由と権利　168

1 知る自由　168
2 知られない自由　182
3 知る権利　186

Chapter 12　表現の自由③——報道機関の自由　195

1 報道の自由　195
2 取材の自由　198
3 放送の自由　205

Chapter 13　表現の自由④——表現内容規制・表現内容中立規制　213

1 表現内容規制と表現内容中立規制　213
2 表現内容規制　214
3 表現内容中立規制　232

Chapter 14　信教の自由　237

1 信教の自由　237
2 政教分離原則　244

Chapter 15　学問の自由　252

1 学問の自由の歴史　252

- **2** 学問の自由の内容　257
- **3** 大学の自治　261

Chapter 16　集会・結社の自由／家族形成の自由　266

- **1** 集会・結社の意義　266
- **2** 集会の自由　268
- **3** 結社の自由　274
- **4** 家族形成の自由　278

【5　新しい人権】

Chapter 17　幸福追求権①——性格と範囲　292

- **1** 個人の尊重　292
- **2** 幸福追求権　294

Chapter 18　幸福追求権②——新しい人権　303

- **1** 幸福追求権のカタログ　303
- **2** 一般的人格権①——プライバシー権　305
- **3** 一般的人格権②——名誉権, 環境人格権　318
- **4** 自己決定権　322

II　人権の意義と通則　329

【1　人権の意義】

Chapter 19　人権の意義　330

- **1** 人権の理念と歴史　330
- **2** 人権の国際的保障　336

3 人権の基礎づけ　338
4 人権の分類　342

【2　人権通則】

Chapter 20　人権の享有主体　344

1 自　然　人　344
2 法　　　人　358

Chapter 21　人権の到達範囲　362

1 私人間効力　362
2 特殊な法律関係　368

Chapter 22　人権の制約原理　378

1 公共の福祉論の展開　378
2 違憲審査基準論　384

Chapter 23　法の下の平等　394

1 平等の理念　394
2 平等条項の意味　395
3 平等違反の審査方法　401
4 判例に見る平等問題　406

事項索引　(412)
判例索引　(427)

Column

① 新型コロナウイルス感染症と人権制限　26

② 「人質司法」 47
③ 受刑者の人権 48
④ 犯罪被害者支援の強化 49
⑤ 取調べの可視化 49
⑥ 生活保護の状況 55
⑦ ベーシック・インカム論 56
⑧ 権利と権限（権能） 68
⑨ 教育基本法の改正 70
⑩ 学習指導要領 74
⑪ 子どもの権利条約 82
⑫ いじめ問題 83
⑬ 予防接種事故と国の責任 127
⑭ 実質的証拠法則（substantial evidence rule） 132
⑮ 少年審判 133
⑯ 上告制限 137
⑰ 再審制度と袴田事件 138
⑱ 公立学校における日の丸・君が代の強制 146
⑲ プリミティブ・メディアの規制 157
⑳ SNSとプロバイダー責任制限法 161
㉑ サイバー刑法 163
㉒ 生成AI技術の進展 164
㉓ 教科書の用語と文部科学省の「勧告」 171
㉔ 政府言論（government speech） 174
㉕ 表現行為の自主規制 176
㉖ 青少年インターネット環境整備法 178
㉗ 通信傍受 183
㉘ 特定秘密保護法と重要経済安保情報保護・活用法 190
㉙ 犯罪と報道 196
㉚ 編集権 197
㉛ 「記者クラブ」制度 201
㉜ 放送と通信 205
㉝ BPO（放送倫理・番組向上機構） 210
㉞ プライバシーを侵害する表現 216

㉟　インターネットとわいせつ画像　220
㊱　児童ポルノ禁止法　221
㊲　明白かつ現在の危険　224
㊳　ヘイトスピーチ　225
㊴　セクシュアル・ハラスメント　230
㊵　諸外国の政府と宗教との関係　245
㊶　目的・効果基準　250
㊷　学問の自由に関する戦前の３事件　253
㊸　日本学術会議の任命拒否　254
㊹　先端科学技術と学問の自由　259
㊺　国立大学の独立行政法人化　263
㊻　団体規制法　277
㊼　「中間団体」としての家族　278
㊽　同性婚訴訟　282
㊾　旧優生保護法下の強制不妊・強制堕胎手術　288
㊿　個人情報保護法制　308
(51)　住基ネット　310
(52)　マイナンバー法　311
(53)　自然の権利　321
(54)　人権の「普遍性」　345
(55)　こども基本法・こども家庭庁　346
(56)　受精卵・胚・胎児・死者の人権　347
(57)　不法滞在収容者の増加　352
(58)　法人は思想・良心の自由を享有するか？　360
(59)　人権擁護法案　365
(60)　国家行為（state action）の理論　367
(61)　特別権力関係　369
(62)　比較衡量論（利益衡量論）　392
(63)　男女共同参画社会　399
(64)　後段列挙事由　403

憲法2 統治　目　次

III　統治機構

1　立法と行政

Chapter 24　国会と内閣

Chapter 25　国会の権限

Chapter 26　内閣の権限

Chapter 27　国会と内閣の内部組織

2　司　　法

Chapter 28　司法権の意義と限界

Chapter 29　司法権の独立・組織・権能

Chapter 30　違憲審査制

Chapter 31　憲法訴訟

3　地方自治

Chapter 32　地方自治の原理・組織

Chapter 33　地方公共団体の権能

IV　統治の基本原理

1　立憲主義

Chapter 34　法の支配

Chapter 35　権力分立

2　民主主義

Chapter 36　国民主権

Chapter 37　有権者と国会

Chapter 38　選挙制度と選挙権

Chapter 39 　天　　皇

　3　平和主義

Chapter 40 　戦争の放棄

V　憲法の意義と歴史

　1　憲法の意義

Chapter 41 　憲法の意味

Chapter 42 　憲法秩序の構造と変動

Chapter 43 　憲法の保障

　2　憲法の歴史

Chapter 44 　日本憲法史

著者紹介

渋谷 秀樹（しぶたに ひでき）［執筆分担：**Chapter** 8(**2**)，9〜16，20〜22］
  1955 年 兵庫県加古川市生まれ
  1978 年 東京大学法学部卒業
  1984 年 東京大学大学院法学政治学研究科博士課程満期退学
  現　在 立教大学名誉教授，弁護士
  〈主要著書〉
    『憲法判例集』（編著，有斐閣，第 12 版，2022 年）
    『憲法を読み解く』（有斐閣，2021 年）
    『憲法起案演習』（弘文堂，2017 年）
    『憲法』（有斐閣，第 3 版，2017 年）
    『憲法への招待』（岩波新書，新版，2014 年）
    『日本国憲法の論じ方』（有斐閣，第 2 版，2010 年）

赤坂 正浩（あかさか まさひろ）［執筆分担：**Chapter** 1〜7，8(**1**)，17〜19，23］
  1956 年 東京都生まれ
  1979 年 東北大学法学部卒業
  1984 年 東北大学大学院法学研究科博士後期課程満期退学
  現　在 神戸大学名誉教授，法政大学法科大学院教授
  〈主要著書〉
    『基本的人権の事件簿』（共著，有斐閣，第 7 版，2024 年）
    『世紀転換期の憲法論』（信山社，2015 年）
    『憲法講義（人権)』（信山社，2011 年）
    『立憲国家と憲法変遷』（信山社，2008 年）

Invitation for you

本書の体系

　Preface に書いた本書のねらいは，本書の体系にも反映されています。これまでに出版された憲法の教科書・概説書などはおびただしい数にのぼります。しかし，本書はそれらとは大幅に異なる体系をとりました。その違いは，書店で他の憲法の教科書類を実際に手に取って比べてみてください。

　本書の全体的な体系として次のような特徴があります。憲法の学習は「統治機構」と「人権」の2分野に大きく分かれます。とりあえず「統治機構」は「政府の仕組み」，「人権」は「私たちが人間として当然もっている権利」と考えてください。そして本書では人権の分野を最初にもってきました。みなさんの日常生活からみて身近な「人権」の方が，「統治機構」よりも，自分の問題として学習できると考えたからです。また一般的な教科書では，まず「憲法とは何か」とか，「憲法の意義」といった項目から始まりますが，そのような体系をあえてとりませんでした。「憲法」といえば，まず「日本国憲法」を連想するのが普通でしょうから，それぞれの巻において日本国憲法の具体的な条文を参照しながら学習していくことのできる領域からはじめています。このような領域から学習する方が，抽象的な「雲をつかむような話」からスタートするよりも，「憲法アレルギー」の有効な予防薬になると考えたからです。ただし，これはあくまで「学習上の体系」で，「学問上の体系」ではありませんので注意してください。

　第1巻の「人権」は，個別の人権としていちばんイメージしやすく，人間のあらゆる行動のベースにある「人身の自由」から入り，

I

人間として生きるために不可欠な「社会的・経済的な権利」，そして政府から何らかの給付やサービスを受ける「受益権」をみたあと，心豊かに暮らすために必要な「精神的な自由」を学習する体系をとっています。そして，近年になって登場した「新しい人権」に触れたあと，人権全体にかかわる一般論，つまり「人権の意義」と「人権通則」を説明しています。他の教科書類には，初めの方に「包括的基本権」とか，「人権の享有主体」とかいう項目が出てきます。しかし，いきなりこのような抽象的な項目を説明されても，初学者のみなさんにはさっぱりわからないのではないかと考えたからです。まず憲法で規定された人権の具体的な内容を学習してから，このような問題を考える方が学習の上ではより効果があがるはずです。

　第2巻の「統治」についても，具体的で1番イメージしやすい政府の仕組み，つまり日本の現在の「統治機構」の具体的な内容を構成する「立法と行政」「司法」「地方自治」からはじめています。そして，そのような統治機構ができあがっていった理由，つまり「統治の基本原理」をみたあと，憲法がなぜ存在するのかという基本的な問題を「憲法の意義と歴史」という枠組みの中で学習することになっています。

　全体の最後の「憲法の意義と歴史」のところになってはじめて，「日本憲法史」がでてくるわけです。しかし，これは憲法の歴史を軽視しているからではありません。日本国憲法の背景には，人類の，それこそ血と汗にまみれた苦難の積み重ねがあります。また，日本国憲法を構成するさまざまな原理や各種の人権などはすべてそれぞれの重い歴史を背負っていて，現にある憲法はモザイクのようにそれらの組合せから成り立っているといっても過言ではありません。ですから各項目の歴史的バックグラウンドは，各 *Chapter* において，それぞれに必要な限りで，そしてこのような分量の教科書としては

少し詳しすぎるのではないかと思うほどに触れられています。以上のような個別項目の歴史的な流れを含む学習をしてから，最終的に憲法とは何のために必要とされたのかをあらためて考え，日本における憲法の歴史的な歩みを振り返って総括してほしいと思いました。

> **予備的知識**

以上のような体系をとったことで，憲法を学習する上で知っていなければならない基本的なことがらをここで説明しておく必要がでてきました。

(1) **憲　法**　　まず「憲法」とは何か，ということのおおまかなイメージをここで説明しておきます。本格的な説明は，第2巻 ***Chapter*** 41 にでてきますので，ここを読んでからいきなりそこへワープしてもらっても構いません。

「憲法」は，もともとは constitution（英語・フランス語。ドイツ語の Verfassung はその訳語です）という西欧の言葉の日本語訳です。だから「憲法」の意味を知るためには，constitution の語源を探るのが1番の近道ということになります。

Constitution の動詞にあたる constitute の語源はラテン語 constituo で，「共に作り上げる」という意味があります。Constitution は，その名詞だから，「共に作り上げられた状態」を意味し，「構造・構成・組織」という訳語が英和辞典にはのっています。しかし，ここでいう構造・構成・組織が，国や政府のそれに限定して用いられることは日常用語としてもないようです。たとえば，『コンサイス・オックスフォード・ディクショナリィ（COD）』にはconstitution の説明として，「act or mode of constituting ; character of body as regards health, strength, etc. ; mental character ; mode in which State is organized ; body of fundamental principles according to which a State or other organization is governed」と記されています。これを読むと，constitution とは個人の身体・精神の状態も含まれることがわかるでしょう。ただ，本書で扱う constitution，つまり「憲法」は，当然のことですが，「国または政府の基本構造」を指しています。

そして，本書では「憲法」という言葉で，日本国憲法には限定されない，外国の憲法も含めた，憲法一般のことを説明している場合もあります。「憲法」という言葉が，そのような「憲法」一般を指しているのか，「日本国憲法」を指しているのかは，その言葉が出てくる前後の文脈でわかるはずです。ただ，「憲法」という言葉がでてくれば，たいがいはみなさんの手元にあるはずの『六法』に載っている「日本国憲法」を指していると考えてもらって，とりあえずは大丈夫です。「現行憲法」というときも，「現行」とは「現在行われている」，つまり今，法的な効果をもっているということですから，同じく「日本国憲法」を指しています。また戦前の「大日本帝国憲法」もしばしば登場しますが，これを指すときには，「明治憲法」とか「旧憲法」とするのが一般的な慣例です。

(2) **法**　次に，「法」ということについて説明しておく必要があります。憲法も「法」の1つだからです。ところが「法」とはそもそも何か，という質問に答えるのは意外と難しくて，「法」の定義は，法学者の数だけあるといわれるほどです。詳しくは「法哲学」という科目で勉強することになるでしょう。とりあえず，ここでは，政府（特に裁判所）によってそれが最終的に守られることが保障された，人間行動を一定方向にコントロールしようとする，具体的には，「何々をしなさい（命令）」「何々をしてもよろしい（許容）」，そして「何々をしてはいけません（禁止）」という内容の規範（＝ルール）であるとしておきましょう。「法」が現実にどのような形で存在するか，つまり「法」の存在形式については本文でまたでてきます（⇨ *Chap.* 42）。ここでは「法」の種類として，それを誰が

作るかという観点から，主権者の作る「憲法」，立法部の作る「法律」，行政部の作る「命令」の区別をとりあえず知っておけばよいでしょう。

(3) 国（国家）　憲法が国の構造に関わっているとすれば，ここで「国（国家）とはそもそも何か」について知っておく必要があります。普通，国の3要素として，①空間の観点から「領土」，②人間の観点から「国民」，③支配（権力）の観点から「統治権」があげられます。地球を空間的に分割して国（国家）が割拠するという現状においては，領土（領海・領空を含む）の要素を欠かすことはできませんし，土地と人間が存在するだけでは，「烏合（うごう）の衆」が居住する原始社会にすぎません。国というためには，それを統率する権力とそれを掌握する「政府」が必要です。もっとも，人間の要素を「国民」，つまり国籍をもつ人間に限定することは，人口移動が流動化・国際化する社会の現状にふさわしくないし，また統治権は領土内のすべての人間に及ぶわけですから，この要素は「定住者」と解するのが妥当なのかもしれません。以上は，国（国家）を全体として観察した場合の説明方法で，「社会学的意味の国（国家）」ともいいます。

(4) 政　府　以上みてきた「憲法」「法」「国（国家）」の説明の中に共通して出てきた言葉に気づいたでしょうか。それは「政府」です。政府というと，日常用語としては，誰かが内閣総理大臣（これが正式名称ですが，「首相」と略されることがよくあります）を務める「内閣」そのもの，または内閣を頂点とする「行政部」を指すことが多いと思います。

しかし，「憲法学」においては「国（国家）」は，しばしば「政府」と同じ意味に用いられる点に注意する必要があります。たとえば，自由権を「国家からの自由」というときの「国家」とは「政

府」を意味しています。ここでいう政府は文字通り government，つまり統治を具体的に担当する組織をさしていて，権力分立論的にいえば，「立法部」「行政部」「司法部」，さらに場合によっては「地方公共団体」（つまり都道府県・市町村）の議会・執行機関（知事・市長村長など）を含めて用いています。それから，「公権力の主体」という言葉も「政府」と同じ意味で用いられます。「公権力」とは，政府が統治権を基礎に命令・強制する権限をいいます。また，「政府」の最も狭い用い方として「行政部」を指す場合も当然ありますので注意してください。

(5) 私　人　　国家の3要素の1つに「国民」あるいは「定住者」があるといいました。これからの学習において，これらの言葉よりも「私人」という言葉をつかうことが多くなります。「私人」は，(4)で説明した「政府」の統治権の相手方，あるいは「統治権」をもたない「法主体」を意味します。「政府」，つまり「公権力の主体」の相手方なので「公権力の客体」という呼び方もしますが，「客体」というと，「主体的に行動しない」というニュアンスがあるので，最近はこのような呼び方は，すたれつつあります。「法主体」とは，権利・義務をもつことのできる者をいいます。日本の法体系上，そのような者は，私たち生きている人間，つまり「自然人」（単に「人」ということもあるし，「個人」ということもあります）と「法人」だけだと考えられています。「法人」とは，人の集まりなどの団体で，「自然人」と同じように権利・義務をもつことができるような資格を法律によって与えられたものです。例としては，株式会社，学校法人などがあります。ただし，これらの「法人」はフィクションとして想定されたもので，それが実際に活動するためにはやはり「自然人」の手を借りる必要があります。このように法人の手足となる自然人の法的地位を「機関」と呼んでいます。株式会社の社

長（法的には「代表取締役」），学校法人の理事長などがその例です。

判例の略語

略語	正式名称
大判（決）	大審院判決（決定）
最大判（決）	最高裁判所大法廷判決（決定）
最判（決）	最高裁判所判決（決定）
高判（決）	高等裁判所判決（決定）
地判（決）	地方裁判所判決（決定）
簡判（決）	簡易裁判所判決（決定）
民録	大審院民事判決録
民集	最高裁判所民事判例集
刑集	最高裁判所刑事判例集
高民集	高等裁判所民事判例集
高刑集	高等裁判所刑事判例集
下民集	下級裁判所民事裁判例集
下刑集	下級裁判所刑事裁判例集
行集	行政事件裁判例集
家月	家庭裁判月報
裁時	裁判所時報
訟月	訟務月報
判時	判例時報
判タ	判例タイムズ

たとえば，最大判昭和48・4・4刑集27巻3号265頁とは，昭和48年4月4日に最高裁判所大法廷が下した判決で，その原文は，最高裁判所刑事判例集の27巻3号の265頁（ページ）以下に掲載されているということです。

> 日本国憲法に関する主な
> 教科書・コンメンタール

(1) 本書の著者たちより年長の憲法学者が執筆した教科書

芦部信喜／高橋和之補訂『憲法・第 8 版』(岩波書店, 2023 年)

芦部信喜『憲法学Ⅰ』(有斐閣, 1992 年),『憲法学Ⅱ』(有斐閣, 1994 年),『憲法学Ⅲ・増補版』(有斐閣, 2000 年)

芦部信喜編『憲法Ⅱ人権(1)』(有斐閣, 1978 年),『憲法Ⅲ人権(2)』(有斐閣, 1981 年)

伊藤正己『憲法・第 3 版』(弘文堂, 1995 年)

鵜飼信成『憲法』(岩波書店, 1956 年。岩波文庫再販, 2022 年)

浦部法穂『憲法学教室・第 3 版』(日本評論社, 2016 年)

大石眞『憲法概論Ⅰ』『憲法概論Ⅱ』(有斐閣, 2021 年)

清宮四郎『憲法Ⅰ・第 3 版』(有斐閣, 1979 年)・**宮沢俊義**『憲法Ⅱ・新版』(有斐閣, 1971 年)

小嶋和司『憲法概説』(良書普及会, 1987 年。信山社再販, 2004 年)

小林直樹『新版憲法講義上』(東京大学出版会, 1980 年),『新版憲法講義下』(同, 1981 年)

阪本昌成『憲法理論Ⅰ・補訂第 3 版』(成文堂, 2000 年),『憲法理論Ⅱ』(成文堂, 1993 年),『憲法理論Ⅲ』(成文堂, 1995 年)

佐々木惣一『改訂日本國憲法論』(有斐閣, 1952 年)

佐藤幸治『日本国憲法論・第 2 版』(成文堂, 2020 年)

初宿正典『憲法 2 基本権・第 3 版』(成文堂, 2010 年)

杉原泰雄『憲法Ⅰ』(有斐閣, 1987 年),『憲法Ⅱ』(有斐閣, 1989 年)・**奥平康弘**『憲法Ⅲ』(有斐閣, 1993 年)

高橋和之『立憲主義と日本国憲法・第 6 版』(有斐閣, 2024 年)

辻村みよ子『憲法・第7版』(日本評論社, 2021年)
戸波江二『憲法・新版』(ぎょうせい, 1998年)
戸松秀典『憲法』(弘文堂, 2015年)
野中俊彦・中村睦男・高橋和之・高見勝利『憲法Ⅰ・第5版』(有斐閣, 2012年),『憲法Ⅱ・第5版』(有斐閣, 2012年)
樋口陽一『憲法Ⅰ』(青林書院, 1998年)
樋口陽一『憲法・第5版』(勁草書房, 2025年)
美濃部達吉／宮沢俊義補訂『日本國憲法原論』(有斐閣, 1952年)

(2) 本書の著者たちと同年および年少の憲法学者が執筆した教科書

青井美帆・山本龍彦『憲法Ⅰ・第2版』(有斐閣, 2024年),『憲法Ⅱ』(有斐閣, 2022年)
新井誠・曽我部真裕・佐々木くみ・横大道聡『憲法Ⅰ・第2版』(日本評論社, 2021年),『憲法Ⅱ・第2版』(日本評論社, 2021年)
市川正人『基本講義憲法・第2版』(新世社, 2022年)
井上典之編『憲法の時間・第2版』(有斐閣, 2022年)
内野正幸『憲法解釈の論点・第4版』(日本評論社, 2005年)
大日方信春『憲法Ⅰ・第2版』(有信堂, 2025年),『憲法Ⅱ・第3版』(有信堂, 2024年)
加藤一彦『憲法・第4版』(法律文化社, 2023年)
川岸令和・遠藤美奈・君塚正臣・藤井樹也・高橋義人『憲法・第4版』(青林書院, 2016年)
木下智史・伊藤建『基本憲法Ⅰ』(日本評論社, 2017年)
君塚正臣『憲法』(成文堂, 2023年)
木村草太『憲法』(東京大学出版会, 2024年)
近藤敦『人権法・第2版』(日本評論社, 2020年)
笹田栄司・原田一明・山崎友也・遠藤美奈『トピックからはじめる統

治制度・第3版』(有斐閣, 2025年)

長谷部恭男『憲法・第8版』(新世社, 2022年)

長谷部恭男『憲法講話・第2版』(有斐閣, 2022年)

松井茂記『日本国憲法・第4版』(有斐閣, 2022年)

毛利透・小泉良幸・淺野博宣・松本哲治『憲法Ⅰ・第3版』(有斐閣, 2022年),『憲法Ⅱ・第3版』(有斐閣, 2022年)

本秀紀編『憲法講義・第3版』(日本評論社, 2022年)

安西文雄・巻美矢紀・宍戸常寿『憲法学読本・第4版』(有斐閣, 2024年)

渡辺康行・宍戸常寿・松本和彦・工藤達朗『憲法Ⅰ・第2版』(日本評論社, 2023年),『憲法Ⅱ』(日本評論社, 2020年)

(3) コンメンタール

芦部信喜監修『注釈憲法(1)』(有斐閣, 2000年)

木下智史・只野雅人編『新・コンメンタール憲法・第2版』(日本評論社, 2019年)

佐藤功『ポケット註釈全書憲法上・新版』(有斐閣, 1983年),『ポケット註釈全書憲法下・新版』(有斐閣, 1984年)

渋谷秀樹『憲法を読み解く』(有斐閣, 2021年)

芹沢斉・市川正人・阪口正二郎編『新基本法コンメンタール憲法』(日本評論社, 2011年)

辻村みよ子・山元一編『概説憲法コンメンタール』(信山社, 2018年)

長谷部恭男編『注釈日本国憲法(2)』(有斐閣, 2017年),『注釈日本国憲法(3)』(有斐閣, 2020年)

樋口陽一・佐藤幸治・中村睦男・浦部法穂『注解法律学全集憲法Ⅰ』(青林書院, 1994年),『注解法律学全集憲法Ⅱ』(青林書院,

1997年),『注解法律学全集憲法Ⅲ』(青林書院, 1998年),『注解法律学全集憲法Ⅳ』(青林書院, 2004年),

法学協会編『註解日本國憲法上』(有斐閣, 1953年),『註解日本國憲法下』(有斐閣, 1954年)

宮沢俊義／芦部信喜補訂『全訂日本国憲法』(日本評論社, 1978年)

(4) 本書の著者が執筆した他の教科書

渋谷秀樹『憲法・第3版』(有斐閣, 2017年)

赤坂正浩『憲法講義（人権）』(信山社, 2011年)

個別の人権

　これから憲法を勉強しようと意気込んでいる（はずの）みなさん！　手もとに六法全書を用意しただろうか。「日本国憲法」は，そのいちばん最初にのっている。憲法の条文を見てみると，たとえば21条には表現の自由，29条には財産権の保障が規定されている。こうしたいろいろな種類の人権の内容を1つひとつ解説することが，このあとChapter 1からChapter 18までの目的だ。

　憲法に規定された個別の人権をどういう順番で説明したらよいか。この点についてはいろいろな考え方がある。この本では，まず移動の自由，つづいて教育・労働など生活に身近な諸権利，そして宗教活動・政治活動・報道活動など表現行為に関する諸権利，最後に明文で規定されていない権利という順序で解説している。

　解説の順番は便宜的なものだから，どうしても最初から読む必要もない。興味のわきそうなChapterにあたりをつけて，なにはともあれ読み始めてほしい。

【1 人身の自由】

Chapter 1 移動の自由／奴隷的拘束からの自由

> 旅行好きなひとでも，狭い機内に十何時間も閉じこめられるのが好きだという話は聞かない。しかし，この束縛をがまんするのは，ふだんの生活場所からの脱出が心のリフレッシュにつながるからだろう。また，何かの理由で人生のやりなおしを望むとき，人はしばしば住む土地を変えようとする。いくらインターネットの時代になっても，自分の行きたい場所に行くことを禁止されない身体的自由は，相変わらずその他の自由の基礎条件なのだ。この *Chapter* と次の *Chapter* で，こうした身体（身柄）の自由について考えたい。

1 移動の自由

居住・移転の自由とは何か？

憲法22条1項は「居住・移転の自由」を保障している。「居住（きょじゅう）」とは住むこと，「移転」とは引っ越すことだ。だから，「居住・移転の自由」とは，伝統的な意味では，住む場所を選んでそこに住みつづけ（居住），さらに別の場所に住み変える（移転）自由を意味する。

明治憲法22条も居住・移転の自由を規定しており，それは日本国民が国の内外に住む場所を求める権利と理解されていた（美濃部

達吉・逐条憲法精義)。しかし，現行憲法は，22条2項で「外国移住の自由」を別に保障しているので，1項の居住・移転には外国移住が含まれないことになる。他方で，1項は「(国内)旅行の自由」を含むと一般に解釈されている。つまり，22条1項の居住・移転は，外国移住を含まない点で伝統的意味より狭く，(国内)旅行を含む点では広く理解されているわけだ。

現実には，誰もが都心の1等地の広々としたマンションに住んだり，郊外に凝った造りの屋敷をかまえたりできるわけではない。どこかの温泉で2～3泊と思っても，お金も暇もないのが厳しい現実だったりする。22条1項が，そういう意味で自分の希望どおりの場所に住んだり旅行できる権利を，各人に保障したのでないことはもちろんだ。この規定が保護しているのは，日本国民と在日外国人の日本国内での居住や旅行が，日本政府によって，原則として禁止・制限されない権利である。

(判例) **アレフ(オウム真理教)信者転入拒否事件**(最判平成15・6・26判時1831号94頁ほか)　宗教団体「アレフ」は，教団幹部が「松本サリン事件」「地下鉄サリン事件」などに関与したとされるオウム真理教を引き継いだ組織である。移り住んできたアレフの信者が転入届を行ったのに対して，転入届の受理を拒否したり，いったん受理した住民票を抹消する地方自治体が現れた。そこで，アレフの信者側は，受理拒否や住民票抹消処分の取消し等を求める訴訟を提起した。

最高裁は，住民基本台帳は住民の居住関係を正確に記録することによって，事務処理の基礎とするものであるから，転入届を受理しないことは許されないとして，取消しを認めた。

(判例) **暴力団員に対する市営住宅明渡請求事件**(最判平成27・3・27民集69巻2号419頁)　兵庫県西宮市は，市営住宅の入居者が「暴力団員による不当な行為の防止等に関する法律」に定める暴力団員であることが判明した場合には，市長は当該市営住宅の明渡しを請求できるとする条例を制定していた。この条例にもとづいて市から明渡請求を受けた暴力団員が，条例は憲法14条1項の平等原則および22条1項の居住移転の自由を侵害すると主張した事件である。最高裁は，当人は自分の意思

1 移動の自由

で暴力団を脱退することも可能なこと，条例は市営住宅の居住制限を定めるにすぎず，他の住宅に居住することは可能なことなどを理由に，本件条例の違憲性を否定した。市営住宅が福祉目的であること，他の居住者の平穏は重要な利益であることなどから，判決は妥当だと評されている。

外国移住・国籍離脱 22条2項のほうは，外国移住・国籍離脱の自由を保障している。今述べたように，外国移住とは，居住・移転の外国版，つまり，日本国民が住む場所を外国に移し，そこに住みつづけることを意味する。外国移住の自由もあくまで日本政府の禁止や妨害を受けない権利だから，希望する相手国が受け入れてくれるかどうかは，日本の憲法とは別次元の話だ。

「国籍離脱の自由」は，文字どおり日本国民が日本国籍を捨てて，いずれかの外国籍を取得すること（法的には外国人になること）を，日本政府に禁止されない権利である。国籍の選択自体は，身体の物理的な移動の問題ではないが，外国移住と密接に関係するので同じ条文で保障されたと考えられる。この規定を受けて現在の国籍法では，国籍変更について戦前のような役所の許可制ではなく，届出制を採用している。ただし，国際社会は無国籍の防止を意図しており，無国籍は本人にもいろいろな不利益が及ぶという判断から，国籍法がどこかの国籍の取得を日本国籍離脱の要件としていることは，合憲とみなされている。

今の日本ではあまりピンとこないかもしれないが，国籍離脱は，政治的・宗教的・民族的理由などで自国政府から迫害を受けた国民が，その法的支配を脱して他国の構成員になるという，政治的には大変重要な意味をもつ決断の場合がある。日本国憲法は，個人の価値は国家の価値にまさるという「個人主義」の立場を徹底させて（⇨*Chap.* 17-1），国籍離脱を権利として認めた。逆に，日本政府が

日本国民の国籍を剥奪することは，この規定が禁止していると理解できる。

外国人が別の外国に移住したり別の外国籍を得たりすることを，日本政府が保障するのはもともと不可能だから，外国移住・国籍離脱は日本国民の権利だ。この規定は，外国人が日本に入国する権利・亡命する権利を保障したものでもない（⇨*Chap.* **20-1**）。ただし，在日外国人には，日本国内での居住・移転の自由と日本からの出国の自由が保障されている。

「外国旅行の自由」の位置づけ

外国移住・国籍離脱の自由に比べて，現在の日本人にははるかに日常的な「外国旅行の自由」は，憲法の明文では保障されていない。しかし，判例・学説は，これも憲法上の権利だと考えている。

法律家がついこだわりたくなる根拠条文については，22条2項の外国移住に含める人と，移住は，永住や少なくとも長期滞在の意味だから単なる旅行は含まないと言って，22条1項の移転に入れる人，移転だって住む場所を移すことで旅行までは入らないとして，結局13条の幸福追求権という便利な大箱に詰める人の3説がある。

22条の体系的理解という観点に立てば，1項の居住・移転の自由が，国内旅行も含めた「国内での移動の自由」の保障，2項の外国移住の自由が，外国旅行も含めた「外国への移動の自由」の保障と読むのがエレガントだと思う。これは現在の多数説でもある。

何のための移動の自由か？

引越しや旅行を政府から禁止されない権利などと言うと，そんなことはあたりまえだと思うかもしれない。しかし，日本でもヨーロッパでも，封建制の時代には特に農民の居住・移転の自由は認められなかった（「農民の土地緊縛」）。領主階層の生活が，領地の農民の年貢でささえられている社会体制では，農民が勝手にほかの土

地に移転したり,農業から転業するのを認めることは,体制の崩壊につながるからだ。また旧ソ連型の計画経済体制も,居住・移転の自由や職業の自由とは相入れない。中国にも「農村戸口」と「都市戸口」の区別があって,農村から都会への移動の自由は規制されている(中国の場合には,14億人を超える膨大な人口が,移動の厳格な規制の背景にある。日本も移動の自由を認めることで,過疎過密問題というコストを支払っている)。

ところが逆に資本主義体制は,労働力の自由な売買(移動の自由・職業の自由)が禁止されていては存続できない。封建社会の性格を色濃く残していたドイツ諸国が,政府主導で急速な資本主義化の道を歩みはじめた19世紀前半に,移動の自由と職業の自由とをワンセットで規定する憲法が現れたのは,偶然ではないのである。日本国憲法の22条も,こういう形式となっている。

しかし,移動の自由は,資本主義を維持する単なる手段というわけではない。むしろ,この自由の意義は,私たちの自由な経済活動・政治活動・文化的社会的活動の基盤を提供する点にある。

> **移動の自由と人権体系**

今日では多くの学者が,移動の自由のこうした多面的意義を指摘している。その上で,この自由を人権体系のどこに位置づけるかについては説が分かれる。職業の自由とワンセットとなっている条文構造と歴史的経緯を重視して,「経済的自由」に分類するのがポピュラーな考え方だろう。しかし,人のコミュニケーション・表現活動の基礎条件となることに着目して,「精神的自由」に分類する説も有力だ。たしかに,人が移動する目的は,仕事のため,学業のため,趣味や娯楽のため,政治活動のためなど,多種多様である。しかし移動という行為のなかみ,つまり住む場所を選び,住む場所を変え,旅行に出るという行為それ自体は,人の身体の物理的状態と運動だ。そこで見てのと

おりこの本では，移動の自由を一応「人身の自由」の一部に分類してある。

> **移動の自由と違憲審査基準**

こんな分類論は，学者の暇つぶしに見えるかもしれない。しかし，ある人権を精神的自由とみなすか経済的自由とみなすかによって，その人権を規制する法令の違憲審査基準が変化するという，通説のとる「二重の基準論」(⇨*Chap.* 22-**2**)を前提とするなら，移動の自由もどちらの引き出しに入れられるかで，だいぶ違った待遇を受けることになりそうだ（法律などが憲法に違反していないかどうかを審査することを違憲審査という。違憲審査の仕組みや基準については⇨*Chap.* 22・30・31）。ところが，この点についての多数説の立場は，同じ移動の自由でも，それを制限する目的が経済活動の規制にある場合と，それ以外の，特に表現活動規制を目的とする場合とでは，違憲審査基準を変えるべきだというものだ。

移動の自由のなかに二重の基準論をもちこむこの考え方は，もともと居住・移転の自由を単純に経済的自由と理解し，22条1項にことさら「公共の福祉」による制約が明示されていることを重視して，規制法令の違憲審査はつねに緩やかにすべきだとしていた，かつての多数説からギアを切り替える意味をもった。しかし，22条1項前段と2項とをひとまとめに移動の自由と捉え，これに他のさまざまな自由の基礎となる人身の自由の一環を見出す立場をとるならば，規制法令の合憲性は厳格に審査されてよいように思われる。

> **移動の自由の制限**

① 当然のことだが，拘禁刑や捜査機関による逮捕勾留は移動の自由の制限にあたる。しかし，刑罰制度の必要性は一般に承認され，憲法も31条で認めているから，それ自体として22条1項・2項違反とは言えない。刑罰制度の内容をどうすべきかは，主として31条・33条〜39条の

問題である（⇨*Chap. 2-1*）。

②　感染症予防法（感染症の予防及び感染症の患者に対する医療に関する法律）や精神保健福祉法（精神保健及び精神障害者福祉に関する法律）の「措置入院」のような，社会衛生的観点からの移動制限もある。放置した場合の害悪の度合と本人保護の必要性から，合憲性が判断されることになるだろう。こうした措置をとる「手続の適正さ」は，22条とは別に13条・31条の問題となる。

判例　ハンセン病国家賠償訴訟（熊本地判平成13・5・11判時1748号30頁）　1953年制定の「らい予防法」は，戦前の法律をひきついで，ハンセン病患者の強制隔離・外出制限などの厳しい人権制限を定めていた。ハンセン病の伝染性はきわめて微弱であること，スルフォン剤による治療効果が大変高いことが，少なくとも1950年代半ばまでには明確になっており，ハンセン病に関する国際会議も，特別法による規制を撤廃するよう繰り返し各国によびかけていた。にもかかわらず，「らい予防法」は1996年まで廃止されず，厚生省の隔離政策は継続された。そこで，元患者らがこうした措置の違法を訴え，国家賠償請求を提起したのがこの訴訟である。

地裁判決は，第1に，厚生省の隔離措置によって憲法13条・22条の権利が著しく侵害され，厚生大臣は隔離の不要性を認識できたとして，大臣の違法・過失にもとづく国家賠償を認めた。第2に，地裁は，1953年法律の違憲性は遅くとも1960年には明確になっていたとして，国会が以後もこの法律を放置したことが立法の不作為の違憲にあたることも認め，この点からも国家賠償請求を認容して注目された。政府は控訴を断念し，判決は確定した。

また「らい予防法」では，患者の家族は隔離の対象とはされていなかったが，実際には第2次大戦前からの患者家族の隔離・断種・監視などの措置が長期にわたって継続された。そのため，全国各地で元患者家族による国家賠償請求訴訟が提起された。そのうちの1つについて，**熊本地裁の令和元年6月28日判決**（判時2439号4頁）は，隔離政策が患者家族の「社会内において平穏に生活する権利」（憲法13条）や「夫婦婚姻生活の自由」（憲法24条1項）などを侵害したこと，厚生労働大臣等の関係機関にはこの状況を解消すべき作為義務があったことを認め，国家賠償請求を認容した。主として問題とされた権利は居住・移転の自由では

ないが，関連事項なのでここに追記しておく。

③　外国移住・外国旅行は，出入国管理法・旅券法などの規制を受けている。そうした何らかの規制の必要性は疑いないが，個々の法律規定やそれに基づく処分については違憲論もある。

（判例）**帆足計（ほあしけい）事件**（最大判昭和33・9・10民集12巻13号1969頁）　旅券法13条1項5号（現7号）は，「著しく且つ直接に日本国の利益又は公安を害する行為を行う虞があると認めるに足りる相当の理由がある者」には，外務大臣はパスポート発給を拒否できると定めている。政治家帆足計が，当時日本と対立していたソ連で開催される国際会議に出席するため，パスポートを申請したところこの規定を根拠に拒否され，外務大臣を相手どって国家賠償請求訴訟を起こした。最高裁は，一般論としては「外国旅行の自由」を憲法上（多数意見は22条2項）の権利と認めたが，法律は公共の福祉のための合理的制限だから合憲だとした。今日の違憲審査基準論を前提にすれば，大いに疑わしい判決だ。

（判例）**パスポート返納命令事件**（東京高判平成29・9・6訟月64巻1号133頁）　2015年2月，外務大臣は，シリア国内のイスラミック・ステートが実効支配する地域への取材を計画していたフリージャーナリストに対して，旅券法19条をはじめて適用してパスポートの返納を命令した。旅券法19条1項4号は，「旅券の名義人の生命，身体又は財産の保護のために渡航を中止させる必要があると認められる場合」に，パスポートの返納を命じることができる規定だ。判決は，このフリージャーナリストが渡航しようとしていた時期に，イスラミック・ステートによる外国人の誘拐・処刑が多発し，日本人の殺害事件も発生していたことなどから，外務省の事実判断には過誤がなく，憲法は国民の生命・安全よりも報道の自由を優先するものとは解されないとして，返納命令には行政裁量権の濫用はないとした。

④　一般に，夫婦の同居義務（民法752条），子に対する親権者の居所指定権（民法822条）のような家族法上の義務も移動制限の例とされる。

⑤　災害対策基本法60条は，災害が発生し，または発生するおそれがある場合で，「人の生命又は身体を災害から保護し，その他災害の拡大を防止するため特に必要があると認めるときは」，市町

村長が対象者に対して「避難指示」を出すことができるとしている。また同法63条は，災害が発生し，またはまさに発生しようとしている場合で，人の生命・身体に対する危険を防止するために特に必要があるときには，市町村長が「警戒区域」の指定を行うことができるとしている。警戒区域に指定されると，権限なく立ち入った者や退去しない者には刑罰が科される。これらの移動制限も，違憲とは考えられていない。

　2011年3月11日の東日本大震災によって発生し，大量の放射性物質の放出を起こした東京電力福島第一原子力発電所の重大深刻な事故では，政府は原子力災害対策特別措置法に基いて，当初は原発から3km以内の住民に避難指示を出し，4月21日の段階で半径20km以内を原則として立ち入りを全面禁止する「警戒区域」に指定した。2024年12月現在でもなお，福島県浪江町・双葉町・大熊町などの約309km^{2}が「帰還困難区域」に指定され，2万人もの住民が避難生活を強いられている。2021年8月31日に，政府の原子力災害対策本部は，2020年代中に帰還困難区域を解除する方針を決定した。しかし，住民がもともときわめて少なかった地域の放射能除染をどこまで行うのか，荒れ果てた住居や農地の復興をどのように進め，希望者の帰還を実現するのかなど，課題はなお多い。巨大原発事故によって引き起こされた長期にわたる居住・移転の自由の制限は，やむを得ない措置だったとしても，その代償はあまりにも重い。

2 奴隷的拘束・その意に反する苦役からの自由

奴隷的拘束とは何か？　22条とは別に，憲法は「奴隷的拘束を受けない」権利を保障している（18条前段）。22条の移動の自由も，裏返して言えば身体拘束の禁止だが，18条前段は，他の人権の享有を不可能にしてしまうような極端な身体拘束を対象としたものだ。この保障には「奴隷とならない権利」も当然含まれる。奴隷とは，人間としての権利・自由をまったく否定され，法的には家畜と同じように売買や所有権の対象とされる人間のことだ。近代では，アメリカ合衆国の黒人奴隷が有名である。黒人奴隷制は，ジョージア・アラバマなど南部の州では，南北戦争に負けるまで存続した。南北戦争後の1865年に追加された合衆国憲法第13修正は，「奴隷またはその意に反する苦役は，犯罪に対する処罰……を除いて，合衆国……に存在してはならない」と規定している。

　18条のモデルがこの条文であることは容易に想像がつく。第2次大戦前でも，日本には奴隷制度はなかったが，娘を遊郭に年季奉公に出す条件で，親がまとまった金を前借りする「娼妓契約」や，鉱山採掘などで労働者を監禁状態で酷使する「監獄部屋＝タコ部屋」のように，奴隷的と形容できる拘束はあった。奴隷的拘束とは，このように「自由な人格者であることと両立しない程度に身体が拘束されている状態」を指す（通説，政府見解）。監禁して働かせるのがふつうだが，人間扱いしない拘束の仕方がポイントだから，労働の強制がなくても奴隷的拘束となる場合がある。

奴隷的拘束を受けない権利の保護

18条前段は，政府のみならず誰からもこういう取扱いを受けない権利を，日本にいるすべての人に保障した規定だ。つまりこの権利は一般の人権と異なり，市民同士の間にも直接適用される。奴隷的拘束は，犯罪に対する刑罰としても許されないし，本人の同意があっても許されない。

現在の日本では，私人による私人の奴隷的拘束を防止する目的で，各種の法律が制定されている。他人を逮捕・監禁・誘拐する行為を犯罪とする刑法220条・224条～229条，使用者が「暴行，脅迫，監禁その他精神又は身体の自由を不当に拘束する手段によって」，労働者に労働を強制することを禁じる労働基準法5条，同じようなやり方での職業紹介を処罰する職業安定法63条，身体の自由を奪われている者の迅速な解放手続を定めた人身保護法などだ。その意味では，18条前段が私人関係に直接適用される出番は少ない。

もっとも，憲法が権利を認め，これを守るための法律制度が整備されていても，社会の現実にはそれとのギャップがある場合も残念ながら存在する。たとえば，不法入国・不法残留外国人（もちろんこれらの人も，18条の権利主体だ）が現実に置かれている状況はどうなのか，問題となるところだ。

「その意に反する苦役」とは何か？

18条後段のほうは，「犯罪に因る処罰の場合を除いては，その意に反する苦役に服させられない」権利を保障する。「その意に反する苦役」とは何か。この点については，狭い理解から広い理解へ，次の3つの考え方がある。

第1は，通常人からみて普通以上に苦痛に感じられるような任務の強制と考える説だ。これに対して第2は，苦痛に感じられるかどうかを問わず，要するに強制労働の意味に理解する説である。両者

は苦役の「役」が労役＝労務＝肉体労働を指すと読む点では一致し，「苦」の文字から苦痛を与えるという要件を読みとるかどうかで分かれる。最後に第3は，強制労役またはそれに準ずるような隷属状態のうち，奴隷的拘束とまでは言えないものを広く含むとする説である。

　苦痛の感覚には個人差が大きいから，第1説に立つと，同じ強制労働でも18条後段違反になる場合とならない場合とが出てきそうだ。他方，過去の例では肉体労働が強制されるのがふつうだったが，デスクワークなら強制してもかまわないとは言えないわけだから，第3説が苦役＝労役＝肉体労働という理解に疑問を投げかけたのは卓見だと思う。ただ，奴隷的とまでは言えない身体拘束を，すべてその意に反する苦役に含めるのは，言葉の理解として広すぎる感じだ。広い意味での身体拘束については，22条の問題として考えれば必要十分だろう。そういうわけで，ここでは，その意に反する苦役＝（肉体労働にかぎらない）すべての強制労働と理解しておきたい。

許される強制労働・許されない強制労働

① 18条自身も，奴隷的拘束とは違って，「犯罪に因る処罰の場合」の強制労働は認めている。

② 「犯罪に因る処罰の場合」という例外要件は，例示とみなされるべきであろう。学説も一般に，現行法上の労務提供義務を，刑罰ではないが合憲とみなしている。議院証言法（議院における証人の宣誓及び証言等に関する法律）や訴訟法に基づく証言義務，納税などの申告・報告義務はもちろんだが，付近住民などに災害時の応急的な労役提供を義務づけるいろいろな法律もこれにあたる（消防法29条5項，水防法24条，災害救助法7条，道路法68条2項，河川法22条2項など）。ただし，合憲の理由については，第1説を前提として普通以上の苦痛とは言えないからだとする人と，（災害救助法以外の）

現行法には処罰規定がないので強制労働とは言えないからだとする人がある。むしろ18条後段は，災害時の応急的な労務提供の義務づけの場合は，刑罰を伴うことも許容するものと読むべきではなかろうか。裁判員制度に伴う役務提供義務については，最高裁が，国民の司法参加の制度であるから参政権と同様の意味をもつなどの理由で，18条の苦役には当たらないとしている（**最大判平成23・11・16刑集65巻8号1285頁**⇨*Chap.* 29-*3*）。

③ 国家総動員法に基づいて戦前行われた，軍需工場への生徒の勤労動員のようなものは，今日では18条後段違反である。上述の労働基準法5条が禁止する私人の行為も，程度次第で奴隷的拘束となったり強制労働となったりする（いわゆる国民保護法制の問題について，⇨*Chap.* 40-*4*）。

④ 多数説と政府見解は，徴兵制も18条後段違反とみなしている。しかし，これまで立憲主義国家でも，兵役は違憲の人権侵害とは考えられてこなかったこと，強制労働を禁止する国際人権B規約8条も兵役は明文で除外していること，こうした事実から見ると，徴兵制は18条後段ではなく，むしろ9条に違反すると理解すべきだろう。

Column ① 新型コロナウイルス感染症と人権制限

2020年2月頃から感染が報道されるようになった新型コロナウイルス感染症（COVID-19）は，同年3月以降世界中で感染爆発を引き起こし，経済・文化など人間の生活全般に深刻な影響を及ぼすことになった。世界各国の新型コロナ対策は，人権保障にも大きな関わりをもっている。

日本では，当初すでに制定されていた「新型インフルエンザ等対策特別措置法」に国会が附則を追加して，新型コロナウイルス感染症にも一時的に適用することとされたが，2021年2月の改正によって，新型コロナウイルス感染症は正式にこの法律の適用対象となった（俗

に「コロナ特措法」とよばれる)。日本の感染防止措置の特色は，外国とは異なって，あくまで国民に対する政府の協力要請を原則とし，強制措置にほとんど踏み込んでいない点である。政府が都道府県を指定して「緊急事態措置」の適用を宣言すると，都道府県知事は，該当区域について，一般市民の不要不急の外出自粛，学校・社会福祉施設・興行場等に対する催し物の開催自粛，飲食店などに対する営業自粛を要請できる（コロナ特措法45条1項・2項)。また，2021年の改正によって，正当な理由なく自粛要請に従わない事業者等には要請に係る措置を講ずるよう命ずることができ（同条3項)，命令に違反した場合には30万円以下の過料を科すことができることになった（同法79条)。

日本的なソフトな規制は柔軟性に富むとも言えるが，人々の間の同調圧力を高め相互監視を強めるとか，感染拡大の波が押し寄せるたびに自粛要請を行うと，逆に人々の慣れによって実効性がなくなるといった弊害が指摘されている。

外国で行われた都市のロックダウンのような強力な法的規制は，憲法上の移動の自由，営業の自由，教育を受ける権利，集会の自由，プライバシー権などを直接侵害するおそれがあり，政府権力の不要な強大化を招く懸念もあるので，その合憲性は慎重に検討されなければならない。しかし，感染拡大・医療崩壊・死者増加などの防止にとって必要不可欠な規制と判断され，犠牲を強いられる市民に対して経済的な補償や支援が手厚くなされ，決定と執行に国会が有効に関与する仕組みであれば，憲法にいわゆる緊急権条項を特に追加しなくても，新型コロナ対策のための特殊な人権制限は現行憲法のもとで実施可能である。

政府の新型コロナウイルス感染症対策本部によって，2023年5月8日以降，新型コロナウイルス感染症の感染症法（感染症の予防及び感染症の患者に対する医療に関する法律）上の位置づけが，従来の2類相当（新型インフルエンザ感染症相当）から5類感染症に引き下げられた。これに伴って，行政による外出自粛要請や営業自粛要請などの措置はとられないこととなり，対策は個人や事業主の自主的判断に委ねられた。新型コロナウイルスへの感染は相変わらず続いているが，ウイルスがかなり弱毒化したこともあって，社会生活は全体的に落ち着きをとり戻している。とはいえ，今後もいつ発生するかわからない新たな感染

症に対応できる法制度の整備や医療体制改革のための法的措置が，十分に実行されたとはいえない。

［赤坂］

【1 人身の自由】

Chapter 2　法定手続の保障／刑事手続の保障

> 真夜中に突然ドアが乱暴にノックされ，あなたはたたき起こされる。戸口には2人の屈強な男が立っている。「国家保安警察だ」。あなたは理由も告げられずに車にのせられ，着いたビルの1室で拷問を受けて1通の自白書にサインする。そして翌日には，いつ出られるともわからないまま強制労働収容所だ。ナチスの支配やスターリンの粛清を考えると，これも決して荒唐無稽な空想ではない。政治犯の拷問や投獄は戦前の日本でも行われたし（治安維持法と特高警察），今の世界でもじつはあちこちで行われている。権力者による反体制派の弾圧など，政府による市民の迫害を防ぐため，日本国憲法はどんなガードを設けているのだろうか。

1　法定手続の保障

31条の起源を求めて

「何人も，法律の定める手続によらなければ，その生命若しくは自由を奪われ，又はその他の刑罰を科せられない」。こう規定する憲法31条の起源は古い。1215年にイングランドのジョン王と貴族たちとの間で作成されたマグナ・カルタにも，「自由人は，その同輩の合法的裁判によるか，または国法によるのでなければ，逮捕，監禁，差押，法外放置，もしくは追放を受け……ることはない」という規定が見られる（39条）。これは封建貴族の身分特権を確認したものだが，17世紀

のイギリス市民革命時代に国民一般の権利として再解釈された。1628年に議会が国王に対して行った権利請願も、「いかなる身分または地位にある者であっても、法の適正な手続によって答弁を行うことなしに、……逮捕もしくは監禁され……死に至らしめられない」権利があることを確認している。

　こうした考え方はアメリカ大陸のイギリス領植民地にも伝えられ、独立への動きのなかでイギリス本国政府に対して主張された。イギリス法の伝統を受けついで、合衆国憲法第5修正（1791年）と、第14修正（1868年）に、「何人も……法の適正な手続によらなければ、その生命、自由または財産を奪われない」「いかなる州も、法の適正な手続によらなければ、何人からもその生命、自由または財産を奪ってはならない」という規定が盛り込まれた。

　31条の直接のモデルが、合衆国憲法のこれらの条項であることは、制定のいきさつからも間違いない。31条は、政府による刑罰権の濫用を防ぐために設けられたメインの規定だ。ただし、第5修正・第14修正では法の「適正な手続（due process）」となっているのに、31条の文言は単に「法律の定める手続」であること、「財産を奪われない」という文言がないこと、こうした合衆国憲法との無視できない相違もあるため、31条の読み方にはいろいろな対立が生まれた。

31条の読み方の対立

ある人が有罪か無罪かを決定する段取りについてのルール＝刑事手続法は、国民の代表者である国会が法律で決めなさい。これが31条の要求だ。その手続が「適正な」ものであることまでは、特に求められていない。文言に最も忠実な人たちは、この規定をこう読んだ（刑事手続法定説）。

　これに対して、31条の意味を最も拡張的に理解する人たち（多数

説）が主張するのは，次のような読み方だ。刑事手続法を法律（議会制定法）で定めるばかりでなく，刑事実体法＝どんな行為が犯罪となり，それにどんな刑罰が科せられるのかを決めるルールのほうも法律で定めること，しかも刑事手続法の内容も刑事実体法の内容も，ともに「適正な」こと。31条はこれらすべてを要求している（適正手続および適正実体法定説）。そこで，以下，多数説の言う「刑事実体法の法定」「適正な刑事実体法」「刑事手続法の法定」「適正な刑事手続法」のなかみを，それぞれ見てみよう。

罪刑法定主義の保障

まず第1に，「刑事実体法を法律で」という要求は，言い換えると罪刑法定主義にほかならない。だから多数説は，31条が罪刑法定主義の保障を含むと読んでいるわけだ。近代刑法の大原則とされる罪刑法定主義とは，「どんな行為を犯罪として扱い，これに対してどんな刑罰を科するかは，あらかじめ法律＝議会制定法で決めておかなければならない」という原則だ。犯罪者として処罰されることは私たちの人生に深刻な影響をおよぼす。そこでこの原則は，犯罪と刑罰の内容は国民から選ばれた議会が慎重に決めることで政府の刑罰権濫用を防ぎ，市民に自分の行動の結果が予測できるようにしておくという，自由民主主義の要請に基づく。

　一般に学者は，罪刑法定主義の具体的内容または派生物として，慣習刑法等の禁止・遡及処罰の禁止・類推解釈の禁止・絶対的不定期刑の禁止・構成要件の明確性の要請をあげる。これらのうち，現行憲法の条項では，根拠法律の委任がなければ政令では罰則を設けられないとする73条6号が「慣習刑法等の禁止」を示唆し，「何人も，実行の時に適法であった行為……については，刑事上の責任を問われない」とする39条が，文字どおり「遡及処罰の禁止」を含んでいる。

かつて旧刑法（1880年に制定された日本で最初の近代刑法）の2条は，罪刑法定主義の原則そのものを端的に宣言していた（「法律ニ正条ナキ者ハ何等ノ所為ト雖モ之ヲ罰スルコトヲ得ス」）。これに対して，1907年に制定された現行刑法は，罪刑法定主義の明文規定を欠いている。しかし，明治憲法時代には，「日本臣民ハ法律ニ依ルニ非スシテ……処罰ヲ受クルコトナシ」と定める憲法23条が，簡略ながら罪刑法定主義を明示していた。ところがこの規定が現行憲法では31条によって置き換えられたため，現行憲法のもとでは憲法にも刑法にも罪刑法定主義を明示する規定が存在しないことになった。そこで多数説は，31条の「手続」という言葉を「内容・方法」を含む広い意味に解釈して，罪刑法定主義の保障を31条から読み取ろうとする。これに対して文字に忠実な厳格説も，罪刑法定主義を憲法上の原則と見る点では多数説と同じだ。ただ条文上の根拠をさきほどの39条・73条6号，あるいは国会を唯一の立法機関とする41条に求める点が違うのである。31条を，手続法・実体法の双方を含めた刑事法の基本規定と読む多数説のほうが，憲法全体の読み方としてはすっきりしているのではなかろうか。

> 判例
> ① **大阪市売春取締条例事件**（最大判昭和37・5・30刑集16巻5号577頁）
> 　国会が売春防止法を制定する以前，大阪市が独自に条例を作り，これに反したとして売春婦が起訴された事件である。条例で刑罰を設けるのは違憲だという被告人側の主張に対し，最高裁は，31条は刑罰を法律で定めることを要請しているが，法律の委任が存在する一定の場合には，例外的に条例による刑罰制定も許されるとした。31条が罪刑法定主義の保障を含むことを前提とした判決である。
> ② **徳島市公安条例事件**（最大判昭和50・9・10刑集29巻8号489頁）
> 　ジグザグ行進を指揮したデモの指導者が，「交通秩序を維持すること」という条例上のデモ行進の許可条件に反したとして起訴された。被告人は，「交通秩序を維持すること」とは具体的には何を指すのか，構成要件が不明確で31条違反だと主張した。これに対して最高裁は，平穏な

デモに伴う範囲を超えた「殊更な」交通阻害の禁止という意味が読み取れるので，条例は31条違反とは言えないと述べた。判例は，罪刑法定主義の具体的内容の1つである構成要件の明確性の要請も31条に含まれることを確認したわけだ。

「適正な」刑事実体法の要請？

罪刑法定主義の保障が31条に含まれるとした上で，第2に多数説が31条の要求とみなす「適正な」刑事実体法とは，どんな内容の法だろうか。この場合の「適正」のなかみとして，刑罰謙抑主義・罪刑均衡の原則をあげるのが学説の最大公約数だ。構成要件明確性の原則をこれに加える人もいるようだが，上述のように罪刑法定主義そのものの一部と見なすべきだろう。

考えてみると，法律が刑罰を伴って禁止している行為は，31条以外の人権規定で保護された行動パターンに属することがある。たとえば法律が，候補者や運動員による選挙期間中の戸別訪問を禁止し，違反者の処罰を定めているとか（表現の自由の規制），特定業種の営業を始める前に，役所の許可を受けることを義務づけ，違反者の処罰を定めている場合（職業の自由の規制）がそうだ。禁止や許可はどんな法益の保護を目的としているのか，刑罰はこの目的の実現に必要なのか（刑罰の謙抑性），違反行為と刑罰の程度とはバランスがとれているのか（罪刑の均衡）。これらのケースでは，こうした刑罰謙抑主義・罪刑均衡原則の問題は，規制法律がそれぞれ憲法21条・22条に違反していないかどうかのレベルで実質的に議論されており，それで特に不都合もない。

これに対して，殺人や強制性交等のように，法律が刑罰を伴って禁止している行為が，31条以外の人権規定で保護されていないと思われる場合もある。しかし，このようなケースでも，刑罰の必要性やバランスは，13条（個人の尊重）・14条（法の下の平等）・36条

(残虐な刑罰の禁止)の問題として議論することができる。つまり,いずれの場合を考えても,31条が「適正な」刑事実体法を要求していると読む必要性は乏しいということだ。

> 31条は「適正な刑事手続法」を求める

第3に,31条が刑事手続法律主義を要求していることは文言から明らかだ。憲法が予定する例外は裁判所規則だけである(77条)。刑事実体法については,上述のように憲法が政令への委任可能性を規定しているほか(73条6号),地方自治法14条3項が条例による罰則制定も認め,判例・学説はこれも合憲とする。これに対して,刑事手続については,命令や条例に委任することはできないとされている。

第4に多数説は,31条が「適正な」刑事手続を求めていると理解する。「適正な」刑事手続とはどんな手続なのだろうか。この点については,アメリカの判例理論を参照して,当事者に告知・聴聞＝告知・弁解・防御の機会を与え,管轄権をもつ公平な裁判所の裁判を保障する手続のことだと言われる。告知とはこの場合,逮捕・捜索・勾留・起訴など,有罪・無罪の決定を下す前の刑事手続の節目ごとに,本人に被疑事実・処分理由・保障される権利内容などを説明すること,聴聞(弁解・防御)とは本人に弁解や反駁の機会を保障した審理を行うことと考えられる。

この意味での「適正な」刑事手続は,逮捕・捜索等にあたって裁判官の令状を要求する33条・35条,抑留・拘禁にあたって理由の告知を求める34条,公平な裁判所の裁判を受ける権利や被告人の証人審問権などを保障する37条で,それぞれ具体化されている。だから31条独自の働き場所は少ないという人もいる。ただ,「適正」手続のなかみとしては,無罪推定の原則・不告不理の原則(起訴されていない事実については裁判所は審理できない)・違法収集証拠排

除の法則など，33条以下に明文規定のない手続原則も想定できる。31条をこれら全体の一般条項と理解して，適正手続の要請をこの条文から読み取る多数説にも，もっともな理由があると言えるだろう。

これに対しては，合衆国憲法第5修正・第14修正にある「適正」「財産」の語句が，31条に入っていないことにむしろ意味を認める説もある。19世紀後半以降，合衆国最高裁は「適正な手続によらなければ……財産を奪われない」という文言を拡張解釈して，ここから営業の自由・財産権保護という実体的権利を導き出し（いわゆる「実体的デュー・プロセス理論」），資本主義の弊害に対処するため議会が制定した労働者保護・消費者保護・企業活動規制などの諸法律を次々に違憲と判断した。マッカーサー草案の起草者はこうした事態を避けようとしたというのだ。歴史認識としてはこの理解はあたっていると思われる。とは言っても，こうした起草者の意思は，31条が刑事手続についても「適正さ」を要求していないと読む根拠にはならないだろう。

(判例) **第三者所有物没収事件**（最大判昭和37・11・28刑集16巻11号1593頁）　最高裁も，当事者に告知・弁解・防御の機会を与えずに刑罰を科することは，31条に反すると認めている。旧関税法は，密輸品や密輸に利用した船舶などを附加刑として没収することを定めていた。最高裁昭和32年11月27日の大法廷判決（刑集11巻12号3132頁）は，犯人以外の第三者に所有権がある密輸品・利用船舶などの没収は，その第三者が事情を知っていた場合（悪意第三者）だけ許されるという合憲限定解釈を示した。そこで改正関税法（1958年）118条1項は，悪意の第三者の所有物だけを没収できるとする明文規定を置いた。ところがその後，第三者に（悪意か善意か）告知・弁解・防御の機会を与えずに，その所有物を没収することが31条に反しないかがさらに争われ，37年判決はこうした没収が31条に反することを認めたのである。これを受けて国会は翌年，「刑事事件における第三者所有物の没収手続に関する応急措置法」を制定して手続を整備した。

31条と非刑事的手続

刑事裁判以外の諸手続、特に行政手続については、憲法は「適正さ」を要求しているのだろうか。従来このテーマは、31条の適用範囲の問題として論じられてきた。31条適用説も、行政手続の種類・性質に応じて、行政処分前の告知・聴聞の機会を当事者に保障しなくてよい場合があることは認める。だから準用説、つまり行政手続にも必要に応じて31条が準用されるとする説と結果的に大差ないことになる。これらが多数説だ。

これに対しては、「適正手続請求権」の一般規定を13条に求め、31条を刑事裁判の場面でのその具体化規定、32条を刑事以外の裁判の場面での具体化規定と位置づける学説も唱えられている（松井茂記・裁判を受ける権利）。広く政府の手続全般に「適正さ」を求める根拠を、憲法13条論として展開する新しい体系理解の試みだ。ただ、この考え方に立っても、憲法は種々の行政手続にどこまで刑事手続と同等の「適正さ」を要求していると見るべきか、具体的には告知・聴聞の機会はどこまで保障されるべきか、これが実質的な問題点となることは31条適用説・準用説と変わらない。

学説は、過料のように、現行制度では刑事訴訟法の適用を受けない刑罰類似の制裁や、精神保健福祉法に基づく「措置入院」のような身柄拘束については、31条（または13条）が刑事手続と同等の「適正さ」を要求していると見る。しかし行政手続のなかには迅速性や大量処理を必要とするものもあるので、事前の告知・聴聞を保障しないと違憲となるかは、結局個別の手続ごとに判断するほかないというのが、学説の一般的傾向だろう。

法律では1993年に制定された行政手続法が注目される。この法律は13条1項で、行政機関が不利益処分を行う場合、許認可等の取消しや資格・地位の剥奪については事前の聴聞、その他の不利益

処分については弁明の機会の付与を義務づけ，2項で「公益上，緊急に不利益処分をする必要がある」場合など，5項目にわたってその適用除外を定めた。そのほかにも，行政立法や行政計画のような行為形式は含まないこと，不利益処分のなかでも強制執行などは除外されていること，地方自治体の行為には及ばないことなど，対象範囲が相当限定されているが，市民に対する不利益行政処分の一般原則として，事前の告知・聴聞を制度化したことは重要だ。もっとも，この法律は，適正手続を求める憲法上の根拠には触れていない。

なお，行政手続の透明性・民主性を高めるために，2005年の行政手続法改正により，政省令等の制定に際してパブリック・コメントを求めることを義務づける「意見公募手続」が導入された（38条～45条）。

> 判例 成田新法事件（最大判平成4・7・1民集46巻5号437頁）
>
> 成田空港の開港を阻止しようとする反対派農民・過激派の活動を規制するため，1978年に国会は「新東京国際空港の安全確保に関する緊急措置法」（現・成田国際空港の安全確保に関する緊急措置法）を制定した。この法律に基づいて，運輸大臣が「横堀要塞」とよばれた反対派の建物の使用禁止命令を出したのに対して，反対派側がその取消しを求めた訴訟である（⇨Chap. 16-*2*）。
>
> 最高裁は，行政手続がすべて当然に31条の保障の枠外にあるとは言えないとしつつ，行政手続は多種多様なので，処分の相手方に告知・弁解・防御の機会を与えるかどうかは，「制限を受ける権利利益の内容，性質，制限の程度，……公益の内容，程度，緊急性等を総合較量」して決定すべきだとした。その上で，本件の場合，新空港の安全確保という重大な公益のため，暴力主義的破壊活動の目的での建物利用を禁止する処分だから，事前の告知・弁解・防御の機会を保障しなくても，「31条の法意」には反しないと判断した。
>
> その後最高裁は，原子炉設置許可処分（最判平成4・10・29民集46巻7号1174頁），教科書検定処分（最判平成5・3・16民集47巻5号3483頁），医療観察法（最決平成29・12・18刑集71巻10号570頁）についても，成田新法事件判決を引用して合憲判断を示している。医療観察法は，心神喪失

等の状態で重大な加害行為を行い，不起訴や無罪とされた者について，非公開の職権審査に基づく裁判所の決定によって，入院・通院による医療措置を受けさせることを定めているが，最高裁は，裁判官と精神保健審判員の合議体による審査，弁護士による付添人の制度，付添人の意見陳述権等の保障等を根拠に，31条に違反しないとした。

手続保障の価値

刑事手続になぜ「適正さ」が要求されるのか。刑事手続の目的を，是が非でも犯人を処罰することに求める「積極的実体的真実主義」は，しばしば拷問・自白の偏重を生み，冤罪（えんざい）の温床となった。そこで，無実の人を絶対に処罰しないという「消極的実体的真実主義」が説かれ，適正手続の保障はこれに不可欠だとされた。

たしかにこれは真実の一面を言いあてている。しかし，手続の尊重は，冤罪の防止など他の利益を実現するための単なる手段とは考えられない。たとえば，令状主義や黙秘権の保障は，真犯人の発見と冤罪の防止に必ず役立つとはかぎらない。むしろ手続の尊重は，（被疑者・被告人も含めて）すべての人がもつはずの「1人の人間として取り扱ってもらう権利」（13条）の直接的な表現なのだ。

視聴者は悪人の生態をじっくり見せられ，そのあとでヒーローに悪人をしっかり処罰してもらってスッキリする。こういう「必殺仕置人」的「水戸黄門」的真実主義が一般うけする空気のなかでは，「手続のための手続主義」は評判が悪そうだ。だからなおのこと，特定の手続を踏むこと自体に価値を見出す精神，手続軽視に自由の危険信号を感じとるセンスが，人権理念の根底に流れていることをもう1度強調しておきたい。

2　刑事手続の保障

戦前の治安法制の暗部　反政府活動の取締りを効率的に行いたいのは，あらゆる権力の「本性」だ。すべての政府に共通の任務である市民の安全の保持は，しばしば権力者が自分の地位を安泰にするための権力の安全の保持と混同されてきた。戦前日本の治安法制にもそうした一面が色濃く見られる。有名な治安維持法（1925年）ばかりでなく，これと一体の思想犯保護観察法（1936年），明治期に制定された出版法（1893年）・新聞紙法（1909年）・治安警察法（1900年）など，第2次大戦末までの日本には，壮大とも言える表現活動規制の法体制が存在した。

　昭和期に入ると，こうした治安法制が猛威をふるいだす。市民の身柄の拘束という1点だけをとってみても，いくつかの法令が警察権濫用の道具となった。たとえば，「暴行，闘争其ノ他公安ヲ害スル虞アル者」を，警察が翌日の日没まで拘束できるとした「予防検束」（1900年の行政執行法）によって，書類を書き換えるだけで，刑事訴訟法の手続を踏まずに市民を何日も拘束したり，警察犯処罰令（1908年の内務省令）の「徘徊罪」（「一定ノ住居又ハ生業ナクシテ諸方ニ徘徊スル者」）を適用して，「違警罪即決例」（1885年の太政官布告）で認められた警察署長の即決で，正式裁判なしに市民を何十日も拘束したり，といった具合だ（奥平康弘・治安維持法小史）。

　日本国憲法の刑事手続的人権規定（33条～39条）が，外国の憲法と比較するとかなり詳細なことには，こうした戦前日本の刑事手続の実態に対するアメリカ側の厳しい批判が反映されている。

起訴前の権利の保障　　ここでは憲法33条～39条の刑事手続的人権を，便宜的に「起訴前（被疑者）の権利」と「起訴後（被告人）の権利」に分けて整理しておく。スペースの関係もあるので，サブノート風の簡単な説明をした上で，議論のある代表的な論点だけを拾ってみることにしたい。まず「起訴前（被疑者）の権利」である。

(1) **現行犯以外の場合，司法官憲＝裁判官の令状なしに逮捕されない権利（33条）**　　33条・35条に言う「司法官憲」とは裁判官のことである。そう理解しないと，捜査当局の権限濫用を裁判官にチェックさせるという令状主義の趣旨が生かされない。刑事訴訟法では「裁判官」と規定されている（199条）。

⇒ 論点：緊急逮捕制度。刑事訴訟法210条1項は，現行犯以外にも，一定の犯罪が行われたと疑うだけの十分な理由があり，緊急を要する場合には，捜査機関がまず被疑者を逮捕してから令状を請求することを認めている。33条の明文にない「緊急逮捕」である。これを33条違反と見る学説もあるが，多数説は令状逮捕に含めるなどして合憲と考えている。判例（最大判昭和30・12・14刑集9巻13号2760頁）も合憲論だ。

(2) **捜査機関による抑留拘禁に際して，理由の告知を求める権利，公開法廷での拘禁理由の開示を求める権利，弁護人を依頼する権利（34条）**　　抑留とは，逮捕後の比較的短期間の身柄拘束のことで，刑事訴訟法では留置とよばれる。憲法にはタイムリミットの規定はないが，刑事訴訟法では逮捕後72時間以内とされている（205条2項）。拘禁とは，捜査や裁判への出頭を確保するための身柄拘束で，起訴前と起訴後の両方を含む。刑事訴訟法では勾留（勾留による拘禁）とよばれる。起訴前勾留は，やはり憲法ではなく刑事訴訟法で請求日から10日間とされ，さらに裁判官の決定によって最高10日

間の延長が認められる (208条)。つまり,現行法上,起訴前の拘束は最大限 23 日間ということになる。

⇒ 論点：別件逮捕・別件勾留。令状を請求できるほど容疑の固まっていない A 事件（本件）の取調べを目的として,令状をとれる B 事件（別件）で別件逮捕するやり方が,捜査実務ではしばしばとられてきた。A が重大事件,B が軽微な事件の場合がふつうだ。別件についての逮捕が適法であれば,本件の取調べは任意だから許されるという「別件基準説」もあるが,憲法 33 条や 34 条（理由告知権・理由開示請求権）の侵害とみなす説も有力だ。取調べ中に容疑が固まれば,今度は本件で逮捕されるので,23 日間という勾留のタイムリミットがじつはさらに延長されることになる。最高裁は,もっぱら本件の取調べだけを目的とする場合には,別件逮捕の違憲違法性を認めるようにも見えるが（帝銀事件・最大判昭和 30・4・6 刑集 9 巻 4 号 663 頁）,実際に別件逮捕を違憲違法としたことはない。

⇒ 論点：代用監獄。被疑者が逮捕されると,さらに勾留する必要があるかどうかを,裁判官が逮捕から 72 時間以内に決定する。勾留の決定が下された場合には,法務省管轄の監獄（拘置所または拘置監）に勾留するのが原則だが,起訴前にかぎって,警察署内の留置場に勾留することも許されている。これがいわゆる「代用監獄」だ。代用監獄が認められていることで,警察は被疑者を 24 時間管理下に置いて,いつでも取り調べを行うことができる。この制度が,長時間にわたる強引な取り調べを可能にし,被疑者の人権侵害の温床となってきたとして,日本弁護士連合会などが以前から廃止を求めている。また,アムネスティ・インターナショナル（人権擁護のための国際的な非政府組織）や,国連規約人権委員会も,日本政府に代用監獄の廃止を勧告している（⇒*Chap.* 19-*2*）。代用監獄制度の根拠法である監獄法は,2006 年 6 月に抜本的に改正され,刑務所・拘

置所などの刑事施設の管理全般と既決者の処遇を定める「刑事収容施設及び被収容者等の処遇に関する法律」が新たに制定されたが，代用監獄制度は「留置施設」として存置された（同法14条・15条）。
⇒ 論点：弁護人の接見交通制限。憲法34条を受けて，刑事訴訟法39条1項は，拘束中の被疑者・被告人に対して，弁護人との接見交通権を認めている。しかし，刑事訴訟法39条3項では，捜査のために必要があるときは，捜査官憲側が被疑者と弁護人との接見の日時・場所などを指定できることになっている。この規定の運用の結果，被疑者は捜査当局側が認めた日時・場所・時間内でしか，弁護人と会って相談することができないのが実情だ。こうした実務のあり方は，憲法34条の弁護人依頼権を侵害すると批判されてきた。しかし，最高裁は，刑事訴訟法39条3項は接見交通権と捜査権との合理的調整を図った規定であり，憲法34条に違反しないとしている（最大判平成11・3・24民集53巻3号514頁）。

(3) **逮捕に付随する場合を除いて，裁判官の令状なしに住居や所持品の捜索・押収を受けない権利（35条）**

⇒ 論点：行政手続との関係。31条の場合と同様，35条に関しても行政手続への適用が問題となる。税務署職員の立入検査には令状を不要とする所得税法の規定が，35条違反かどうかが争われた「**川崎民商事件**」判決（**最大判昭和47・11・22刑集26巻9号554頁**）で，最高裁は一般論としては，刑事手続でないからといって当然に35条の保障の枠外とはならないと述べている。ただし，所得税の公平な賦課徴収に必要不可欠という理由で，このケースについては35条の「法意」に反しないと判断した。
⇒ 論点：GPS捜査の違憲性（**最大判平成29・3・15刑集71巻3号13頁**）。警察が，複数の窃盗事件の犯人であることを疑われた被告人と，その共犯者・知人女性が使用する蓋然性のあった自動車等19

台について，被告人らの承諾を得ず，刑事訴訟法218条の裁判官の検証令状も取得せずにGPS端末を取り付け，半年にわたってそれらの移動状況を把握し，そこから得た情報も立件の証拠として提出した事件である。最高裁は，憲法35条は「住居，書類及び所持品」のみならず，これらに準ずる私的領域に侵入されない権利も含むという注目すべき解釈を示したうえで，本件GPS捜査は公道のみならず私的空間にまで及んで個人の行動を継続的・網羅的に把握するものなのでプライバシーを侵害しうるとし，令状なしの本件捜査を違法とした。さらに判決は，GPS捜査は刑事訴訟法上の検証にあたるものの，一般に令状捜査にあたって要求される捜査対象者への事前の令状提示はGPSによる行動監視を無意味にすること，検証令状では第三者の立ち会いや事後の令状提示など，事前の提示に代わる手続的保護が確保されないことをあげて，GPS捜査については新たな立法措置が望ましいとした点でも注目されている。

(4) **公務員から絶対に拷問を受けない権利（36条前段）** 拷問には肉体的苦痛ばかりでなく，精神的苦痛を与える行為も含まれる。公務員として特に念頭に置かれているのは警察官・検察官だ。起訴後も捜査は行われるが，すでに裁判当事者である被告人の取調べは許されないと見るべきだろう。いずれにせよ，拷問は自白の強要を目的として起訴前に行われる可能性が高い。

(5) **自己に不利益な供述を強要されない権利（38条1項）** 正確には起訴前のみならず公判廷の審理でも保障される権利だ。多数説はこれを，自分の有罪判決の基礎となる事実や量刑上不利益となる事実の供述拒否権，つまり「自己負罪拒否特権」の保障とみなす。これに対して，完全に沈黙する権利＝黙秘権の保障と理解する説もある。刑事訴訟法では黙秘権が認められているが（198条・291条・311条），多数説に立てば，これは憲法上の権利を法律レベルで拡張

したことになる。

起訴後の権利の保障

次に、証拠や刑罰の制限の問題も含めて、「起訴後（被告人）の権利」をリストアップしておく。

(6) 公平な裁判所の迅速な公開裁判を受ける権利（37条1項）
⇒ 論点：迅速な裁判に関しては、高田事件（最大判昭和47・12・10刑集26巻10号631頁）が有名である。一審の審理が15年余りも中断したこの事件で最高裁は、「異常な事態」と言えるほどの審理の遅延があったときには、迅速な裁判を受ける権利の侵害となる場合もあることを認め、非常救済手段として免訴を言い渡した。ただし最高裁は、被告人側の態度も考慮対象とし、「異常な事態」の認定にはきわめて慎重だ。

(7) 証人審問権、証人喚問権、国選弁護人依頼権（37条2項・3項）
37条2項前段（「証人審問権」）は、主として不利益な供述をする証人に対して、被告人が「反対尋問」を行う権利、後段（「証人喚問権」）は被告人に有利な証人をよぶ権利の保障である。憲法37条3項では、被疑者段階で国選弁護人を依頼する権利は保障されていない。
⇒ 論点：被疑者段階の弁護人選任。このように憲法では被疑者段階での国選弁護人依頼権が保障されず、刑事訴訟法でも規定がなかったため、従来、被疑者の9割が弁護士の助言を受けられなかったと言われている。

しかし、2004年の刑事訴訟法改正によって、逮捕時点ではないが、勾留時点で被疑者が国選弁護人を依頼できる制度が導入され（同法37条の2）、総合法律支援法に基づいて設立された国の機関である「日本司法支援センター」（「法テラス」）が、被疑者の国選弁護人依頼を受け付けている。また、この制度に先立って、1990年か

ら弁護士有志によって始められた「当番弁護士」制度も，今日では全国各地の弁護士会によって実施されている。当番弁護士制度は，逮捕時点で本人や家族が弁護士会に依頼すれば，弁護士を派遣してもらえる仕組みで，初回の接見は無料で行われる。被疑者は，派遣された弁護士を私選弁護士として依頼し続けることも，国選弁護人への切り替えをサポートしてもらうこともできる。

こうして，被疑者段階での国選弁護人依頼権を保障していない憲法の不備は，1990年代以降の制度改革によってカバーされた。

(8) **自白の証拠能力・証明力の制限（38条2項・3項）** 自白の偏重が拷問や冤罪の原因となってきた歴史の反省に立って保障された。38条2項は，強制・拷問・脅迫による自白，不当に長期にわたる拘束後の自白，つまり任意性が疑わしい自白の証拠能力＝証拠としての資格を認めないことで，冤罪を招くような強引な捜査を防止しようとしたものだ。38条3項は，裁判官がいくらその自白は信用できる（証明力がある）と考えても，自白だけでは有罪にできないとする自白の証明力制限である。こちらも科学捜査による物的証拠の収集を促し，拷問や冤罪を防ごうとした規定だ。

(9) **残虐な刑罰を受けない権利（36条後段）** 一般論としては，現代文明社会における人々の意識から見て，不必要な苦痛を与える刑罰，たとえば火あぶり・車裂き・身体の一部の切断などがこれにあたる。学説は分かれるが，残酷・非人道的な方法による刑罰の禁止のみならず，さらに「罪刑の均衡」も36条後段の要求と見るべきだろう（でなければ，31条が「適正な」刑事実体法の要請も含むと理解するか，どちらかだ）。もちろん，具体的な残虐性の判断については，意見が割れる場合もある。

⇒ 論点：死刑の合憲性。31条が，法律の定める手続によれば死刑も可能と読めることから，判例（最大判昭和23・3・12刑集2巻3号

191頁)。多数説は死刑を合憲と見ている。これに対して、死刑は36条の残虐な刑罰にあたるので違憲だとする学者もいる（団藤重光・死刑廃止論）。もちろん、仮に死刑は合憲だとしても、死刑制度を維持するかどうかは、立法政策の問題としてさらに議論の対象となる。1998年には、国連規約人権委員会が、日本政府に対して死刑廃止条約（国際人権B規約第2選択議定書）の早期批准を勧告した（⇨*Chap.* 19）。アムネスティ・インターナショナルによると、死刑を事実上執行していない場合も含めて、死刑廃止国は2020年時点で144カ国に達しており、死刑廃止が世界の潮流である。他方、日本では、2018年7月6日と同26日の2回にわたって、1995年の地下鉄サリン事件等に関して2006年に死刑が確定したオウム真理教の元教祖松本智津夫をはじめ、死刑判決を受けた教団幹部13人全員の死刑が執行された。いちどきの死刑執行としては第2次大戦後最多であり、外国のメディアにも注目された。

(10) **遡及処罰を受けない権利，既に無罪とされた行為および同一の犯罪について刑事責任を問われない権利（39条）**　前者、つまり遡及処罰（事後法）の禁止は、多数説の理解では、罪刑法定主義の内容そのものだから、すでに31条で保障されていることの繰り返しになる。なお、遡及処罰の禁止は、直接には刑事実体法に対する要求だが、学説は、刑事手続規定であっても、公訴時効の不利益な遡及適用のように、被告人の地位に直接影響を与える場合は違憲となるとしてきた。ところが、2010年の刑事訴訟法改正で導入された殺人罪の公訴時効の廃止と、その他の重大犯罪の公訴時効の延長は、改正法の附則によって、まだ時効が完成していない過去の犯罪にも遡及適用されることとされた。この附則の合憲性が争われた事件で、最高裁は、公訴時効の不利益変更の遡及適用は、行為時の違法性の評価や責任の重さをさかのぼって変更するものではないという理由

で合憲の判断を示した（最判平成27・12・3刑集69巻8号815頁）。

後者、「無罪とされた行為および同一の犯罪について、刑事責任を問われない権利」については、理解の仕方に対立がある。大陸法的な「一事不再理」の規定とみなす説（佐藤幸治・憲法）と、アメリカ法的な「二重の危険の禁止」とみなす説（芦部編・憲法Ⅲ［杉原泰雄執筆］）だ。一事不再理とは、確定判決を被告人に不利益に変更することの禁止である。確定した無罪判決を有罪判決に変更する場合と、確定した有罪判決をもっと重い有罪判決に変更する場合とが考えられる。これに対して、アメリカ法で二重の危険と言う場合の「危険」とは、刑罰を受けることではなく、再び刑事裁判を受けることだとされる。両説の最も具体的な違いは、検察官側の上訴が違憲となるかどうかだ。敗訴した検察官が控訴・上告することは、一事不再理説に立てば合憲、アメリカ流の二重の危険説に立てば39条違反となるはずだ。ただし最高裁は、この場合の「危険とは、同一の事件においては、訴訟手続の開始から終末に至るまでの1つの継続的状態と見る」べきだとしている（最大判昭和25・9・27刑集4巻9号1805頁）。この解釈だと二重の危険説に立っても検察官上訴は合憲なわけだから、一事不再理説と大差ない結果となるだろう。

Column ② 「人質司法」

　警察・検察が真犯人だとの心証を得ている事案で、当該被疑者が一貫して無実を訴えている場合には、法律の定めは1事件最長23日であるにもかかわらず、被疑事件を細かく分割してその1つ1つについて逮捕・勾留・勾留延長を繰り返すことで、起訴前に実質的には何か月も警察の留置場に身柄を拘束し、その間、家族や職場の関係者など弁護人以外のあらゆる人との接見も禁止して、弁護人の同席も認めずに取調べを継続することにより、否認を覆して自白を得ようとする捜査手法がいまでも踏襲されている。その背景には、捜査段階における被疑者の自白調書の証拠能力・証明力が、相変わらず刑事裁判できわ

めて重視される現状がある。

　憲法・刑事訴訟法では，逮捕，勾留，勾留延長，接見禁止といった措置にはすべて裁判官の承認が必要とされ，そのための手続も整備されているが，実際には証拠隠滅や逃亡の恐れ，捜査未了といった検察・警察の主張をそのまま認める刑事裁判実務が常態化しているといわれる（高野隆・人質司法）。冤罪の温床にもなってきたこうした「人質司法」には，被疑者・被告人の憲法上の権利の観点から大きな問題がある。

Column ③　受刑者の人権

　2002年の5月と9月に名古屋刑務所内で，刑務官の行為によって受刑者1名が死亡し，1名が重傷を負ったことが10月になって発覚した。その後，名古屋地検特捜部は，刑務官5名を特別公務員暴行陵虐罪で起訴した。刑務官は，自殺や暴行を防止するためにごく例外的に使用を認められているはずの革手錠で，受刑者に激しい拷問を加えたとされる。新聞報道によると，名古屋・府中・大阪・横須賀の4刑務所内で，2002年までの10年間に死亡した260名の受刑者のうち，「変死」が100名にのぼるという。

　受刑者の人権侵害の実態は，刑務所が外部から隔離された特殊な施設であるだけになかなか把握できない。これまで，受刑者には「法務大臣情願」「巡閲官情願」などの不服申立が認められ，弁護士会への人権救済申立の道も開かれてきたが，刑務所側の妨害や制裁を受けるケースもあるといわれる。

　そこで，政府の諮問機関として行刑改革会議が設置され，受刑者処遇の改善策が検討された。その結論を受けて，2006年6月に監獄法を全面改正する「刑事収容施設及び被収容者等の処遇に関する法律」が制定された。新法では，刑事施設を視察してその運営について意見を述べる第三者機関として，有識者からなる「刑事施設視察委員会」の設置が定められ，また，刑事施設職員の違法な有形力の行使に対しては，矯正管区の長および法務大臣に事実確認と再発防止措置を求める「事実の申告」制度を設けるなど，不服申立制度の充実も図られている（刑事施設被収容者の人権問題について，⇨*Chap.* 21）。

　受刑者の人権に関しては，選挙権の停止も問題となっている。拘禁

中の受刑者から，選挙犯罪以外の一般犯罪による受刑者にも選挙権を認めない公選法11条1項2号は憲法15条1項・3項等に違反するとして，直近の衆議院議員選挙等において選挙権を行使できる地位にあることの確認を求める訴訟が提起された。**東京高裁令和6年3月13日判決（LEX/DB 25598383）**は，社会からの隔離が適切と判断された受刑者には，「公正かつ民主的であるべき国家の意思形成過程である選挙に参加する資格・適性がないと疑うに足るやむを得ない事由がある」として公選法11条1項を合憲と判断したが，一般犯罪による受刑者の選挙権行使を全面的に否定する現行法には疑問があるだろう。

Column ④ 犯罪被害者支援の強化

刑事手続に関しては，犯罪被害者側の権利保護の充実も懸案であったが，2008年12月から被害者参加制度が導入された（刑事訴訟法316条の33以下）。この制度では，殺人罪・強制性交等罪など，一定の重大犯罪の被害者，その法定代理人，委託を受けた弁護士は，「被害者参加人」として公判期日に出席し，証人尋問・被告人質問・意見陳述などを行えることとなった。

犯罪被害者支援の面で大きな前進ともいえる反面，刑事法廷が被害者と被告人との直接的な対立の場となって，公正な裁判に影響を及ぼす懸念もある。

また，2008年に「犯罪被害者等の権利利益の保護を図るための刑事手続に付随する措置に関する法律」が改正され，「被害者参加人」についても国選弁護制度が導入された（同法11条）。

Column ⑤ 取調べの可視化

これまで捜査機関による取調べは，弁護人の同席もなく，録画もされず，密室で行われてきた。これが自白の強要や冤罪の一因であるとして，日弁連などがかねてから取調べの録画を要求していた。2006年からは実際に検察庁での取調べの部分的録画が試行されている。2010年に起こった大阪地検特捜部検事による証拠の改ざん事件を契機として，取調べの可視化を求める声が一層高まったため，法務省の法制審議会で刑事訴訟法等の改正が検討された。日弁連はすべての取調べの可視化を求めたが，最終的には検察庁・警察庁の主張が通り，2016年5月，裁判員裁判対象事件と検察独自捜査事件に限定して（全

捜査事件の3％程度）取調べの可視化を行う刑事訴訟法の改正が成立した。

[赤坂]

【2　社会的・経済的権利】

Chapter 3　生存権

> 支出をぎりぎりに切りつめて生活保護費のなかから約80万円の預貯金をした人が，その分だけ役所から保護費を削られた（1985年）。生活保護を受けていた老人が，クーラーはぜいたく品だから，とりはずさないと保護を打ち切ると役所に言われ，クーラーをはずした部屋で暑さのため脱水症状をおこした（1994年）。こんな事件も，1人あたりの国民所得が世界でも有数という日本の現実だ。この *Chapter* では社会保障と憲法との関係について考えてみる。

1　日本の社会保障制度の現状はどうなっているか

社会保障の歴史をほんの少し

生・老・病・死は生き物の宿命だ。生きること自体が，病気・事故・障害などのリスクを背負うことを意味する。かつてはどこの国でも，個人がこれらの理由から生活に困った場合には，本人・家族・近隣社会・慈善団体の努力や助けにまかされていた。これに対して社会保障制度とは，おおざっぱに言えば，病気・老齢・失業などが原因で生活に困っている人に対して，家族や地域社会にまかせずに政府の責任で援助を行うシステムである。

いろいろな国で社会保障制度が整備されるのは，20世紀後半になってからのことだ。こうした近代的な社会保障制度の形成に大きく貢献したのは，2人の政治家だと言われる。1人は，19世紀の後半に，ほぼ20年もの間ドイツ帝国の宰相だったビスマルクである。19世紀のドイツでは，急速な資本主義の発展のなかで，労働者の生活条件の悪化が深刻な社会問題となっていた。彼は社会主義運動を徹底的に抑圧する一方で，労働者の生活を改善するために医療保険・労働災害保険などの制度を創設してこうした社会問題の解決を図った。もう1人は，イギリス自由党の政治家ベヴァリッジである。彼が第2次世界大戦中にとりまとめた報告書は，「ゆりかごから墓場まで」と言われた戦後イギリスの社会保障制度の方向を決定した。敵国ドイツを「戦争国家」とよび，これに対抗して「福祉国家」のスローガンが掲げられたのも，この時期のイギリスである。いずれにせよ，社会保障制度の整備には，資本主義を修正しながら維持しようとする体制側の意図もあった。

| 戦前日本の社会保障の状況は？ |

日本でも，すでに1874年に，恤救（じゅっきゅう）規則が制定されている。しかし，これは，家族と近隣共同体による助合いを原則とし，老衰者・重度の身体障害者などごくかぎられた人に，あくまで例外的に米代を給付する恩恵的な救貧制度にとどまった。恤救規則に代わって，1929年に救護法が制定されるが，本質的な変化はなかった。最初の社会保険立法である健康保険法が制定されたのは，1922年のことである。この法律も，工場・鉱山労働者本人だけに対象を限定する不十分な内容だった。第2次大戦期までの日本で，社会保障的な制度とよべるのは，救護法，健康保険法，それに工場法などによる労働者の労災補償，軍人や官吏の恩給制度だけと言ってよい。資本主義の建設と対外膨張にいそがしかった日本国

家は，社会保障制度の整備にまではとても手がまわらなかったということだろう。

それが1937年以降になると，一転して，軍事扶助法・国民健康保険法・社会事業法・労働者年金保険法などの法律があいついで制定される。もっとも，これらは，戦時公債の消化に保険料をあてるなど，総力戦を遂行するための戦時立法という性格が強く，国民の「生存権」の保障という理念に導かれたものではなかった。

第2次大戦敗北後，日本国憲法の原案であるマッカーサー草案24条のなかで「社会保障の提供」が謳われ，これが最終的には現行憲法25条2項となった。他方，「すべて国民は，健康で文化的な最低限度の生活を営む権利を有する」とする憲法25条1項は，帝国議会の審議で社会党の提案によって加えられたものだ。こうして日本国憲法は，日本の歴史上はじめて，国民の「生存権」の保障と「社会保障制度」の樹立を宣言する憲法となった。そして，この憲法の下で，上にあげたような戦争中の諸法律が再編成され，新たな法律も制定されて，社会保障法の体系が形成されてきたのである。

社会保障制度の現状は？

もちろん，私たちにとって肝心なのは，現在の状況である。社会保障制度は，費用調達の手法の違いに着目して，社会保険と公的扶助とに区別されたり，給付の種類に着目して，金銭給付・現物給付・サービスの提供に区別されたり，分野別に所得保障・医療保障・雇用保障・労働災害補償などに分類されたりする。現在の日本の制度は，1つの法律のなかにこれらの要素がいろいろな形で取り込まれていることが多くて複雑だ。ここでは一応「社会保険」と「公的扶助」とに大別しておく。

① 社会保険とは，政府が国民からあらかじめ保険料を徴収して，病気・失業・退職といった一定の事態が発生した場合に，医療・失

業給付・年金などの金銭・現物給付を受けられるようにする仕組みである。将来に備えて各人が積立てを行い，特定の事態が生じたら決まった額の給付が受けられる点では，民間保険会社の生命保険や災害保険と同じだ。ただ，政府が「胴元」となる点，強制的な性格をもつ点が違うのである。いまの日本には，国民健康保険法，国家公務員共済組合法，国民年金法，厚生年金保険法，労働者災害補償保険法，雇用保険法，介護保険法などによる各種の社会保険制度がある。

② これに対して，公的扶助とは，税金でまかなわれる社会保障である。戦後の制度では，現に生活が成り立たないほど困窮している人に対して，資産調査を前提として行われる生活保護法上の保護がその中心である。各種の社会手当も，国の拠出と一部は事業主などの拠出によってまかなわれ，受益者の積立てによらない所得保障である。これには，児童手当法・児童扶養手当法・原爆被爆者援護法・公害健康被害補償法などによる諸手当がある。これらに加えて，たとえば老人ホームでの介護のような金銭給付以外の公的サービスの提供が考えられる。こちらは，公的扶助と区別して（狭義の）社会福祉とよばれる。この種の福祉サービスに関する法律には，社会福祉法，民生委員法，老人福祉法，母子及び父子並びに寡婦福祉法，身体障害者福祉法，児童福祉法などがある。

こうして見ると，現在の日本には，かなり整備された社会保障法の体系が存在するということだ。とはいうものの，制度の運営者の側と利用者の側とでは，問題意識や現状の評価も当然違ってくるし，具体的な制度については，保険金の支払水準と給付額，対象者の範囲と認定，サービスの質量など，さまざまな点に議論がありうる。たとえば，急速な高齢化に直面して，これまで国庫の補助などによって，積立額よりかなり多額の給付を受けることができた年金制度

の見直し論議がおこっている。この **Chapter** の最初にあげたのは生活保護をめぐる問題の一例だが，生活保護についてもう1つ例をあげておこう。

Column ⑥　生活保護の状況

　生活保護受給者は2008年のリーマンショック以降急増し，新聞報道によれば，2015年3月には受給者数217万4331人，受給世帯数162万2458世帯で，いずれも過去最多を記録した。2024年9月の数字も200万7830人，165万802世帯と，高水準が続いている。1996年度には89万人，61万世帯にまで減少していたことを考えると，その増加ぶりがよくわかる。

　社会保障関係費の抑制は従来から政策課題とされ，不正受給の問題がマスコミで取り上げられてきたこともあって，国会は2012年に社会保障制度改革推進法，さらに2013年12月には改正生活保護法と生活困窮者自立支援法を制定し，生活保護制度の見直しに乗り出した。2014年7月から施行された改正生活保護法では，生活保護申請時に書面と添付書類を必ず提出することが義務づけられ，扶養義務者への警告通知制度の導入，役所の調査権限の強化などが盛り込まれた。これらは，申請者の状況調査の徹底を求めた1981年のいわゆる123号通知（厚生省社会局の課長通達）や，生活保護申請を受理せずに「相談」扱いとするといった役所の窓口による「水際作戦」を，いわば法定化する趣旨とも解される。また，2013年8月からは生活保護水準の引き下げも実施された。

　2008年以降，働く能力のある人が生活保護受給者に大量に流れ込む現象が見られ，生活保護と最低賃金の逆転現象などでこれらの層が再び自立することが困難化しているとの指摘がある一方（たとえばNHK取材班・NHKスペシャル・生活保護3兆円の衝撃），真に支援を必要とする困窮者が切り捨てられていないかとの批判もある（たとえば森川清・A to Z 改正生活保護法）。

　コロナ禍による飲食・観光業や関連業種の経営破綻，非正規雇用者の雇用環境の悪化などによって，最後のセーフティネットとしての生活保護の重要性がますます高まるなか，生活保護申請者について，役所が親族に扶養の可能性を照会する「親族照会」という実務慣行が，

保護を求める人にとって事実上の高いハードルとなっているという，NPO などからの従来の批判があらためてクローズアップされた。2021 年 4 月，厚生労働省は従来の方針を変更し，申請者が親族照会を拒む場合には，その理由について「特に丁寧に聞き取り」を行った上で判断するように求める通知を出した。しかし，NPO などからは，親族照会は申請者が事前に承諾した場合に限定するよう求められている。

Column ⑦　ベーシック・インカム論

　ベーシック・インカムとは，ある社会で生活するのに必要となる基礎的な所得を意味する。ベーシック・インカム論とは，国家は全国民にベーシック・インカムを無条件に給付すべきだという社会政策上の提言で，この主張には 200 年以上の歴史があると言われるが，日本で活発な議論をよびはじめたのは 2005 年前後のことである。アイルランド政府が 2002 年に公表したベーシック・インカム白書は，この提言の内容を次のように要約している。

　ベーシック・インカムは，資力調査や稼働能力調査なしに，個人に対して無条件に給付される。ベーシック・インカムの給付は非課税で，他の所得は課税される。ベーシック・インカムの給付水準は，尊厳をもって生き，現実生活における選択肢を保障するものでなければならない。現物ではなく定期的に金銭で給付され，使用目的には制約がない。世帯などの単位ではなく，個々人に支払われる（山森亮・ベーシック・インカム入門）。

　ベーシック・インカム論は，働かざる者食うべからずというモラルに反し，富者と貧者を区別しないので不平等であり，社会保障費を膨大なものにする非常識な提案だという直観的な反発をよびおこす。しかし，ベーシック・インカム論の支持者は次のように考える。ベーシック・インカム給付の導入によって，生活保護・失業手当・老齢年金など既存の社会保障給付の大半は廃止されるので，必ずしも社会保障費の膨大な増加を招くわけではない。雇用労働に従事しなくても人としての最低限度の生活は可能になるので，夫婦共働きで夫は正規雇用といった標準モデルに当てはまらない，たとえば非正規雇用のシングルマザーのようなライフスタイルでも育児との両立が十分可能になる

など，働き方を含めて人生の選択肢が広がる。したがって性差別，ワーキングプア，ブラック企業などの社会問題の解決にも資する（山森・前掲書参照）。

憲法解釈の次元では，ベーシック・インカム給付の提言は，27条1項後段の「勤労の義務」規定をクリアする必要がある。その上で，抽象的権利説をベースに25条を解釈するこれまでの学説・判例の立場からは，ベーシック・インカム制度の導入も，その政策的な当否は別として，憲法的には立法裁量の範囲内ということになるだろう（辻健太「なぜベーシック・インカムが望ましいか」田中愛治監修・須賀晃一＝齋藤純一編・政治経済学の規範理論所収参照）。

2 憲法25条にはどのような意味があるか

生存権と社会権　**1**で見たような社会保障制度を構成するさまざまな法令と，その運用の実態に対して，憲法25条はどんな意味をもっているのか。これが，憲法学プロパーのテーマである。

そこで，まず，日本国憲法のなかでの25条の位置づけを確認しておこう。憲法の人権条項をどう体系的に理解するか。はじめ学者の間にはいろいろな見方があった。しかし，高名な民法学者だった我妻栄が，1948年に発表した論文で，政府からの市民の自由を保障する「自由権」を19世紀的権利，政府による市民の生存の確保を目指す「生存権」を20世紀的権利と位置づけ，憲法25条～28条の4カ条をひとまとまりの「生存権的基本権」条項と理解する説を唱えてから（我妻栄・民法論集Ⅷ参照），これが急速に一般化した。憲法学者の多くは現在でもこの理解に立ち，ただし用語としてはこ

の4カ条で保障された権利を「社会権」，そのなかで特に25条の権利を「生存権」とよんでいる。なかでも25条の「生存権」は，「社会権」全体の総則的規定と考えられてきた。だから，25条の内容や法的な意味について勉強することは，同時に他の社会権（⇨*Chap.* 4・5）の意味を学ぶための前提でもあるわけだ。

25条の法的意味

では，憲法25条1項（そして，これと表裏一体の25条2項）が国民に生存権を保障したことには，どんな法的な意味があるのだろうか。25条の理解にとってはこれがメイン・テーマである。どの本にも書いてあるように，これまで主張されてきた解答は次の3つだ。「25条は，国政のプログラムの宣言だ」（プログラム規定説）。「25条は裁判規範だ」（抽象的権利説）。「25条は，裁判で請求できる具体的な権利を国民に保障した規定だ」（具体的権利説）。それぞれの説の中身と相互の関係には，人によっても理解の違いがあり，不明確な点もあるので，もう少しつっこんだ考察が必要だろう。

プログラム規定説

資本主義諸国の憲法典で，生存権の思想をはじめて条文に取り入れたのは，1919年制定のドイツの憲法（ワイマール憲法）だと言われている（同151条）。当時のドイツの学説は，この規定を国政の指針（プログラム）を宣言したものだと読んだ。昭和20年代には，日本国憲法25条についてもこの解釈が一般的だった。その背景には，資本主義社会では，自分のめんどうは自分で見るのが原則だという発想と，だいたい敗戦直後の食料難の時代に，政府には貧窮者を手厚く保護する余裕などなかったという事情がある。

　純粋なプログラム規定説とは，あからさまに言ってしまえば次のような考え方である。25条は，立法部・行政部に対して，国民の生活を保障する良い政治をしろという国政の指針を示した。しかし，

これは政治の心構え，政府の道徳的義務の宣言，法的効果のない「注意規定」だ。だから，仮に餓死者が出るような事態になっても，政府の行為は悪政ではあるが憲法 25 条違反とは言えない。結局 25 条は法的に見ればゼロである。1 で見たような社会保障関係のいろいろな法律の内容について，それらが憲法 25 条に反するという議論も，プログラム規定説をとればそもそも成り立たない。

抽象的権利説　朝日訴訟の一審判決（日本もそろそろ高度成長期に入った 1960 年）をきっかけとして，学者の間でもプログラム規定説への批判が強まる。こうして，「抽象的権利説」とよばれる解釈が一般的になっていった。25 条は国民の権利を保障しているが，その権利は抽象的で，具体化には法律が必要だ，という一見するとわかりにくい考え方である。

まず，抽象的権利説をとる論者に共通なのは，25 条だけを根拠として，つまり何も具体的な法律がないのに，国民が金銭などの給付請求訴訟をおこしても，それは認容されないという理解だ。たとえば私が，マンションのローンに苦しんでいて，これでは「健康で文化的な最低限度の生活」はとても不可能だと考え，25 条だけに基づいて月々 10 万円のローン補助を国に請求しても敗訴する，ということである。この点はプログラム規定説と同じだ。

それでは次に，現在のようにいったん社会保障関係のさまざまな法律が制定されたあとは，25 条はどういう意味をもつのか。この点になると，ひとくちに抽象的権利説と言っても，人によって理解はいろいろである。裁判所や行政実務では，個人の具体的な給付請求権はあくまで個々の法令ではじめて創設されたものだから，給付が認められるかどうかは法令だけから判断されるという見解も有力だ。これだと，25 条を法的にはゼロと見るプログラム規定説と結局何の違いもないことになる。

他方で，25条と個々の法律規定とが「一体となって」，役所の決定が違法かどうかを判断する基準となるという説明も，教科書などに広く見られる（たとえば芦部・憲法）。これは生活保護法などの法律が，憲法規範の効力を獲得するという主張だと理解している人もある（長谷部恭男編・リーディングズ現代の憲法［棟居快行執筆］）。しかし，法律が25条と一体ならば，その法律が25条違反かどうかは問題にできない。争いがすべて結局は法律違反かどうかで判断される点では，この理解もプログラム規定説と大差ない結論になる。

　むしろ，抽象的権利説の特徴は，たとえば生活保護の給付申請を，あくまで法律の規定にしたがって却下した役所の決定を裁判で争う場合に，その決定の根拠となった法律自体の違憲性を問題にできることにある。25条だけでは訴訟はおこせないが，個別の法律に基づいて争いがいったん裁判の土俵にのぼれば，25条がきいてくる。その意味で「25条は裁判規範だ」と言われるわけである。

具体的権利説　抽象的権利説に対立して説かれたのが具体的権利説（大須賀明・生存権論）だ。ただし，従来の具体的権利説は，個別の法律規定がなければ国民は具体的な給付請求をすることができないと考える点では，抽象的権利説と同じである。「健康で文化的な最低限度の生活」は，時代をかぎれば客観的に確定できる。この水準を確保する社会保障法律がない場合，法律がないという状態（立法不作為）が25条違反だと裁判所に確認してもらえる。つまり，立法不作為の違憲確認判決が可能だという主張，これが抽象的権利説との違いである。

　しかし，現在の行政訴訟の枠組みでは，「立法不作為の違憲確認訴訟」は技術的にむずかしいこと，裁判所に確認してもらったとしても，そのあとの具体的な救済方法が不明なこと，こうした点が多数説からは疑問視されている。違憲確認訴訟ではなく，立法不作為

を理由とする国家賠償訴訟なら，個人の金銭賠償請求として技術的に可能だというアイディアにも，在宅投票制度廃止違憲国賠訴訟（最判昭和60・11・21民集39巻7号1512頁）および在外国民選挙権訴訟（最大判平成17・9・14民集59巻7号2087頁）で示された最高裁の例外要件が立ちふさがっている（⇨*Chap.* 8-*1*）。

ことばどおりの具体的権利説

こうして生存権の法的性格論議では，多くの学者が抽象的権利説をとり，法律に具体化された国会の政策選択（立法裁量）を，裁判の場で25条によってどう枠づけるかに関心を集中させてきた。しかし，1990年代には，特定の場合には，国民は25条だけに基づいて金銭給付を得られるとする，「言葉どおりの具体的権利説」が現れた（棟居・前掲論文）。

この説の主張は次のように要約できるだろう。これまでの学説はどれも，個別の法律規定なしには個人の具体的な請求は認められないと考えてきた。その理由は，「健康で文化的な最低限度の生活」という概念が不確定なこと，予算が必要なことなどであった。しかし，「わいせつ」のような不確定概念にも裁判所は一定の解釈を示してきたし，最低限度以下と明らかに言える生活水準は特定可能だ。また，財産権の損失補償も予算措置が必要な点は同じなのに，最高裁は憲法29条3項だけを根拠とした請求を認めている。25条についてそれを否定する理由はない。結局，最低限度に満たない生活水準であることが訴訟で立証されれば，裁判所が25条だけを根拠に金銭の給付を命じてもおかしくない。

争いのシナリオ別に考える

学者のなかには，抽象的権利説か具体的権利説か，といった一般論に終始していても生産的ではないと指摘する人もいる（中村睦男・論点憲法教室）。最後にこの *Chapter* でも，憲法25条をめぐっ

てどんな争いが訴訟になるのか，そのシナリオをいくつか考え，あらためて25条の意味を探っておきたい。

① 役所の決定が法律に違反していないかどうかが，訴訟の場で争われるケース。たとえば，役所から生活保護の申請を却下されたり，生活保護を停止された人が，こうした決定は生活保護法に反するとして，その取消しを求めて行政訴訟をおこす場合である。朝日訴訟はこれだ。法律の規定が役所に一定のフリーハンドを認めているときが特に問題となる。裁判所は，具体的な決定が法律の枠内にとどまっているかどうか，つまり「行政裁量」の限界を超えていないかどうかを判断することになる。このケースでは，直接には25条の出番はない。ただ，生活保護の場合，生活保護法3条が憲法25条とほぼ同様の規定なので，実際の給付額が生活保護法3条違反となるかどうかの判断は，同時に憲法25条違反となるかどうかの判断だとも言える（25条と法律との「一体化」論は，このコンテクストで出てきた議論である）。

> **判例** 朝日訴訟（最大判昭和42・5・24民集21巻5号1043頁）
>
> 重度の結核で入院中の朝日さんは，兄から新たに月1500円の仕送りを受けることになった。そこで役所は，これまでの月600円の日用品費支給と医療費無料という生活保護を変更し，仕送り1500円から900円を医療費として支払わせ，残り600円を日用品費にあてさせることに決定した。朝日さんはこの決定を違法だとして訴訟をおこした。しかし最高裁の判断は，役所の決定を認めた高裁判決を追認するものだった。憲法25条は国の責務の宣言にとどまり，国民に具体的権利を付与したものではない。具体的な請求権の根拠となる生活保護法も，「健康で文化的な最低限度の生活」については広い行政裁量を認めており，本件決定の根拠となった厚生省告示による「生活扶助基準」は，この裁量の範囲を超えているとは言えない。これが最高裁の考え方だ。この判決は，食糧管理法違反事件判決（最大判昭和23・9・29刑集2巻10号1235頁）を受けて，プログラム規定説に立つ判決と言われる。ただ，告示が法律違反かどうかが直接の争点であって，法律の違憲性が争われたのではない点

に注意が必要だ。

(判例)　生活保護老齢加算廃止訴訟（最判平成 24・2・28 民集 66 巻 3 号 1240 頁）　生活保護法 8 条 1 項にもとづいて厚生労働大臣が定める「生活扶助基準」（厚生労働省告示）では、生活保護費は基準生活費と各種の加算に分かれている。加算は、基準生活費では考慮されていない特別の需要を補塡するもので、そのなかには 70 歳以上の被保護者に支給される老齢加算があった。しかし、厚生労働大臣は、70 歳以上の高齢者であることによる特別の需要（特別な食品、暖房費など）は見出されないという理由で、2004 年・2005 年には老齢加算を減額し、2006 年には全廃した。これらの措置は、「被保護者は、正当な理由がなければ、既に決定された保護を、不利益に変更されることがない」とする生活保護法 56 条に違反し、ひいては憲法 25 条に違反するとして、各地で取消訴訟が提起された。

本件最高裁判決も、憲法 25 条・生活保護法 3 条にいう「最低限度の生活」が高度の専門技術的な政策的判断を必要とする抽象的・相対的概念であるため、憲法を具体化する法律については広い立法裁量、法律を具体化する行政の行為については広い行政裁量が認められるとする点では従来と変わらない。しかし、本件判決は、生活保護法を具体化する生活扶助基準の改定に際して厚生労働大臣の判断の過程に過誤があったり、老齢加算の廃止にあたって激変緩和措置をとるべきか否かの判断に裁量権の逸脱・濫用があった場合には違法となるとした。本件にはこのような過誤や逸脱・濫用はなかったとして、一審原告の上告は棄却したが、これまでとは異なる慎重な適法性審査の方針を示した点は注目される。

②　役所の決定の根拠となった法律が、25 条に違反していないかどうかが訴訟の場で争われるケース。堀木訴訟がこの例だ。役所の決定は法律どおりだとしても、その法律が 25 条に違反している以上、決定も違法となるのではないか。25 条を具体化したはずの法律が、じつは 25 条に違反していないか。つまりこの種のケースでは、国会の政策判断（立法裁量）の限界が争われる。最高裁の審査方法は、法律が「著しく合理性を欠き明らかに裁量の逸脱・濫用と見ざるをえない」場合以外は合憲という、法律にきわめて好意的ないわゆる「明白性の審査」（⇨*Chap.* 22-*2*）だ。これに対して学説

からは，最低限度の生活の維持が問題となっている場合には，たとえば「併給禁止規定」を設けた目的にどの程度の重要性があるのか，この目的を達成するために他の選択肢はないのか，裁判所はこれらを審査して合憲性をもっと厳しくチェックすべきだという批判がある（「厳格な合理性の審査」）。

> **判例** 堀木訴訟（最大判昭和 57・7・7 民集 36 巻 7 号 1235 頁）
>
> ほぼ全盲の視力障害者で，離婚後働きながら子どもを養育していた堀木さんが，障害福祉年金に加えて児童扶養手当の給付も申請したところ，児童扶養手当法に二重の給付を禁止する規定（併給禁止規定）があったために申請を却下され，この決定の取消しを求めた事件である。最高裁は広い立法裁量を認めて，併給禁止規定を合憲と判断した。プログラム規定説に立つ判決だという理解もあるが，著しく不合理なことが明らかな場合には，法律が 25 条違反になることを認めるのだから，議論の構造としては抽象的権利説とみるべきだろう。

> **判例** 学生無年金障害者訴訟（最判平成 19・9・28 民集 61 巻 6 号 2345 頁）
>
> 国民年金法が，1959 年の制定から 1989 年の改正まで，20 歳以上の学生を被保険者から除外していたため，20 歳以上で障害を負った学生には障害福祉年金や障害基礎年金の受給資格が認められなかった。他方，国民年金法は，20 歳未満で一定の障害を負った者には，無拠出でもこれらの年金の受給資格を認めていた。こうした法律規定を放置した立法不作為が憲法 25 条・14 条 1 項に違反するとして，国家賠償請求訴訟が各地で起こされた。最高裁は，20 歳以上の学生にも任意加入の道は開かれていたことや，無拠出の給付をどの程度認めるかは財源問題と切り離せないことなどを理由に，国会の合理的な裁量権の範囲内であるとして，25 条違反の主張も，14 条 1 項違反の主張も退けた（⇨*Chap.* 23-**4**）。

> **判例** 年金減額訴訟（最判令和 5・12・15 民集 77 巻 9 号 2285 頁）
>
> 国民年金法上の老齢基礎年金と厚生年金保険法上の老齢厚生年金の年金額については，2004 年以前は「物価スライド制」（物価の変動に応じて年金額を改定する仕組み）がとられていたが，2000 年以降の全国消費者物価指数の下落にもかかわらず，「物価スライド特例法」が制定されて年金額の減額は行われなかった。物価スライド特例法が適用されなかった場合の年金額を「本来水準」，物価スライド特例法により減額されなかった年金額を「特例水準」という。年金額の算定に関しては，2004 年

の法律改正により,「物価スライド制」に代わっていわゆる「マクロ経済スライド制」が導入されたが, 特例水準は維持されたままであった。

しかし, マクロ経済スライド制にもとづく本来水準と, 減額しない特例水準との差が 2011 年度には 2.5％ に拡大したことや, 少子高齢化によって国民年金・厚生年金の収支の赤字拡大が見込まれたことから, 2012 年に「国民年金法等の一部を改正する法律等の一部を改正する法律」が制定され, 2013 年度から 2015 年度の 3 年間で, 特例水準が段階的に解消された。

この改正法の適用によって年金額を減額された受給者が, 改正法が憲法 25 条等に反することを理由に, 全国各地で減額処分の取消訴訟を提起した。各地の一審判決は, 堀木判決の広い立法裁量論に従って, 本件改正法の制定は「著しく合理性を欠き明らかに裁量の逸脱, 濫用と見ざるを得ないとはいえない」として, 合憲判断を下している。また, 生活保護老齢加算廃止訴訟で最高裁が打ち出した「判断過程統制」型の審査手法が立法過程にも適用されるか否かについては, 各地の一審は明言を避けているが, 低年金受給者に焦点を当てた生活実態の調査検討がなされたかなど, 立法過程を確認する姿勢は見せている。しかし, 結論的には, 立法過程ではこうした調査検討等が行われなくても, 改正法の制定が著しく合理性を欠き立法裁量の逸脱・濫用に当たるとまではいえないとした。

本件最高裁判決は, 立法過程の判断過程統制については特に言及することなく, 堀木判決の基準を用いて, 世代間の公平, 年金制度に対する信頼低下の防止, 年金制度の持続可能性の確保の観点から, 本件改正法の制定は著しく合理性を欠く立法裁量の逸脱・濫用とはいえないとした。

③ 生存権などの社会権規定は,「自由権的側面」も含むと言われる。身寄りがなく, 病気で働けないために収入の道もない人は, 25 条を受けて作られた生活保護法の規定で, 生活費を政府から援助してもらう権利をもつ。これが, 政府の給付を請求できるという社会権本来の内容だ。しかし, なんとかぎりぎりの生活をしている人から, 政府が高額の税金を徴収したらどうだろう。この場合は, 政府の行為によって生存権が侵害されたことにならないか。もし裁判で争うなら, 取りすぎの税金の返還請求訴訟をおこすことになる

だろう。これは，政府に援助を求める本来の社会権の主張ではなくて，政府の介入（税金の取りすぎ）を拒否する自由権的主張と理解できる。この種の請求の根拠となりうるという意味で，生存権には「自由権的側面」があると言われるわけだ。ただし，この請求が認められるかどうかは，国会には税金について決定するどの程度の裁量権があるか，そして，この人への課税は「健康で文化的な最低限度の生活」を侵害しているか，これらによって決まることになるだろう。つまり，判断の枠組みは②のケースと変わらない。

判例　総評サラリーマン税金訴訟（最判平成元・2・7判時1312号69頁）
　労働組合の団体であった日本労働組合総評議会が，所得税の課税最低限が高すぎて，低所得者の生存権が侵害されていると主張した訴訟である。最高裁は，所得税法の規定は，著しく合理性を欠き明らかに国会の裁量権を逸脱しているとは言えないとして，訴えをしりぞけた。

④　法律が何もない場合に，25条だけを根拠として，給付請求が行われるケース。25条の生存権はいわば「法律待ち」の権利だから，この場合には給付は認められない。これが抽象的権利説の解答だが，実際には立法不作為の違憲を理由に国家賠償を請求できると考えられている。

　抽象的権利説をベースに考えるとしても，国会の立法裁量に枠をはめること，これを可能にするような違憲審査の道を探ること，この点が相変わらず学説の課題だと言えるだろう。

〔赤坂〕

【2　社会的・経済的権利】

Chapter 4　教育権

1 「教育権」という言葉

「教育権」概念の多義性

　この *Chapter* では，教育の場面でこれまで展開されてきたさまざまな権利の主張と，憲法との関係を考える。憲法が教育というテーマにふれた唯一の条文は 26 条だ。この条文で直接に保障されているのは，「教育を受ける権利」である。もちろん教育を受ける権利の主体には，おとなも子どももすべての人が含まれる。しかし，その主たる権利者が学齢期の子どもであることは疑いない。もっとも，教育という場面の主要な登場人物には，教育を受ける側である

子どものほかに,教育する側としての親・教師・政府(文部科学省・教育委員会)などがある。

これら教育する側の権利とか権限を示す用語として,「教育権」という言葉が使われることが多い。「親の教育権」「教師の教育権」「国民の教育権」「国家の教育権」など,26条やその他の憲法条項を根拠として,これまでにもいろいろな教育権が主張されてきた。同じ言葉でも,使う人とコンテクストによって,違う意味で使われることがあるので注意が必要だ。憲法学者のなかには,教育権という言葉があまりにも多様な意味で使用されてきたこと,憲法上の人権とは言えない内容も含んできたこと,教える側の人権をことさら教育権とよばなくても,表現の自由・思想良心の自由などの問題として考えれば必要十分なこと,これらを理由に,憲法学には教育権の概念は不要だと考える人もいる(芦部編・憲法Ⅲ[奥平康弘執筆])。

傾聴に値する見解だが,憲法について学ぶ場合,これまで教育権という言葉をめぐって行われてきた議論のあらましを知っておく必要があることも事実である。この *Chapter* のタイトルを教育権としてあるのは,教育の場面で主張されてきたいろいろな権利・権限の検討がテーマであることを示すごくおおざっぱな言葉遣いのつもりだ。上に述べたいろいろな登場人物の具体的な権利内容を指し示すためには,必要に応じてそれぞれもっと適切な用語を選択することにしたい。

Column ⑧ 権利と権限(権能)

以下の解説の前提として,「権利」と「権限(権能)」という言葉の説明をしておこう。権利とは何かは,憲法学にかぎらず法学の大問題だ。ふつう,憲法や法令などが,個人・団体の一定の行動や状態を承認し保護している場合,彼らには権利があると言われる。そこには,そうした行動・状態を法が保護するのは本人のため,という前提があ

る。これに対して「権限(権能)」は,憲法や法令などが,あるポストに割り当てた仕事の範囲である。そのポストに就任した人は,自分のためではなく,他人のため社会や組織のために,仕事として特定の行動をとることを認められた,というわけだ。しかし,ある人の特定の行動が,権利の面と権限の面とを合わせもつこともある。たとえば,大学の教師が講義を行うことは,法令や学内ルールで割り振られた仕事(権限)だが,同時に憲法は,大学教師の講義内容を政府が規制することを原則的に禁止して,彼らの研究者としての利益(学問の自由=権利)を守っている。小・中・高等学校の教師の教育活動についても,程度の差はあれ同じことがあてはまると言われている。

2　教師の「教育権」

「国民の教育権」と「国家の教育権」

　教育の現場で生じる紛争・権利侵害は多種多様だ。子どもの間でも(いじめ),親子の間でも(親による虐待,子どもによる家庭内暴力),子どもと教師との間でも(校則による規制の是非,教師による体罰,校内暴力,学級崩壊)いろいろなトラブルが起きてきた。しかし,日本国憲法とその「精神に則」って制定された教育基本法のもとで,まず最も激しく論じられたのは,小・中・高等学校までの普通教育の内容を決める権利・権限は誰にあるのか,という問題だった。のちに紹介する1976年の旭川学テ最高裁判決あたりの時期まで,教育界では特にこの論点がクローズ・アップされ,そこからさらに,子どもや親の権利についてもいろいろな議論が出てきたと見ることができるだろう。

争点となったのは，教科書検定，全国中学校一斉学力調査（いわゆる「学力テスト」「学テ」），学習指導要領（特に学校行事での日の丸掲揚・君が代斉唱の要請），教師の勤務評定などである。対立の実質的な主役は，これらの制度を導入した文部省（現文部科学省）と，こうした政策を教育の国家統制（戦前への回帰，管理教育）と見て，これに反発する教師たちの組合（日本教職員組合＝日教組）や教科書執筆者だったと言ってよい。この対立が「国家の教育権」か「国民の教育権」か，というスローガンで表現されたのである。

Column ⑨ 教育基本法の改正

第2次世界大戦前の普通教育は，天皇の詔勅である「教育勅語」を指導理念としていた。教育勅語では，天皇への忠節が国民の道徳的義務であり，その涵養が教育の基本目的であることが強調され，全校の児童・生徒・教職員を集めて，校長が「勅語奉読」を行う儀式も挙行された。

日本国憲法とともに制定された教育基本法は，こうした教育勅語体制による「皇民」教育を根本的に変革し，個人の尊厳を基調とする新たな教育理念を謳った，まさに戦後教育の基本法である。しかし，教育現場の荒廃などの教育問題への対処策ということで，2000年以降，政府・自民党内では教育基本法改正の動きが強まり，紆余曲折を経て，2006年12月に59年来はじめての教育基本法改正が国会で成立した。

新教育基本法では，前文に個人の尊厳の尊重，真理と正義の希求と並んで公共の精神の尊重が追加され，教育の目標という条項が新設されて，そのなかで「伝統と文化を尊重し，それらをはぐくんできた我が国と郷土を愛する」態度を養うことが掲げられた。日本国憲法といわばワンセットで制定された教育基本法が，公共心・愛国心の涵養を強調する方向で改正されたことは，憲法改正の道ならしとも受け取られて大きな論議をよんでいる。

教師の「教育内容決定権」

「国民の教育権」論は、現場の教師たちとこれを支持する多くの教育学者・教育法学者によって唱えられた。その主張の力点は、子ども・親の付託を受けた現場の教師に、教育権＝教育の自由＝教育内容決定権が、憲法上の人権として保障されているということにあった。つまり「国民の教育権」論の実質は、「教師の教育内容決定権」と見てもよい。これに対して、「国家の教育権」論が主張したのは、結局文部省による普通教育の内容決定権であった。個々の教師の決定「権」は、人権と権限の両面をもつと考えることが可能だが、政府自体は人権の主体ではないので、国家（文部省）の教育「権」のほうは、純粋に権限レベルの話ということになる。

さて、ひとくちに教師の教育内容決定権と言ってもさまざまななかみが考えられ、その具体的内容と人権としての性質が、これまで十分に煮詰められてきたとは必ずしも言えない。そのなかには、たとえば次のような考え方もある。教師の教育内容決定権は、個々の教師の授業実施権・教育評価権・懲戒権・生活指導権、学校（教師集団）の教育課程編成権・教育措置決定権・懲戒処分権・生活指導権に分類整理され、人権としての面と権限としての面とを合わせもつ。これらのなかでも、特に個々の教師の授業実施権には人権としての性格が強い。教師の授業実施権は、（学校運営に対する個々の教師の参加権を前提とした）学校の教育課程編成権と、生徒の人権の枠内で、最大限尊重されるべきだ（内野正幸・教育の自由と権利）。

いずれにせよ、憲法上の権利として教師の教育内容決定権を肯定する立場に立てば、政府（文部科学省・教育委員会）の権限は、学校の施設設備の充実や、教師の給与など勤務条件の確保といった教育の外的諸条件の整備と、教育内容に関する指導助言にかぎられる。すなわち、政府による具体的教育内容の決定権限という意味での

「国家の教育権」は否定され，教育内容に関する政府の決定権限は，あくまでも科目の種類や授業時間数などの枠を示す「学校制度的基準」の設定に限定される（兼子仁・教育法）。したがって，誤記・誤植の訂正勧告を超える教科書検定制度やそれに基づく検定不合格処分，学習指導要領のうち「学校制度的基準」を超える部分の法的拘束力の承認は，いずれも教師の教育内容決定権を侵害して違憲・違法（教育基本法 16 条 1 項〔教育への「不当な支配」の禁止〕違反）と判断されることになるだろう。

　人権としての教師の教育内容決定権の根拠については，13 条（幸福追求権）説，23 条（学問の自由）説，26 条説があった。しかし今日では，複合説が有力と言えるだろう。この説は，学問の自由は大学に所属する研究者の独占物ではなく，保障の程度に差はあっても普通教育にたずさわる教師を排除する理由がないこと，教師の教育の自由は 26 条で保障された子どもの教育を受ける権利を支える役割も果たすこと，これらの点を理由として，23 条と 26 条（さらには 13 条）から教師の教育内容決定権が導かれるとしている（こうした議論を批判して，教師の教育内容決定権の人権としての側面を，21 条の表現の自由の一環と捉える見解もある。奥平・前掲書，内野・前掲書参照）。

> 裁判所の考え方

誰のどういう「教育権」かという論点は，教科書検定・学力テスト・学習指導要領などの違憲・違法性が争われた裁判のなかでも繰り返し議論された。3 つの代表的な裁判をあげておこう。

　① **家永訴訟**　高校用教科書『新日本史』の検定不合格処分や条件つき合格処分に対して，著者である歴史学者家永三郎氏が提起した取消訴訟と国家賠償請求訴訟である（第 1 次から第 3 次に至る家永訴訟全体の流れについては，⇨*Chap.* 11 の**表 11-1**）。文部省による教

科書検定制度の違憲性と,個々の検定処分の違法性とが争われた。第2次家永訴訟の一審「杉本判決」(東京地判昭和45・7・17行集21巻7号別冊1頁)は「国民の教育権」論を,第1次家永訴訟控訴審「鈴木判決」(東京高判昭和61・3・19判時1188号1頁)は「国家の教育権」論を,それぞれ支持した判決として有名だ。これらの訴訟で最高裁は一貫して,教科書検定制度自体は合憲としている。

② 旭川学テ事件(最大判昭和51・5・21刑集30巻5号615頁) 文部省は1961年から64年までの間,全国中学校一斉学力調査を実施した。これを憲法・教育基本法に反する政府の不当な教育介入と考えてその実施を実力で阻止しようとした各地の教師が,公務執行妨害罪・建造物侵入罪などで起訴される事件があいついだ。そのうちの1つ,1961年度の旭川市立永山中学校のケースに関するこの判決は,「教育権」論議に実務的には決着をつけたと言えよう。

この判決で最高裁は,「国民の教育権」論と「国家の教育権」論とを,いずれも「極端かつ一方的」だとしてしりぞけた。最高裁によれば,普通教育の教師にも憲法23条によって教育の自由が限定的だが認められ,他方,政府も教育内容決定権をもつ。政府の権限はもちろん無制限ではなく,「誤った知識や一方的な観念を子どもに植えつけるような内容の教育を……強制するようなことは,憲法26条,13条……からも許されない」。だから,文部省による普通教育の内容の基準設定は,大綱的なものでなければならない。

判決は,本件当時の中学校学習指導要領が全体としては「大綱的基準」と言えるので,教育基本法の禁止する「不当な介入」にあたらないとし,全国の中学校教育の機会均等を図るため,学習指導要領の内容に基づいて行政調査として「学力テスト」を実施することも,文部省の権限に属すると判断した。政府にありとされる「教育内容の大綱決定権」は,有力な教育法学説が主張する「学校制度的

基準設定権」よりも範囲が広く，現行の教科書検定制度・学習指導要領がいずれも合憲とされていることに注意が必要だ。

③ **伝習館高校事件**（最判平成2・1・18民集44巻1号1頁）　教科書を使用せず，学習指導要領から逸脱した教育を行ったとして，懲戒免職処分となった教師たちが，処分の取消しを求めた裁判の上告審判決である。控訴審は，学習指導要領が「法規としての性質」（法的拘束力）をもつことを認めたが，懲戒処分には学校長の裁量権濫用があるとした。これに対して最高裁は，学習指導要領に法的拘束力があることを前提に校長の裁量権行使も適法と認め，懲戒免職処分を是認した。

Column ⑩　学習指導要領

文部科学省が小・中・高等学校のカリキュラムと教育内容を示した基準である。新しい学制が発足し，それまでの国定教科書制度が廃止された1947年，はじめは文部省の参考基準（試案）として配布された。その後，1958年の改定からは文部省（現文部科学省）告示として官報に掲載され，文部省側は法的拘束力を強調するようになった。上に見たように，最高裁も法的拘束力を認めている。学習指導要領の内容のみならず，法律の広範な委任を受けた省令・告示といった形式で，カリキュラムや教科書検定基準など，教育内容を詳細に定める文部行政の手法にも批判がある。文部科学省は，以前から入学式などで「国旗掲揚」「国歌斉唱」を行うよう指導する旨を学習指導要領で定めてきたが，国旗国歌法（国旗及び国歌に関する法律）の制定（1999年）によって，この方針が強化される傾向にある（⇨ Column ⑱）。

3 親の「教育権」と子どもの「教育を受ける権利」

親の「教育の自由」　教師につづいて親の権利を考えよう。親（親権者）には，民法820条によって，未成年の「子の監護及び教育をする権利」が認められている。こうした親の「養育権」は，親子の自然のつながりに根拠をもち，直接には子どもや第三者に対して主張できる権利だ。しかし現代の国家では，子どもの教育は主として学校で行われ，上述のように，学校教育制度の整備運営や教育内容の決定には，政府の関与が相当程度認められている。だから親の養育権は，法令で設けられた公教育制度によって，実際にはいろいろな制約を受けている。これは，「法律の定めるところにより，その保護する子女に普通教育を受けさせる義務」を国民に課した憲法26条も予定したことだ（「子女」の「子」はson，「女」はdaughterの意味である）。

とはいえ，一般に学説は，政府の介入が親の養育権を侵害することになる場合があると考える。つまり，26条は，政府に対抗する「親の養育権＝親の教育の自由」という自由権を保障した規定でもあるわけだ。親には自分の方針に従って子どもを教育する憲法上の自由がある。その具体的な内容として，ふつうあげられるのは，家庭教育の自由・私立学校選択の自由・私立学校設立の自由である（たとえば，初宿・憲法2）。旭川学テ最高裁判決も，「親の教育の自由は，主として家庭教育等学校外における教育や学校選択の自由にあらわれる」と述べている。

親の「教育制度整備請求権」

さらに憲法26条は、教育制度の整備充実を政府に求める親の人権も保障したと言われる。「能力に応じて、ひとしく教育を受ける権利」とは、親の貧富にかかわらず子どもが普通教育を受ける権利の意味を含み、これを要求する親の権利もそこから導かれるのである。26条が社会権に分類される理由の1つがここにある。親がもつ「教育制度整備請求権」は、一般論としては25条について見たように抽象的権利ということになるだろう。ただし、26条2項後段が「義務教育の無償」を保障しているので、「義務教育無償請求権」は、憲法上の具体的権利として親（と子ども自身）に保障されたものと考えられている。

判例 親の「教育制度整備請求権」が問題となった判例を2つあげておく。

① **義務教育無償制事件**（最大判昭和39・2・26民集18巻2号343頁）
　子どもが公立小学校に在籍していた親が、教科書代金を親に負担させることは26条2項に反するとして、代金徴収行為の取消しと、代金返還を求めて出訴した事件である。26条2項の義務教育無償の意味については、「授業料無償説」と教科書・教材費なども無償とする「就学必需費無償説」との対立があった。訴え出た親は「就学必需費無償説」の立場だったわけだが、最高裁は26条2項が直接保障しているのは授業料を徴収しないことだけだとして、訴えをしりぞけた。なお、1963年に制定された「義務教育諸学校の教科用図書の無償措置に関する法律」などによって、教科書無償制は法律レベルで実現されている。

② **私立高校超過学費返還請求事件**（大阪地判昭和55・5・14判時972号79頁）　子どもが私立高校に進学したことで、公立高校に進学した場合よりも高い教育費を親が負担させられる状況を、国会が放置しているのは「立法の不作為の違憲」にあたるとして、国家賠償請求訴訟が起こされた事件である。大阪地裁は、教育制度の整備については国会に広い裁量権があるとして請求を棄却したが、憲法26条を根拠にして、立法の不作為を理由とする国家賠償請求訴訟を提起できること自体は認めた（立法不作為に基づく国家賠償請求については、⇨*Chap.* 8）。

子どもの「教育を受ける権利」

話の流れで後回しになったが、26条が明文で掲げている「教育を受ける権利」について、その本来の主役と言えるのはもちろん「子ども」たちである。では、この規定は、子どもにどんな権利を保障したと考えられてきたのか。

まずは「生存権説」である。親の経済事情、その他の家庭事情のために、最低限の読み書き教育さえ満足に受けられない子どもは、いまの世界にもたくさんいる。かつては日本にもそういう状況があった。そこで当初26条は、貧しいので教育を受けられない、という状況から子どもたちが抜け出す権利、裏から言うと貧しい子どもたちの教育経費を援助する政府の義務、これを定めた規定だと読まれた（法学協会編・註解日本国憲法上）。言い換えれば生存権（25条）の「教育」ヴァージョンということだ。その意味でこの権利は、親の教育制度整備請求権と同様、法律による具体化待ちの抽象的権利ということになる（学校教育法19条は、義務教育について、親への就学援助を市町村に義務づけている）。

次に「学習権説」である。1960年代にすでに、26条は単に経済的・生存権的な権利の規定ではなく、子どもの「学習権」「発達権」の保障と理解すべきだという考え方が、教育学者によって説かれるようになった（たとえば堀尾輝久・現代教育の思想と構造）。学習権・発達権とは、子どもが学習を通じて成長し、自分の可能性を開花させ、人格を全面的に発達させる権利を意味する。これが、親の教育の自由・教育制度整備請求権や教師の教育内容決定権を基礎づける26条の中核的権利だとされる。裁判所も「学習権」の理念を受け入れている。たとえば旭川学テ最高裁判決は、「国民各自が、一個の人間として、また、一市民として、成長、発達し、自己の人格を完成、実現するために必要な学習をする固有の権利」という観念が、

26条2項（親の教育義務，義務教育無償制）の背後にあることを認めている。

　生存権説と学習権説とは互いに矛盾するわけではなく，後者に前者が包みこまれる関係に立つと理解できる。学習権は抽象的な理念なので，そこからただちに，たとえば教師の教育内容決定権が自動的に導き出されるといったものではない。教育制度の整備は政府，特に国会に課せられた憲法上の義務と見るべきで，その意味では学習権の実現も「法律待ち」なのである。学習権は，むしろ既存の制度を批判的に吟味するための指導理念と考えるべきだろう（内野・前掲書）。教育を受ける権利については，これを「主権者教育を受ける権利」と理解する学説もある（永井憲一・憲法と教育基本権）。もちろん日本国憲法は意識の高い有権者の存在を前提にしており，そのためには民主主義の意味を十分理解するための「公民教育」が不可欠なことはたしかだ。しかし，教育の目的が「主権者意識をもつ市民の育成」に尽きるわけではないから，この説も，学習権説に包摂されると理解しておきたい。

4　教育をめぐる「子どもの人権」

1980年代以降の子どもの人権問題

　特に1980年代以降，いじめや体罰，不登校や学級崩壊など，学校の荒廃が社会問題となっている。かつて「国民の教育権」論が暗黙の前提としていたような，子どもと教師との信頼関係・予定調和は，必ずしも現実ではないことが，いやおうなしにはっきりしてきた。「学習権」の理念は，思想・表現・人格の自由といった種種の人権を教育の場面に関して統合した権利とも言える。この理念

を，子どもと教師・学校との間で，あるいは子ども同士の間でどう生かしていくのか。そういう困難な問題が問われる時代になったということだろう。これまでの憲法解説書では，「子どもの人権」問題は，「人権の主体」や「幸福追求権」の解説で断片的に取り上げられることが多かったが，子どもの人権問題を総合的・体系的に取り扱う必要性が次第に高まっている。教育法学者も，1960年代が文部省と教師との関係で，教師の「自主性擁護的な教育裁判」が主流の時代だったとすれば，80年代以降は，生徒と親が学校を訴える「教育是正的な教育裁判」の時代だと特徴づけている（教育判例百選〈第3版〉序論［兼子仁執筆］）。ここでは，教育の現場で起こった事件についてのいくつかの判例を紹介することで，問題の一端をかいま見ておくことにしたい。

子どもの表現の自由と学校

麹町中学内申書事件（最判昭和63・7・15判時1287号65頁）　大学紛争が一部の高校やさらに中学にまで波及した1970年代初頭の事件だ。当時，麹町中学全共闘を名のり，機関紙の発行・ビラ配布・政治集会への参加などの活動を行った生徒について，教師が内申書にこれらの事実と不利益評価を記載した。こうした憲法19条・21条・26条などに反する内申書記載によって，志望高校の入試で不合格になったと主張して，この生徒が国家賠償を請求した訴訟である。最高裁は，内申書の記載に人権侵害はなかったと判断して，訴えをしりぞけた。表現の自由については，ビラ配布等の自由を認めれば中学校の教育環境に悪影響を及ぼす可能性が高いから，制限は必要かつ合理的な範囲内で，憲法21条には反しないと判断している。

　いわゆる「教育情報」に関しては，自分の中学時代の内申書を見せてほしいという訴訟が起こされたり（高槻内申書事件・大阪高判平

成8・9・27判タ935号84頁)、小学校の指導要録の「偏向的正義感が強く云々」という記載の削除を本人が請求し、市の個人情報審査会が削除の答申を出したり（小田原市の例）、文部省の「内申書重視」政策の曲がり角を感じさせる事件がいろいろ起きた。1999年には、大阪高裁が全国で初めて、内申書と指導要録の全面開示を命じる判決を下して注目された（大阪高判平成11・11・25判タ1050号111頁）。

子どもの信教の自由と公教育

① **日曜日授業参観事件**（東京地判昭和61・3・20行集37巻3号347頁)　キリスト教の教会学校に出席するため、公立小学校の日曜参観授業を欠席した児童とその親である牧師が、小学校側の欠席扱いは信教の自由を侵害すると主張して、損害賠償を求めた訴訟である。地裁は、宗教行為に参加する児童を特例とすることは、公教育の宗教的中立性を害するとして、児童側の主張を認めなかった。

② **剣道拒否退学事件**（最判平成8・3・8民集50巻3号469頁)　「エホバの証人」の信者である公立高専の生徒が、信仰上の理由から剣道の実技の受講を拒否したため、学校側から原級留置（留年）処分、さらに退学処分を受けた。これによって信教の自由を侵害されたとして、処分の取消しを求めて生徒側が出訴した事件である。最高裁は、生徒の受講拒否は信仰に基づく真摯なものであったのに、学校側は正当な理由のない受講拒否と区別していないこと、他の種目の受講など代替措置も検討していないこと、これらを理由にこの処分は社会観念上著しく妥当を欠くとして、校長の裁量権濫用を認めた。

これらの事件は、子どもの信教の自由と公教育の宗教的中立性（政教分離）という2つの憲法理念の間に緊張関係があることを示した。①については、日曜参観授業はまれなこと、欠席扱いは軽微な不利益処分にすぎないことから、学校側を支持する憲法学者が多いようだ。逆に②事件については、学校側の処分を違法とした最高裁

判決が学界からも支持されている。宗教的中立性が要請される公教育においても，子どもの信仰を優先すべき場合があるということだ。

子どもの自己決定と校則

校則による児童・生徒の生活規制は，さらに困難な問題を引き起こしている。一方では，服装・髪型の選択のような日常的なライフスタイルの決定が，はたして人権と言えるかに争いがある。他方では，他人の生命・自由・財産に対する加害がない場合でも，「君のためだ」という理由で，本人の意思に反した生活規制を行うこと（パターナリスティックな＝後見主義的な規制）が，教育の受け手に対してどこまで許されるかも議論されている。

男子生徒全員にぼうず頭を強制する校則は，生徒の表現の自由などを侵害するとして，生徒と親が校則の無効確認や国家賠償を求めて争った**丸刈り校則事件**（熊本地判昭和 60・11・13 行集 36 巻 11 ＝ 12 号 1875 頁），バイクの免許取得・購入・運転を全面禁止する校則（バイク 3 ない運動）に違反して購入したバイクを友人に貸したところ，この友人が人身事故を起こしたため，いっしょに自主退学勧告を受けて退学した生徒と親が，校則と退学勧告の違憲性を理由に学校に損害賠償を求めた**東京学館バイク禁止事件**（最判平成 3・9・3 判時 1401 号 56 頁），パーマ禁止校則などに違反して，やはり自主退学勧告処分を受けた生徒と親が，処分は憲法 13 条などに反するとして卒業の認定を求めた**修徳学園パーマ禁止事件**（最判平成 8・7・18 判時 1599 号 53 頁），これらが有名だ。裁判所はどのケースでも生徒側の主張をしりぞけている。

上記の修徳学園パーマ禁止事件あたりを境に，1990 年代後半から 2010 年代前半までの約 20 年間，校則裁判は下火となり，社会の関心も薄れた感があった。しかし，いまでも校則による児童生徒の人権の制限問題が解消されたわけではない。そのことを再び示した

のが，2017年に訴訟が起こされ，2022年には最高裁が一審原告の上告を棄却したことで決着した**黒髪染髪訴訟**（大阪地判令和3・2・16判時2494号51頁，最決令和4・6・15 LEX/DB 25593067）である。2015年に大阪府立高校に入学した原告は，髪の毛の色が校則に反するとして，母親が抗議したにもかかわらず高校側から再三にわたり頭髪を黒く染めるようにとの頭髪指導を受けた。原告は，はじめはこれに従って何度も頭髪を黒く染めたが，やがて従わなくなったため，通常授業には参加できない別室指導扱いとなり，結局心身のバランスを崩して不登校となった。高校側が課した自宅課題学習は果たしたので卒業は認定されたが，この生徒が高校側の一連の措置に対して国家賠償請求訴訟を提起した。下級審は，不登校のまま3年生への進級を認めた折に，高校側がこの生徒をクラスに配属せず座席も指定しなかった行為は違法と認めたものの，頭髪指導そのものは違法と認めなかった。最高裁もこれを追認した。

　子どもの教育にあたっては，本人の意思に反した「パターナリスティックな生活規制」が必要な場合もあることはたしかだ。しかし，子どもの人権を重視する立場に立てば，日常的なライフスタイルの決定も広く「人権問題」と捉えたうえで，子どもの年齢と判断力，規制目的の教育上の必要性，手段の穏当性，処分前の事情聴取手続の公正さなどについて，処分の合憲性を厳格に判断することが求められよう。

Column ⑪　子どもの権利条約

　1989年に国連総会は，「子どもの権利条約」（日本政府訳では「児童の権利に関する条約」）を採択した。日本も1994年にこの条約を批准した。子どもの権利条約は，いまなお世界中に存在する飢餓・貧困・搾取・虐待などから子どもを守り育てることを目標とし，そのために必要な措置をとるように条約加盟国を義務づけている。条約では18歳未満

の人を子どもと定義し，子どもの生命権，意見表明権，プライバシー権，医療を受ける権利，教育を受ける権利，親による虐待からの保護，有害労働からの保護，性的虐待や搾取からの保護，麻薬からの保護，誘拐や売買からの保護などが謳われている。国連子どもの権利委員会が組織され，各国からの報告を審査して勧告を行っているが，条約の実効性を高めていくことは，まだまだ今後の課題である。

1996年に日本政府が提出した報告書に対しては，子どもの権利委員会から，独立した監視機関の設立，NGOとの協力，在日コリアン・アイヌ・障害児・婚外子差別の解消，性的搾取への対処，体罰や虐待への対応などが求められた。日本政府は，その後も，2001年に第2回政府報告，2008年に第3回政府報告，2017年に第4回・第5回政府報告を提出している。第4回・第5回政府報告に対しても，子どもの権利委員会から，独立した監視機関の設立，体罰・虐待・いじめへの対処など，広範な論点について「懸念」や「勧告」が示されている。

Column ⑫ いじめ問題

学校での児童・生徒間の「いじめ」は，残念ながら多くの先進国で一般的にみられる社会現象である。日本でも1980年代以降顕在化し，近年ではインターネットの普及による「ネットいじめ」も問題になってきた。そこで，学校内のいじめ問題に対処するため，2013年には「いじめ防止対策推進法」が制定された。この法律に基づいて，各学校では，道徳教育の充実，いじめの早期発見の努力，相談体制の整備などに取り組んでいるが，その後もいじめを苦にした中学生の自殺事件などが後を絶たず，解決にはほど遠い状態だ。児童・生徒間のいじめは，国家による市民の権利侵害を想定した憲法上の人権問題とは構図が異なる「私人間の人権問題」の一種である（⇨*Chap.* 21-1）。憲法による直接の救済が予定されていない領域なので，法律上の権利保護・救済手続の充実が望まれる。その意味で，子どもの権利救済規定を欠く「いじめ防止対策推進法」には問題がある。

［赤坂］

【2　社会的・経済的権利】

Chapter 5　労働権

> ブラック企業，過労死，ワーキングプア，外国人の受け入れ問題など，急速に進む少子・高齢化を背景として，いまの日本にもさまざまな労働問題がある。働く者の権利について，憲法は何を語っているのか，これを確認し発展させることが求められている時代ではなかろうか。

1　勤労の権利

勤労の権利の意味　勤労＝労働は，広い意味では人間の社会的活動をすべて含む。たとえば，ボランティア活動の場面でも，「ボランティアで働いている」というふうに，労働という表現が使われることもある。しかし，ふつうは，自分や家族の生活のために人間が行う社会的活動が勤労＝労働とよばれる。つまり，労働とは職業活動のことだ。ところが，憲法27条・28条に言う勤労＝労働は，さらに狭い意味，つまり他人に雇われて働く雇用労働を指している。自営業を含めて職業を選び，職業活動に従

事する権利一般は，22条の職業選択の自由で保障されていると考えられるからだ（⇨*Chap. 6*）。

学者は，勤労の権利の具体的な意味を二面に分けて説明し，1つは，各人が働くことを政府から妨害されない権利だと言う（勤労の権利の「自由権的側面」）。しかし，この面は，別に27条がなくても22条でカバーされている。第2の面は，個人は政府に対して，職場の提供，労働条件の整備を求めることができるという，「社会権的側面」である。27条の本来的な内容であるこの側面に関しては，25条の場合と同様，政府の心がまえを示したにすぎない「プログラム規定」とみなす説，法律待ちの「抽象的権利」と見る説（通説），立法の不作為の違憲確認を裁判所に請求できるという意味で「具体的権利」だと主張する説がある（3つの説の詳細については，⇨ *Chap. 3-2*）。いずれにせよ，27条は，たとえば失業した人が必ず新たな職場を政府から提供してもらえるといった意味での，個人の具体的請求権を保障した規定とは考えられていない。

勤務条件法定の要求　むしろ，27条の意義は，2項・3項で，賃金・就業時間・休息などの労働条件，児童労働のあり方について，資本主義的な「契約の自由」の修正を明示して，労働者保護立法の制定を国会に義務づけた点にある。「契約の自由」という謳い文句の陰で，労働市場ではつねに労働者側が弱い立場に置かれ，それを放置しておくと，労働者の生活がますます悪化するだけでなく，資本主義そのものが崩壊しかねない（社会主義革命）という歴史の教訓に学んだ規定だ。これを受けて，現に労働基準法，男女雇用機会均等法（雇用の分野における男女の均等な機会及び待遇の確保等に関する法律），労働安全衛生法，最低賃金法，職業安定法，雇用対策法，労働組合法など多くの法律が制定されている（これらをまとめて労働法と言う）。

もちろん，現在の労働の現場にも，労働者の側から見ればいろいろな問題がある。残業記録を残さず残業手当を支払わない，違法な「サービス残業」の慣行，そうしたなかで無理な勤務を暗黙のうちに強いられて，蓄積疲労が原因で突然死する「過労死」現象（karoshiという英語までできた），雇用の場面で相変わらず続く女性差別，パート労働者や派遣労働者の勤務条件の改善の問題などである。

　また，従来，労働組合に加入していない労働者と使用者との紛争の法的解決手続はきわめて不備だったが，2004年に制定され，2006年に施行された労働審判法は，個人と使用者との「個別労使紛争」を迅速公正に解決するために，新たに「労働審判委員会」を設けた。労働審判委員会は，裁判官1名・専門家2名の3名で構成され，原則として3回以内の審理で調停を試みる。調停に異議があれば裁判の道も開かれているが，調停が成立すれば裁判上の和解と同じ効力が発生する。さらに，労働者と使用者の個別労働契約の準拠法として，労働契約法が新たに制定され，2008年3月から施行された。

2 労働基本権

戦前の労働運動規制　資本主義の生成発展期には，契約は自由だという建前のもとで，労働者は劣悪な環境で低賃金・長時間の労働を強いられた（『女工哀史』）。労働者が団結して資本・経営側と対抗し，ときにはストライキという強硬手段に訴えたのも自然の流れだ。しかし，資本主義諸国の法が，こうした労働者の要求を権利として承認するには長い時間がかかった。

日本でも，日清戦争前後の産業革命の開始によって，工場労働者の数が飛躍的に増加した。劣悪な労働条件の改善を求めて，1897年頃からこれらの労働者によるストライキが頻発している。専門的な研究によると，1897年から1912年までの16年間，政府の統計に見られる争議件数は合計336件，参加延べ人数は5万1255人である。さらに，1914年から37年までの24年間の統計では，争議件数1万754件，参加延べ人数は120万4182人にのぼっている。同じく，1897年の労働組合期成会の結成以降，日本の労働組合運動も，紆余曲折を経ながら次第に発展し，1936年には973組合を数えるまでになった。もっとも，最高の組織率を示した1931年でも，組合員数は約37万人で，労働者総数の7.9％にすぎなかったと言う（片岡昇・団結と労働契約の研究）。

　政府は資本側・企業側の立場に立って，こうした労働運動の発展にはつねに取り締りの姿勢で臨んだ。1900年に制定された治安警察法17条・30条がその中心である。これは，他人を労働組合へ加入させることを目的とした暴行・脅迫，他人をストライキ等へ参加させることを目的とした誘惑・煽動などを処罰する規定である。治安警察法に加えて，行政執行法，警察犯処罰令，各府県の警察規則，一般刑法の諸規定による取り締りが行われた。第1次大戦後，組合容認の世論が高まり，多くの労働組合法案が発表されたが，結局成立には至っていない。他方で，1926年には治安警察法17条・30条も削除された。しかし，これに代わって治安維持法，労働争議調停法などによる規制が引きつづき行われた。

　要するに，第2次大戦前の日本では，労働組合の結成やストライキへの参加そのものを禁止する法律こそ制定されなかったものの，逆に労働組合が法制の上で正面から認知されることもなく，労働運動はいろいろな法令で抑圧されつづけたわけである。

労働三法と労働三権

労働者を保護する法制度が本格的に整備されたのは第2次大戦後、占領軍による民主化政策の一環としてである。GHQの指示を受けて、早くも1945年12月には労働組合法が制定され、1946年9月には労働関係調整法、1947年4月には労働基準法が制定された。戦後日本の労働法制の枠組みを定めたこの3つが、俗に「労働三法」とよばれる法律だ。こうした改革と同時に進められた憲法改正作業でも、労働者の権利の明文化が検討され、最終的には日本国憲法28条に結実した。28条は「勤労者の団結する権利」「団体交渉……をする権利」「その他の団体行動をする権利」を保障している。一般には「団結権」「団体交渉権」「争議権」とよばれるもので、あわせて「労働基本権」とか、3つの権利からなるので「労働三権」と略称されている。

団 結 権

そこでまず、団結権・団体交渉権・争議権の内容を確認しておこう。団結権とは、賃金や勤務時間などの労働条件をこれ以上悪くさせない（維持）ため、さらにはもっと良くする（改善）ため、雇い主側（使用者）と対等に交渉できる団体を作る権利だ。争議団のような一時的団体もあるが、主として継続的に活動する労働組合を結成する権利だと考えてよい。権利主体は個々の労働者（＝他人に雇われて働き、その対価として賃金などを得て生計を立てている人。憲法は勤労者とよんでいる。農民や小売店主のような自営業者は含まない）であり、さらには労働組合自体である。人間一般とか国民一般の権利とは考えられていない点が、他の人権とは違う。政府も雇い主も、労働者が組合を結成することを妨害してはならないという意味で、団結権はふつうの人権のように政府に対抗する権利であるのみならず、同時に私人間で直接適用される権利でもある（労働組合の目的・定義については労働組合法1条・2条参照）。

団結権は，労働者に対して，労働組合を結成する権利，既存の労働組合に加入する権利，労働組合から脱退する権利，労働組合を解散する権利を保障する。その意味でこの権利は，憲法21条1項の「結社の自由」の一部でもある。しかし，団結権の保障は，経済的に弱い立場にある労働者の側を使用者から保護する意味をもっている。だから結社の自由一般とは違って，労働組合が個々の労働者に対して一定の組織強制（加入強制・内部統制）を行うことも憲法上許される。従来の学説は，労働者が労働組合を結成しない権利，労働組合に加入しない権利（消極的団結権）は，28条では保障されないと考えてきたようだ（宮沢・憲法Ⅱ）。しかし，28条は消極的団結権も保障するが，保障の程度は積極的団結権には劣ると説明する学説も有力だ（例，中窪裕也＝野田進・労働法の世界）。いずれにせよ，日本の企業で一般に採用されているような，使用者と労働組合との「ユニオン・ショップ協定」（＝労働者は必ず組合に加入しなければならず，組合に加入しなかったり，組合から脱退し・除名された場合には，解雇されるという協定）も合憲とされてきた（労働組合法7条1号但書がユニオン・ショップ協定を明文で認めている）。

団体交渉権・争議権　団体交渉権は，労働組合が使用者側と対等の立場で，労働条件の維持・改善を目的として交渉し，両者を拘束する労働協約を締結する権利である。交渉の対象事項には，賃金・勤務時間・安全衛生・福利厚生・懲戒など労働条件全般が含まれるとされる。権利主体は労働組合，つまり個人ではなく団体である。

　3番目の権利，争議権とは争議行為を行う権利だ。争議行為とは，労働組合が使用者に譲歩を迫るためにプレッシャーをかける行為で，次頁**表5-1**のような種類がある。

　争議行為は，かつては違法行為とみなされた。上述のように，日

表 5-1　争議行為の種類

ストライキ（同盟罷業）	労務提供の拒否，つまり仕事を完全に休むこと。
サボタージュ（怠業）	労務の不完全な提供，つまり仕事の能率をわざと落とすこと（「サボる」の語源）。
ピケッティング（ピケ）	急場をしのぐために使用者がパート労働者等を使ってストライキを破ることを防ぐため，組合員が職場を見張ること。
ボイコット	自社製品の不買運動。
リボン闘争・ビラ貼り	組合の要求を書いたリボンや腕章の類を身につけたり，ポスターやビラを貼ったり配ったりすること。
職場占拠・生産管理	組合が職場の施設を占拠したり，使用者側を排除して企業運営を行うこと。

本でも戦前は，治安警察法や刑法の騒擾罪・業務妨害罪などの規定で処罰されたりした。憲法 28 条が争議行為を労働者の権利として認めたことの一番大事な意味，それは，正当な争議行為については，労働者は刑事責任も民事責任も負わなくてよいということだ。争議行為が，形式的には刑法の威力業務妨害罪などの規定にあてはまっても，正当な行為（刑法 35 条）として違法性を阻却され（犯罪にならない），使用者に経済的損失を与えても，解雇されたり契約不履行などを理由とした損害賠償責任を負わされたりしない。憲法が争議権を保障したことのこうした効果は，労働組合法 1 条 2 項（刑事免責）・7 条 1 号（解雇等の禁止）・8 条（民事免責）でも明文で確認されている。

正当な争議行為　もちろん，争議行為だと言えば，何をやってもよいというわけではない。免責となる「正当な」争議と言えるかが問題だ。判例や学説では，争議行為の目的，手段，手続・主体の 3 つの面について，正当性の有無が議論されてきた。

　正当な目的と言えるかどうかに争いがあるのは，政府に特定の立法や政策の採用を要求する「政治スト」である（例，日米安保条約改

定阻止のためのストライキ）。判例は正当性を否定する（全農林警職法事件判決・最大判昭和48・4・25刑集27巻4号547頁）。学説では，労働者の生活と関係をもつ政策をテーマとした「経済的政治スト」と，そうではない「純粋政治スト」とを分け，前者は正当だと考える見解も有力だ。

手段の点では，暴力の行使，他人の生命・身体への加害が「正当な争議」と言えないことには一致が見られる（労働組合法1条2項にも明文規定がある）。さらに判例は，組合による職場の全面的占拠（山陽電気軌道事件判決・最判昭和53・11・15刑集32巻8号1855頁），生産管理（山田鋼業事件判決・最大判昭和25・11・15刑集4巻11号2257頁）の正当性も否定している。

労使交渉のどの段階で，誰が争議行為の決定を行えば正当か。つまり，争議の手続・主体に関しても，労働法学界ではいろいろな議論がある。一般に，争議権の主体は労働組合と考えられているので，組合員の一部が組合の決定を経ずに行う「山猫スト」は，正当な争議行為とは言えないとされる。

> 労働基本権の複合的性格

さて，以上のような説明を前提として，憲法28条の労働基本権は，誰が誰に対して何を請求できる権利か，その複合的性格をもう1度整理しておこう。①政府は，労働者が団結すること，労働組合が使用者と団体交渉を行い，場合によって争議行為に訴えること，これらを禁止し，処罰してはならない（刑事免責を中心とした労働基本権の自由権的側面）。②使用者は，労働者が組合を結成することを妨害してはならず，組合による団体交渉の要求には応じなければならない。また正当な争議行為については，解雇などの懲戒罰を加えることや，損害賠償を請求することは認められない（民事免責という私人間効力）。③労働者・労働組合は政府の行政的救済を受け

ることができる（政府の作為を求める労働基本権の社会権的側面）。具体的には労働組合法が，第三者機関として労働委員会を設置し，使用者による不当労働行為からの労働者・組合の救済，争議の調停・仲裁などの手続を規定している。

労働者個人と労働組合　このように，交渉や争議の場面で労働基本権の主たる担い手となるのは労働組合だ。しかし，労働者個人と労働組合との間にも，意見や利害の対立が生じることは当然考えられる。その場合，どちらの意見や利益がどこまで優先されるのか。これは，上述した労働組合の組織強制の限界の問題として論じられている。ユニオン・ショップ協定のような加入強制が合憲と考えられていることは，すでに述べた。ただ，ユニオン・ショップ協定の効果は，判例によって限定される傾向にある。また，労働組合が組合員を統制する手段として，組合規約で除名・権利停止・罰金・戒告などが定められていることが多い。しかし，こうした組合の内部統制権をめぐっても，これを制限するいくつかの判例がある。

> **判例**　組合の組織強制に関する重要判例
> ① 三井倉庫港運事件（最判平成元・12・14民集43巻12号2051頁）
> 最高裁は，ユニオン・ショップ協定による使用者の解雇義務は，ユニオン・ショップ協定締結組合から脱退し，または除名された労働者でも，他の組合に加入したり新たな組合を結成した者には及ばないとした。
> ② 三井美唄炭鉱労組事件（最大判昭和43・12・4刑集22巻13号1425頁）
> 組合の方針に反して市議会議員選挙に立候補した組合員を，権利停止処分にした組合の決定が公職選挙法違反に問われた刑事事件である。最高裁は，立候補を思いとどまるように勧告・説得することは組合の政治活動として許されるが，立候補した組合員を処分することは組合の統制権の限界を超えるとして，処分が公選法に反することを認めた。
> ③ 国労広島地本事件（最判昭和50・11・28民集29巻10号1698頁）
> 最高裁は選挙でどの政党，どの候補者を支持するかは，組合員個人が自主的に決定すべきだとして，特定候補者を支援するための臨時組合費

の納入義務を無効とした。

3 公務員の労働基本権

公務員の労働基本権の制限　公務員も，他人に雇われて働き，その対価として支払われる賃金で生計を立てている労働者だから，当然憲法28条の労働基本権を保障されるはずだ。しかし，公務員の仕事が公共的な性格をもつことを理由に，現在の法律では，公務員の労働基本権には民間企業の労働者にはない，いろいろな規制が定められている。

警察官・自衛官・消防職員・海上保安庁職員・刑事収容施設職員は，労働組合や職員団体の結成，団体単位での使用者との交渉，争議行為のすべてを法律で禁止されている。

国家と地方のいわば内勤の一般職公務員は「非現業公務員」とされ，国家公務員法98条2項・地方公務員法37条1項によって争議行為を禁止された。またこれらの規定では，「何人も，このような違法な行為を企て，又はその遂行を共謀し，そそのかし，若しくはあおつてはならない」として，いわゆる「あおり行為」も禁止され，国家公務員法110条1項16号・地方公務員法61条4号によって，あおり行為には3年以下の拘禁刑または100万円以下の罰金が規定されている。

民営化以前の国鉄職員・郵政職員などは，「現業国家公務員」として「公共企業体等労働関係法」の規律を受け，争議行為は禁止されていたが，この法律に刑事処罰の規定はなかった。現在では国立公文書館などの「行政執行法人」の職員や，市営バスなどの「地方公営企業」の職員は，「行政執行法人の労働関係に関する法律」と

「地方公営企業等の労働関係に関する法律」によって，やはり争議行為を禁止されている。

> **判例の動き**

第2次大戦後認知された労働運動が，社会党・共産党の影響のもとに政治運動化したこともあって，占領軍側は早くも1948年には政策を転換し，政府に政令201号を制定させて労働運動の主力を担っていた公務員の組合（官公労）から争議権を剥奪した。政令201号は，上述の各種の公務員法に引き継がれた。これらの法律に反して行われた争議の企画・遂行者がしばしば起訴され，その裁判で公務員の争議禁止は憲法28条に反していないかが争われた。最高裁内部にも厳しい意見の対立が生じたと言われ，判例は次にあげる①の判決の時期，②③の判決の時期，④の判決以降の時期と大きく変遷した。

① **政令201号事件判決**（最大判昭和28・4・8刑集7巻4号775頁）

政令201号の撤回を要求して職場を放棄した国鉄労働組合の組合員が，当の政令201号違反で起訴された刑事事件。最高裁は，公務員は「全体の奉仕者」（憲法15条）であるから，争議禁止は28条に反しないと判示した。

② **全逓東京中郵事件判決**（最大判昭和41・10・26刑集20巻8号901頁）

郵政職員の組合である全逓信労働組合が東京中央郵便局内で行った職場集会の企画者が，郵便法違反で起訴された刑事事件。最高裁は，公務員の労働基本権制限は必要最小限でなければならないことを強調し，特に刑事制裁は政治スト・暴力を伴うスト・不当に長期にわたるストの場合にかぎられるとして，控訴審の有罪判決を破棄差戻しにした。

③ **全司法仙台事件判決・都教組事件判決**（いずれも最大判昭和44・4・2刑集23巻5号685頁，同305頁）　それぞれ国家公務員法，地方公務員法の「あおり行為」処罰規定を限定解釈して，政治スト・暴

力を伴うストなど異常な争議行為に関する，異常な「あおり行為」（たとえば所属外の組合の応援など）だけが処罰を許されるとした（いわゆる「二重のしぼり論」）。最高裁による法律の合憲限定解釈の代表例と言われる。②③判決は，自民党から「偏向判決」という激しい批判を浴び，政権与党と司法との対立が深刻化した。

④ **全農林警職法事件判決**（最大判昭和 48・4・25 刑集 27 巻 4 号 547 頁）

③判決を法律の恣意的解釈だとして，これを明示的に変更し，公務員の争議行為の禁止，「あおり行為」の処罰を再び全面的に合憲とした。この判決では，公務員は全体の奉仕者であること，公務員の労働条件は国民の代表である議会が決定しているので，争議は議会制民主主義に反すること，民間企業のように競争同業者がないので，公務員の争議には歯止めがかかりにくいこと，人事院勧告という代償措置があること，これらが合憲判断の根拠とされた。

> 労働組合の現況

1980 年代なかば，中曽根内閣によって国鉄が分割民営化されるなど，官公労組はかつての勢力を失い，労働界全体も民間労組主体の組織である日本労働組合総連合会（連合）を中心に再編成された。そのため，かつては日本社会を二分するような争点だった公務員の争議禁止は，80年代後半以降大きな社会問題となっていない。日本における公務員の労働基本権制限は，欧米主要国と比較して異例に厳しいが，これを全面的に合憲とする④以降の判決の立場もそのまま維持されている。2008 年に制定された国家公務員制度改革基本法は，国家公務員制度の全般的な改革の一環として，労働基本権の問題も検討課題とした（12 条）。しかし，国家公務員の争議権の承認は実現していない。なお，人事院は，従業員数 50 人以上の全国の事業所従業員の給与をサンプル調査して民間の平均給与を算出し，これを基準に国家公務員の給与について毎年内閣に勧告してきた。日本経済の低

迷を反映して，2002年から2011年までの10年間では引き下げ勧告が6回にのぼっている。このように引き下げ勧告もありうることを考えると，人事院勧告制度を公務員の争議権の代償措置とみなすことには疑問がある。

　他方，2024年の単一労働組合の組合員数は約991万2000人で，推定組織率は16.1％となって，2003年にはじめて20％を切って以来10％台を推移している。そのうちパートタイム労働者の組合員は146万3000人で，推定組織率は8.8％，パートタイム労働組合員の全労働組合員に占める割合は14.9％である（令和6年厚生労働省・労働組合基礎調査）。

［赤坂］

【2 社会的・経済的権利】

Chapter 6

職業の自由

> 「就職活動」と言えば大学生活後半のメイン・イベントだ。「就職」，つまり職に就くこと，職業を選択すること，これは各人が当然自分で決めることだと考えられている。しかし，自分で就職活動ができる（＝しなければならない）のは，じつはけっしてあたりまえのことではない。江戸時代の日本のような身分制社会では，「農民の子は農民」が大原則だったわけだし，計画経済体制をとっていた旧社会主義諸国でも，大学卒業者の就職先は政府が決めていた。いまの日本で，自分の就職先を自分で選ぶ機会があるのは，その自由を憲法22条1項が保障しているからだ。

1 職業の自由とはどんな権利か

職業とは何か？

憲法にも出てくる「職業」という言葉は，国語辞典では「生計を維持するために日常している仕事」と説明される（大辞林）。かつて最高裁も，憲法に言う「職業」とは，「人が自己の生計を維持するためにする継続的活動である」と述べた（薬局距離制限事件判決・最大判昭和50・4・30民集29巻4号572頁）。

第1に，この定義にしたがうと，食べていくために行われる社会的活動である職業には，趣味やボランティア活動は含まれないこと

になる。同じ社会的活動も，それで食べている人にとってはその人の職業，そうでない人にとっては職業ではないわけだ。野球はプロの選手にとっては職業だが，草野球チームのメンバーにとっては職業ではない。そうだとすると，パート労働やアルバイトが職業と言えるかどうかはあいまいだ。その人が食べていくためにどの程度必要か，ということだが，パート労働は多くの場合職業であり，海外旅行の費用をかせぐ学生のバイトは職業ではない，ということだろう（内野・論点）。

　誤解しないでほしい。趣味，ボランティア，アルバイトが大切でないということではない。それらは言葉の意味上，憲法22条1項の職業には含まれないと言っているだけである。それらの活動が，ほかの人権規定で保護される可能性があることも，別に否定しているわけではない。

　第2に，憲法は，単に職業と述べていて，選択の自由が保障される職業を特定していない。すなわち，憲法上の「職業概念」は開かれており，社会的実態の変化に応じて，これまでは職業に含まれていたものがそうではなくなったり，逆に新たに職業として認知されるものも出てくるということだ。基準は，その社会的活動で，食べていくことができるかどうかである。著作権も印税もない時代には，小説を書いて生計を立てることはとてもむずかしかった。紫式部も『源氏物語』の収入で生活していたわけではないとすると，彼女の時代には憲法22条1項の意味での作家という職業はなかったことになる。しかし，もちろん現代の日本では，多くの「職業作家」が活躍している。

> 職業と営業とはどう違う？

憲法には「営業」という言葉は出てこないが，職業選択の自由と関連して，「営業の自由」という問題も論じられてきた。営業

と聞くと，いまの大学生なら，経理・人事などと並ぶ企業内部の業務分担をまず思い浮かべるかもしれない。「営業でバリバリやります」「ボクは営業には向いていません」。

しかし，憲法学の世界では，この言葉はそういう意味では使われていない。では，どういう意味だろう。じつは2通りの言葉遣いがあって混乱させられる。ある学者たちは，「職業の遂行」のことを営業とよんでいる（宮沢・憲法Ⅱ，芦部・憲法）。ふつうは誰でも，何かの職業を選択したら，実際にその職業に従事する。たとえば，A商事に入社が決まったB君や，市役所に採用されたCさんは，それぞれ実際に商社マンとして，あるいは市役所職員として働きはじめる。これらの学者は，選択した後のこうした職業遂行活動のことを営業とよんでいるわけだ。

別な学者たちは，いろいろある職業のうち，自分が主体となって行う営利的な事業活動のことを営業とよぶ（佐藤幸治・日本国憲法論）。お父さんが社長，お母さんが専務の「××工務店」「××美容室」といった「自営業」がこれにピッタリのイメージだが，もちろん大企業も自分が主体となって営利を追求しているのだから，この意味での営業を行っている。上の例で言うと，B君は就職後，たしかに商社マンとしての職業を遂行するのだが，けっして営業を行うわけではない。営業しているのは，あくまでA商事自体である。

1番目の言葉遣いだと，殺人事件の捜査にあたっている警察官も「営業中」ということになって，日本語の語感にそぐわない。国語辞典でも，営業は「営利を目的として事業を営むこと」と定義されている（広辞苑）。この本でも2番目の使い方をとりたい。

「営業の自由」論争

憲法22条1項には「職業選択の自由」と書いてある。しかし，「選択」は保障するが「遂行」は禁止する，というのでは無意味だから，一般には職業

遂行の自由も22条1項で保障されたものと考えられている。選択と遂行とを合わせた意味で「職業の自由」と言われることも多い。

これに対して、営業＝営利事業活動の自由も、22条1項で保障されているのか。この点についてはかつて論争があった。問題意識の乏しかった憲法学界に、批判の矢をはなったのは経済史学者だった（岡田与好・経済的自由主義）。批判の趣旨はこうである。憲法学者が営業の自由を人権だと言うのは誤りだ。特権資本の営業独占を排除し、資本主義を機能させるために自由な市場を作り出すことは政府の仕事である。独占禁止法制で実現される社会的秩序が営業の自由なのであって、これは権利ではない。

しかし、この批判を受けたあとも、多くの憲法学者は営業の自由を憲法上の権利だと考えている。ただ、条文の根拠については、一般の職業と違って、22条1項プラス29条（財産権条項）で保障されると言われることが多くなった（浦部・教室）。

| 職業の自由は何を保障しているか？ |

では結局のところ、憲法が言う職業選択の自由＝職業の自由とは、誰の、誰に対する、どんな自由か。誰に対する自由かと聞かれれば、他のすべての人権と同じく、まずは政府（国家権力）に対して主張できる自由というのが答えだ。誰の自由か。22条1項の主語は「何人も」だから、とりあえず在日外国人も含むすべての人の自由だと理解できる。これには営業の自由も含まれるとする上述の多数説を前提にすると、「何人も」には、株式会社のような法人・団体も含まれる。これらは「外国人の人権」「法人の人権」という一般問題（⇨*Chap.* 20）の「職業の自由」ヴァージョンだ。

以上のような説明をふまえて、職業の自由がどんな自由かを、ここでもう1度整理しておこう。

① 各個人が、政府の規制を原則として受けずに、自分の就職・

転職・退職を決定する自由。これは，職種・業種を選択する自由であると同時に，具体的な職場（企業など）を選択する自由でもある。もちろん企業側にも雇い入れの自由があるのだから，誰でも自分の望む企業に就職する権利が保障されたというわけではない。つまり22条1項は，就職に関する各人の希望を実現するように政府を義務づける規定ではない。雇用や労働条件の問題は，27条（勤労権）・28条（労働基本権）という別の規定の守備範囲である（⇨*Chap.* 5）。

② 各個人が，政府の規制を原則として受けずに，選択した職業を遂行する自由。現実には，職業遂行の自由にも政府によるさまざまな規制がある。それらが憲法22条1項違反にならないかが問題となるわけだ。ただし，公務員の職務は高い公共性をもつので，公務員になった人には職業遂行の自由は保障されないと言われる（内野・論点）。

③ 個人や団体が，政府の規制を原則として受けずに，営利事業を開始し，遂行し，廃業する自由。モノや情報の生産・流通にかかわる事業活動は，所有権・賃借権・金銭債権・著作権などさまざまな財産権の取得・譲渡の形で行われるのがふつうだから，「営業の自由」は，すでに述べたように，22条1項の問題であると同時に29条（財産権保障）の問題でもある。もちろん，22条1項によって，倒産しない権利が企業に保障され，倒産させない義務が政府に課せられたわけではない。

なぜ職業の自由が保障されるのか？

資本主義経済体制は，労働力も自由に売買されないと成立しない社会システムである。新たな事業をはじめる意欲と能力をもった人が，せっかく従業員募集の広告を出しても，「武士の子は武士，農民の子は農民」と決まっていて，誰も自分の意思で転職できない

ルールであれば,応募者ゼロで事業は失敗,ということになりかねない。つまり,職業選択の自由は,資本主義を維持発展させるための基礎条件なのである(もちろん,これは,企業にとっては「リストラの自由」,労働者にとっては「失業の自由」も意味するわけだから,労働者を保護するために別の権利も発展してきた。⇨*Chap.* 5-*2*)。

このように職業の自由は,人間の自由な経済活動の保護に主眼を置いた権利なので,「経済的自由」に分類される。しかし,各人にとっては,職業はただ食べるため以上の意味をもっていることが多い(「仕事が生きがい」)。職業を自由に選ぶ機会をもつことは,私たち1人ひとりが自分らしく生きるためにも大変重要だ。この意味で,職業の自由には,「人の人格価値ないし精神生活」とも緊密な関係があると言われるのである。

2 どんな規制が許されるか

職業選択の規制と職業遂行の規制

*1*で,政府の規制を原則として受けずに,と書いたが,実際には職業の選択にも遂行にも,法律などによるさまざまな規制がある。職業選択それ自体の規制,その典型である特定職業への新規参入規制だけでも,たとえば次のようなものがあげられる。

①開業にあたって,行政機関の公簿への登録が義務づけられる「登録制」(例,電気通信事業法9条,旅行業法3条など)。②開業にあたって,行政機関の営業許可を受けることが義務づけられる「許可制」(例,旅館業法3条,建設業法3条,鉄道事業法3条など)。③国家試験の合格者だけが当該職業活動を許される「資格制」(例,医師法2条,弁護士法4条,弁理士法7条など)。④事業免許を取得した事業

者だけが営業を許される「特許制」（例，放送法2条および電波法4条・6条による放送事業）。⑤国営企業が営業を独占する「国家独占」（例，民営化以前の郵便事業）。⑥法律が当該職業を禁止する「全面禁止」（例，売春防止法3条）。

　さらに，引き続きある職業に従事することは認めたうえで，その職業の遂行の方法についてだけ法的規制を行う職業遂行の規制もいろいろある。たとえば，食品衛生法6条は病原菌に汚染された食品の製造・輸入・調理を禁止し，計量法11条は商品の正確な長さ・質量・体積の表示を義務づけ，大気汚染防止法13条の2は工場などのばい煙の排出規制を定めているが，これらはいずれもメーカーなどの事業の継続を前提として，その遂行方法に規制を加える法律である。

規制の合憲性判断　法律などによるこうした規制は，どういう場合に憲法22条1項違反となるか。武器でも毒物でも売りたい人は売りたい放題，医者でも弁護士でも，やりたければ誰でもどうぞ。これでは多くの人に実害がおよぶことは目に見えている。といって，国会の決めた規制は全部合憲です，と言うのでは，憲法が職業の自由を保障した意味がなくなる。規制が違憲か合憲かを見きわめることが，他の人権の場合と同様，もっとも重要でむずかしい仕事なのである。この問題に対する学説・判例の基本的な態度は，次のように要約できるだろう。

　まず，表現の自由のような「精神的自由」よりも，「経済的自由」に属する職業の自由のほうが，規制の必要性が高いという前提がある。職業・営業は社会的関連性が強く，その自由の保護は，しばしば経済的強者の優遇，経済的弱者の圧迫につながるからだ。憲法が，22条1項と29条では，ほかの個別人権規定にない「公共の福祉」による制約を明示していることも，より強い規制が予定されている

ことの傍証だ。さらに，どんな規制が必要・有効かは，情報とノウ・ハウをもっている行政部と立法部が判断すべきで，裁判所はその政策的妥当性にまで口出しすべきでないとされる。その結果，職業規制の違憲審査にあたって裁判所がとるべきスタンスは，規制に好意的な緩やかな審査ということになる（二重の基準論。⇨***Chap*. 22-2**）。

|消極規制と積極規制との区別論|

その上で，法律などによる職業（営業）規制の目的を，「消極目的」と「積極目的」に分ける考え方が一般にとられてきた。ここで消極目的と言うのは，市民の生命・安全・健康を守るため，ということだ。毒物・麻薬・武器の製造販売規制とか，食品・医薬品の安全基準の設定とか，保健所による飲食店の立入検査などがその例だ。積極目的と言うのは，社会的弱者の救済，国民経済の持続的発展など，狭い意味での市民の生命・健康の保全にかぎられない目的のことを指す。かつて大規模小売店舗法が行っていた，一般の小売店を保護するための大手スーパーやデパートの出店規制がその典型である。

消極規制は，小さな政府が理想とされた19世紀夜警国家観のもとでも認められた規制だ。そもそも職業の自由のなかにはじめからインプットされた限界という意味で，「内在的制約」だと言う人もいる。これに対して積極規制は，20世紀後半の福祉国家観のもとで，政府にもっと大きな期待が寄せられるようになってからのものだ。「政策的規制」ともよばれ，最近の規制緩和論で再び批判の対象となっているのは主にこれである。

|「明白性の審査」と「厳格な合理性の審査」|

判例・学説は，こうした規制目的の違いに応じて，違憲審査のやり方を変えるべきだとする。

① まず，職業の積極規制についてはこうだ。規制の目的（たとえば，小売店の保護）と目的達成手段（たとえば，大手スーパーの出店規制）のいずれかが，「著しく不合理なことが明白」なときだけ，その規制は憲法22条1項違反となる（明白性の審査）。積極規制の場合には，憲法が行政部・立法部に許した選択の幅は広いという発想だ。「著しく不合理なことが明白」（とっても変なことが誰の目にも明らか）な規制などまずないから，この基準だと，ほとんどの場合，規制は合憲という結論になるだろう。

② 次に，職業の消極規制についてはこうだ。規制の目的（たとえば，殺人や傷害の防止）が重要な公共利益の保護と評価でき，目的達成手段（たとえば，銃器販売業の許可制）も，ほかのもっと緩やかなやり方では効果がないと考えられる場合だけ，規制は憲法22条1項に反しない（厳格な合理性の審査）。その際，目的が重要性をもつか，手段が必要最小限かは，具体的な社会的事実（規制立法の必要性を根拠づける「立法事実」）に基づいて裁判所が判断するとされる。

これまでの違憲審査基準論の問題点　職業規制に関するこのような違憲審査方法は，最高裁の薬局距離制限事件違憲判決でほぼ固まり，その時点では学界の評価を得た。しかし，その後は学説からもいろいろな疑問が提起され，最高裁の態度にも「ゆらぎ」が見られる（ 判例の動き 参照）。学説の指摘する疑問点は，たとえば以下の諸点だ。職業規制は消極規制と積極規制にいつでもスッキリ分けられるか，なぜ消極規制のほうが厳しい違憲審査を受けなければならないのか，立法目的の審査と目的達成手段の審査をいつも同じ強さで行う必要があるか。

経済・社会政策の領域では，憲法は行政部・立法部に広い裁量権を与えているという前提をとるなら，裁判所は，消極目的であれ積極目的であれ，規制目的については緩やかにチェックすべきだろう。

つまり，一方では，市民の生命・安全・健康を守るという「消極目的」に異論があるとは考えにくいし，他方で，小売店をほんとうに保護する必要があるのか，といった「積極目的」として掲げられた政策目標の当否にも裁判所は深く立ち入るべきではない，ということだ。しかし，職業「選択」規制の典型である「新規参入規制」はきわめて厳しい制限だから，手段としての必要性のほうは，裁判所の「より厳しい」チェックに耐えうることが要請されるように思われる。これに対して，より緩やかな規制類型である職業「遂行の方法」の規制については，より緩やかな違憲審査がふさわしいのではなかろうか。

> **判例の動き**
>
> ① **公衆浴場距離制限事件旧判決**（最大判昭和30・1・26刑集9巻1号89頁）　公衆浴場法と条例は，公衆浴場の営業には知事の許可が必要であると定め，許可条件の1つとして，すでに一定距離内に公衆浴場があれば新規業者に許可を出さない「距離制限」を設けている。無許可営業で起訴された業者の刑事裁判で，最高裁は，この時期の他の人権判例と同様「公共の福祉」のために必要という理由で，距離制限を簡単に合憲と認めた。
>
> ② **小売市場距離制限事件判決**（最大判昭和47・11・22刑集26巻9号586頁）　小売商業調整特別措置法は，別に政令で定める都市で一定規模の小売市場を営業する場合，知事の許可が必要だとしている。本件は無許可営業の業者が起訴された刑事事件である。最高裁は，この判決ではじめて「二重の基準論」と受け取れる考え方を述べた。その上で，本件規制は一般の小売店保護のための積極規制であるとして，「明白性の審査」に基づく合憲判断を示した。
>
> ③ **薬局距離制限事件違憲判決**（最大判昭和50・4・30民集29巻4号572頁）　薬事法と条例は，薬局の営業には知事の許可が必要と定め，かつては許可条件の1つとして，公衆浴場の場合と同じ距離制限を設けていた。本件は，知事の不許可処分を受けた業者が，その取消しを求めた行政訴訟である。最高裁は②判決の枠組みを維持しつつ，距離制限の目的を，薬局の過当競争の結果おこりうる不良医薬品の販売によって，消費者の健康に害がおよぶことの防止と認定し，こうした消極規制の合憲

性はより厳格に審査されるべきだとした。そして，より厳しい審査の結果，薬局の距離制限は憲法22条1項に反すると判断された。

④ **森林法違憲判決**（最大判昭和62・4・22民集41巻3号408頁）
直接には職業の自由ではなく，財産権の保障に関する事件である。最高裁は，共有森林の分割を制限していた森林法の規定を積極規制と認定しながら，②のような明白性の審査ではなく，③と類似のより厳しい審査を行って違憲の結論をとった。②③判決の方針を変更したのか，規制された人権の違いが意味をもったのか，学者の理解も分かれる。

⑤ **公衆浴場距離制限事件新判決**（最判平成元・1・20刑集43巻1号1頁〔第二小法廷〕，最判平成元・3・7判時1308号111頁〔第三小法廷〕）　前者は無許可業者が起訴された刑事事件，後者は同じ業者が営業不許可処分の取消しを求めた行政事件である。論点は①と同一だ。第二小法廷は，公衆浴場の距離制限を積極規制と位置づけ直し，「明白性の審査」によって合憲と判断した。他方，第三小法廷は，距離制限を，浴場の衛生保持（消極規制）と斜陽産業の保護（積極規制）の両面をもつとした上で，規制は必要かつ合理的であると判断した。

⑥ **酒類販売免許制合憲判決**（最判平成4・12・15民集46巻9号2829頁）
酒税法10条10号の「経営の基礎が薄弱であると認められる場合」に該当するという理由で販売免許の拒否処分を受けた者が，販売免許制は違憲だとして，処分の取消訴訟を提起した。最高裁は，税制に関する広範な立法裁量を前提としたうえで，酒税の適正確実な賦課徴収という免許制度の目的には必要性と合理性があると判断した。

なお，2001年の酒税法改正によって「距離制限」が撤廃され，さらに2003年の改正で地域の人口当たりの免許枠を定めた「人口基準」も廃止されて，酒類販売は事実上自由化された。

⑦ **医薬品のネット販売規制違法判決**（最判平成25・1・11民集67巻1号1頁）　2006年の改正薬事法は，医師の処方箋なしに購入できる「一般用医薬品」を，副作用の強い順に「第1類医薬品」〜「第3類医薬品」に分類することとし，医薬品販売業者に対して，「第1類医薬品」の販売については適正使用に必要な情報の提供義務，「第2類医薬品」については必要な情報を提供する努力義務を規定した（36条の6第1項・第2項）。また，薬事法は，この改正以前から，医薬品販売業者に対して「店舗による販売又は授与以外の方法」による販売・授与を禁止していた（37条1項）。これらの規定を受けて，新薬事法施行規則（厚生労働省令）は，ネット販売が薬害発生の危険性を高めているとして，第1

類・第2類医薬品の「郵便等販売」を全面禁止した。これに対してネット販売業者が，新施行規則の違憲・違法を理由に，ネット販売を継続できる地位の確認を求める行政訴訟を起こした。

最高裁は，憲法22条1項違反の論点には直接触れず，新施行規則は薬事法違反だという理由でネット販売業者の請求を認めた。最高裁によれば，ネット販売が薬害発生の危険性を高めたという共通の理解があるわけではなく，新薬事法36条の6はネット販売の禁止規定とは解されないうえに，従来からある37条のもとでも通信販売は禁止されてこなかったので，新施行規則は法律の委任の範囲を逸脱している。

2013年に薬事法は全面改正され，名称も「医薬品，医療機器等の品質，有効性及び安全性の確保等に関する法律」に改められた。新法は，この最高裁判決を受けて，第1類〜第3類医薬品とは別に劇薬などを「要指導医薬品」とし，このカテゴリーについてのみ法律自体で対面販売を義務づけた。

⑧ **京都府風俗案内所規制条例判決**（最判平成28・12・15判時2328号24頁）　風営法（風俗営業等の規制及び業務の適正化等に関する法律）は，風俗営業の許可制を定め，京都府が制定したこの法律の施行条例は，指定した地域内では学校等の施設の70m以内での風俗営業を禁止している。京都府はこの規制に加えて，2010年に「京都府風俗案内所の規制に関する条例」を制定し，「接待風俗営業」と「性風俗営業」の情報を提供する「風俗案内所」についても，風営法施行条例と同一の地域内において学校等の施設から200m以内で営業することを禁止し，違反者に対しては刑事罰を科すこととした。ある業者が，この条例が職業の自由，営利的表現の自由に反することを理由に，禁止区域内でも風俗案内所を営む地位の確認を求める行政訴訟を提起した。一審は，薬局距離制限事件判決を引用し，本件条例が（学校等の施設から70m以内ではなく200m以内と）風営法施行条例よりも広い範囲を営業禁止区域としている点などが手段としての合理性の範囲を超え，憲法22条1項違反と判断した。これに対して，最高裁は，参照判例として小売市場距離制限事件判決をあげ，本件条例の規制は青少年の健全育成と周辺生活環境の保持という公共の福祉に適合する目的のために必要かつ合理的な手段だとして，緩やかな審査で合憲の判断を示した。

⑨ **タトゥー施術業医師法違反事件**（大阪高判平成30・11・14判時2399号88頁）　依頼者にタトゥーを彫った業者が，医師でもないのに医師法上の医業を行ったとして起訴された。一審（大阪地判平成29・9・27判

時2384号129頁）は医師法違反を認めたが，本件控訴審判決はこれを否定して，一審判決を破棄し被告人に無罪を言い渡した。控訴審によれば，医師法は，国民の生命・健康を守るため，専門的な医学的知識と技能を有し，免許を受けた医師に医業を独占させることとしているが，常識からもタトゥー（入れ墨）の施術行為が医業だとは考え難いので，これを医師に独占させることは憲法上の職業の自由の制限にあたる。そして，彫り師の届出制や研修など，より緩やかな規制手段も想定できるので，規制として過剰であって「憲法上の疑義が生じる」。

最高裁も，憲法問題には触れることなく，タトゥー施術行為は社会通念上，医師法が適用される「医行為」には当たらないとして，控訴審の無罪判決を支持した（最決令和2・9・16刑集74巻6号581頁）。

⑩　**あん摩指圧師養成施設訴訟**（最判令和4・2・7民集76巻2号101頁）

あん摩指圧師法（あん摩マツサージ指圧師，はり師，きゆう師等に関する法律）2条は，あん摩指圧師等になるためには厚生労働省の認定した養成機関で所定の教育を受けることを求めている。ある専門学校法人が，視覚障害者以外の人を対象とするあん摩指圧師の養成機関としての認定を申請したところ，厚生労働大臣は，同法19条を根拠に，認定しないとの処分を行った。あん摩指圧師法19条は，視覚障害者であるあん摩指圧師の生計が著しく困難にならないために必要と判断した場合，文部科学大臣・厚生労働大臣は視覚障害者以外の人を対象とするあん摩指圧師養成機関の認定や生徒定員の増加を認めないことができると定めた規定だ。

この専門学校は，あん摩指圧師法19条が憲法22条1項の職業選択の自由を侵害することを理由に，処分の取消しを求め，下級審で敗訴したので上告した。

最高裁は，あん摩指圧師法19条は憲法22条1項に反しないとして，上告を棄却した。この判決には，消極目的・積極目的等の規制目的の違いが審査基準の違いをもたらすという説示はまったくない。他方，本件法律の規制が許可制に当たることを前提に，許可制は職業の自由に対する強力な制限であるから，「その合憲性を肯定し得るためには，原則として，重要な公共の利益のために必要かつ合理的な措置であることを要する」として，薬局距離制限事件違憲判決の説示を引用しているが，「重要な公共の利益のために必要かつ合理的な措置」かどうかの判断は立法府の広い裁量に委ねられ，立法府の判断が著しく不合理であることが明白な場合に限り違憲になるとした。そして，あん摩指圧師法19条

はそうはいえないから合憲とされた。つまりこの判決によると、薬局距離制限事件違憲判決の先の説示は、消極目的による職業選択そのものの規制法の違憲審査にあたっては、厳格な合理性審査が適切だという違憲審査基準を定立したわけではなかったことになる。

　この判決は、規制目的の違いが違憲審査の緩厳に結びつくとか、職業選択規制か職業遂行だけの規制かによって違憲審査の緩厳が変わるといった、従来の判例理論の示唆をすべて否定して、職業の自由を規制する法律の違憲審査を、結局のところ明白性審査に一本化することを含意するのだろうか。判例動向を注視する必要がありそうだ。

［赤坂］

【2　社会的・経済的権利】

Chapter 7　財　産　権

> 霞を食べて生きていくわけにいかない私たちにとって，住む家や預貯金など一定の財産は人生の基盤だ。また，ときには車やブランド製品，人によってはアンティークや切手収集が自分らしく生きる手段であったりする。他方で，いつの時代にも，富は権力と結びつき，貧富の差は大きな社会問題をひきおこしてきた。憲法が規定する財産権とはどんな人権なのだろうか。

1　財産権の保障

「法律用語の財産権」と「憲法上の財産権」

　憲法29条は財産権を保障しているが，「財産権」という言葉の意味については何の説明もしていない。だが手近な法律用語辞典のたぐいを見ればわかるように，一般に法学の世界では，「財産権」の概念には所有権などの物権，さらには債権，著作権・特許権・商標権といった知的財産権，鉱業権・漁業権のような特別法上の権利など，財産についてのすべての権利が含まれると考えられている。

　財産権の原型は「所有権」である。フランスのナポレオン法典や

ドイツのBGB（民法典）で確立された近代的所有権は、「ある人が特定の物を使用・収益・処分する排他的な支配権」と定義される。たとえば、私があるマンションの所有権者であれば、私にはそのマンションに住んだり（使用）、家賃を取って人に貸したり（収益）、売ったり（処分）する自由が認められるというわけだ。日本の民法典もこのような古典的定義にしたがって、「所有者は、法令の制限内において、自由にその所有物の使用、収益及び処分をする権利を有する」と規定している（206条）。

憲法29条が保障する「財産権」も、所有権を中心とするこうしたすべての財産的権利だと考えるのが、憲法学界の多数説である。「一般の法律用語の意味する財産権」＝「憲法29条の財産権」という考え方だ。これに対して、憲法が保障する財産権の範囲は、法律用語上の財産権よりも狭いという考え方もある。29条が人権として保障しているのは、「人格的自律の前提となる財産権」、つまり、精神的な存在である個々人が生存を確保し、労働を通じて個性と能力を発展させ、政治参加や社会参加をしていくための物質的な前提となる財産権だけだと言うのである。独占資本の企業財産のような、これ以外の財産権は、そもそも憲法上の保護を受けないか、少なくとも保護の程度は低いことになる（棟居快行・人権論の新構成）。

いずれにせよ、憲法が保障を謳うのは「財産」ではなく財産「権」である。財産と言えば、たとえば土地や車を思い浮かべるが、財産権とは土地や車そのものではなく、車を持ったり、土地を担保に金を借りたりすることが許されるという法的な能力だ。財産権は法によって作られた法的構成物なのである。

財産権の具体的な姿

では、財産権を作り出す法を作るのは誰か。この場合にかぎらず、いまの日本で法の作り手と言えば、まずは国会である（憲法41条「国会は、……国の唯一

の立法機関である」)。具体的な各種の財産権の内容を決めている民法・商法・借地借家法・手形法・小切手法・著作権法・特許法・鉱業法なども,すべて国会が作ったか,戦前の立法機関(天皇＋帝国議会)が作って,これを国会が引き継いだ形になっている法律だ。

　要するに,国会が制定したいろいろな法律で規定されている財産的な権利の全体,これが現時点での財産権の具体的な姿であり,国会がこうした法律のどれかを改正し,改正法が施行されれば,今度はこれが,それ以降の財産権の具体的な姿だということになる。29条も2項で,「財産権の内容は,公共の福祉に適合するやうに,法律でこれを定める」と言っている。多数説に立つと,国会が作り出したこうした財産権の全体が,まるごと29条の財産権,少数説をとれば,そのなかで「人格的自律の前提となるもの」が,29条の財産権なのである。いずれにせよ,その時々の国会がこれが財産権だと言うもの(またはその一部)が,同時に憲法上の財産権でもあるとすれば,法律を離れて財産権はありえないわけだから,29条は国会との関係では無意味な規定ということになりそうだ。

　そもそも法的な構成物である財産権を,つまり,法律が土地・建物の登記制度を設けたり,契約の方法や効力を定めたりしなければ存在しようがない財産権というものを,憲法で保障して法律からも守ろうとすることのジレンマがここにはある。このジレンマから抜け出すための手がかりとなるのは,「公共の福祉に適合する」ように,という憲法の条件だ。国会は,財産権の内容を決定し,また財産権の規制を決定できるが,そのなかみが「公共の福祉」に合致していなければ違憲となるのである。

財産権規制の合憲性審査　　とは言え,「公共の福祉」というのはきわめて抽象的な理念だから,国会による具体的な財産権の創設や規制が,この理念に反

1 財産権の保障

するかどうかを判断することもむずかしい問題だ。財産権侵害が議論されることが多いのは，現に存在し，あるいは新たに設けられた財産権規制についてである。

たとえば農地を転用する場合には，所有者は知事の許可を受けなければならないといったケースがそうだ（農地法4条。この規制について最判平成14・4・5刑集56巻4号95頁は，農地の効率的利用と良好な農地の確保により，農業経営の安定化を図るという目的は正当であり，許可制という規制手段も合理性を欠くとは言えないとして，合憲判断を示している）。

また，2021年6月には「重要施設周辺及び国境離島等における土地等の利用状況の調査及び利用の規制等に関する法律」（重要土地規制法）が制定された。この法律によれば，政府は重要施設の周囲1キロの区域や国境近くの離島を「注視区域」，「特別注視区域」に指定し，この区域の土地・建物の所有者を調査することができる。また，所有者は当該土地・建物の売買にあたって事前の届出を求められたり，重要施設等の「機能を阻害する行為」の中止を命令されることもありうることとなった。これも財産権規制の例だ。

こうした財産権規制が「公共の福祉」に適合しているかどうかは，規制法律は何のために制定されたのかという立法目的の正当性と，その目的を実現するために法律が採用した手段の有効性・相当性との両面について，裁判所が審査することで判断されるというのが（「目的手段審査」），他の人権の場合と同様，判例・学説の最大公約数なのである。

>判例<

① **森林法違憲判決**（最大判昭和62・4・22民集41巻3号408頁）

「職業の自由」（⇨*Chap.* 6-2）でも簡単に説明した。父親から共有の形態で山林を贈与された兄弟が，その経営をめぐって対立し，弟が自分の共有持分の分割を請求して兄を訴えた事件である。当時の森林法186条

は、共有持分2分の1以下の共有者による分割請求を禁止していたが、弟側は、この規定が29条の財産権を侵害すると主張した。

最高裁は、こうした分割制限規定の立法目的を、森林細分化の防止→森林経営の安定→森林生産力の増進→国民経済の発展と認定し、これは公共の福祉に合致するとした。しかし、この目的を達成するために森林法が採用した分割制限という手段は、共有者間の紛争に際して逆に森林の荒廃を永続化させる、現物分割でも価格賠償など森林の細分化を招かない方法もある、などの理由から、合理性と必要性のいずれも肯定できないとして、違憲判断を下した。

つまりこの判決は、分割制限の目的が、森林細分化の防止から国民経済の発展に至る「積極目的」にあたることを認めながら、手段審査の場面では「明白性の審査」よりも厳しいチェックを行ったわけである。判決が「消極目的・積極目的二分論」をとっていないことは明らかだが、新しい審査基準を明確化したとも言えず、判決の射程について新たな論議をよぶことになった。また、この判決によって、最高裁の発想の前提には、単独所有を所有権の原則的形態とみなす所有権観があることもわかって注目されている（長谷部恭男編・リーディングズ現代の憲法［安念潤司執筆］）。

② **証券取引法合憲判決**（最大判平成14・2・13民集56巻2号331頁）

証券取引法（現・金融商品取引法）164条は、上場企業等の役員または主要株主が、その上場企業の株券などを取得後6カ月以内に売却して得た利益は、当該上場企業に返還すべきことを定めている（短期売買差益の返還規定）。返還を求めて訴えられたある株主が、この規定は憲法29条に反すると主張した。最高裁は、164条の目的を、役員・主要株主がインサイダー情報を不当に利用することで一般投資家に不利益を与えることを防止し、証券取引市場の公正・信頼を確保することだと認定した上で、立法目的は正当だとした。164条は、インサイダー情報の不当利用や一般投資家の損害発生を返還の要件としておらず、6カ月以内の売買差益を原則として無条件に返還することを求めている。最高裁は、不当利用・損害発生の立証が困難であること、返還しなくてよい場合の例外規定も置かれていることなどを根拠として、164条は立法目的に対する手段としての必要性と合理性も備えていると判断した。この判決は森林法違憲判決の判断枠組を踏襲し、規制目的二分論をとっていない。

損失補償が必要なケース

憲法29条3項は,「私有財産は,正当な補償の下に,これを公共のために用ひることができる」と定める。「目的手段審査」と並んで,財産権規制の合憲性を判断する第2の重要な観点は,法律は補償が行われるべきケースについて「正当」と言える補償を定めているか,である。損失補償とは,「適法な公権力の行使により,財産権が侵害され,特別の犠牲が生じた者に対して,公平の見地から全体の負担において金銭で塡補すること」を意味する(宇賀克也・国家補償法)。29条3項の問題としては,「公共のために用ひる」とはどういう意味か,どんな場合に損失補償が必要なのか(損失補償の要否),どれだけの額を補償すればよいのか(正当な補償),などの点が論じられてきた。

判例・通説によれば,「公共のため」とは,単に,たとえば道路・鉄道のような公的な施設を建設するために私有地を収用するケースに限定されない。農地改革のように,地主から買い上げられた土地が,最終的には小作人の私有地となる場合でも,広く公共のためと認められるケースもある。

補償が必要なのは「特別の犠牲」と言える場合である。学説によると,特別の犠牲と言えるかは,財産権を規制する行為の特殊性・強度・目的を総合的に判断して決定される。「特殊性」とは,規制対象が広く一般人か,特定のカテゴリーに属する人だけかという,対象者の範囲の問題であり,「強度」とは,財産権の剝奪や本来の効用の発揮を妨げるほどの規制かという,まさに規制の強さの問題,そして「目的」とは,消極規制か積極規制かという意味での規制立法の制定目的である。

「正当な」補償の意味については,かつて「完全補償説」と「相当補償説」との対立があった。完全補償説は,その財産の市場価格

の全額補償を必要とするという説，これに対して相当補償説は，合理的に算出された相当な額であれば市場価格を下回ってもよいとする説である。後者は，きわめて安い価格で地主の農地を強制的に買い上げて，小作人に分配した農地改革を正当化するために主張された面が強い。最近ではむしろ，山奥のダム水没地の所有者のように，所有地の市場価格が低い上に，別の場所で生活を根本的に立て直す必要に迫られるケースについて，生活費の補償や職場の斡旋など，完全補償を超える「生活権補償」を行うことが，29条3項で政府に義務づけられているかが議論されている。

> 判例
> ① **食糧緊急措置令違反事件**（最大判昭和27・1・9刑集6巻1号4頁）
> 最高裁は，主要食糧を政府が公定価格で農民から買い上げ，都市部の一般市民に配給する制度も，私有財産を正当な補償の下に買い上げて，「これを公共のために用いる」ことにあたるとした。
> ② **河川附近地制限令事件**（最大判昭和43・11・27刑集22巻12号1402頁）　被告人が従来から砂利を採取していた場所が，知事によって「河川附近地」の指定を受けたため，「河川附近地制限令」の規定によって，今後も砂利採取業を継続するためには知事の許可を受けなければならなくなった。ところが被告人が無許可のまま営業を続けたので起訴された刑事事件である。最高裁は，この種の財産権制限は誰もが受忍しなければならない一般的な制限で，河川管理上の安全を守るためのものであり，許可制は特別の犠牲を強いるものとは言えないとして，河川附近地制限令が29条3項に反するという被告人側の主張をしりぞけた。補償の必要性について，特殊性・強度・目的から総合判断した例と考えられている。なお，この判決は，法令に損失補償の規定が欠けているときでも，直接憲法29条3項に基づいて具体的な補償請求権が生じる場合があることを認めた点でも注目された。
> ③ **農地改革事件**（最大判昭和28・12・23民集7巻13号1523頁）
> 自作農創設特別措置法で農地を強制買収された地主が，田1反あたり鮭3尾の値段にも及ばない買収価格は，29条3項の「正当な補償」の要件を満たしていないと主張して，増額を求めて訴え出た事件である。農地改革という占領下に行われた社会改革は，そもそも29条3項の対

象外だという見解もあったが、最高裁の多数意見は「相当補償説」の立場に立って、買収価格は「正当な補償」にあたるとした。なお、その後、最高裁は、土地収用法上の補償について、「収用の前後を通じて被収用者の財産価値を等しくならしめるような補償をなすべき」だとして、完全補償説をとっている（最判昭和48・10・18民集27巻9号1210頁）。

2 私有財産制度の保障

財産権の保障と私有財産制度の保障

上で見たように、国会による具体的な財産権の決め方が、訴訟のなかで裁判所の「目的手段審査」をクリアできなかった場合、あるいは「正当な補償」が行われるべきなのにそうなっていないと裁判所が判断した場合、そこには29条の財産権侵害が存在することになる。しかし、一般に憲法の解説書では、29条1項はこのように「財産権」を保障すると同時に、「私有財産制度」も保障した規定だと説明されている（「制度保障説」）。この説明によると、29条は財産権以外にも私有財産制度を保障していて、財産権侵害がない場合でも、なお29条1項違反となるケースがあることになりそうだ。しかし、そもそも「財産権の保障」と「私有財産制度の保障」との間には、何か違いがあるのだろうか。

私有財産制度とは何か？

この点について考えるためには、当然のことながら、「私有財産制度」とは何かをまず確認しておく必要がある。これにも学説の対立があるのだが、ここでは多数説を前提としておこう。多数説の考えでは、私有財産制度とは、要するに「資本主義体制」を意味する。その際、社会主義と区別される資本主義の特徴は、土地や資源などの生産手段の私有も認められる点だとされる。民間企業が設立されて、土地や工場設

備や資金調達源としての株券なども，私的に所有され売買できるシステムである。多数説では，29条1項は「資本主義体制」を採用した規定だから，かつては真剣に考える人もいた旧ソ連型の社会主義体制へと，暴力革命によってではなく平和的に移行するためには，憲法29条の改正が必要だという理屈になる。

2つの保障の相互関係　「財産権の保障」と「私有財産制度＝資本主義体制の保障」とは，どんな関係に立つのか。私有財産制度の保障は，現実に各人の財産権が保護されるための前提条件だ。次の例に見るように，一方の侵害は同時に他方の侵害も意味するとは必ずしも言えないので，私有財産制度の保障と個々の財産権の保障とは，概念的には一応別物と言える。

① 財産権は侵害されているが，全体としての私有財産制度は侵害されていないケース。たとえば，空港の建設予定地にあるAの私有地を政府が補償なしに収用したりすれば，明らかにAの財産権侵害となる。しかし，この場合には，私人が土地を所有できる法的なシステムとしての私有財産制度の全体が機能麻痺におちいり，侵害されたとは言えない。

② 私有財産制度は侵害されているが，財産権は侵害されていないケース。これはほとんど考えられない。非現実的な例を想像すれば，政府が私有地のすべてをその所有者から時価で買い取り，そのあとに，土地の取引を全面的に禁止する法律を制定した場合は，このケースにあたるだろう。政府が私有地を時価で買い取ったわけだから，個々の財産権侵害は存在しないが，将来的に土地取引が全面禁止されたことで，生産手段の私有という意味での私有財産制度は将来にむけて侵害されたことになるからである。

私有財産制度維持の義務

要するに 29 条 1 項は，個別の財産権が適切に保障されるように，その前提条件となる資本主義システムのメンテナンスを国会に命じた規定でもあるということだ。しかし，私有財産制度の侵害は，ふつうは同時に誰か特定人・特定団体の財産権侵害を意味し，②のようなケースには現実味がないから，29 条が財産権保障とは別に私有財産の制度保障も含むとあえて説明する必要はないだろう。

［赤坂］

【3 受益権】

Chapter 8 国家賠償・刑事補償請求権／裁判を受ける権利

> 受益権(国務請求権)とは,政府から何らかの給付・サービスを受ける権利を意味する。19世紀ドイツの代表的な憲法学者ゲオルク・イェリネック(Georg Jellinek)の権利分類論が,明治憲法時代に日本にも輸入され,その一環として受益権の概念も定着した。日本国憲法が保障する人権のなかでは,理論的には社会権も受益権に含めることが可能だ。しかし,イェリネックの分類は,社会権が憲法規定にとりこまれる以前のものだったこともあって,今日でも学者が日本国憲法について一般に受益権に分類するのは,裁判を受ける権利(32条)・国家賠償請求権(17条)・刑事補償請求権(40条),そして人によっては請願権(16条)である。本書は,請願権については *Chapter* 38 でふれる。

1 国家賠償請求権・刑事補償請求権

明治憲法下の国家賠償

たとえば取調べ中の警察官から拷問を受けるなど,職務中の公務員の違法行為によって誰かが何らかの損害を被った場合や,国・公立の学校や国道のような政府の施設で事故が発生して,やはり誰かが何らかの被害を受けた場合,政府が被害者に金銭などで償いをするのが国家賠償だ。国家賠償請求権は,最も早いフランスでも19世紀末,ドイツで一般化するのはワイマール憲法時代,英米では1940年代になってようやく認められた。このように制度の整備が遅れた背景には,どん

な場合にも国家の賠償責任を認めない「国家無答責」の考え方があった。この原則は、「君主は誤りを犯さず」という絶対王政期以来の「主権免責」思想と、違法行為は政府の行為とは言えないから、政府に賠償責任はないという、「違法行為の国家帰属不能」理論とに由来する。

明治憲法時代の日本でも、行政裁判法では「行政裁判所ハ損害要償ノ訴訟ヲ受理セス」と規定され、行政裁判所は国家賠償請求訴訟をまったく受け付けなかった。これに対して通常の司法裁判所では、業者との取引のような国の私経済活動や、学校施設の管理などの非権力的行為によって、政府が人に損害を与えた場合には、民法の不法行為規定に基づいて賠償責任を負うとされていた（小学校の遊戯具が腐っていたことによる事故で、児童が死亡した「徳島遊動円棒事件」に関する大審院大正5・6・1判決民録22輯1088頁が有名だ）。しかし大審院は、警察権力のような公権力を行使する行為については、政府も公務員個人も賠償責任を負わないとしたので、権力的行為の場合、被害者が裁判で損害賠償を受ける道はまったく閉ざされていた。

憲法17条、国家賠償法の制定

これに対して現行憲法17条は、「何人も、公務員の不法行為により、損害を受けたときは、法律の定めるところにより、国又は公共団体に、その賠償を求めることができる」と規定した。これは、上に見た国家無答責の原則を180度転換する画期的な条文だ。この条項は、GHQ草案やそれを受けた政府原案にはなく、憲法改正帝国議会の衆議院段階で、日本側のイニシアティヴで追加された点でも注目される。

憲法17条を具体化する法律として国家賠償法が制定され、1947年10月27日から施行された。憲法施行（1947年5月3日）から国家賠償法施行までの約半年間については、国家賠償請求は認められ

ないというのが判例の態度だ（最判昭和25・4・11最高裁判所裁判集民事3号225頁）。しかし，不法行為に関する法律としては民法があったわけだから，憲法が国家無答責を否定した以上，この期間については民法の不法行為規定を類推適用すべきだったであろう（塩野宏・行政法Ⅱなど。判例の態度はしばしば「プログラム規定説」と説明されるが，個別の法律なしに具体的な請求権は認められないとする点では「抽象的権利説」も同じだ。2つの説の関係については，⇨*Chap.* **3-2**。むしろここでの争点は，民法の適用を認めるかどうかである）。国家賠償法4条も，「国又は公共団体の損害賠償の責任については，前3条の規定によるの外，民法の規定による」と定めている。

　全部で6ヵ条からなる国家賠償法の中心は1条と2条である。1条1項は，「国又は公共団体の公権力の行使に当る公務員が，その職務を行うについて，故意又は過失によって違法に他人に損害を加えたときは，国又は公共団体が，これを賠償する責に任ずる」という規定だ。また2条1項では，「道路，河川その他の公の営造物の設置又は管理に瑕疵があったために他人に損害を生じたときは，国又は公共団体は，これを賠償する責に任ずる」と規定されている。これらの条文の，「公権力の行使」「公務員」「職務」「故意・過失」「違法」「公の営造物」「設置・管理の瑕疵」「責任」などの概念が何を意味するのかについては，さまざまな議論がある。

国家賠償法上の責任　たとえば，国家賠償制度理解の基本問題である1条の責任の捉え方に関しては，代位責任説と自己責任説（今村成和・国家補償法）とが対立している。代位責任説によると，1条は，本来は公務員個人が負っている不法行為責任を，政府が肩代わりすることを定めた規定である。これに対して自己責任説では，公務員は政府の手足であり，不法行為は政府が行ったとみなされるべきだから，その責任も本来政府が負ってい

ることになる。

　1条は公務員の故意・過失を賠償の要件としていること，公務員個人に対する政府の求償権を認めていること，制定者も代位責任と理解していたこと，これらを根拠とする代位責任説が多数説だ。しかし，代位責任を厳格に理解すると，公務員個人に責任能力がない場合や，加害者である公務員あるいは加害行為を特定できない場合に，賠償責任が否定される不都合が生じる。そこで判例・学説は，代位責任説を基本としながら，たとえば個人の過失ではなく組織的決定全体の過失（制度的過失）を認定するなど，それを緩和する傾向にある（塩野・前掲書，宇賀克也・国家補償法）。

　もっとも，憲法17条自体は，代位責任と自己責任のどちらの理解も許容するものとみなされているので，いずれの解釈に立っても国家賠償法1条が違憲となるわけではない。このように，国家賠償制度をめぐる議論のほとんどは，法律解釈または立法論レベルの問題だ。それらの専門的研究は，行政法学のうちの行政救済法の領域に属する。

制度改革訴訟　しかし国家賠償請求訴訟は，ある特定の制度が憲法に違反するという前提に立って，そういう制度の改革を促すために利用されることもある。直接には原告への損害賠償を認めるかどうかが争点となるわけだから，時には裁判所が議会に代わって臨時の立法的な措置まで講じるアメリカの場合とは異なるが，原告の目指す方向には共通点があるので，アメリカでのよびかたにならえば，これも「制度改革訴訟」と名づけることができる（西埜章・国家賠償法）。このような訴訟の場合には，賠償請求を認めるかどうかの判断には，憲法解釈が直接かかわってくることになる。制度改革訴訟の典型は，国会が憲法に合致した内容の法律を制定していない（または違憲の法律を制定した）ために損

害を受けたとして，その賠償を求める「立法の不作為」を理由とする国家賠償請求（「立法行為の国家賠償請求」）だ。

こうした訴訟の主なものには，たとえば次のような事件がある。すなわち，在宅投票制度廃止違憲国賠訴訟（最判昭和60・11・21民集39巻7号1512頁），1票の較差違憲国賠訴訟（東京地判昭和61・12・16判時1220号47頁など），生糸輸入制限違憲国賠訴訟（最判平成2・2・6訟月36巻12号2242頁），消費税違憲国賠訴訟（大阪地判平成2・11・26判時1424号89頁など），在外国民選挙権訴訟（最大判平成17・9・14民集59巻7号2087頁），再婚禁止期間違憲国賠訴訟（最大判平成27・12・16民集69巻8号2427頁）などである（西埜・前掲書，宇賀・前掲書）。

> 判例
> ① **在宅投票制度廃止違憲国賠訴訟**（最判昭和60・11・21民集39巻7号1512頁）　立法行為または立法不作為の違憲を理由とする国家賠償請求に関して，最高裁が態度を明らかにした最初の判決である。郵便投票・親族による代理投票が悪用されるケースが問題となって，国会は1952年に公職選挙法を改正し，これらの制度を廃止した。重度の身体障害者である原告は，その結果1968年以降，合計8回の公職選挙で事実上選挙権を行使できなかったとして，その精神的苦痛に対する慰謝料の支払いを国に求めた。
>
> 　最高裁は，法律のなかみが違憲であることと，法律を作る行為が国家賠償法上違法であることとは別だとし（いわゆる「職務行為基準説」），国会議員が立法行為に関して国民に負うのは，原則的には政治的な責任にとどまるとした。したがって最高裁によれば，国会議員の立法行為は，憲法の一義的な文言に反する法律をあえて制定するといった，まずありえない場合を別とすれば，国家賠償法1条違反とはみなされない。そして本件の在宅投票制度廃止も，違法とまでは言えないと判断された。
>
> ② **ハンセン病国家賠償訴訟**（熊本地判平成13・5・11判時1748号30頁）
> ⇨Chap. 1-**1**
>
> ③ **郵便法違憲判決**（最大判平成14・9・11民集56巻7号1439頁）
> 　郵便法68条・73条（当時）は，郵政当局に対して損害賠償を請求できる場合と人を限定していた。この事件では，会社の金を横領した取締

役の銀行預金を差し押える目的で裁判所が発した債権差押命令を，郵便局員が銀行の私書箱に投函したために到達が遅れ，その間に預金が引き出されたことが問題となった。会社は，郵便局員のミスで損害を蒙ったとして国家賠償請求訴訟を起こしたが，一審・控訴審では請求を斥けられたので上告した。最高裁は，憲法17条は法律による具体化を必要とするが，立法裁量は無制限ではないとして，郵便法の責任制限規定の立法目的と手段の審査を行った。最高裁は，公平・安価・大量・迅速にサービスを提供すべき郵政事業の性質から，郵便事故の責任制限規定を置くことには合理性を認めたが，現行規定が故意または重過失で書留郵便に損害を与える行為や，軽過失で特別送達郵便に損害を与える行為まで免責している点は，合理性を欠き違憲だとした。この判決は，憲法17条の裁判規範性を認め，立法裁量も比較的狭くとらえたうえで，規定内容を可分的に理解して，条文の一部違憲の判断を示した点が注目される。

④ **在外国民選挙権訴訟**（最大判平成17・9・14民集59巻7号2087頁）

外国在住の日本国民が，1998年以前の公職選挙法では国政選挙で投票する機会をまったく与えられていなかったこと，1998年改正後も衆議院小選挙区選挙・参議院選挙区選挙では投票を認められなかったことを理由に，選挙権を行使できる地位の確認と，立法不作為にもとづく国家賠償を求めた訴訟である。最高裁は，在宅投票制訴訟（①）の「職務行為基準説」は維持したが，国家賠償については，以下のような新たな要件を示し，国家賠償請求を認容した。「立法の内容又は立法不作為が国民に憲法上保障されている権利を違法に侵害することが明白な場合や，国民に憲法上保障されている権利行使の機会を確保するために所要の立法措置を執ることが必要不可欠であり，それが明白であるにもかかわらず，国会が正当な理由なく長期にわたってこれを怠る場合など」には，国家賠償法上，違法と評価される（⇨*Chap.* 37-**1**）。事実上の判例変更といえよう。

2022年に最高裁は，最高裁裁判官の国民審査を在外国民には認めない国民審査法も憲法15条1項・79条に反するとの判断を下した（最大判令和4・5・25民集76巻4号711頁）（⇨*Chap.* 29-**2**）。

国家賠償請求権の主体　憲法17条は請求権の主体を「何人も」と規定している。これに対して国家賠償法は，被害者が外国人の場合には，相手国の法律が日本人に対する国家賠償を認める場合にかぎって，日本側も賠償に応じる「相互保証」と

いう考え方をとっている（6条）。国家賠償請求権は前国家的権利（⇨*Chap.* 19-*1*）とは言えないこと，憲法の文言が「何人も」となっていても，在日外国人を含むかどうかは権利の性質から判断すべきこと（⇨*Chap.* 20-*1*），これらを理由として，国家賠償法の相互主義を合憲と考える説が一般的だ。しかし，17条が国家無答責の原則を否定した以上，政府は外国人に対する賠償責任も当然に負うはずだから，相互主義は違憲だという反対説もある（奥平・憲法Ⅲ）。

Column ⑬　予防接種事故と国の責任

　Chapter 7で説明した損失補償と，この*Chapter*の国家賠償のどちらにもストレートにはあてはまらないため，問題となっているケースに予防接種事故がある。予防接種法・結核予防法（当時）に基づいて種痘などの予防接種を受け，その副作用で死亡したり後遺症を負った子どもとその親たちが，全国各地で国を相手どって訴訟をおこした。

　何とか救済を与えるための1つの方向は，予防接種自体は適法行為であることを前提として，憲法29条3項を根拠に損失補償を認めることだ（大阪地判昭和62・9・30判時1255号45頁）。しかし，29条3項は私有財産を公共のために用いる場合の規定であるから，この規定は生命・身体についての損失補償を想定していないし，もちろん予防接種が子どもを「公共のために用いる」とも言えないという難点がある。

　もう1つの方向が，国家賠償を認める考え方だ。憲法17条を自己責任説の立場で理解し，公務員の過失を要件としないで憲法に基づく国家賠償を認める見解もある（初宿・憲法2）。しかし，国家賠償法1条を前提とすれば公務員の過失認定が必要となる。そこで，接種にあたる医師が，子どもの体質などについて十分な予診をしていない場合に，過失を認定する判決もある（最判平成3・4・19民集45巻4号367頁）。また，接種率向上を主目的とした厚生行政そのものを問題とし，厚生大臣の制度的過失を認めることによって，過失推定を一層緩和する判例も出てきた（東京高判平成4・12・18判時1445号3頁，福岡高判平成5・8・10判時1471号31頁など）。

　予防接種法の改正によって，予防接種事故を厚生大臣（現在は厚生労働大臣）が認定すれば，被害者は医療費などの給付を受けられるこ

とになったが，給付額に不満な場合にはさらに損害賠償請求も可能かどうかは，相変わらず問題である。

憲法40条の刑事補償請求権

憲法40条は，「何人も，抑留又は拘禁された後，無罪の裁判を受けたときは，法律の定めるところにより，国にその補償を求めることができる」と定める。憲法17条と並んで，これも憲法改正帝国議会の衆議院段階で日本側が挿入した規定だ。無罪判決が出される場合もあることは，刑事裁判制度がもともと予定していることだから，抑留・拘禁ののち結局無罪になったからといって，その抑留・拘禁が違法だったことにはならない。しかし40条は，本人が実際に被った精神的・肉体的苦痛を考慮して，結果責任の観点から，金銭補償を受ける権利を導入した。1931年に制定された旧刑事補償法が，あくまで恩恵的な政策として刑事補償制度を設けたのと違って，憲法上の権利として認めた点にこの規定の意義がある。

憲法40条と法律上の刑事補償

40条を具体化するために制定されたのが刑事補償法だ。この法律では，通常手続・再審手続・非常上告手続で無罪が確定した人（1条），または免訴・公訴棄却の判決を受け，免訴・公訴棄却にならなければ無罪だったと認める充分な事由のある人（25条）などに対して，抑留・拘禁の期間，種類，財産上の損失，苦痛の程度などを考慮して，1日1000円から1万2500円までの間で，抑留・拘禁日数分の補償を行うことになっている（4条）。

こうした法律上の制度と，40条が刑事補償の要件とする「抑留又は拘禁」「無罪の裁判」の意味や範囲との関係については疑問もある。憲法が言う無罪の裁判を，多数説のように刑事訴訟法による無罪判決の確定と理解すれば，免訴（刑事訴訟法337条）・公訴棄却

（同法338条・339条）の場合の刑事補償は法律が上乗せしたことになり，抑留・拘禁後，不起訴となった人の補償を法律が定めていないことも別に違憲とは言えないことになる（不起訴の場合については法務省の訓令「被疑者補償規程」に補償の定めがある）。しかし不起訴の場合の補償が，行政の単なる内部規則にゆだねられていることに対しては違憲論もある。結果的に不必要だった身柄拘束が行われた場合を，広く補償対象に含めることが憲法の意図にかなうとする立場だ（奥平・前掲書）。

　また，従来，少年法による少年鑑別所への「収容」は，40条の「拘禁」ではなく，少年法上の不処分決定は，40条の「無罪」ではないとされ，刑事補償の対象外となってきた。この点の不合理を是正するため，1992年に「少年の保護事件に係る補償に関する法律」が制定された。

2　裁判を受ける権利

権利の意味　「裁判を受ける権利」は，司法部を利用する私人の権利である。憲法32条は，「何人も，裁判所において裁判を受ける権利を奪はれない」と規定している。裁判を受ける権利は，「政治権力から独立の公平な司法機関に対して，すべての個人が平等に権利・自由の救済を求め，かつ，そのような公平な裁判所以外の機関から裁判されることのない権利である」（芦部・憲法）。

　明治憲法24条も「日本臣民ハ法律ニ定メタル裁判官ノ裁判ヲ受クルノ権ヲ奪ハルヽコトナシ」と規定していたから，外見上権利保障は同様にみえる。しかし，現行憲法下において，司法の範囲は大

陸法的に民事事件・刑事事件に限定するのではなく，英米法的に広く行政事件全般を含むようになった（＝出訴事項の一般概括主義）ので権利の内容は豊かになった。明治憲法下においても，行政事件は行政部の系統に属する行政裁判所に出訴できた（旧憲法61条参照）が，現実に設けられた制度は，訴訟で争える事柄も限定し（＝出訴事項の限定列挙主義），また東京に一審制の裁判所を置くのみであるなど，権利の内容は極めて貧弱であった（旧行政裁判法参照）。

> **権利の内容**

裁判を受ける権利の具体的内容は次のように解されている。民事事件・行政事件については，自己の権利・利益が違法に侵害されたときに，裁判所に訴えを提起して裁判を求める権利を有すること，つまり裁判の拒絶は許されないこと，刑事事件については，裁判所の裁判によるのでなければ刑罰を科せられないことを意味する。刑事事件に関しては，自由権，特に人身の自由を確保する意味ももち，その趣旨は，37条においてより詳細に規定されている（⇨*Chap.* 2-*2*）。

このような裁判を具体的に担当する者は，裁判所，つまりその事件について法律上管轄権をもち，かつ処理する権限のある裁判官，または裁判官と裁判員によって構成される司法機関である。しかし，行政機関が裁判を行うことを現行憲法は否定していないので（76条2項後段），裁判所に出訴する前提として，行政機関の不服審査手続の経由を要求すること（＝審査請求前置主義。行政事件訴訟法8条1項但書）も，出訴のみちを不当に侵害しなければこの権利を侵害したことにならない。むしろ，ここでいう裁判をより広く，紛争解決あるいは権利救済手続と捉えれば，整備された行政不服審査手続制度を設けることは，この権利の充実に資すると考えるべきであろう。

なお，迅速な裁判の要請について，憲法は刑事裁判についてのみ明文で定めている（37条。⇨*Chap.* 2-*2*）。しかし，「裁判（正義）の遅

れは，裁判（正義）の拒絶（否定）に等しい（Justice delayed, justice denied）」という法諺が示すように，この要請は「裁判を受ける権利」の中に含まれていると考えるべきである。2003年，すべての裁判の一審判決を2年以内に出すことを目指す裁判迅速化法（裁判の迅速化に関する法律）が制定され，また計画審理を義務づける民事訴訟法の改正（147条の2・147条の3の追加など）もなされた。

事実誤認を理由とする控訴を認めない刑事訴訟法403条の2第1項の即決裁判手続は，この手続の選択が被告人の自由意思に基づくものであること，弁護人の助言を得る機会も保障されること，この手続で懲役または禁錮（現「拘禁刑」，以下同じ）の実刑を科すことができないことから，相応の合理的理由があり，憲法32条・38条2項等に反しないとされた（最判平成21・7・14刑集63巻6号623頁）。

難民申請者に対して難民不認定処分の異議申立棄却決定の告知を強制送還の直前まで遅らせ，事実上第三者と連絡することを認めずに強制送還したことは，「憲法32条で保障する裁判を受ける権利を侵害し，同31条の適正手続の保障及びこれと結びついた同13条に反するもので，国賠法1条1項の適用上違法になる」とした判決（東京高判令和3・9・22判タ1502号55頁〔確定〕）がある。

裁判所法74条は「裁判所では，日本語を用いる」とする。日本語を解せない訴訟当事者，特に刑事被告人は防御権の行使のために通訳が必須となる（刑訴175条）。最高裁によると法廷通訳の件数は増加の傾向にあり，2023年には一審の被告人は3851人とされる。通訳料は訴訟費用とされ，被告人が貧困のため納付できないことが明らかである場合を除き，その全額又は一部を被告人に負担させるとしている（刑訴181条1項）。しかし，大阪高裁は，国際人権B規約14条3項が「すべての者は，その刑事上の罪の決定について，十分平等に，少なくとも次の保障を受ける権利を有する」として，

「(f)裁判所において使用される言語を理解すること又は話すことができない場合には，無料で通訳の援助を受けること」を規定しているとし，資力を問わず無料で通訳の援助を受ける権利を保障しているとした上で，被告人が日本語を使えないふりをしている場合などを除き，負担させるべき訴訟費用に通訳料は含まれないとした（大阪高判令和6・9・3判例集未登載）。

Column ⑭　実質的証拠法則（substantial evidence rule）

行政機関が準司法的手続によって行った審判の適否を裁判所が審査する場合には，行政機関のした事実認定を立証する実質的証拠のある限り，裁判所はこれに拘束されるとするのが実質的証拠法則である。専門的な知識を有する行政機関が司法手続に準じた慎重な手続によって認定した事実をそのまま尊重することに合理性があるからである。この法則は行政手続と司法審査の関係を調整するものとしてアメリカの判例理論を通じて形成されてきたが，日本の法制度のなかにも取り入れられている（鉱業等に係る土地利用の調整手続等に関する法律52条，電波法99条等）。

非訟事件と裁判を受ける権利

憲法は，32条で裁判を受ける権利を保障するとともに，82条1項で「裁判の対審及び判決は，公開法廷でこれを行ふ」としている。ところが，現行裁判制度は，民事事件の中で，訴訟事件と対立する概念として非訟事件という類型を設け，審理構造においては，非公開・非対審（非訟事件手続法30条）とし，また職権探知を原則とする（同法49条）ほか，裁判については，決定の方式で行うこととし（同法54条），決定の取消し・変更を認めている（同法59条）。そして，失踪宣告（民法30条）や未成年者の後見人の選任（同法840条・841条）などの家庭裁判所の扱う家事事件についても，家事事件手続法は，審理構造において，非公開・非対審（33条）とし，

また職権探知を原則とする（56条）ほか，裁判については，審判の方式で行うこととし（73条），審判の取消し・変更を認めている（78条）。このように裁判所が扱う民事事件を2種に分けて，訴訟事件には対審（＝裁判の当事者が裁判官の前で口頭でそれぞれの主張を述べあって議論を戦わすこと），法廷の公開（⇨*Chap.* 29-4），そして判決（＝いちばん厳格な形式・手続を踏んで行われる裁判）を原則として保障しながら，非訟事件にはこれらを保障しないというのである。旧家事審判法下の判例は，婚姻費用分担審判も，本質的に非訟事件であるから憲法32条とは直接関係がないので，審尋（口頭弁論を開かずに，利害関係者その他参考人に書面または口頭で陳述の機会を与えること）請求権は保障されないとした（最決平成20・5・8家月60巻8号51頁）。

しかし，民事事件を訴訟事件と非訟事件に分けることがそれほど明快にできるか疑問である。実際，旧家事審判法の制定（1948年）により，従来訴訟事件とされていたものが非訟事件に移された（旧家事審判法9条1項乙類〔現家事事件手続法別表第二〕）ことからわかるように，この分類は理論的に明快なものでは決してない。判例は，対審・公開・判決の原則は，「純然たる訴訟事件の裁判」に限定し，32条にいう「裁判」も訴訟事件の裁判であるとする（**最大決昭和35・7・6民集14巻9号1657頁**）。しかし，そうなると非訟事件は，裁判を受ける権利の保障の対象からもはずされ，公開等の要請もすべて立法政策の問題となってしまう。そこで，82条にいう「裁判」は訴訟事件の裁判であるが，32条でいう「裁判」には非訟事件の裁判をも含み，このような事件にも同条によって「適正な手続」が保障されると説く有力説もある。

Column ⑮ 少年審判

民事事件における非訟事件と同様に問題となるのが，刑事事件の領域の少年審判である。少年審判の手続は，家庭裁判所が非行を犯した

と考えられる20歳未満の者，すなわち少年について，非行の有無を判断して必要な処遇を定める手続である。この手続は，少年法と少年審判規則に定められているが，少年を処罰する目的ではないため刑事裁判とは異なるものとされる。とするとここでも非訟事件と同様に82条の対審・公開・判決の原則が適用されないことに伴う問題があるほか，憲法で被疑者・被告人に保障された諸権利が保障されないという問題がある。

少年法には，証人尋問や検証などに若干の規定がある（14条・15条）が，非行事実の認定に関する証拠法の規定はない。また審判手続も非公開（22条2項）の職権主義的構造をとり証拠調請求権は少年側にはないとされているので，適正手続の保障（憲法31条）との関係が問題となった。最高裁は，「非行事実の認定に関する証拠調べの範囲，限度，方法の決定も，家庭裁判所の完全な自由裁量に属するもの」ではないとし，とくに否認事件において「少年・附添人に目撃者に対する立会い・反対尋問の機会をあたえなかったこと」は裁判所の裁量の範囲を逸脱したとする補足意見（団藤重光裁判官，中村治朗裁判官が同調）が付されて注目された（流山中央高校事件・最決昭和58・10・26刑集37巻8号1260頁）。

2000年，この問題に対応し，また少年犯罪の凶悪化と低年齢化に対処するための少年法改正がなされた。まず，否認事件につき，家庭裁判所は非行事実の認定手続への検察官の関与を決定でき（同法22条の2），その際，少年に付添人（弁護士）がいない場合は国選付添人を付すことを義務づけ（同法22条の3），また，事実認定に慎重を期すため合議体による審理を可能とした（裁判所法31条の4）。他方，刑事処分可能年齢を16歳以上から14歳以上へと引き下げる（少年法3条1項2号・20条1項）とともに，犯行のとき16歳以上の少年が故意の犯罪行為により被害者を死亡させた事件については，刑事裁判手続に付すために検察官に送致する決定（逆送）をなすことを原則と定め，犯行の動機・態様，犯行後の情況，少年の性格・年齢・行状・環境その他の事情を考慮して刑事処分以外の保護処分等の措置に付すことを例外的措置とした（同法20条2項）。

2007年の少年法改正により，刑罰法令に触れる行為をした14歳未満の少年（触法少年）の事件についての調査手続が整備され，警察の

任意調査権限を明確にし，従前警察にはなかった押収・捜索・検証・鑑定の強制調査権限が付与された（同法6条の5）。そして，一定の重大事件につき児童相談所は原則として事件を家庭裁判所に送致することとなった（児童福祉法27条1項4号）。保護処分についても，少年院収容可能年齢が引き下げられ，家庭裁判所が特に必要と認めた場合には，14歳未満の少年についても少年院送致の処分ができることになり（少年法24条1項3号），また保護観察に付された少年が遵守事項を遵守しなかった場合には，警告をなし，保護観察では本人の改善・更生を図ることができないと認めるときには，家庭裁判所が新たに審判を行い少年院送致等の処分ができることになった（同法26条の4）。なお，殺人など一定の重大事件で観護措置（少年鑑別所への収容）を受ける少年については，家庭裁判所の判断で，弁護士である国選付添人を付することができることになった（同法22条の3第2項）。その他，罪を犯した14歳以上の少年（犯罪少年）の一定の事件について，被害者等に少年審判の傍聴を許す制度が設けられた（同法22条の4）。

その後，2014年の少年法改正によって，国選付添人制度と検察官関与制度の対象事件の範囲が，「故意の犯罪行為により被害者を死亡させた罪」と「死刑又は無期若しくは短期2年以上の懲役若しくは禁錮に当たる罪」から，「死刑又は無期若しくは長期3年を超える懲役若しくは禁錮に当たる罪」へと拡大された（同法22条の2第1項，22条の3第1項）。そして，少年の刑事事件に関する処分規定の見直しがなされて，無期刑の緩和刑として言い渡される有期の懲役または禁錮刑の上限が15年から20年に引き上げられ（同法51条2項），また不定期刑の長期と短期の上限が10年と5年から15年と10年へと引き上げられた（同法52条1項）。

その後，2021年5月，以下のように少年法は改正された。少年法の適用年齢は「20歳未満」を維持し，事件を起こした者のうち，虞犯を除いてすべてを家庭裁判所に送致して生い立ちや事件の背景を調査する仕組みは残す一方，18歳・19歳を「特定少年」と位置づけ，家庭裁判所から検察官に原則送致（逆送）する対象を，「故意の犯罪行為により被害者を死亡させた罪」から「〔法定刑の下限が〕懲役若しくは禁錮〔現「拘禁刑」〕1年以上の罪」（強盗，強盗致傷，強制性交，放火など）に拡大した。さらに，逆送後起訴されれば，実名や写真など本人

を特定できる情報の報道も可能とした。

また逆送には至らず、少年院での矯正教育や保護観察で更生を図る保護処分も、要保護性が高いときには家庭裁判所の定めた期間を超える処分継続が可能であったが、罪に見合った重さで上限が設けられてこのような措置は不可能になった（この改正の経緯と問題点については、廣瀬健二・少年法入門参照）。

❖❖❖❖❖❖❖❖❖❖❖❖❖❖❖❖❖❖❖❖❖❖❖❖❖❖❖❖❖❖❖❖❖❖❖❖❖❖

2022年5月、民事訴訟制度のIT化を図る、民事訴訟法等の一部を改正する法律（令和4年法律48号）が成立した。この改正は民事訴訟の一層の迅速化と効率化を図り、民事裁判を国民がより利用しやすいものにする趣旨とされ、訴状等のオンライン提出（民事訴訟法132条の10等）・裁判所からの送達のオンライン可能化（同法109条・109条の4等）、ウェブ参加が可能な期日の拡充・要件の緩和（同法87条の2等）、電話による参加可能な期日の要件の緩和（同法170条等）、訴訟記録の電子化（同法132条の12・132条の13・160条・252条等）などを内容とする。

審級制度

裁判を主宰するのは裁判官という生身の人間であるから、まったく誤りのないことを期待するのは現実には不可能である。しかし、裁判を受ける権利が保障されても、誤った裁判がなされれば、結果的にこの権利は「絵に描いた餅」となってしまう。そこで、裁判の結論に不満をもつ当事者に再度他の裁判所（上級裁判所）に不服を申し立てて再考を求める機会を与え、またそのような者がこの機会を利用することによってこの誤りは正されるという制度、つまり審級制度は、裁判を受ける権利を実効的に保障するものとして、不可欠となる。当事者に複数のチャンスを設けるのは、誤判是正が主たる理由であるが、裁判所としても、上級裁判所による法規範の解釈の統一性をはかることができるというメリットもある。そして、理想を追求すれば、完

璧になるまで無限に上訴を認めることが望ましい。ところが，裁判の遅延，裁判のコスト増大などの問題が出てくるので，これらを視野に入れた一定の制度的な「割り切り」が必要となる。そして，現行制度は，原則として三審制，つまり，当事者に3回のチャンスを与える制度をとる（裁判所の上訴ルートについては，⇨*Chap.* 29-**3**）。

裁判の形式論理上のプロセスは，いわゆる法的三段論法，つまり①証拠に基づく事実認定，②適用されるべき法規範の発見とその解釈，③認定された事実への関係法規範の適用という流れで進行し，最終的な結論（判決・決定等）に到達する。そこで裁判所相互間で，①の事実問題と②③の法律問題の両方を扱う事実審と，②③の法律問題のみを扱う法律審とに機能を分離し，再考の範囲と機会を制限することによって理想と現実の調和を図ることになる。そして，現行裁判制度は，民事事件（行政事件も含む）につき，第一審・控訴審を事実審，上告審を法律審とし，刑事事件につき，第一審を事実審，控訴審・上告審を法律審（ただし，控訴審も事実誤認・量刑不当等の事実問題を審理するときは事実審であり，上告審も職権で事実問題を判断できる。刑事訴訟法381条・382条・411条等参照）としている。

Column ⑯　上告制限

民事事件における最高裁判所の役割は法律審であるが，1996年の民事訴訟法全面改正前は，証拠の取捨・評価に関する判断についての採証法則・経験則違背も上告理由として規定された法令違背（「判決ニ影響ヲ及ボスコト明ナル法令ノ違背」，旧民事訴訟法394条）とされたため，事実認定の誤りを法律問題と構成して上告する事例が相当数にのぼった。これが最高裁判所の負担過重の主たる原因とされ，実質的な上告制限が導入された。

民事訴訟法改正（1998年施行）により，上告理由は憲法解釈の誤りその他の憲法違反，および重大な手続違反（312条1項・2項）に限定され，判例違反の事件および「法令の解釈に関する重要な事項を含む

ものと認められる事件」についての上告はその受理が決定によってなされるようになった（318条）。つまり，法令違背を主張する上告は，従来の権利という位置づけから，裁判所がその裁量で受理するか否かを決定する事項に変更されたのである。なお，最高裁は，審級制度の問題は憲法81条の規定（＝憲法違反）以外はすべて「立法の適宜に定めるところにゆだねていると解すべきことは，当裁判所の判例とするところである」として（最判平成13・2・13判時1745号94頁），このような制度改正を合憲とした（渋谷秀樹「最高裁判所への上告制限」法学教室189号参照）。

Column ⑰　再審制度と袴田事件

　判決が確定しても誤審である可能性は残る。法的安定性の見地から確定判決には既判力が生じ，その取消し・変更は原則として認められない。しかし，確定判決に重大な瑕疵がある場合にもこの原則を貫くと正義に反するので，例外的に非常救済制度である再審制度が設けられている。

　民事裁判と行政裁判にも再審の手続が設けられている（民事訴訟法338条以下，行政事件訴訟法34条参照）が，刑事裁判は制裁手段が厳しく，とりわけ極刑（死刑）が下され執行されると，仮にそれが誤審であったとき，取り返しのつかない事態となるため，注目を集めることになる。

　再審は確定判決を対象とするので，上訴とは区別された手続である。刑事訴訟法435条は，有罪の言渡しをした確定判決に対して再審請求が可能な場合を7項目定めている。そのうち多く援用されるのは，有罪判決を受けた者に対して無罪・免訴，刑の免除を言渡し，またはより軽い罪を認めるべき「明らかな証拠をあらたに発見したとき」とする条項（同条6号）である。再審請求権者は，検察官，有罪判決を受けた者またはその法定代理人及び保佐人，有罪判決を受けた者が死亡しまたは心神喪失の状態にある場合にはその配偶者・直系親族・兄弟姉妹である（439条）。再審請求審は非公開で審理され，再審開始決定が確定したときに再審公判が開始される。再審は通常審に比して進行が遅い。その理由は①非常手続であるため，通常審を優先し，確定判決が誤りであったことを認めたくない裁判官の心理がはたらくこと，

②再審に関する規定が19カ条のみしかなく詳細な規定がないので裁判官の裁量が大きいこと，③通常審とは異なり裁判官に証拠開示を検察側に命令する明文の根拠規定がないこと，④再審開始決定に検察官が抗告できることなどが指摘されている。

死刑再審事件で再審によって無罪が確定したものは，免田事件（1948年），財田川事件（1950年），松山事件（1955年），島田事件（1954年）の4件があった（死刑判決以外では，布川事件〔1967年〕，足利事件〔1990年〕などがある）。

袴田事件は，1966年6月，静岡県清水市の民家で味噌製造会社の専務一家4人が殺害され集金袋が奪われこの家も放火された事件で，1980年被告人死刑の有罪判決が確定した。しかし，被告人は冤罪を主張し1981年から2度の再審請求を行い，2014年3月，第2次再審請求審で静岡地裁は再審開始と死刑と拘置の執行停止を決定し，被告人を釈放した。これに対し検察側が東京高裁に即時抗告し，同高裁は2018年6月に再審開始決定のみを取り消し再審請求棄却の決定を下した。これに対する弁護側の特別抗告に対して，最高裁は2020年12月にこの決定を取り消し，審理を同高裁に差し戻す決定を下した。2023年3月東京高裁が2014年の静岡地裁の再審開始決定を支持し，検察側の即時抗告棄却決定をした。東京高検がこれに対する特別抗告を断念したため，死刑確定事件としては戦後5件目となる再審開始決定が確定した。再審公判は静岡地裁で2023年10月から計15回開催され，2024年5月，検察側は死刑を求刑，弁護側は無罪を主張して結審した。2024年9月，静岡地裁は，①「犯行を自白した」とする検察官調書1通のみが証拠採用され再審公判にも引き継がれているが，この調書は任意性を欠き証拠として採用できない，②逮捕から1年経過した後赤みを感じさせる血痕が付着した5点の衣類がみそ製造用タンクから発見されたとするが，実験によると1年以上みそ漬けした場合血痕は赤みを失い黒褐色化するので，5点の衣類を犯行時の着衣として捏造したのは捜査機関の者以外に事実上想定できない，③5点の衣類と被告人を結びつける証拠として被告人の実家から押収されたズボンの端切れは捜査機関によって実家に持ち込まれた後に押収されたと考えなければ説明が極めて困難であり，端切れも捏造である，として無罪判決を言い渡した（静岡地判令和6・9・26判例集未登載）。検察側

は控訴せず、無罪判決は確定した。

裁判を受ける権利の人的保障　私人に裁判を受ける権利が保障されるとしても、実際に裁判を追行するためにはやはり専門的な知識を必要とする。憲法37条は、刑事被告人に弁護人依頼権を保障しているが、民事事件について、憲法は沈黙している。ドイツ・オーストリアなどでは民事訴訟において弁護士でなければ裁判所における訴訟手続に関与できないとし、当事者に弁護士を訴訟代理人に選任することを強制する「弁護士強制主義」を採っている。日本では、当事者が訴訟代理人をつける場合には、原則として必ず弁護士でなければならず、その他の者を代理人とすることはできないとされている（民事訴訟法54条。ただし行政事件では、「所部の職員」が指定代理人として訴訟を追行できる〔法務大臣権限法＝国の利害に関係のある訴訟についての法務大臣の権限等に関する法律〕）が、当事者自身が訴訟を追行する本人訴訟も認められている。その背景には、弁護士数の絶対的な不足と、その地域的な偏在がある。弁護士会が主導して、弁護士過疎地域に公設弁護士事務所を開設する動きも見られるが、法律専門職不足の抜本的な対策とはなっていない。

　そこで、2004年6月、総合法律支援法が公布・施行され、法的紛争をかかえた市民に解決を後押しする「駆け込み寺」として独立行政法人「日本司法支援センター」（法テラス）が2006年4月に設立され、10月から業務を開始した。同センターは、地裁所在地50カ所に地方事務所、地裁支部所在地11カ所に支部、5カ所の出張所のほか地域事務所37カ所（2024年4月1日現在）を置き、常勤弁護士が主に無料で電話による情報提供をしている（⇨*Chap.* 2-*2*）。

　2001年6月、司法制度改革審議会が公表した最終意見の中にも、

司法制度改革の柱として「司法制度を支える法曹の在り方（人的基盤の拡充）」が掲げられている（⇨*Chap.* 29-*1*）。一般市民に身近な準法律家として，法務局に提出する書類の作成や申請の代理（登記・供託業務），裁判所・検察庁に提出する書類の作成（裁判業務）を任務とする司法書士が存在し，また特許・実用新案・意匠・商標などに関する特許庁への出願などについての代理・鑑定などを任務とする弁理士が存在する。2002年，所定の研修と法務大臣の認定を受けた司法書士が，簡易裁判所において，民事訴訟，即決和解，支払督促，民事保全等の手続の代理をできるほか，これらの紛争の相談に応じ，裁判外の和解の代理もできるように司法書士法が改正された（同法3条1項6号・7号，2項）。また弁理士は，従来から特許審判関係訴訟の訴訟代理人となることができた（弁理士法6条）が，所定の研修と試験に合格すれば，特許侵害訴訟においても弁護士と共同で代理人となることができるように弁理士法が改正された（同法6条の2）。

さらに2004年，「裁判外紛争解決手続の利用に関する法律」（ADR法）が制定され，裁判外紛争処理制度（Alternative Dispute Resolutions＝ADR）による迅速な紛争解決制度が整備された。この法律は，第三者の専門的知見を反映して紛争の実情に即した迅速な解決手続としてのADR制度の整備・活性化をめざすもので，民間紛争解決事業者の認証制度を設け，認証を受けた機関によるADRについては，時効の中断や訴訟手続の中止等に関する法的効果を付与している。

［*1* 赤坂，*2* 渋谷］

【4　精神的自由権】

Chapter 9　思想・良心の自由

> 「考えが人間の偉大さをつくる。人間はひとくきの葦にすぎない。自然のなかで最も弱いものである。だが，それは考える葦である。彼をおしつぶすために，宇宙全体が武装するには及ばない。蒸気や一滴の水でも彼を殺すのに十分である。だが，たとい宇宙が彼をおしつぶしても，人間は彼を殺すものより尊いだろう。なぜなら，彼は自分が死ぬことと，宇宙の自分に対する優勢とを知っているからである。宇宙は何も知らない。だから，われわれの尊厳のすべては，考えることのなかにある。」（パスカル著・前田陽一＝由木康訳「パンセ」〔1669-70〕『世界の名著24・パスカル』〔1966年〕より）

1　「思想・良心」の意味

「心」の自由　人間が人間らしく生きるためには，その精神的活動（精神生活，内面生活）が充実していなければならない。自分の心（頭脳）の中で自由にものごとを考え，自分なりの信念をもち，それに基づいて日々の生活を営んでいくということは，憲法上の権利を特に意識せずに日常的に行われている現象である。

　憲法19条は人の「内心」の自由を保障しているが，人間の心（頭脳）の中に形成・蓄積され，あるいは形成・蓄積されつつある

すべてのことがら（＝意識）を保障しているのであろうか。それともそれらの中のある部分を限定して保障しているのであろうか。条文の文言でいえば，「思想・良心」が何を意味するのかという問題である。

「思想・良心の自由」の歩み

諸外国の歴史をさかのぼってみると，1789年のフランス人権宣言の中に「思想および意見の自由な伝達は，人の最も貴重な権利の１つである」(11条) とあるように，「思想」は，伝達の自由，つまり「表現の自由」と結びつけて考えられてきた。また1776年のヴァージニア邦憲法の中に「すべて人は良心の命じるところにしたがって自由に宗教を信仰する平等の権利を有する」(16条) とあるように，「良心の自由」は，「信仰の自由」と同じかあるいはこれと不可分なものと考えられてきたのである。現在においても比較憲法的に，「思想・良心」の自由を独自の規定を置いて保障する例は少ない（例外として，ドイツ基本法４条１項，大韓民国憲法19条などがある）。にもかかわらず，特に日本の現行憲法にこの規定が置かれた理由として，①明治憲法下において治安維持法などの運用を通じて悲惨な思想弾圧をした歴史的経験への反省があったこと，そして②ポツダム宣言中の「言論，宗教及思想ノ自由並ニ基本的人権ノ尊重ハ確立セラレルベシ」(10項) という項目から影響をうけたことなどが指摘されている。

以上のような日本独自の歴史的背景と，内心の自由のいわば母体となった信仰の自由が別個の条項により保障されているという現行憲法の人権規定の体系構造に留意して，思想・良心の内容を考える必要がある。そして一般的には，思想・良心とは，人間の心（頭脳）の中に形成・蓄積されたすべてのことがらではなく，そのうちの一定の限定されたものが保障されると考えられている。つまり，

「内心におけるものの見方ないし考え方」(宮沢・憲法Ⅱ) あるいはその一部が思想・良心であるとするのである。そして「思想」と「良心」をあえて区別すれば,「内心におけるものの見方ないし考え方」のうち倫理的・主観的な性格のものが良心であり,それ以外のもの,あるいは論理的・客観的な性格のものが思想であるとされている。ただ,両者を明確に区別することは不可能であり,また憲法解釈上の実益もない。

内心説と信条説 思想・良心は,「内心におけるものの見方ないし考え方」であるから,事実に関する記憶,知識,好悪の感情などは原則として含まないが,これらを除いたどの部分を含むのかにつき議論がある。学説は,大きく内心説(倫理的意思説。広義説ともいう)と信条説(狭義説)とに分かれる。内心説は,憲法で保障されるのは「内心におけるものの見方ないし考え方」すべて,と捉えるのに対して,信条説は,そのうちの信仰に準ずべき世界観,人生観など個人の人格形成の核心をなすもの,つまり価値観,主義,信条などに限られるとする。これら2つの説の相違は,後にみる謝罪広告強制事件で結論を左右することになったのでそこで触れる。

2 禁止される侵害

諸外国の憲法に思想・良心の自由の保障規定がなかった理由の1つとして,そもそも人の内心は政府の介入を許さない絶対的な領域であるから特に保障する必要もないと考えられていたことが指摘されている。しかし,日本の明治憲法下における経験に照らして,また理論的な見地から整理すれば,19条は以下のような侵害を防止

しようとしていると考えられる。

思想・良心の自由の侵害は、類型的に、①特定思想の強制、②特定思想をもつ、あるいはもたないことを理由とする不利益処遇、③思想・良心の内容の告白（開示）強制、に整理できる。

まず、①については、特に思想の形成過程における侵害が考えられ、典型例として、政府が特定思想を教育・宣伝などの手段によって強制・勧奨することがあげられる。政府が行うマインド・コントロール（洗脳）である。現行憲法施行の直前に施行された旧教育基本法は、「教育勅語」に基づく戦前の国家主義的教育の失敗を繰り返さないために、教育の目的として「人格の完成をめざし、平和的な国家及び社会の形成者として、真理と正義を愛し、個人の価値をたつとび、勤労と責任を重んじ、自主的精神に充ちた心身ともに健康な国民の育成」を掲げた。ところが、2006年12月の教育基本法全面改正によって、愛すべき対象は「真理と正義」ではなく「我が国と郷土」に矮小化され、教育の目標も「自主的精神に充ちた」人の育成ではなく、「公共の精神に基づき、主体的に社会の形成に参画し、その発展に寄与する態度を養う」など各種の徳目を重んじ、または寄与する態度を養うこととなった。この改正は、教育を特定の価値観を強制する手段と化すもので、思想・良心の形成の自由を保障する憲法19条に違反するとの批判もなされている。

②は、14条の「信条」に基づく差別と重なる。いわゆる**三菱樹脂事件（最大判昭和48・12・12民集27巻11号1536頁）**においては、私企業による特定思想を理由とする本採用の拒否が問題となった（⇒*Chap.* 21-**1**）。常識的に考えて第三者による不利益処遇を招くような思想・良心の内容またはそれを推知させる事実の告知・記載がこれにあたる場合もある（**麹町中学内申書事件・最判昭和63・7・15判時1287号65頁**）。

③は思想自体の告白強制のほかに,アンケートなどを通じた思想調査,つまり「主義・主張」「支持政党」などを問う調査,あるいは「尊敬する人物」「愛読書」「交友関係」などその人の思想・良心を推知させる事実の調査は,仮に強制的なものでなくても,政府が行えば19条違反が問題となる。また署名運動なども,町内会・職場・学会など多様な価値観をもつ者から構成され,かつある意味で閉ざされている社会において行われればその人の主義・主張の間接的開示強制,つまり現代版の「踏み絵」として機能する可能性があり憲法の趣旨に反する危険性があることに注意する必要がある。なお,自治会費の増額分を全額募金に充てる旨の自治会総会の決議は,会員の生活上不可欠な存在である自治会により事実上強制されるものであり,社会的に許容される限度を超えた思想・良心の自由の侵害にあたるとした下級審裁判例(大阪高判平成19・8・24判時1992号72頁)もある。1999年に制定された国旗国歌法(国旗及び国歌に関する法律)は,国旗の掲揚および国歌の斉唱を義務づけるものではない。しかし,これらの行為の奨励も同様に機能する危険性をはらんでいる。また,裁判員制度の施行に伴う,裁判員となる義務については,人を裁きたくないという思想・良心をもつ者に対しては,それに反する行為を強要し,その判断の結果を表示することも強要するという問題点がある。

Column ⑱ **公立学校における日の丸・君が代の強制**

公立学校の卒業式などの儀式における「君が代」斉唱に際しての不起立・不斉唱を理由とする,教師に対する処分事案がある。国旗掲揚・国歌斉唱は,1958年告示の学習指導要領に「望ましい」とされて以来徐々に指導が強化され,1989年告示の学習指導要領では「入学式や卒業式などにおいては,その意義を踏まえ,国旗を掲揚するとともに,国歌を斉唱するよう指導するものとする」とされた。そして,1999年の国旗国歌法の制定・施行によって,教育現場で制裁を背景

に強制されるようになった。ここではまず、「日の丸」「君が代」という特定のイデオロギーを帯びると解釈されうるものの掲揚・斉唱の強制の是非と、一般的に「国旗」「国歌」の掲揚・斉唱の強制の是非を区別して論じるべきである。

　公務員たる教師に職務命令としてその義務づけがなされた場合、いわゆる「特殊な法律関係」における服従義務の問題となる（⇨**Chap. 21-2**）。そもそも重大かつ明白に違憲である職務命令に公務員は従う義務はない（憲法99条参照）とすれば、このような処分は違憲・違法となろう（渋谷秀樹・日本国憲法の論じ方参照）。君が代のピアノ伴奏を拒否し戒告処分をした事案につき、最高裁は、伴奏拒否は一般的には歴史観・世界観と不可分に結び付くものということができず、この職務命令は当該教師の歴史観・世界観それ自体を否定するものではないとした（**最判平成19・2・27民集61巻1号291頁**）。ただし、この判決には、ここで問題とすべきは、「『君が代』の斉唱をめぐり、学校の入学式のような公的儀式の場で、公的機関が、参加者にその意思に反してでも一律に行動すべく強制することに対する否定的評価（従って、また、このような行動に自分は参加してはならないという信念ないし信条）」といった側面が重要なのではないかとする反対意見（藤田宙靖裁判官）が付されている。

　その後、公立高校の卒業式等の式典において、君が代起立斉唱を教師に命じる職務命令の合憲性が争点となった一連の訴訟において、最高裁は、ピアノ伴奏拒否事件で示した判旨にしたがい、職務命令は、①歴史観・世界観それ自体を否定するものではないこと、②日の丸起立斉唱行為は特定思想またはその反対思想の表明と外部から認識・評価されることは困難であり、特定思想の有無の告白の強要でもない、とした上で、起立斉唱行為という一般的・客観的に国旗と国歌に対する敬意の表明の要素を含む行為を求められることは、「個人の歴史観ないし世界観に由来する行動（敬意の表明の拒否）と異なる外部的行動（敬意の表明の要素を含む行為）を求められる」限りにおいて思想・良心の自由の「間接的な制約となる面があることは否定し難い」としつつ、結論として、職務命令の目的および内容ならびにこれによってもたらされる制約の態様等を総合的に衡量すれば、その制約を許容しうる程度の必要性および合理性が認められるとした（最判平成

23・5・30 民集 65 巻 4 号 1780 頁,最判平成 23・6・6 民集 65 巻 4 号 1855 頁,最判平成 23・6・14 民集 65 巻 4 号 2148 頁。その後の最判平成 24・1・16 判時 2147 号 127 頁,最判平成 24・1・16 判時 2147 号 139 頁,最判平成 24・2・9 民集 66 巻 2 号 183 頁も,これらの判旨に即した判断をしている)。ただし,なかには,職務命令違反に対する懲戒処分については,戒告処分は適法であるが,停職処分・減給処分については,「処分の選択が重きに失するものとして社会観念上著しく妥当を欠き,……懲戒権者としての裁量権の範囲を超えるものとして違法の評価を免れない」とする判決もある(最判平成 24・1・16 判時 2147 号 127 頁,最判平成 24・1・16 判時 2147 号 139 頁)。

なお,入学式や卒業式で君が代斉唱時に起立せず戒告などの処分を受けた東京都立高校の元教職員 22 名が,定年後の再雇用拒否は違法であるとして東京都を相手どり国家賠償法 1 条 1 項に基づき損害賠償を求めた事案において,一審・控訴審判決は,裁量権の逸脱または濫用があったとして請求を一部認容したが,上告審は,「当時の再任用制度等の下において,著しく合理性を欠くものであったということはできない」として,原判決を破棄して一審判決の被告敗訴部分を取り消して請求を棄却している(最判平成 30・7・19 判タ 1456 号 51 頁)。

3 保障の限界

思想・良心の自由は,それが内心に止まる限り社会や他人の権利・利益と無関係であるから絶対的な保障をうける。公共の福祉による制限をうけないことはもとより,いわゆる内在的制約にも服さない(⇨*Chap.* 22-*1*)。ただ,問題は,思想・良心とはそもそも何かであり,内心にある,一定の「考え」あるいは「思い」が,これにあたるかあたらないかで,19 条の保障の有無が決定される。したがって,「保障の限界」の問題は制約の正当化理由の探求ではなく,

思想・良心の定義の問題に帰っていくことになる。

> **内心に反する意思表示の強制**

この問題の先例とされるのが、**謝罪広告強制事件・最高裁判決（最大判昭和 31・7・4 民集 10 巻 7 号 785 頁）**である。多数意見は、謝罪広告の強制が 19 条に違反しないとしたが、思想・良心の定義は明確に示していない。この判決に付された個別意見の中に、その定義の難しさを垣間見ることができる。信条説に立ったとみられる補足意見（田中耕太郎裁判官）は、19 条でいう良心とは、宗教上の信仰に限らずひろく世界観や主義や思想や主張をもつことであるが、謝罪の意思表示の基礎としての道徳的反省とか誠実さというものは含まず、したがってその侵害はないとしている。これに対して、反対意見（藤田八郎裁判官）は、事物の是非弁別の判断に関する事項を外部に表現させ、心にもない陳謝の念の発露を判決で強制することは 19 条の保障する良心の外的自由を侵犯するとしている。ここでは、道徳的判断が思想・良心に含まれるとみるか否かが結論の分かれ目となった。謝罪広告の強制は、一般的に思想・良心の自由の問題と考えられている。ただし、自分の真意に反する表示を裁判所によって強制されるから、21 条で保障された消極的表現の自由、つまり沈黙の自由の問題として捉えるべきとする考え方もある。

教職員に自己観察の勤務評定をさせることも、世界観、人生観、教育観等に及ばないから合憲とされた（**長野勤務評定事件・最判昭和 47・11・30 民集 26 巻 9 号 1746 頁**）。また、税理士会・司法書士会などの強制加入団体が多数決で決定した行為が、その構成員の思想・良心などを侵害するとして争われた事例もある（**税理士会政治献金事件・最判平成 8・3・19 民集 50 巻 3 号 615 頁、群馬司法書士会事件・最判平成 14・4・25 判時 1785 号 31 頁等**）。このような事例は、従来、団体のその構成員に対する内部規律の問題として扱われていた。法律で

3 保障の限界

義務づけられて加入した団体の構成員の人権保障は，公務員や刑事施設被収容者などと同様の問題状況を呈するので，本書では「特殊な法律関係」において言及する（⇨*Chap.* 21-*2*）。

(判例) **謝罪広告強制事件**（最大判昭和 31・7・4 民集 10 巻 7 号 785 頁）
　衆議院議員選挙の際に Y がラジオの政見放送・新聞を通じて対立候補 X が副知事在職中に賄賂を受領したとする事実を公表したので，X が名誉毀損を理由とする民事訴訟を提起した事案である。一審は，この事実が無根でありまたその公表が X の名誉を毀損したと認定し，民法 723 条に規定する「名誉ヲ回復スルニ適当ナル処分」として，「放送及び記事は真実に相違して居り，貴下の名誉を傷け御迷惑をおかけいたしました。ここに陳謝の意を表します」という文面の「謝罪広告」を Y の名で新聞紙上に掲載することを命じた。控訴審もこれを支持したので，Y が上告した。最高裁の多数意見は，謝罪広告の命令が Y の「人格を無視し著しくその名誉を毀損し意思決定の自由乃至良心の自由を不当に制限する」ものとなる場合があるとしつつも，「単に事態の真相を告白し陳謝の意を表明するに止まる程度のもの」は代替執行によって強制しても 19 条に違反しないとした。

内心の開示強制　　内心の開示を刑罰等の制裁を背景に強制するものとして，法廷における証言義務の問題がある。刑事訴訟法と民事訴訟法は一定の事項（職業上知りえた秘密など）について証言拒絶権を認めているだけである（刑事訴訟法 149 条，民事訴訟法 197 条等参照）。これらに該当する場合以外の事実につき証言を強制された場合，証言の対象が事実の記憶（事件の目撃など）についての証言であれば「事実認識」の表明であるから，定義上 19 条違反とはならない。ただし，その事実が証人等の思想・良心を推知させる事実（「思想調査」であげたような事実）であれば，19 条違反が問題となりうる。なお，取材源の証言強制は，21 条に関連する「取材の自由」との抵触が問題となり（⇨*Chap.* 12-*2*），また 38 条 1 項で保障された不利益供述強要の禁止に違反する場合もありうる（⇨*Chap.* 2-*2*）が，これはそれぞれ別個の観点からの考

察を要する問題である。

4 「内面的精神活動の自由」と「外面的精神活動の自由」の関係

　以上見てきたように，憲法19条は，人間の内面的精神活動の自由，つまり「内心の自由」を一般的に保障している。そして，憲法21条は，内面的精神活動の結果の外部への表現活動（表現行為）の自由，つまり「表現の自由」を一般的に保障している。「内心の自由」と「表現の自由」は，両者あいまって，人間の内面から外面へという一連の精神活動を時系列的に，あるいは縦断的に区切って保障しようとしているのである。

　ところが憲法20条は「信教の自由」を，憲法23条は「学問の自由」を精神活動の自由としてそれぞれ別個に保障している。そこで，これらの自由と「内心の自由」，「表現の自由」との関係が問題となる。「信教の自由」と「学問の自由」は後に詳しく触れる（⇨**Chap. 14・15**）が，「信教」を「信仰」と「宗教的行為」に，「学問」を「研究」と「研究結果発表・教授」に分けて考えると，信仰および研究は内面的精神活動，宗教的行為および研究結果発表・教授は外面的表現活動として位置づけることができる。憲法20条および23条は，内面・外面の精神活動を宗教あるいは学問という観点からいわば横断的・特別的に保障しようとしたものである（以上，次頁図9-1参照）。なお，憲法21条の保障する集会・結社の自由も複数人の意思形成活動という観点からみれば内心の自由と共通する性質をもち，またそれが対外的に一定の表現活動の意味をもつという観点からみれば表現の自由と共通する性質をもつと考えられる。

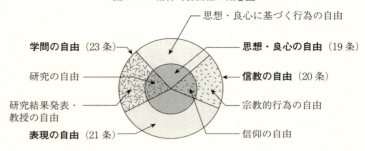

図 9-1　精神的自由権の概念図

　精神的自由権を扱うこの *Chapter* 9 から *Chapter* 16 において，*Chapter* 9 は憲法 19 条が内面的精神活動の自由を，*Chapter* 10・11・12・13 は憲法 21 条が外面的精神活動の自由をそれぞれ一般法的に保障しているとして扱ったうえで，*Chapter* 14・15・16 は内面・外面両方の精神活動を含む自由をそれぞれ信教・学問・集団という観点から特別法的に保障していると位置づけて扱う構成をとっている。

[渋谷]

【4 精神的自由権】

Chapter 10

表現の自由①
——意味・歴史・機能

> 心の中で何かを感じて考えてもそれを他人に伝えないとそれは社会的には存在しないことになる。「表現」とか「言論」という言葉は，高尚な内容をもった人間の精神的な営みをイメージさせるかもしれない。でも，家庭内での日常的な会話，友人同士の携帯電話でのおしゃべりなどのごくありふれた個人的なコミュニケーションも「表現行為」に含まれる。そして，このような会話の内容も，マス・メディアなどを通じて得た情報が無意識のうちに前提となっていることが多く，このような私的な会話も社会的なつながりをもっていることになる。この *Chapter* においては「表現行為」の意味・歴史・機能のアウトラインを考えてみることにする。

1 「表現の自由」の意味

情報のもつ意味

　人類は直立歩行を習得し，道具と言葉を使用できるようになって文化を飛躍的に発展させていった。言葉は経験によって得た知識・情報を抽象化し，時空を超えて伝達することを可能とした。人間はその知的想像力を飛躍的に増大させていったのである。つまり人間は自分が直接見聞きしたときばかりでなく，言葉によって伝えられた情報によって喜び怒り哀しみ楽しみ，そして自らの生きる意味を考えるようになった。情報は，人間の心を動かし社会を変革する力をもっている。それゆ

えに人類の歴史において時の権力者は情報の内容と情報の伝達をコントロールしようとした。「表現の自由」は，このような「情報の創造・蓄積・伝達・受容」に関係している。

憲法における保障

明治憲法29条も「日本臣民ハ法律ノ範囲内ニ於テ言論著作印行集会及結社ノ自由ヲ有ス」と規定し，「表現の自由」を一応保障していた。しかし，この保障には「法律の留保」が付されていたので，法律によってどのようにでも制約できた。実際，出版法（明26法15），新聞紙法（明42法41），映画法（昭16法66）などの表現行為規制立法をはじめ，治安警察法，治安維持法などの治安関係立法を根拠として，この自由は時の権力者，思想警察（内務省に属する特別高等警察＝「特高」）によって恣意的に抑圧された暗い歴史をもつ。憲法21条1項は，「集会，結社及び言論，出版その他一切の表現の自由は，これを保障する」と規定している。ここで保障されるものについては，明治憲法の文言を引き継いでいる点もみられるが，「法律の留保」が撤廃され，それに伴い戦前の各種規制法令も廃止された。

保障される行為

一見，21条1項の規定の文言からは表現者側の自由を保障しているようである。しかし，無人島で行われる演説を想像すればわかるように，表現者の発するメッセージ（情報）を受け取る者があってはじめて表現行為が社会的に意味をもつから，「表現」の自由は，表現の受け手までの連鎖的につながっていく情報流通の自由を含んでいると解さなければならない。この規定でいう「集会，結社」は複数人による意思形成とその意思の表現活動が問題となるので，別に検討することにして（⇨Chap. 16-*1*～*3*），ここではまず「言論，出版その他一切の表現」の意味を明らかにしておこう。

(1) **言論・出版**　「言論」とは口頭による表現行為，「出版」と

は印刷物による表現行為を指している。しかし、他の国の憲法の規定を見ると、たとえば、ドイツ基本法は「放送およびフィルムによる報道の自由」も保障していて（5条1項）、新しい表現（情報伝達）の手段（媒体＝メディア）も条文で規定している。もっとも、このような手段による表現も日本国憲法の解釈としては「その他一切の表現」の中に含まれる。この文言は今後出現するであろう新しい情報伝達手段についても配慮した規定なのである。

(2) **さまざまな情報伝達手段**　現在考えられる情報伝達手段として以下のものがある。①視覚に訴える手段、たとえば出版物（書籍、新聞・雑誌などの定期刊行物）など文字・図柄や絵画・写真、彫刻など。②聴覚に訴える手段、たとえば直接的にメッセージを伝える演説・歌唱・演奏、あるいはそれらを間接的に伝えるラジオ・レコード（カセットテープ、CD、MD、SD、USB）など。③視聴覚に訴える手段、たとえば直接的にメッセージを伝える演劇・舞踊、あるいはそれらを間接的に伝えるテレビ・映画・ビデオ・LD・DVD・ブルーレイディスク・インターネットなど。その他にもさまざまなものが今後出現する可能性があるが、これらすべての手段による表現の自由を21条は保障しようとしている。また公衆の面前で行われるパフォーマンスのうち、たとえば徴兵カードや国旗を焼く行為のような、具体的な行動に象徴させて自己の意見・思想を表現することをアメリカ合衆国では「象徴的言論（symbolic speech）」と呼び、それを制約する法令等の違憲審査基準について独特の法理が形成されている（⇨*Chap.* 13-**3**）。

(3) **さまざまな情報内容**　伝達される情報内容もさまざまな観点から捉えることができる。客観的な事実あるいは主観的な思想、感覚的には理性に訴えかけるものあるいは感性に訴えかけるもの、内容的には社会、人文、自然あるいは芸術など、さまざまである。

憲法はこれらをとりあえず原則として一様に保障しようとしている。

> 「表現の自由」の法的性格

21条1項は,「自由」を保障しているが,これは基本的には,政府による干渉からの自由,つまり妨害排除(不作為)請求権を保障していると解される。古典的な意味の自由権である。しかし,表現の自由を「情報流通の自由」と捉えると,特定の者・機関に情報が集積しそれを独占して公開しない(=流通させない)場合に,その開示(=流通)を求める作為請求権,つまり情報公開請求権が構成されるのではないか,あるいは自分が発信したい情報をマス・メディアがとりあげる作為義務を課す権利,つまり反論権を含む情報公表(流通)請求権が構成されるのではないかという問題がある。さらに自らが情報となってメディア上を流通している場合にそれを制御する権利,つまりプライバシーの権利を含む自己情報コントロール権も構成されると考えられる。なお,21条2項は,「検閲は,これをしてはならない。通信の秘密は,これを侵してはならない」と規定している。この前段は情報流通を妨げる行為の典型例である「検閲」を特に禁止し,また後段は流通している情報内容の探知を禁止したものである。これらの保障のより詳細な内容は,後で扱う(⇨*Chap.* 11)。

2 情報伝達手段発展の歴史

　表現の自由の憲法的意味を考えていく際に,その「表現」がどのような手段,メディア(媒体)を通じて行われてきたか,あるいはこれから行われていくかを考慮に入れることは不可欠である。「情報」は基本的に「言葉」を中心に構成され,さらに「文字」の発明,

そして科学技術の進展が情報を物理的に固定させる手段を多様に発展させてきている。情報伝達メディアの将来のありようはほとんど予測不能といってよい。ここで簡単に来し方を振り返ってみよう。

プリミティブ・メディアの時代　原始，情報伝達は，絵，口頭による言葉などによって行われていた。このような手段は現在においてもなおメディアとしては重要であることを認識しておく必要がある。私たちは日常生活において，このような手段を用いて意思の疎通を図っているからである。言葉を書き表す文字が発明され，さらに文字を定着させるメディアである紙が広く利用されるようになると情報量およびその伝播の時間的・空間的範囲が飛躍的に増大することになる。しかし，そこで表現された思想・情報が時の権力者に不都合である場合には，容赦ない弾圧が加えられた。秦の始皇帝が儒学弾圧のために行った「焚書坑儒」のうち「焚書」は文字通り儒学関係の書物を焼くことであり，言論弾圧の歴史上もっとも著名な例の1つである。思想が時の政治権力を覆す力をもちうることを政治的天才である始皇帝は鋭く見抜いていたのではなかろうか。その後世界各地において，時の多数派・正統派の考え方に相反する政治的・宗教的・学問的内容をもつ思想の伝達をめぐって弾圧は繰り返し行われていったのである。

Column ⑲　プリミティブ・メディアの規制

　古典的な情報伝達手段として，ビラ（チラシ）貼り，ビラまき，立て看板の設置がある。駅頭で，飲食店・消費者金融業者その他あやしげな商売も含めてチラシやティッシュ・ペーパーを受け取った経験は誰でもあるはずである。これらは誰もが手軽に用いることのできる情報伝達手段である。このような手段を規制する法として屋外広告物法（そしてその委任条例である都道府県・指定都市等の屋外広告物条例）および軽犯罪法1条33号前段がある。これらの法の内容とそれに対する判

例を整理しておこう（表10-1参照。⇨*Chap.* 13-*3*）。

━━━━━━━━━━━━━━━━━━━━━━━━━━━━━━━━━━━━━

(判例) **立川市防衛庁宿舎ビラ投函事件**（最判平成20・4・11刑集62巻5号1217頁）　Xらは，「自衛隊のイラク派兵反対」などと記載したビラを防衛庁宿舎各室の玄関ドアの新聞受けに投函する目的で同宿舎内に立ち入ったところ，同宿舎の管理者が被害届を提出し，住居侵入罪（刑法130条）により起訴された。第一審（東京地八王子支判平成16・12・16判時1892号150頁）は，「刑事罰を処するに値する程度の違法性は認められない」として無罪としたが，控訴審（東京高判平成17・12・9判時1949号169頁）は，これを破棄し有罪としたので，Xらは上告に及んだ。最高裁は，「〔Xら〕によるその政治的意見を記載したビラの配布は，表現の自由の行使ということができる」としたが，「本件では，表現そのものを処罰することの憲法適合性が問われているのではなく，表現の手段すなわちビラの配布のために『人の看守する邸宅』に管理権者の承諾なく立ち入ったことを処罰することの憲法適合性が問われている」とした上で，Xらが立ち入った場所は，「一般に人が自由に出入りすることのできる場所」ではないので，「たとえ表現の自由の行使のためとはいっても，このような場所に管理権者の意思に反して立ち入ることは，管理権者の管理権を侵害するのみならず，そこで私的生活を営む者の私生活の平穏を侵害するものといわざるを得ない」として，上告を棄却し，有罪判決を維持した（⇨*Chap.* 13-*3*）。

印刷技術の発達とマス・メディアの時代

(1) 印刷メディアの黎明期　大量伝達手段は，印刷術の発明によって始まる。木版印刷は中国で創始され，日本には奈良時代に伝わったといわれるが，近代的な大量伝達手段が登場したのは，15世紀中頃のグーテンベルクによる活版印刷技術の完成によってである。この発明によって17世紀には近代的な新聞が成立したといわれている。人権宣言の母国であるイギリスは，この世紀に清教徒革命から名誉革命に至る市民革命を経験する。この革命の基本的構図は国会と国王の権力闘争と理解できるが，この現実の政治状況を自派に有利に展開させるために多数の新聞・パンフレットが印

表10-1 ビラ貼り等の規制法

	屋外広告物法（条例）	軽犯罪法1条33号前段
規制内容	条例により定める地域・場所につき広告物の表示および広告物の掲出物件の設置を禁止・制限し違反行為に措置命令・代執行・罰金刑をおく	「みだりに他人の家屋その他の工作物にはり札をし……た者」を拘留または科料に処する
立法目的	美観風致の維持と公衆に対する危害の防止	財物の所有者・管理者の財産上の権利さらにはこれらの者の表現の自由あるいは何も表現しない自由（沈黙の自由）の保護
最高裁判例	最大判昭和43・12・18刑集22巻13号1549頁（橋柱・電信柱へのビラ貼り），最判昭和62・3・3刑集41巻2号15頁（街路樹支柱へのプラカード式ポスターのくくりつけ）	最大判昭和45・6・17刑集24巻6号280頁（電柱へのビラ貼り）
結論	「都市の美観風致」が人権制約を正当化する「公共の福祉」の内容であるから合憲	「財産権，管理権の保護」が人権制約を正当化する「公共の福祉」の内容であり，「みだりに」もあいまい不明確でないから合憲
問題点	規制によって保護しようとしている利益があいまいなので，広告の貼付場所の性質，周囲の状況，貼付された広告物の数量・形状および掲出方法を総合的に考慮し，その地域の美観風致の侵害の程度と提出された広告物に表れた表現のもつ価値を比較衡量して決すべきであるという考え方もある（最判昭和62・3・3刑集41巻2号15頁の伊藤正己補足意見）	他人の財物の所有権・管理権の侵害を構成し，また財物の所有者・管理者の表現の自由を侵害する場合もあるので規定自体は合憲と解されるが，特定の表現主体・内容に限定して適用された場合は，14条違反となり適用違憲となる可能性がある
類似の事案		駅構内ビラ配布事件・最判昭和59・12・18刑集38巻12号3026頁では鉄道営業法35条（寄附要求・物品販売等の処罰規定），刑法130条後段（住居侵入等の処罰規定）の適用が同様の理由で肯定されている

刷・頒布され，このころに印刷メディアを通じた情報伝達の基本的な形が形成されたといえる。そして同時に言論統制制度の古典的な形態も登場することになる。つまり許可権限をもつ国王の官吏の下に出版行為を服させる出版許可制度である。この制度に対して，ジョン・ミルトン（John Milton）が激しく反発し，『アレオパヂティカ』（1664年）を著した。その中の1節は憲法関係の文献にしばしば引用されよく知られている（⇨*Chap.* 11冒頭）。この制度は17世紀末に廃止されたが，文書による煽動的名誉毀損罪（seditious libel）による事後処罰は，時の政府に対して批判的な出版物を規制する有効な手段となった。

(2) **伝達メディアの寡占期**　その後，20世紀の初頭までは，主として印刷メディアを中心とする表現行為が急速に普及していくのである。プリミティブ・メディアである口頭による言論あるいはビラ配布は，手段としては簡便で，誰にでも利用可能である。その意味でこの時代の社会は情報の送り手と受け手の互換性がなお確保されていたといえる。憲法の条文が表現者側の観点からの規定になっているのも，おそらく誰もが表現者となりうることを前提としているゆえと解される。ところが，印刷メディアが急速に普及し，また新たな伝達手段として電波が登場すると，大量の情報を多数の人間に発信する大規模新聞社・出版社・放送局などいわゆるマス・メディアが伝達手段を独占する状況が出現してきた。マス・メディアには，公権力を抑制する社会的権力，つまり「第4の権力」の役割を果たすことがある程度期待されるようになった。しかし，自由主義経済体制の下において，これらのメディアに対して，商業的な採算を度外視する表現行為を過大に期待することもできない。さらに，マス・メディアにアクセスできない一般大衆には，もっぱら情報の「受け手」，「囚われの聴衆（captive audience）」あるいは情報そのも

のとしての役割のみが割り当てられるようになる。このような状況下において，表現の自由は，表現の「送り手」のみの見地から捉えるのではなく，表現の「受け手」の側の問題としてのアプローチを必要とするようになったのである。知る自由，知る権利を論じることが一般的になったのは，このような社会状況を背景としている。

ニューメディアの時代へ

ところが，1990年代の後半から急速に普及しつつある新たな情報伝達手段が，21世紀にまた新たな状況をもたらそうとしている。マス・メディアの時代において，一方的に情報の「受け手」の立場におかれていた一般大衆は，再び情報の「送り手」の地位を取り戻しつつあるのである。放送と通信（⇨*Chap.* 12-**3**）の間に位置づけられ，双方向通信の可能なケーブル・テレビ，さらにコンピューター相互の通信を発展させたインターネットがそれである。インターネット技術も，動画などをスムーズに送信する大容量のブロード・バンド，光通信の普及など加速度的に進展している。さらに，タブレットやスマートフォンなどのスマートデバイスの浸透は，SNS（social networking service）利用者の増加を招いている。

インターネットは，仮想空間を作り出し，そこで憲法上の問題をはじめとするさまざまな法的問題を提起している。たとえば，わいせつ物の発信，青酸カリなどの毒物を含む違法物件の頒布，詐欺的取引の勧誘あるいはわいせつ行為目的の異性の誘惑などの手段となり，またインターネット掲示板やブログなどにおける個人の名誉毀損，プライバシー侵害，著作権侵害が社会問題となっている（松井茂記・インターネットと憲法参照）。

Column ⑳ SNSとプロバイダー責任制限法

2001年，「特定電気通信役務提供者の損害賠償責任の制限及び発信者情報の開示に関する法律」（＝プロバイダー責任制限法）（特定電気通信

による情報の流通によって発生する権利侵害等への対処に関する法律に変更予定）が制定された。同法は，個人の権利侵害がある場合にプロバイダーは発信者情報の開示と書き込みの削除ができるとした。そして，プロバイダーは被害者からの要請による削除であれば情報発信者に生じた損害に対する賠償責任を一定の要件に基づいて免除される一方，他人の権利侵害を知りながら書き込みを削除しない場合，または他人の権利侵害を知りえたと認めるに足る相当の理由があるのに削除しなかった場合には，プロバイダーの責任が問われることとなった。

ところが同法の運用において，発信者情報の開示が不可欠であるが，コンテンツプロバイダー（ウェブサイトに関する情報が記録されているサーバーを管理運営する事業者，プラットフォーム）が，発信者の氏名・情報等の情報を保有しておらず，せいぜい投稿時のIPアドレス等を保有しているにすぎない場合が多く，発信者情報の追跡に時間がかかることなどによって救済の実現が困難となる状況が明らかになった。

ここ数年の顕著な傾向として，SNSによる特定人に対する誹謗中傷，大災害発生時に救援活動を混乱させる虚偽情報，人の欲得につけこむ詐欺など違法・有害情報が急増している。

そこで2021年，同法をさらに改正して，発信者情報の開示を1つの手続で行うことを可能とする新たな裁判手続（非訟手続）を創設し，裁判所による開示命令までの間，必要とされる通信記録の保全に資するため，提供命令および消去禁止命令（侵害投稿通信等に係るログの保全を命令）を設け，裁判管轄など裁判手続に必要となる事項を定めた。またSNSなどのログイン型サービス等において，投稿時の通信記録が保存されない場合には，発信者を特定するためにログイン時の情報の開示が必要となる。発信者の特定に必要となる場合には，ログイン時の情報の開示が可能となるように開示請求を行うことができる範囲等についての改正が行われた。また開示請求を受けた事業者が発信者に対して行う意見照会において，発信者が開示に応じない場合は「その理由」もあわせて照会可能となった。

これとあわせて，2022年，SNS上の誹謗中傷が社会問題となっていることを契機として，侮辱罪を規定する刑法231条が改正され，法定刑は「拘留又は科料」から「1年以下の拘禁刑若しくは30万円以

下の罰金又は拘留若しくは科料」へと厳罰化の改正が行われた。

　営利業者が営業の広告・宣伝を行うために一時に多数の者に対して電子メールを送信することを規制する「特定電子メールの送信の適正化等に関する法律」が2002年に施行された。また，18歳未満の青少年に性交渉を持ち掛け，逆に18歳未満の青少年が金銭の支払いを受ける援助交際の相手を募ることを禁止する「出会い系サイト被害防止法」（インターネット異性紹介事業を利用して児童を誘引する行為の規制等に関する法律）が2003年に施行された。この法律は，罰則を伴う届出制度を採用しているが，最高裁は，思慮分別が一般に未熟である児童を児童買春などの犯罪から保護し，その健全な育成を図ることは，社会にとって重要な利益であるから，本法の目的は正当であり，所定事項を届出により把握することは，監督等を適切かつ実効的に行い，この目的を達成することに資するとした。また，届出事項の内容は限定され，書き込みの内容等は制約されていないので，本法の定める届出制度は，正当な立法目的を達成するための手段として必要かつ合理的なものであるから，憲法21条1項に違反しないとした（最判平成26・1・16刑集68巻1号1頁）。

Column ㉑　サイバー刑法

　2011年に制定・施行された「情報処理の高度化等に対処するための刑法等の一部を改正する法律」（「サイバー刑法」，「コンピュータ監視法」とも略される）は，いわゆるサイバー犯罪に対応するために刑法・刑事訴訟法などの関連法を改正するための法律である。刑法についていえば，コンピュータウイルス（マルウェア）を「人が電子計算機を使用するに際してその意図に沿うべき動作をさせず，又はその意図に反する動作をさせるべき不正な指令を与える電磁的記録」（刑法168条の2第1項1号）とし，「正当な理由が無いのに，人の電子計算機における実行の用に供する目的」で，上記記録その他を「作成し，又は提

供した者」を処罰するとし（同項柱書），またわいせつ物頒布等を処罰する刑法175条にも「電磁的記録に係る記録媒体」をメディアとして明示し，さらに頒布方法について，「電気通信の送信」を追加している。また刑事訴訟法についても，たとえば，「電磁的記録を当該電子計算機又は他の記録媒体に複写した上，当該電子計算機又は当該他の記録媒体を差し押さえることができる」とし，電子メールなどのデータのみの差押・押収を可能としている（刑事訴訟法99条2項）。

Column ㉒　生成AI技術の進展

　AI（artificial intelligence）技術は「生成AI」（generative artificial intelligence）へと進化を遂げつつある。生成AIの特徴は，テキスト・画像・音声などの表現物（コンテンツ）を自動的に作成する技術という点にあり，憲法で保障された表現の自由に対して，深刻な影響を及ぼしつつある。生成AIの特質は，オリジナルの静止画・動画・音声・テキストなど多様な形式の表現物の膨大なデータを収集・分析して学習し，新たな表現物を生成することを可能とすることにある。これを可能としたのは，コンピュータが得意とする情報処理能力を用いた深層学習（ディープラーニング）である。収集した膨大なデータから，高度な解析能力を駆使して特有の傾向を抽出して思考パターンや解決策を蓄積していく。人間が学習するプロセス，つまり，大量の資料を読み解き，それを批判的に分析し，新たな知見へと至るプロセスを，電子レベルの深層学習を通じて極めて短期間に修得できる能力をもつ生成AIの精度は，使用すればするほど向上していく構造になっている。

　生成AIには過去に蓄積された人間の知見を超えるものを創造することは理論上できないが，見かけ上は新たな表現物が作成されているように見えるので，社会を混乱に陥らせる恐れがある。現に，政治家などの著名人（インフルエンサー等）にきわめて似た映像を作成してSNS上にアップして社会に混乱をもたらし，著作権法が保護する創造物を侵害する文章の作成や不正競争防止法に抵触する事態を招くような問題が生じていて，その技術に対する規制が検討され実施される段階にまで至っている。例えば，2024年5月21日，生成AIを含む包括的なAIの規制である「欧州（EU）AI規制法」が成立し，8月1

日に発効となった。今後，規制内容に応じて 2030 年 12 月 31 日までに段階的に施行されていく予定である。

---

3 表現の自由はなぜ保護されるべきか？

　憲法理論において「表現の自由」にはとりわけ厚い保護が与えられるべきであると考えられている。その根拠は，「なぜ憲法が表現の自由を保障するようになったのか」という問いかけの答えにも連なっている。この答えをめぐる議論が，「表現の自由の機能（価値）」の問題にほかならない。

4つの機能（価値）　この問題に関する従来の議論を整理したトマス・エマソン（Thomas I. Emerson）によれば，①個人の自己実現（self-fulfillment）の確保，②知識向上・真実発見の過程，③社会の全構成員による意思形成への参加の提供に不可欠であり，また④より柔軟でそれゆえより安定した共同体を実現し健全な対立と必要な合意の間のバランスを維持する方法，つまり「社会の安全弁」として機能することとされている（**表10−2参照**）。

　(1)　**機能の位置づけ**　以上のうち，①は表現の自由の個人的価値とされ，③は「自己統治（self-government）」機能といわれ社会的価値とされている。また②の機能の主張は，17世紀イギリス絶対王政下において検閲制度を批判したミルトンに始まる。そしてこの主張は社会的有用性・効用の見地から表現の自由をとらえ真実発見の機会の喪失を強調した19世紀の功利主義的哲学者ジョン・スチュアート・ミル（John Stuart Mill）を経て，ホームズ（Oliver Wendell Holmes, Jr.）アメリカ合衆国最高裁判事の次のような著名

表10-2 表現の自由の機能

機能（価値）	内　　容	問　題　点
①自己実現	個人的価値，つまり情報の蓄積と発信を通じた人格の成長とアイデンティティの確認	個人主義に偏し表現の自由の社会的意味を軽視するおそれがある
②思想の自由市場	真実の発見	市場の自由性は保障されず常に虚偽が淘汰されるわけではない
③自己統治	社会的価値，つまり政治情報の共有を通じた政策形成参加	政治的情報のみを重視し他の情報を軽視するおそれがある
④社会の安全弁	柔軟で安定した社会	表現の自由保障の派生的な効果にすぎない

な「思想の自由市場論」にその到達点をみることができる。「究極の望ましい善は思想の自由な取引において到達できる，つまり真実の最善の試金石は市場における競争においてそれ自身を受容させる思想の力であり，真実こそが人々の願いが安全に実現可能となる唯一の基盤なのである」と。

(2) **問題点**　これらの機能の主張につき，①については個人主義に偏しすぎること，②については現代社会における情報の偏在，また経済力を用いた思想の自由市場の支配という現実からみて真実発見の保証がないこと，③については政治的情報のみを特に優遇し，他の情報に対する保護が手薄になること，④については，表現の自由保障の結果でありまた政策的な配慮にすぎないとの批判がなされている。さらに，これらは表現の自由を他の何らかの目的に対する手段としてしか理解しておらず，表現の自由に固有の価値を語っていないという批判もできる。情報の内容に中立的で，多様な価値観を容認する立場から言えば，①の個人的価値の見地をもう1度再確

認しなければならない。つまり，手段的機能の側面，すなわち，情報受領者の側から見て，あらゆる情報に接する機会を奪われずに自己の中に蓄積・展開させていく状況を実質的に保障し，自分の好み（価値観）に基づいて自由に情報を選別できる状態を実現するという機能があること，そして目的的機能の側面，すなわち表現行為自体によってもたらされる個人の充足感，つまりある種のカタルシス効果などにも目を向ける必要があろう。

(3) 「情報」の重要性　「表現の自由」に関連して，その「機能（効用）」あるいは「価値」が説かれる理由は，人間の経済生活・精神生活を問わずあらゆる生活を営んでいくにあたって「情報」が不可欠の要素あるいは前提であることによる。豊富な情報環境の保障が，個人と社会にどのような意味があるのかは，仮にそれが保障されないとき，どのような弊害が生じるかを想像することによって知ることができる。たとえば，大学生活において試験直前の情報が非常に有効であるといった身近なことを考えればわかるであろう。表現の自由は，このような情報の自由な流通を保障する規定なのである。以下の3つの *Chapter* でその具体的内容をみていくことになる。

［渋谷］

【4 精神的自由権】

Chapter 11　表現の自由②
——知る自由と権利

> 「最も真実なるものへ速やかに到達するためには，あらゆる意見，否，誤謬すらもこれを知り，読み，比較することが大いに役立ち，かつ助けとなる。……神が人体の一般的な摂食法を人間の自由に任せたとき，精神の栄養・摂食もまたすべての成人が自分自身の主要能力を働かせるべき問題として従来通り各人の自由に任せたのであると想像する。……〔検閲制度〕は国民全体を軽蔑し侮辱するものである。」（ジョン・ミルトン著，上野精一・石田憲次・吉田新吾訳『言論の自由——アレオパヂティカ』〔1644年〕〔岩波文庫，1953年〕より）

1　知る自由

　私人の活動に対する政府の介入・妨害を排除する権利を「自由権」とすると，情報を受領する自由権は，情報の受け手の「知る自由」と呼ぶことができる。そして，この自由に関係する明文の規定として，21条2項前段の検閲の禁止規定をあげることができる。この規定は情報の送り手の自由権ともいえるが，受け手がいてはじめて情報の発信に社会的意味が生まれるから，この規定を「知る自由」を直接保障する根拠としてとらえることが重要である。「検閲」のほかにも，私人が自由に情報にアクセス（＝接近・獲得）するこ

とに対する規制が存在する。青少年に「有害図書」をみせない規制がその例である。そしてまた情報源（＝ニュース・ソース）にアクセスする自由，つまり「取材の自由」も「知る自由」の中に位置づけることができる。

<検閲と事前抑制の相違>　**(1) 検閲の絶対的禁止**　21条2項前段が禁止する「検閲」の意味についてはさまざまな理解があった。**税関検査事件（最大判昭和59・12・12民集38巻12号1308頁）**は，「行政権が主体となって，思想内容等の表現物を対象とし，その全部又は一部の発表の禁止を目的として，対象とされる一定の表現物につき網羅的一般的に，発表前にその内容を審査した上，不適当と認めるものの発表を禁止すること」と定義している。この定義は①「行為主体」を「行政権」の主体に，②「目的・効果」を，「全部又は一部の発表の禁止」に，③「対象」を「思想内容等の表現物」に，④「時期」を「発表前」に，⑤「方法」を「網羅的一般的」に，というように5つの観点から「検閲」概念を明らかにした。そしてこのような定義にあてはまる規制は絶対的に禁止されるというのである。

しかし，この定義はあまりに限定的すぎて，この規定の保障の到達範囲が狭くなってしまう。特に①を「公権力の主体」つまり政府の3部門に，②を発表困難に，③を表現行為一般に，④を受領前にすべきであり，また⑤についても現実にこのような制度は考えられず，狙い撃ち的・抜き取り的検査をカバーできないから厳格に過ぎるという批判が浴びせられるであろう。ただ，判例はこれで固まり，この定義からもれる他の事前抑制の問題は，21条1項の問題として処理されることになる。なお，郵便法7条，民間事業者による信書の送達に関する法律4条，電気通信事業法3条など，個別法の規定の中に検閲禁止を置くものもある。

(判例) **税関検査事件**(最大判昭和59・12・12民集38巻12号1308頁)
　関税定率法21条1項3号(現関税法69条の11第1項7号)は輸入禁制品として「公安又は風俗を害すべき書籍，図画，彫刻物その他の物品」と規定していた。Xは男女の裸体が掲載または撮影された映画フィルム・雑誌等を輸入しようとしたが，税関支署長より輸入禁制品にあたる旨の通知を受けたのでその通知・決定処分が「検閲」にあたるとしてその取消しを求めて争った。最高裁は，上記のように検閲を定義した上で，本件通知は，「国外においては既に発表済み」であること，関税徴収手続の一環として付随的になされるものにすぎず「思想内容等それ自体を網羅的に審査し規制することを目的とするもの」ではないこと，税関検査は行政権の行使であるがその主体である税関は「特に思想内容等を対象としてこれを規制することを独自の使命とするもの」ではないこと，通知がされた際には司法審査の機会が与えられ「行政権の判断が最終的なものとされる」わけではないことを理由に検閲ではないとした。

(2) **事前抑制の原則禁止**　　税関検査事件・最高裁判決で示された検閲の定義には含まれないような表現行為の事前抑制も，表現の自由のもつ性質・機能の見地から原則として禁止される。雑誌発売に対する裁判所の仮処分による事前差止は，司法権が主体になるので検閲の定義から外れる。しかし，事前抑制であるから厳格な要件を設定した上で，例外的に認められているにすぎない(**北方ジャーナル事件・最大判昭61・6・11民集40巻4号872頁**)。これに対して，事前抑制的性格をもつが発表そのものは禁止しない規制について，より緩やかな基準によって例外を認める傾向にある(**前記税関検査事件，岐阜県青少年保護育成条例事件・最判平成元・9・19刑集43巻8号785頁**)。高等学校以下の教科書に対する文部省(現文部科学省)の検定の合憲性も基本的にこのような枠組みの中で判断され，検定制度そのものは合憲とされている。教科書検定の問題は，人格形成途上の人間の「知る権利」ともいえる学習権と知らされる情報(学習内容)を誰がどのようにどこまでコントロールできるかという教育権の所在・内容との関係で考えなければならない(⇨**Chap. 4-2**)。

Column ㉓　教科書の用語と文部科学省の「勧告」

　2021年4月27日，内閣は閣議において，日本維新の会の「従軍慰安婦」等の用語に関する質問主意書に対して，「従軍慰安婦」という用語を用いることは誤解を招くおそれがあることから「従軍慰安婦」または「いわゆる従軍慰安婦」ではなく単に「慰安婦」という用語を用いることが適切であり，また太平洋戦争中の「徴用」問題について，旧国家総動員法に基づく国民徴用令により徴用された朝鮮半島からの労働者の移入については「強制連行」または「連行」ではなく「徴用」を用いることが適切である，との答弁書を決定した。

　これを受け文部科学省は同年5月，中学の社会科や高校の地理歴史，公民科の教科書を発行する会社を対象にオンラインで説明会を開催し，15社の担当者が参加するなか，閣議決定された見解について説明をしたとされる。

　歴史や公民などの教科書の記述については，2014年の検定基準の改正で，政府の統一的な見解がある場合はそれに基づくこととされている。文部科学省によると，説明会では今回の閣議決定を受けて「従軍慰安婦」などの記述を訂正する場合の例として6月末までに申請する日程を示したほか，教科書会社から「申請をしなければ訂正勧告の可能性もあるか」と質問が出たのに対し「そうした措置もありうる」と回答したとされる。

　文部科学省教科書課は，通常はこうした説明会は行っておらず，検定基準の改正後初めて，とした上で「訂正申請を強く求めたわけではなく，あくまで閣議決定の内容を周知するために開催した。各社で検討してほしい」とコメントした。

　これまでの教科書検定において「従軍慰安婦」の記述が認められた根拠は，1993年の河野洋平官房長官（当時）談話の「いわゆる『従軍慰安婦』」との記載に求められていた。2021年5月10日の参議院予算委員会では，菅義偉首相（当時）が河野談話を継承する立場を重ねて表明している。

　教科書の記載に使用される用語が時の政権の外交政策に基づいて変更されたと思いきや，従前と変更されていないかのような首相答弁がなされることは，教科書検定を担う文部科学省と教育現場に混乱をも

たらすだけである。歴史的事実は，閣議決定による用語法の変更によって主観的に定まるものではなく，史実に基づいて客観的に定まるものである。

判例
① 北方ジャーナル事件（最大判昭和61・6・11民集40巻4号872頁）
　北海道知事選挙の立候補予定者が自分を誹謗中傷する記事の掲載を予定する雑誌「北方ジャーナル」の存在を知り，その発行差止の仮処分を裁判所に求めた。最高裁は，仮処分が個別的な私人間の紛争について当事者の申請に基づき行政権の主体ではなく司法裁判所によって行われ，網羅的一般的ではないなどを理由として「検閲」にあたらないとした。しかし，事前抑制手段として21条1項に違反するか否かの問題があり，「厳格かつ明確な要件のもとにおいてのみ許容され」るとした。そして，差止対象が公務員または公職選挙の候補者の評価・批判等の表現行為である場合は一般に公共の利害に関する事項であるから原則として事前差止は許されないが，「その表現内容が真実でなく，又はそれが専ら公益を図る目的のものでないことが明白であって，かつ，被害者が重大にして著しく回復困難な損害を被る虞があるとき」は例外的にそれは許され，本件はこの例外にあたるとした。

② 教科書裁判
　元東京教育大学教授家永三郎が執筆した高等学校用教科書「新日本史」（三省堂発行）を検定不合格処分としたことについて，処分の取消しおよび損害賠償を求めた一連の訴訟を教科書裁判あるいは家永訴訟などと呼んでいる（次頁表11−1参照）。第2次訴訟の一審判決（①杉本判決）が最初に下され，検定制度自体は合憲としつつ運用違憲と結論づけた判決として知られる。しかし，その後の判決は，検定制度の合憲を前提とした上で，検定処分に裁量権逸脱の違法があるか否かに限定した判断を行った。そして第1次訴訟の上告審判決（⑧）が，以下のように判示してリーディング・ケースとなった。つまり，検定制度は，一般図書としての発行を妨げず発表禁止目的や発表前の審査などの特質がないから検閲ではなく，また思想の自由市場への登場を禁止する事前抑制そのものではないので合理的で必要やむをえない程度のものであれば21条1項に違反しない。ただし，文部大臣（現文部科学大臣）の判断の過程に検定当時の学説状況・教育状況についての認識や旧検定基準に違反するとの

表 11 - 1　教科書裁判

	第 1 次訴訟 （1965 年 6 月提訴）	第 2 次訴訟 （1967 年 6 月提訴）	第 3 次訴訟 （1984 年 1 月提訴）
対　象	1962・63 年度検定	1966 年度検定	1980・1983 年度検定
請　求	国家賠償請求訴訟 （請求 188 万円）	不合格処分取消訴訟	国家賠償請求訴訟 （請求 200 万円）
第一審 結　論 理　由	②東京地判昭和 49・7・16 判時 751 号 47 頁 （高津判決） 10 万円認容 検定制度・運用ともに合憲だが 16 カ所に裁量権濫用の違法あり	①東京地判昭和 45・7・17 行集 21 巻 7 号別冊 1 頁 （杉本判決） 請求認容（処分取消し）検定制度は合憲だが運用は違憲	⑦東京地判平成元・10・3 判時臨増平成 2・2・15 号 3 頁 10 万円認容 1 カ所違法
控訴審 結　論 理　由	⑤東京高判昭和 61・3・19 判時 1188 号 1 頁 （鈴木判決） 一審判決取消し請求棄却 検定制度・運用ともに合憲で裁量権の逸脱・濫用もない	③東京高判昭和 50・12・20 判時 800 号 19 頁 国側の控訴棄却 検定制度の合憲性には触れず裁量権の逸脱で違法	⑨東京高判平成 5・10・20 判時 1473 号 3 頁 30 万円に増額認容 3 カ所違法
上告審 結　論 理　由	⑧最判平成 5・3・16 民集 47 巻 5 号 3483 頁 上告棄却 検定制度は合憲。違法となる基準を示し、本件の場合違法はないとする	④最判昭和 57・4・8 民集 36 巻 4 号 594 頁 控訴審判決破棄、差戻し学習指導要領改正に伴う訴えの利益の有無を審理するため差戻し	⑩最判平成 9・8・29 民集 51 巻 7 号 2921 頁 40 万円に増額認容 4 カ所違法
差戻審 結　論 理　由		⑥東京高判平成元・6・27 高民集 42 巻 2 号 97 頁 訴え却下 訴えの利益は消滅	

①②③…は判決の順番

評価等に看過し難い過誤がある場合には、その判断は裁量権の範囲を逸脱しているので国家賠償法上違法となるというのである。そして、第3次訴訟では実際にこの基準が適用され、最高裁は、「七三一部隊」「南京大虐殺」など4カ所の記述削除を求めた検定側の意見を「裁量権逸脱で違法」とした(⑩)。

なお、横浜教科書裁判において、最高裁の判断枠組みは維持され、検定制度自体は憲法13条・21条・23条・26条・31条に違反せず、争点となった検定基準は必要かつ合理的な範囲内にあり、また本件検定に裁量権の逸脱・濫用はないとされた(最判平成17・12・1判時1922号72頁)。

Column ㉔　政府言論 (government speech)

政府は人権享有主体ではないので、政府の行う言論など表現活動が憲法21条の保障の対象となることはない。政府の広報活動などの表現活動は説明責任から導き出される義務なのである。そして、語らない政府は私人の表現活動に対する規制者 (government as censor) として登場することが伝統的に想定され、憲法による表現の自由の保障とそれをめぐる理論は、専らといってよいほどその規制の是非を判定する基準をめぐるものであった。ところが、政府がみずから語らないにしても、政府が私人の表現活動を選別して特定の活動を支援することが、間接的に政府を表現者とする (government as speaker) という問題が意識されるようになった。実際、特定の表現活動 (学術・芸術等) を後援し、また助成金や報奨金などを支出し奨励することは、相対的に他の表現活動が価値として劣っているという評価を政府がしていることとなる。ここでは、政教分離原則違反が問われる場面と同様に、政府の付与するこのようなお墨付き (endorsement) の是非が問題となるのである (渋谷秀樹・憲法起案演習参照)。

さいたま市立公民館Yの俳句サークルで会員の投票により秀句と選ばれた俳句が、月1回発行される公民館だよりの裏面下欄に3年8カ月にわたり掲載されていた。ところが、2014年6月24日、秀句として選ばれたXの「梅雨空に『九条守れ』の女性デモ」が、国論を二分する世論の一方の意見を表明するもので、本件俳句の掲載は公民館の中立性、公平性と相容れないとして不掲載とされた。Xは、句会と公民館の間に提出した俳句を掲載する合意があったこと、掲載されないことにより精神的苦痛を受けたことを主張して出訴した。一審

は5万円の慰謝料請求を認めたが，俳句掲載請求は棄却した（さいたま地判平成29・10・13判時2395号52頁）。控訴審は慰謝料を5千円に減額して掲載請求は棄却した（東京高判平成30・5・18判時2395号47頁）。上告審は，X・Y双方の上告を棄却した（最決平成30・12・20判例集未登載）が，その後，Yは本件俳句を掲載した。この事件は，公民館だよりという「公の施設」，つまりパブリック・フォーラムの一種である紙面に掲載される表現をその内容に基づき選別することが許されるか，という側面をもつので，政府言論の一局面と捉えることができる。

　公的資金，つまりパブリック・ファンドに関する政府言論に関係するのが以下の事案である。

　2019年8月1日から愛知県名古屋市の愛知芸術文化センターで開催された「あいちトリエンナーレ2019」の企画展「表現の不自由展・その後」は，「平和の少女像」（従軍慰安婦像），憲法9条をテーマとする俳句，昭和天皇をモチーフとした写真や映像などの展示をめぐり，抗議や脅迫が殺到し，3日間で展示中止に追い込まれた。その後，文化庁は，審査を経て決定済みの補助金約7800万円の不交付を決定した。これは，中央政府の文化をつかさどる機関（文化庁）が，展示会という表現の場において，展示物の表現内容に基づいて，すでに決定していた補助金を撤回することによってその運営にマイナスの評価を与える方法で介入した事件であり，政府言論の一局面ということができる。

　文部科学省の外郭団体である独立行政法人日本芸術文化振興会が，麻薬取締法違反により有罪の確定した俳優Aが出演する映画「宮本から君へ」に対する1000万円の交付申請に対して不交付決定をしたことにつき，制作会社がその取消しを求めた。一審（東京地判令和3・6・21民集77巻8号2121頁）は，本件助成金の交付を受ける映画制作会社は，Aの犯罪行為とは無関係で，Aを出演させたことに落ち度はないこと，Aは主要な出演者ではなく出演時間も全129分のうち約11分にすぎないこと，代役を立てての再撮影やカットなどの再編集は制作主体が判断すべき事項であるなどを理由として，不交付決定処分は裁量権の逸脱濫用にあたるとして請求を認容した。

　控訴審（東京高判令和4・3・3民集77巻8号2162頁）は原審判決を取り消したが，上告審（最判令和5・11・17民集77巻8号2070頁）は「芸

術的な観点からは助成の対象とすることが相当といえる活動につき，本件助成金を交付すると当該活動に係る表現行為の内容に照らして一般的な公益が害されることを理由とする交付の拒否が広く行われるとすれば，公益がそもそも抽象的な概念であって助成対象活動の選別の基準が不明確にならざるを得ないことから，助成を必要とする者による交付の申請や助成を得ようとする者の表現行為の内容に萎縮的な影響が及ぶ可能性がある。このような事態は……芸術家等の自主性や創造性をも損なうものであり，憲法 21 条 1 項による表現の自由の保障の趣旨に照らしても，看過し難いものということができる。……助成金の交付に係る判断において，これを交付するとその対象とする活動に係る表現行為の内容に照らして一般的な公益が害されるということを消極的な考慮事情として重視し得るのは，当該公益が重要なものであり，かつ，当該公益が害される具体的な危険がある場合に限られる」とし，「本件処分は，重視すべきでない事情を重視した結果，社会通念に照らし著しく妥当性を欠いたものである」として，本件処分は「理事長の裁量権の範囲を逸脱し又はこれを濫用したものとして違法というべきである」とし原判決を破棄し，一審判決を正当とした。

　この事案以前にも，日本芸術文化振興会の所定の審査の結果，同基金からの助成金 750 万円の交付決定を受けて制作された 2008 年 4 月に公開予定の「靖国　YASUKUNI」(李纓監督) について，国会議員に対する試写会が同年 3 月 12 日に行われ，同月 25 日には参議院文教科学委員会において日本の文化を否定する映画制作に対して文部科学省所管の独立行政法人からの助成金の支出を問題とする質疑が行われた。これがメディアに報じられると，上映予定の映画館からのキャンセルが相次ぎ，交付決定は取り消されなかったものの制作者が大きな損害を被った事案があった。これも，映画という表現行為の内容に対する，補助金を糸口とする介入事案といえよう。

Column ㉕　表現行為の自主規制

　政府が関与しない表現行為の受領前の規制としてメディアで作る団体の自主規制の問題がある。新聞・放送につき「新聞倫理綱領」(1946 年制定)，出版につき「出版倫理綱領」(1957 年制定)，雑誌につき「雑誌編集倫理綱領」(1963 年制定)，流通につき「出版物取次倫理綱

領」（1962年制定），映画につき「映画倫理綱領」（2017年制定）などがあるほか，報道機関が個別の事件ごとに「報道協定」を結んで報道を控えることもある。

　このうち映画については，映画倫理委員会（略称「映倫」）がシナリオやフィルムを審査して改訂の警告を発し審査をパスしないと事実上作品を上映できなくなるほか，内容のレーティング（等級分け）を行っている。現在は，PG12（12歳未満は保護者の助言・指導が必要），R15＋（15歳未満は入場できない），R18＋（18歳未満は入場できない），G（年齢制限なし）の4区分となっている。ただ，この区分の基準自体はあいまいで，過度の自粛を招き自由な表現活動の抑圧となるおそれがあること，また私人が自分の選好に対応した映像を視聴できなくなるおそれがあるなどの問題点をはらんでいる。

　家庭用ゲームソフトについては，2002年4月から特定非営利活動法人コンピュータエンターテインメントレーティング機構（CERO）が年齢別レーティング制度を実施してきた。しかし，ゲームソフトの社会への影響の増大，コンテンツの多様化と表現力の飛躍的な向上を踏まえて，一般社団法人コンピュータエンターテインメント協会（CESA）は，2005年7月より「18歳以上対象」のソフトを18歳未満の者に対して自主的に販売規制することになった。

　ビデオについては，1972年2月，映倫の審査基準を準用して性表現行為が含まれるビデオ作品の自主審査を行う，成人ビデオ自主規制倫理懇談会が発足した。これは，1977年1月，日本ビデオ倫理協会（略称「ビデ倫」）と名称を変更し，定款・規約・審査体制も整備していた。ところが，2007年8月23日，警視庁保安課は，モザイク処理の薄いアダルトDVDの販売幇助をなしたとする嫌疑でビデ倫に対して強制捜索を行い，2008年3月1日，審査部統轄部長とビデオ政策会社社長が，わいせつ図画頒布幇助罪の容疑で逮捕されるに至った。この事件後，ビデ倫は，2008年6月，審査業務を終了し，過去に審査した作品の管理のみを行う団体となった。これを受けて，2008年6月25日，ビデ倫加盟メーカーは，日本映像倫理審査機構（映像審）を設立し，2006年9月にコンテンツ・ソフト協同組合（CSA），ビデ倫，コンピューターソフトウェア倫理機構（ソフ倫），日本映像ソフト制作・販売倫理機構（制販審）の4団体によって設立された一般社団法

人「審査センター」に審査業務は委託された。現在は一般社団法人日本コンテンツ審査センターが業務を引き継いでいる。

「知る自由」をさまたげるもの

(1) 情報からの遮断 知る自由が政府によって侵害されるケースとして，特殊な地位あるいは法律関係にある者が，通常の生活関係にあれば自由に獲得できる情報の受領を意図的に妨げられる場合が考えられる。その例として，青少年へのアクセス規制，刑事施設被収容者の新聞閲読の制限，図書館の閲覧制限をあげることができる。

都道府県の「青少年保護条例」によって設けられた青少年に対する一定種類の図書等へのアクセス規制の場合，有害図書指定がなされると青少年への販売・配布・貸付などや自動販売機への収納は禁止されることになる。その結果，処罰を恐れる書店側の「自主規制」によって，これらの図書は実際には店頭に並ぶことはない。まさに萎縮効果が実証された例である。ところが，この規制の合憲性が争われた事件において，最高裁はこの規制が「検閲」でないことは明らかであり，また少年の非行化の防止のための「必要やむをえない制約」であるから「事前抑制」を原則禁止とする21条1項にも違反しないとしている（**岐阜県青少年保護育成条例事件・最判平成元・9・19刑集43巻8号785頁**）。

Column ㉖ 青少年インターネット環境整備法

2008年6月，議員立法によって，青少年インターネット環境整備法（青少年が安全に安心してインターネットを利用できる環境の整備等に関する法律）が制定された。この法律は，「青少年有害情報」（インターネット上で閲覧に供されている情報で，青少年の健全な成長を著しく阻害するもの）が多く流通している状況を踏まえて，青少年によるインターネッ

ト適切活用能力の習得に必要な措置を講じ，また「青少年有害情報フィルタリングソフトウェア」（インターネット上の情報を一定の基準に基づき選別したうえで，その閲覧を制限するプログラム）の性能の向上および利用の普及その他の青少年がインターネットを利用して青少年有害情報を閲覧する機会をできるだけ少なくするための措置を講ずることによって，青少年が安全に安心してインターネットを利用できるようにすることを目的とするものである。

　具体的措置として，携帯電話インターネット接続役務提供事業者には，原則として青少年有害情報フィルタリングサービスの利用を条件として，この役務提供を義務付け（同法15条），インターネット接続役務提供事業者には，接続役務の提供を受ける者から求められたときは，青少年による有害情報の閲覧に及ぼす影響が軽微な場合として政令で定める場合を除き，青少年有害情報フィルタリングソフトウェアまたは青少年有害情報フィルタリングサービスの提供を義務付け（同法17条），携帯電話以外のインターネット接続機能をもつ機器の製造業者には，その販売に際して，青少年による有害情報の閲覧に及ぼす影響が軽微な場合として政令で定める場合を除き，青少年有害情報フィルタリングソフトウェアの組み込みなどを義務付け（同法18条）た。

　この法律は，スマートフォンやアプリ・公衆無線LAN経由のインターネット接続が普及してフィルタリング利用率が低迷している状況に対応するためにフィルタリングの利用促進を図るための改正が行われ，2018（平成30）年2月に施行された。

　その内容は，携帯電話インターネット接続役務提供事業者（携帯ISP）と契約代理店には，フィルタリングサービスの提供を義務付ける対象機器を携帯電話端末だけでなく，携帯電話回線を利用してインターネットを閲覧できる機器に拡大した上で（同法2条7項），新規の携帯電話回線契約時および機種変更・名義変更を伴う携帯電話回線契約の変更・更新時に，①契約締結者または携帯電話端末の使用者が18歳未満か否かを確認すること（同法13条），②青少年有害情報を閲覧するおそれとフィルタリングの必要性・内容を保護者または青少年に対して説明すること（同法14条），③契約とセットで販売される携帯電話端末等について，販売時にフィルタリングソフトウェアやOSの設定を行うこと（同法15条・16条），④インターネット接続役務提

供事業者には,当該役務の提供を受ける者から求められたときは,フィルタリングソフトウェアまたはフィルタリングサービスを提供することを義務付けた(同法17条)。そして,携帯電話端末・PHS製造事業者にはフィルタリングソフトウェアのプリインストール等フィルタリング容易化措置を義務付け(同法18条),また,OS開発事業者にはフィルタリング有効化措置・フィルタリング容易化措置を円滑に行えるようOSを開発する努力義務を課した(同法19条)。

　有害情報の例示的定義として,同法では「犯罪若しくは刑罰法令に触れる行為を直接的かつ明示的に請け負い,仲介し,若しくは誘引し,又は自殺を直接的かつ明示的に誘引する情報」(同法2条4項1号),「人の性行為又は性器等のわいせつな描写その他の著しく性欲を興奮させ又は刺激する情報」(同項2号),「殺人,処刑,虐待等の場面の陰惨な描写その他の著しく残虐な内容の情報」(同項3号)が規定されている。このような情報が特に青少年の安全・安心に限定して,具体的にどのような害悪をもたらすかが実証されなければ,このように広汎な事前抑制的性格をもつ規制は違憲となろう。

──────

　在監者(現「刑事施設被収容者」)の新聞閲読制限の場合につき,最高裁は,新聞閲読の制限は逃亡・証拠隠滅の防止,監獄(現「刑事収容施設」)内の規律・秩序の維持のために「真に必要と認められる限度にとどめられるべきもの」であり,したがって制限が許されるのはその閲読により規律・秩序維持上放置できない程度の障害が生じる「相当の蓋然性」があると認められることが必要であり,その制限の程度も障害発生防止のため「必要かつ合理的な範囲」にとどまるべきであるとしている(「よど号」ハイ・ジャック新聞記事抹消事件・最大判昭和58・6・22民集37巻5号793頁。⇨*Chap.* 21-*2*)。

　少年法61条に違反して,少年被疑者の顔写真と実名を記載した雑誌を,市立図書館長が,これをめぐる裁判の係争中に閲覧禁止とした事案がある。裁判所は,この措置の目的が正当で,また手段・程度も相当であり,「図書館法3条により図書館長に認められた裁

量権の範囲内」であるとした（東京地判平成 13・9・12 判例集未登載）。しかし，公立図書館の職員が当該図書館の除籍基準に反して特定の者の執筆・編集にかかる書籍を廃棄した事案において，「公立図書館は，住民に対して思想，意見その他の種々の情報を含む図書館資料を提供してその教養を高めること等を目的とする公的な場ということができ」，「そこで閲覧に供された図書の著作者にとって，その思想，意見等を公衆に伝達する公的な場でもある」。そして，「職員が閲覧に供されている図書を著作者の思想や信条を理由とするなど不公正な取扱いによって廃棄することは，当該著作者が著作物によってその思想，意見等を公衆に伝達する利益を不当に損なうもの」であり，この「利益は，法的保護に値する人格的利益」であるとして国家賠償法上違法とした（**最判平成 17・7・14 民集 59 巻 6 号 1569 頁**）。

(2) **情報収集活動の規制**　　報道機関の行う情報収集は，報道機関が果たす機能の見地から，ある種の優遇措置を認めても法の下の平等に反しないとされている（**法廷メモ採取事件〔レペタ事件〕・最大判平成元・3・8 民集 43 巻 2 号 89 頁**）。確かに，*Chapter* 12 でみるように報道機関の現代社会において果たす役割を考えれば，報道機関の「取材の自由」は重要であるが，一般市民にその自由を否定する理由はない。情報収集活動の制約につき，一般市民と報道機関とで差を設ける場合には，その正当化理由を規制側が示さなければならないであろう。たとえば，法廷におけるメモ採取の可否につき一般市民にのみこれを否定する合理的理由を見出すことは困難である。

2 知られない自由

通信の秘密　憲法21条2項後段が保障する「通信の秘密」は，その条文上の位置づけから，まず特定人相互間の情報流通過程に政府が介入することを禁止する趣旨であることがわかる。介入行為の放任によって表現行為への萎縮効果，つまり間接的に情報流通を妨害する効果が生じるおそれがあるのである。さらに伝達される情報内容を政府の探知から守ること，つまり私生活（私的領域）の保護という観点がより根本にあり，古典的な意味でのプライバシーの権利（⇨*Chap.* 18）がその背景に控えていると最近は理解されている（芦部・憲法等）。具体的には，第1に積極的知得行為，つまり通信の内容および通信の存在自体を探知する行為が禁止され（郵便法8条1項，民間事業者による信書の送達に関する法律5条1項等参照），また一般的に信書開封罪（刑法133条）が置かれている。第2に漏洩行為，つまり通信業務に従事する者が職務上知りえた通信に関する事項を他に漏らす行為が禁止されている（郵便法8条2項，民間事業者による信書の送達に関する法律5条2項等参照）。

ただし，通信の秘密も絶対的なものではなく，内在的制約（⇨*Chap.* 22-*1*）に服すると解するのが一般的である。そして，さまざまな理由に基づいて現行法上いくつかの制約がおかれている。それは，①郵便物の押収（刑事訴訟法100条・222条），接見交通の制限（同法81条）等の刑事手続上の制約，②刑事収容施設内の制約（刑事収容施設及び被収容者等の処遇に関する法律110条〜148条・216条〜228条・265条〜274条），③破産手続上の制約（破産法82条），④郵便内

容物の申告・開示制度（郵便法31条・32条〔申告・開示〕），関税法上の郵便物の差押（関税法122条）等の行政必要上の制約などである。

Column ㉗　通信傍受

　携帯電話の急速な普及は，それを犯罪行為，特に振り込め詐欺や強盗などの闇バイトの勧誘の手段として使うなど新たな社会問題を引き起こしている。電話傍受を郵便物押収（刑事訴訟法100条参照）と並列的に考えれば一般論としては，少なくとも証拠として不可欠であると考えられる場合には傍受も許され，かつそれは通信の秘密に随伴する内在的制約ということができる。しかし，問題は通信手段としての電話の特殊性にある。つまり，郵便物の場合と異なり，電話の場合には傍受すべき対象をあらかじめ特定することがきわめて困難である。したがって，包括的な傍受の認容は内在的制約を超える可能性があり，その許容の要件を厳密に考える必要がある。判例は，刑事訴訟法上の検証令状（218条1項）の手続によりこれを可能としていた（最決平成11・12・16刑集53巻9号1327頁参照）。

　1999年，刑事訴訟法を改正して通信傍受の強制処分の根拠規定を設ける（222条の2）とともに，「犯罪捜査のための通信傍受に関する法律」（いわゆる「通信傍受法」）を制定した。この法律は，特定の犯罪を列挙して（薬物，銃器および集団密航に関する犯罪，組織的な殺人の4類型），犯罪に関する通信実行の嫌疑があり，他の方法では犯人の特定，犯行の状況・内容が把握困難な場合について，「傍受令状」（請求権者は検事および警視以上の警察官，発布権者は地方裁判所の裁判官，傍受期間は10日間〔最長30日間〕等）により一定の手続を踏んだうえでの（令状の提示，立会人の常時立会い，別件傍受の限定，傍受した全通信の記録，当事者に対する事後通知など）通信（電話・ファックス・電子メールなど）の傍受を可能としている。その後，同法は2016年，通信傍受可能な範囲を，窃盗・詐欺・殺人・傷害・放火・誘拐・監禁・爆発物・児童ポルノの9つの犯罪にも拡張し，また通信業者の立ち会いなく行うことも可能となった。また，通信データを暗号化して伝送し，警察署内でいつでも自由に傍受できるように改正された。

忘れられる権利

ひとたびインターネットに情報が流されるとそれはどんどん拡散していき、それを消去することは容易ではなくなる。2014年5月13日、欧州連合（EU）司法裁判所は、スペインの男性がインターネット検索の大手法人に対し、自分の過去の債務記録へのリンクを削除するよう求めた事案（グーグル・スペイン事件）において、人には「忘れられる権利（right to be forgotten）」があると判断し、当該法人にリンクの削除を命じる先決裁定を言い渡した。この裁定は、1995年データ保護指令の規定に基づき、検索エンジン事業者が、同指令でいう個人データ処理の「管理者」にあたり、また同指令で規定された「削除を求める権利」の解釈として示されたので、注目された。なお、日本でも、検索結果の非表示を求める訴訟がいくつか提起されている。住所の県名と氏名を入力して検索すると、児童買春行為に関する逮捕歴などの内容が複数表示されることにつき、当人が人格権を被保全権利として、検索事業者にこの検索結果の削除を命じる仮処分を申し立てた事案において、最高裁は、現時点で、本件検索結果の削除または非表示措置を求める保全の必要性があるとは認められないとした（**最決平成29・1・31民集71巻1号63頁**）。

日本でも、元交際相手の裸などの写真をインターネット上に公開する事案が見られるようになった。2014年11月、リベンジポルノ防止法（私事性的画像記録の提供等による被害の防止に関する法律）が制定・施行された。この法律は、プロバイダー責任制限法（特定電気通信役務提供者の損害賠償責任の制限及び発信者情報の開示に関する法律。⇨*Chap.* 10-*2*）の特別法として制定されたもので、私事性的画像（①性交又は性交類似行為に係る人の姿態、②他人が人の性器等を触る行為又は人が他人の性器等を触る行為に係る人の姿態であって性欲を興奮させ又は刺激するもの、③衣服の全部又は一部を着けない人の姿態であって、殊

更に人の性的な部位が露出され又は強調されているもので性欲を興奮させ又は刺激するものの画像）を記録した写真や電磁的記録にかかる記録媒体その他のもの（ただし，本人が第三者に見られることを認識したうえで撮影を許可した画像を除く）を，第三者が撮影対象者を特定できる方法で，電気通信回線を通じて不特定または多数の者に提供し，または公然と陳列した者は，3年以下の拘禁刑または50万円以下の罰金，公表させる目的で提供した者は，1年以下の拘禁刑または30万円以下の罰金を科し，インターネットで公表されてしまった画像等は，プロバイダー等を通じて削除を要請できるとしている。

　このような問題は，知られない権利，あるいは忘れられる権利ととらえられるが，広くは自己情報コントロール権を構成する一内容として，表現の自由や知る権利との調整問題としてそれが認められる要件と効果（救済方法）などの詳細を考察する必要があろう。

　ツイッター（2023年7月にXと改称）上で氏名を検索すると出てくる，8年前の犯罪の報道記事をリンクとともに紹介する投稿の削除を求めた事案（請求時点では報道記事は削除）において，最高裁は，「個人のプライバシーに属する事実をみだりに公表されない利益は，法的保護の対象となる」とし「このような人格的価値を侵害された者は，人格権に基づき……現に行われている侵害行為を排除し，又は将来生ずべき侵害を予防するため，侵害行為の差止めを求めることができる」とした上で，その要件として「本件事実の性質及び内容」，「本件事実が伝達される範囲」と「具体的被害の程度」，請求人の「社会的地位や影響力」，伝達する「目的や意義」，当時の「社会的状況」と「その後の変化」など，「本件事実を公表されない法的利益」と「一般の閲覧に供し続ける理由に関する諸事情を比較衡量して判断すべき」とした前者の利益が後者の理由に優越する場合に削除を求めることができるとし，その請求を認めた（**最判令和4・**

6・24 民集 76 巻 5 号 1170 頁)。

3 知る権利

アクセス権　これまでみてきたのは，私人の情報取得・受領行為を政府が何らかの形で妨害する行為を排除する，つまり不作為請求権（自由権）的な側面をもつ「知る自由」であった。ここではそのような受動的な側面ではなく作為請求権的つまり能動的な側面をみてみよう。その1つは参政権的性格をもつ権利で，情報が集積されている政府機関に対して「情報の公開を請求する権利」であり，他の1つは，積極的に「情報（自分の意見）の公表（流通）を請求する権利」（知ってもらう権利）である。後者は表現の自由として把握することもできるが，特にここでは自分に関する情報の公表行為に対する反論をメディアに載せる権利が問題となる。

情報公開請求権　情報化社会の進展によって，私人の生活に必要かつ重要な情報は政府機関に日々集積されつつある。これらの情報に私人が自由にアクセスできる状況にあることは，薬害エイズ事件（1980 年代，血友病患者に対して加熱処理をしてウイルスを不活性化しなかった血液凝固因子製剤〔非加熱製剤〕を治療に使用して，多数の HIV 感染者・エイズ患者を出した事件〔日本では全血友病患者の約 40％ にあたる 1800 人が HIV に感染し，うち約 600 人が死亡したとされる〕。1985 年 4 月に世界保健機構〔WHO〕が世界各国に加熱製剤の使用を勧告し，厚生省医療生物製剤課長〔当時〕がその早期承認を図る方針を示し，加熱製剤は同年 12 月に承認された。にもかかわらず，同省エイズ研究班の班長 A が，開発が遅れていたミドリ十字にあわせるた

め試験の着手を遅らせたとされる。その後，民事裁判では和解が成立したが，刑事裁判では関係者は有罪となった）の顛末が物語るように，行政運営の公正・透明性の確保，政策形成への参加にとって不可欠であると同時に，私人の権利利益の実現・救済に資することになる。

この権利は比較的最近になって意識された権利であるため，憲法上の権利性について疑問も指摘された。しかし，15条（参政権）・21条などを根拠にこれを肯定するのが現在の通説といってよい。ただ，古典的な憲法上の権利形態である妨害排除請求権ではなく，作為請求権であるため，その具体的実現のためには法令等の整備が必要であると解されていた。この権利の実定化については，国よりも地方公共団体の方が先行していった。現在，ほとんどすべての地方公共団体が，情報公開条例を制定している（2020年4月時点で1741団体のうち1740団体が制定している）。

この条例の運用に伴って明らかになった問題は，訴訟手続に関して，公開拒否処分の取消訴訟を提起する原告適格，係争情報の適用除外事項該当性に関する裁判所の審査方法，主張・立証責任の分配方法などである。特に審査方法の問題は，憲法82条の定める裁判の公開原則との関係があるが，民事訴訟法の改正によって秘密保護のための閲覧等の制限規定（民事訴訟法92条）が設けられた。実体上の問題として，公開対象となる情報をどのように定義するかの問題があるほか，条例が設定した適用除外事項の解釈問題がある。適用除外事項は，通常，①法令等で非公開とされる情報，②個人情報（プライバシーなど），③法人等の情報（企業秘密など），④犯罪等の情報，⑤他の政府機関の情報，⑥行政運営情報（意思形成過程情報，事業執行過程情報）などに分類される。もっとも，例外を広く認めすぎると，情報公開の意義を無意味にしてしまうおそれがある。

情報公開法

「由らしむべし知らしむべからず」(「民可使由之，不可使知之」〔『論語』巻第4泰伯第8〕。本来は，治者は人民を従わせることはできるが，その道理を理解させることは難しいという意味であるが，転じて，治者は人民を従わせればよいのであり，その道理を理解させる必要は無いという意味でも使われるようになった。ここでは後者の意味である）という日本の政治・行政の伝統的スタイルの転換を国レベルで果たそうとするのが，1999年に制定され2001年4月1日に施行された「情報公開法」（行政機関の保有する情報の公開に関する法律）である。この法律は，「知る権利」ではなく「国民主権の理念」に基づいて行政情報の公開を求める権利を国民に認め，行政活動の国民に対する説明責任を果たす趣旨で制定された。そこでは国の行政機関の文書・図面，電子情報を含め，組織的に使用・保存している情報の原則公開（開示）を定めている。ただ，①個人情報（5条1号）・法人情報（同条2号）・意思形成過程情報（同条5号）などが例外的に非公開とされ，特に防衛・外交に関する情報（同条3号）と捜査に関する情報（同条4号）の公開是非の判断を行政機関の長の裁量権に委ねていること，②特殊法人が実施機関の対象からはずされていること（2条1項参照），③非公開を争う訴訟を高等裁判所所在地（つまり全国で8カ所）の地方裁判所に提起しなければならないこと（行政事件訴訟法12条4項参照）などの問題点が指摘されていた。その後，2001年に「独立行政法人等の保有する情報の公開に関する法律」が制定され（2002年10月1日施行），特殊法人の領域はカバーされることになった。

このような法制度の整備は，秘密主義から公開主義への転換を図った点に大きな意義を認めることができる。特に，情報公開法1条で「政府の有するその諸活動を国民に説明する責務が全うされる」と規定したことは，説明責任をはじめて明文で規定した点が重要で

ある。説明責任の原則は英米法系諸国にある，より広く政府の活動のコントロール手段としてのアカウンタビリティー（accountability）にその源泉を求めることができ，民主主義の浸透にとって不可欠な原則と考えられている。

> 判例　**官房機密費開示訴訟**（最判平成 30・1・19 判時 2377 号 4 頁）
> 　X は，情報公開法に基づき，内閣官房内閣総務官（Y）に対し，平成 24 年 12 月から同 25 年 12 月 31 日までの内閣官房報償費の支出に関する行政文書の開示を請求した。Y は，これに該当する行政文書のうち，政策推進費受払簿，支払決定書，出納管理簿，報償費支払明細書，領収書，請求書および受領書の本件各文書に記録された情報が情報公開法 5 条 3 号および 6 号所定の不開示情報に当たるとして，不開示決定をなした。そこで，X は，本件不開示決定部分の取消しと本件対象文書の開示決定の義務付けを求めて出訴した。最高裁は，政策推進費受払簿，出納管理簿のうち政策推進費の繰入れに係る記録部分および月分計等記録部分並びに報償費支払明細書のうち政策推進費の繰入れに係る記録部分および繰越記録部分に係る本件不開示決定部分が適法とした原審の判断には，判決に影響を及ぼすことが明らかな法令違反があり，Y が上記の文書および各記録部分について開示決定をすべきであることは明らかであるとして，X の本件不開示決定部分の取消請求および開示決定の義務付け請求をいずれも認容した。他方，報償費支払明細書のうち調査情報対策費および活動関係費の各支払決定に係る記録部分に係る本件不開示決定部分が適法であるとした原審の判断は是認することができるとして，これに関する X の上告には理由がないとした。

情報公開法改正の動向

　2011 年 4 月に閣議決定がなされた情報公開法改正案では，「知る権利」を明文化するとともに，①開示情報の範囲の拡大，②開示請求手数料の原則廃止，③開示までの期限の短縮，④不開示決定についての根拠条文と理由の具体的記載の義務付け，⑤所管の総務省から内閣府への移管に伴う内閣総理大臣の指導力の強化などをはかり，さらに，⑥情報公開訴訟の提起可能な地方裁判所の 8 カ所から 50 カ所（全裁判所）への拡大，⑦不開示情報の不開示理由を

リストにして整理した書面（アメリカではその考案者の名をとって「ヴォーン・インデックス」と呼ぶ）の提出を行政機関に求める手続の導入，および⑧当事者の立ち会いなしに裁判所が対象文書の証拠調べを行う手続（＝インカメラ審理。アメリカでは「インカメラ・インスペクション」と呼ぶ）の導入を提案していた。ところが，この法案は，内閣と国会が，おりしも同年3月11日に発生した東日本大震災の対応に追われた結果，十分な審議が行われないまま，2012年11月18日，衆議院解散に伴い，審議未了・廃案となってしまった。

その間，2010年9月7日午前に発生した尖閣列島諸島沖の中国漁船衝突事件の映像が海上保安官によって流出したことが直接のきっかけとなって，2010年12月，「政府における情報保全に関する検討委員会」が設置され，その下で開催された「秘密保全のための法制の在り方に関する有識者会議」は，2011年8月，「秘密保全のための法制の在り方について」と題する報告書をとりまとめた。内閣はこれを受けて「秘密保全法案」（仮称）を作成した。しかし，この法案は，議事録の不備などの問題点が指摘されて，廃案となった。

2012年12月，政権は，民主党から自由民主党・公明党に交代した。この政権は，情報公開法改正ではなく，民主党政権下で日の目をみなかった「秘密保全法案」のみに関心を示し，この法案をベースにして，2013年12月，「特定秘密保護法」を成立させた（2014年12月施行）。情報公開法と特定秘密保護法では，その指向が180度違うことは明らかである。つまり，公開主義から秘密主義に回帰してしまった。

Column ㉘　特定秘密保護法と重要経済安保情報保護・活用法

2013年に特定秘密保護法（特定秘密の保護に関する法律）が成立し，2014年12月から施行された。この法律は，「防衛に関する事項」・

「外交に関する事項」・「特定有害活動の防止に関する事項」・「テロリズムの防止に関する事項」(同法別表)に関する情報で,「公になっていないもののうち,その漏えいが我が国の安全保障に著しい支障を与えるおそれがあるため,特に秘匿することが必要であるもの」を所管行政機関の長等が「特定秘密」として指定するとする(3条)。そして,行政機関の長が実施する「適性評価」を充たした者のみに特定秘密の取扱いの業務に従事することを制限し(11条),特定秘密を洩らしたときは,10年以下の拘禁刑(情状により1000万円以下の罰金も併科)に処するなどとし(23条以下),悪質な取得行為について同様の罰則規定をおく(24条)ほか,教唆等についても罰則規定をおく(25条)。そのほかに,所管行政機関が他の行政機関や業者に対する特定秘密の提供の要件なども規定している(6条以下)。

この法律は統治活動の実態を隠蔽する悪法であると批判されている。その具体的問題点は,①国家公務員法,自衛隊法に定める守秘義務違反に対する罰則規定に重ねて罰則規定をおく必要性,②特定秘密に該当する情報が不明確または広範で,指定が恣意的に行われる危険性,③適性評価の内容が公務員のセンシティブ情報(ローンの返済情報,精神疾患などでの通院歴など)にまでわたり(12条2項1号~7号),またその家族や関係地方公務員や業者の情報にも及び過度に広範に失する,④取材に対する萎縮効果,⑤国会議員にまで及び国政調査権を侵害するおそれ,⑥秘密になる期間が長期にわたり,永久に秘密にできるように規定されているなどである。

ロシアのウクライナ侵攻にはじまる国際情勢の緊迫化・複雑化,社会経済構造の変化等を受けて,経済活動に関して行われる国家および国民の安全を害する行為を未然に防止する重要性が増大したとして,重要経済基盤に関する情報であって日本の安全保障を確保するために特に秘匿することが必要であるものを的確に保護する体制を確立した上で収集・整理・活用するために「重要経済安保情報の保護及び活用に関する法律」(重要経済安保情報保護・活用法)が2024年5月に制定・公布された。この法律は,重要経済安保情報の指定・提供,取扱者の制限と適性評価等を規定している。

この法律には以下の問題点があることが指摘されている。①漏洩等処罰の対象となる重要経済安保情報の範囲が法文上不明確であること,

②重要経済安保情報につき衆参両院の情報監視審査会による監督，国会への報告制度も適用されず，特定秘密保護法に比して監督措置が脆弱であり，恣意的な秘密指定の余地が大きく，知る権利を侵害するおそれが大きいこと，③適性評価のための調査をほぼ一元的に内閣総理大臣の下に設けられる新たな情報機関が実施する仕組みとなっていて，適性評価の対象とされる多くの技術者・研究者についてのセンシティブな個人情報が新たに設けられる情報機関に取得・蓄積されプライバシーの権利保護から問題となること，④適性評価は本人の同意を得て実施するとされているが，同意が踏み絵となって企業・官庁・研究機関の方針に従わない者とのレッテルが貼られて人事考課・給与査定等で不利益を受けたりする可能性があること。

公文書管理法

情報公開を適切に実施する前提となるのは，政府の保有する情報の保存に関する法整備である。2009 年，公文書等の管理に関する法律が制定された（2011年施行）。この法律は，その目的規定で「国及び独立行政法人等の諸活動や歴史的事実の記録である公文書等」(以下，「公文書管理法」)が，「国民共有の知的資源」であるとした（同法 1 条）。このような公文書の位置づけによって，政府保有情報の公開を拒否することは，理論的に妨害行為とみなされることになり，情報公開請求権が，作為請求権から妨害排除請求権へと展開したことになる。

この法律をめぐって，さまざまな問題が生じている。学校法人「森友学園」との国有地取引をめぐる文書の改ざんや廃棄，南スーダンに派遣された陸上自衛隊の日報の存否，学校法人「加計学園」の獣医学部新設をめぐる文部科学省の文書の存否などがそれである。これらの問題の背景には，政治的に中立であるべき中央官庁の姿勢のあり方があるが，公文書管理の原則を定める公文書管理法の不備が指摘されている。主要な不備をあげると，①公文書の保存期間を明確に定めず，行政機関の長は保存期間が満了した行政文書ファイ

ルを国立公文書館等に移管し、または廃棄しなければならないとし、保存期間のみならず、保存か廃棄かの判断を当該行政機関の長に委ねていること（同法6条・8条），②保存の対象となる「行政文書」の定義（同法2条4項）があいまいで公務の遂行過程で作成された文書が「個人メモ」「手控え」などとされ公開請求がなされても「不存在」とされてしまう傾向にあること，③行政機関相互の連絡のために日常的に交わされている電子メールの多くが「行政文書」として扱われず廃棄されていること，④公文書管理法の実効性を確保するために必要な違反行為に対する行政処分や刑事罰の規定がないこと，がある（三宅弘・知る権利と情報公開の憲法政策論参照）。

反論権

影響力のある情報伝達手段（情報メディア）が限られた者の手中にあった時代において，一般市民が伝えたい情報を現実に伝えることは困難であった。これは一般論としては表現の自由の実質的保障の問題であるが、特に自己に関する情報を伝達された者が，それに対する自己の意見の伝達を求める権利（＝反論文掲載〔ないし反論放送〕請求権），いわば「情報公表（流通）請求権」が問題とされている。

反論権は、フランスをはじめとする大陸法系の諸国においては、マス・メディアに対して個人の人格的法益を保護する手段として制度化されてきた歴史をもっている。これに対して英米法系の諸国においては，むしろ「プレスの編集の自由」を制約するものと解され原則として制度化されていない。日本においてこの権利が憲法から直接導かれるかどうかが争われた事案（**サンケイ新聞事件・最判昭和62・4・24民集41巻3号490頁**）において，不法行為が成立する場合に認められる含みを残したが、法律上の根拠がないことを理由にこの権利を否定している。しかし、表現の自由の古典的な理解がマス・メディアの寡占化という現状に合致しているのか，さらに「謝

罪広告」の強制と本質的にどこが異なるのか，という点に検討課題を残した。

> **判例** サンケイ新聞事件（最判昭和62・4・24民集41巻3号490頁）
> ある政党（日本共産党）の政策を批判する政党（自由民主党）の意見広告を掲載した新聞社に対して，この政党が同スペースの反論文の無償掲載を求めた事案である。最高裁は，「私人間において，当事者の一方が情報の収集，管理，処理につき強い影響力をもつ日刊新聞紙を全国的に発行・発売する者である場合でも，憲法21条の規定から直接に，所論のような反論文掲載の請求権が他方の当事者に生じるものではない」として請求を棄却した原判決を支持した。その根拠を，これを認める明文の規定が存在しないこと，反論文の掲載強制が批判的記事の掲載をちゅうちょさせ表現の自由を間接的に侵害する危険につながることに求めている。

放送法9条1項は，「放送事業者が真実でない事項の放送をしたという理由によつて，その放送により権利の侵害を受けた本人又はその直接関係人から……請求があつたときは……遅滞なく……調査して，その真実でないことが判明したときは……訂正又は取消しの放送をしなければならない」と規定している。最高裁は，これは「真実でない事項の放送がされた場合において，放送内容の真実性の保障及び他からの干渉を排除することによる表現の自由の確保の観点から，放送事業者に対し，自律的に訂正放送等を行うことを国民全体に対する公法上の義務として定めたものであって，被害者に対して訂正放送等を求める私法上の請求権を付与する趣旨の規定ではないと解するのが相当である」とした（**「生活ほっとモーニング」事件・最判平成16・11・25民集58巻8号2326頁**）。

［渋谷］

【4 精神的自由権】

Chapter 12 表現の自由③
―― 報道機関の自由

> 「報道（report）」とは，文字通りには事実の伝達を意味し，「表現の自由」を保障する憲法 21 条の表現活動の中に含まれることになる。しかし，「報道の自由」といえば，むしろその主体に着目して「報道機関の自由（freedom of the press）」を意味することが多い。この Chapter では現代社会において大きな影響力をもつ報道機関（新聞社・雑誌出版社・放送局など）の自由を扱う。

1 報道の自由

報道の自由とは？　報道の自由は憲法上どのように位置づけられるのであろうか。最高裁は，「報道機関の報道は，民主主義社会において，国民が国政に関与するにつき，重要な判断の資料を提供し，国民の『知る権利』に奉仕するものである。したがって，思想の表明の自由とならんで，事実の報道の自由は，表現の自由を規定した憲法 21 条の保障のもとにあることはいうまでもない」（博多駅事件・最大決昭和 44・11・26 刑集 23 巻 11 号 1490 頁）としている。

ところが、「報道の自由」を「報道機関の自由」と位置づければ、団体（法人）たる報道機関の人権享有主体性をまず問題としなければならない（⇨*Chap.* 20-2）。そして、これは報道機関が社会において現実に果たしている機能からその回答が示されるであろう。つまり①一般市民の「知る権利」を充足する機能、そして②それを通した政治参加への資料を提供する機能、さらに③報道機関が第4の社会的権力として政治的権力に対抗して果たす監視的・批判的な機能である。さらに報道機関に一般市民と区別された、特別の地位を認めるか否かの問題も、これらの機能に照らして、その回答が示されるはずである。最高裁は、法廷内のメモ採取につき一般的に禁止しながら報道機関には許可することについて、「裁判の報道の重要性に照らせば当然であり、報道の公共性、ひいては報道のための取材の自由に対する配慮」という観点からは憲法14条1項に照らして「合理性を欠く措置ということはできない」としている（**法廷メモ採取事件〔レペタ事件〕・最大判平成元・3・8民集43巻2号89頁**）。

Column ㉙ 犯罪と報道

「犯罪事件の報道」は報道内容（表現内容）にも関係するが、実際には「報道機関」が行うので、報道機関の報道のあり方の問題と密接にかかわっている。問題になったのは、少年犯罪をめぐる報道のあり方である。つまり少年法61条の趣旨に反して容疑者の顔写真や検事調書が掲載されたりしたのである。この規定は少年に匿名の権利を認めたものではないと解する判決（堺通り魔殺人事件・大阪高判平成12・2・29判時1710号121頁）もある。ここでは一般市民の「知る権利」が果たして実名報道を正当化するか否かを、少年法の趣旨と少年が有する権利・利益に照らして熟考する必要があろう（松井茂記・少年犯罪の実名報道は許されないのか参照）。なお、少年犯罪事件に関する、いわゆる「推知報道」につき、少年法61条違反か否かは「その記事等により、不特定多数の一般人がその者を当該事件の本人であると推知することができるかどうかを基準にして判断すべき」であるとした判決（長良

川リンチ殺人報道事件・最判平成15・3・14民集57巻3号229頁）がある。いずれにせよ，ここでは，新聞・雑誌・放送の各メディアのうち雑誌が突出しており，メディアの特性論からこの問題を考えるアプローチ，さらには「メディア・リテラシー」（メディアの現状を批判的に分析しその提供する情報を読み解く能力）の観点からの対応策の模索も重要である点を指摘しておきたい。

報道のプロセス

報道機関の活動はそのプロセスからみると，情報収集行為である「取材」，取材を通じて取得した情報の取捨選択行為である「編集」，そしてこれらの行為終了後の表現行為である「報道（狭義）」から成り立つ。これらの諸行為の自由のうち「報道（狭義）の自由」は，理論的には，そのほとんどが *Chapter* 13 でみる「表現の自由④——表現内容規制・表現内容中立規制」の問題に吸収される。また「編集の自由」は報道機関内部において，経営者側の「編集権」との対抗関係で「報道現場の者」（つまり記者および編集者）が有する自由，そして外部的に「反論文掲載請求権（反論権）」（報道機関へのアクセス権。⇨ *Chap.* 11-**3**）との対抗関係が問題となる。以下，従来から議論のある「取材の自由」と，他のメディアにはない包括的規制法がある「放送の自由」をみてみよう。

Column ㉚ 編 集 権

「編集権」は，1948年3月16日発表の日本新聞協会の「新聞編集権の確保に関する声明」において，「新聞の編集方針を決定施行し報道の真実，評価の公正並びに公表方法の適正を維持するなど新聞編集に必要な一切の管理を行う権能」とされ，「経営管理者及びその委託を受けた編集管理者」が行使すべきものとされた。そして編集内容の妨害者は編集権の侵害者とみなされ，編集権は報道機関の労働者を解雇する強力な武器となり，また経営者の編集への介入の根拠として機能した。

また，取材対象者（情報提供者）の期待・信頼権と放送事業者の編集権の関係について，放送法上，どのように番組を編集するかは，放送事業者の自律的判断にゆだねられており，番組の編集段階における検討により最終的な放送の内容が当初企画されたものとは異なるものになったり，番組自体が放送に至らない可能性があることも当然のこととして認識されていると考えられていることからして，取材対象者が取材担当者の言動等によって，素材が一定の内容・方法により放送に使用されるものと期待し，あるいは信頼したとしても，それは原則として法的保護の対象とならないとされている（NHK 従軍慰安婦番組事件・最判平成 20・6・12 民集 62 巻 6 号 1656 頁）。

　この判断は，放送番組制作の自主・自律の観点からは一般的には肯定的に捉えることもできる。しかし，ここで問題となった NHK が制作した『ETV2001 シリーズ戦争をどう裁くか』の第 2 回放送「問われる戦時性暴力」（2001 年 1 月 30 日放送）については，オリジナルの番組内容に対する NHK 内部の管理職の指示や関与，政治家の圧力などがあったとされ，政治と放送の関係のあり方についての問題を残した（その詳細と検証については，放送倫理・番組向上機構「NHK 教育テレビ『ETV2001 シリーズ戦争をどう裁くか』第 2 回「問われる戦時性暴力」に関する意見」〔2009 年 4 月 28 日放送倫理検証委員会決定第 5 号，https://www.bpo.gr.jp/wordpress/wp-content/themes/codex/pdf/kensyo/determination/2009/05/dec/0.pdf〕参照）。

2　取材の自由

　「報道（狭義）の自由」は，憲法 21 条によって保障されるが，その前提段階に位置づけられる情報収集活動，つまり「取材」は憲法上どのように位置づけられるのであろうか。最高裁は，「報道機関の報道が正しい内容をもつためには，報道の自由とともに，報道の

ための取材の自由も，憲法21条の精神に照らし，十分尊重に値いする」としている（前出・博多駅事件）。この「精神に照らし」という微妙ないいまわしは，「取材の自由」が「報道（狭義）の自由」に比してより低いレベルの保障を受けるに過ぎないことを示唆している。

取材過程の問題　ここでは取材源（情報源）へのアクセスに対する政府の規制が憲法上問題となる。

(1) **私人の取材**　私人を対象とする取材の過程に政府が介入することは一般的にはありえないが，取材対象が在監者（現「刑事施設被収容者」）である場合にこれが問題となった。未決拘禁者接見制限事件（東京地判平成4・4・17判時1416号62頁）は，雑誌の編集者と被取材者である在監中の被勾留者とがともに取材を望む事案であったが，「本来一般人が自由に立ち入ることを許されていない施設である拘置所に在監中の未決拘禁者に報道関係者が直接面会して取材を行う自由」つまり「取材の自由」も，「未決拘禁者が報道関係者と直接面会して接触を持つ自由」も，「憲法21条の趣旨に照らして保障されているものとするのは困難」であるとした（上告審判決・最判平成10・10・27判例集未登載も同旨）。なるほど収監措置そのものは，逃亡・罪証隠滅の防止，監獄（現「刑事収容施設」）内の規律・秩序の維持を理由としてその行動の自由を制約できる（「よど号」ハイ・ジャック新聞記事抹消事件・最大判昭和58・6・22民集37巻5号793頁。⇨*Chap.* 11-*2*）。しかし，社会との接触を全面的に遮断することは本来できないはずである。なお，刑事被疑者・被告人と弁護士の接見交通の制限（刑事訴訟法39条3項）は弁護人依頼権の保障（憲法34条）の問題であり，取材とは別問題である（⇨*Chap.* 2-*2*）。

民間業者を対象とする「個人情報の保護に関する法律」（個人情報保護法）は，2003年，民間業者（個人情報取扱事業者）に個人情報の

利用目的の特定・通知などを義務づけ，政府による違反者への勧告・命令などを内容として成立した（⇨*Column* ㊿）。当初，犯罪被害者や被疑者の家族に対する過剰な取材攻勢（メディア・スクラム）への規制も意図した法案が提出されたが，政治家や公人への取材が規制されると一般市民の「知る権利」を侵害することなどを理由として，マス・メディアなどがこぞって反対した結果廃案となった。再提出された法案は，個人情報保護責務規定を削除したほか，報道を「不特定かつ多数の者に対して客観的事実を事実として知らせること（これに基づいて意見又は見解を述べることを含む。）」と定義した上で，「放送機関，新聞社，通信社その他の報道機関（報道を業として行う個人を含む。）」の「報道の用に供する目的」および「著述を業として行う者」の「著述の用に供する目的」を適用除外として成立した（同法76条〔現57条〕参照）。このように取材過程に対する直接的規制はなくなったが，具体的事案の判定によっては，今後紛争が生じる可能性もある。

　なお，勾留理由開示手続のなされた法廷で裁判所の許可を得ずに隠して持ち込んだ小型カメラで被疑者の容ぼう等を撮影した事案につき，容ぼう等をその承諾なく撮影することが不法行為上違法となるか否かは，被撮影者の社会的地位と活動内容，撮影の場所・目的・態様・必要性等を総合考慮して，「みだりに自己の容ぼう等を撮影されない」という人格的利益の侵害が社会生活上受忍の限度を超えるものといえるかどうかを判断して決すべきであるとされた**（和歌山カレーライス毒物混入犯盗撮事件・最判平成17・11・10民集59巻9号2428頁）**。

(2)　政府機関の取材　　報道機関による報道の自由を重要視する理由の1つは，政府の政策形成の妥当性を評価する資料の提供機能を現実に果たしていることにある。したがって，政府機関に対する

取材は，国民の「知る権利」および「民主主義」という観点からも，憲法上の強力な正当化根拠をもつことになる。ところが，このような取材の自由は，公務員の守秘義務（国家公務員法100条，地方公務員法34条）と正面から衝突する。この問題につき，最高裁は**外務省秘密電文漏洩事件（最決昭和53・5・31刑集32巻3号457頁）**において，取材が「真に報道の目的からでたものであり，その手段・方法が法秩序全体の精神に照らし相当なものとして社会観念上是認されるものである限りは，実質的に違法性を欠き正当な業務行為というべきである」としている（なお，裁判の取材は，「政府の統治過程の取材」に位置づけられるが，裁判の公開のところで触れる。⇨*Chap.* 29-**4**）。

判例 外務省秘密電文漏洩事件（最決昭和53・5・31刑集32巻3号457頁）
 1971年6月17日に調印された沖縄返還協定に関する外務省の極秘電文を毎日新聞西山記者が外務省の女性事務官を通じて入手し，それに基づき社会党議員が衆議院予算委員会において政府を追及したことに端を発し，その入手に関して女性事務官が国家公務員法に定める守秘義務違反（109条12号，100条1項），新聞記者が秘密漏示そそのかし罪（111条）で起訴された事件。最高裁は，同法に定める「秘密」につき「実質秘説」をとり，本件電文はこれに当たるとした上で，取材方法が正当業務行為になる要件を本文記載のように展開したが，本件の具体的取材行為については，当初から本件電文を入手する目的で取材対象者と肉体関係をもったことは，その「人格の尊厳を著しく蹂躙し……その手段・方法において法秩序全体の精神に照らし社会観念上，到底是認することのできない不相当なもの」であるとし，有罪判決を下した原審の判断を維持した。

Column ㉛ 「記者クラブ」制度

 国の行政機関や地方公共団体の庁舎などの記者室におかれている取材のための組織を記者クラブという。明治憲法下の帝国議会発足時に結成された「共同新聞記者倶楽部」にその名前は由来する。1949年10月，日本新聞協会が，「記者クラブに関する方針」を作成して，「各公共機関に配属された記者の有志が相集まり親睦社交を目的として組織するものとし取材上の問題には一切関与せぬこと」としたが，

2 取材の自由

実際には取材のための機関となった。取材する立場として，記者会見など公式の，あるいは非公式の情報獲得手段としてのメリットがある。他方，取材される立場としては，公表したい情報を公表できるメリットがある。また双方の間で協定を結び，協定違反者に取材禁止，除名などの制裁措置をおくことによって，報道の内容・時期を横並びとするメリットもある。しかし，①他の報道機関との平等の問題，②特権的地位を与えられたことによる特権意識や閉鎖的・排他的体質から生じる他の報道機関との摩擦・対立，③公式発表依存体質による取材能力減退の危険性，④協定違反の制裁を背景とする取材・報道活動への萎縮効果，さらに⑤取材対象たる政府機関の下請け広報機関化などの問題点が指摘されている。

なお，2010年3月4日，日本新聞労働組合連合は，記者クラブの全面開放を求める声明を発表している。

| 取材終了後の問題 | 報道機関の取材活動そのものには制限を加えないが，取材活動終了後，その取材の過程で獲得した資料（以下「取材資料」），あるいはその資料の出所（情報源）が法的に追及される場合がある。前者の問題の例が，取材テープ等の差押・押収であり，後者の問題の例が，取材源の証言強制である。

(1) **取材資料の提出強制** 報道機関に取材資料の提出を命じる行為が，将来の取材活動に萎縮的効果をもつのではないか，あるいは報道目的以外での使用の可能性を残し取材の相手方の協力が獲得困難になる可能性をもつのではないかという問題がある。最高裁は，博多駅事件において，報道機関の将来における取材活動の自由を妨げるおそれがあることを指摘しつつ，「公正な裁判の実現」という憲法上の要請が優先するとした。

さらに報道機関が捜索・押収の対象になる場合もある。**日本テレビ・ビデオテープ押収事件**（最決平成元・1・30刑集43巻1号19頁）に

おいては，国会議員に対する贈賄の現場を撮影したビデオテープの押収が，また **TBS ビデオテープ押収事件**（最決平成2・7・9刑集44巻5号421頁）においては，暴力団員の債権回収の場面を撮影したビデオテープの押収が，それぞれ検察官・警察官の請求による裁判官の差押許可状に基づいて行われた。確かにビデオテープ等を証拠物として差押えの対象から除外する旨の憲法上の規定はなく，報道機関が犯罪の当事者である場合に免除を主張できる特権的地位を有するわけでもない。しかし，報道機関が中立的第三者として関与している場合においても，捜索・押収の対象に含めることになると，やはり将来の取材活動に対して萎縮的効果をもつことは否定できない。捜索・押収が許されるのは，証拠として必要不可欠である場合に限定されるべきであろう。

> **判例** **博多駅事件**（最大決昭和44・11・26刑集23巻11号1490頁）
> アメリカ合衆国の原子力空母の佐世保寄港反対闘争に参加した学生が博多駅で行われた機動隊員の警備方法につき特別公務員暴行陵虐罪（刑法195条）・職権濫用罪（同法194条）に当たるとして告発した事件につき検察官が不起訴処分にしたので福岡地裁に付審判請求（刑事訴訟法262条参照）がなされた。同地裁は，NHK 他テレビ局3社に対して事件当日のニュース・フィルムの任意提出を求めたが拒否されたため，刑事訴訟法99条2項に基づき当該フィルム全部の提出を求めた。最高裁は，「公正な刑事裁判の実現を保障するために，報道機関の取材活動によって得られたものが，証拠として必要と認められるような場合には，取材の自由がある程度の制約を蒙ることになってもやむを得ない」とし，「審判の対象とされている犯罪の性質，態様，軽重および取材したものの証拠としての価値，ひいては公正な刑事裁判を実現するにあたっての必要性の有無」と「取材したものを証拠として提出させられることによって報道機関の取材の自由が妨げられる程度およびこれが報道の自由に及ぼす影響の度合その他諸般の事情」を比較衡量して決するとして，本件の場合は，忍受しなければならない程度のものとした。

(2) **取材源の証言強制**　報道機関の記者等を刑事裁判の証人として喚問し，その執筆した記事の取材源の証言を強制することがは

たして許されるであろうか。逮捕状の執行に関する情報が事前に漏れ新聞に掲載された問題で情報提供者の捜索に関して裁判所に召喚された記者が証言を拒否したため証言拒否罪（刑事訴訟法161条）に問われた**石井記者事件（最大判昭和27・8・6刑集6巻8号974頁）**において，最高裁は，新聞記者に証言拒絶権を認めるか否かは立法政策上考慮の余地はあるが，刑事訴訟法149条所定の証言拒絶権を有する者は限定列挙であり，新聞記者にその類推適用は認められないこと，また憲法21条は「新聞記者に特殊の保障を与えたものではない」こと，「未だいいたいことの内容も定まらず，これからその内容を作り出すための取材に関しその取材源について，公の福祉のため最も重大な司法権の公正な発動につき必要欠くべからざる証言の義務をも犠牲にして」証言拒絶権を保障したものとは解せないとしている。

他方，民事事件において取材源秘匿を「職業の秘密」（民事訴訟法281条〔現197条〕）とした例がある（札幌地決昭和54・5・30判時930号44頁）。その後，同条でいう「職業の秘密」とは，「その事項が公開されると，……当該職業に深刻な影響を与え以後その遂行が困難になるもの」**（最決平成12・3・10民集54巻3号1073頁）**とされ，この「職業の秘密に当たる場合においても，そのことから直ちに証言拒絶が認められるものではなく，そのうち保護に値する秘密についてのみ証言拒絶が認められると解すべき」であり，「保護に値する秘密であるかどうかは，秘密の公表によって生ずる不利益と証言の拒絶によって犠牲になる真実発見及び裁判の公正との比較衡量により決せられる」とされた（**NHK記者事件（許可抗告審）・最決平成18・10・3民集60巻8号2647頁**）。

3 放送の自由

　報道機関は，伝統的に印刷メディアを使用していた。ところが，20世紀に入ると科学技術の進歩により新たに電波メディアを使用する「報道機関」が参入することになる。「放送の自由」は，ドイツ基本法5条1項に明示的に規定されている。これに対して，表現の自由を保障するアメリカ合衆国憲法第1修正の「言論またはプレス（出版）の自由」あるいは日本国憲法21条1項の「言論，出版その他一切の表現の自由」という文言には明示されていないが，これらの条文は放送の自由も保障すると解されている。日本には戦前，印刷メディアに関する法規制として新聞紙法，出版法が存在し，表現活動に対して大きな制約を課していたが，戦後，これらの法律は日本国憲法の制定とともに廃止されたことは先に見た（⇨*Chap.* 10-1）。これに対して，新たなメディアである電波に関しては，いくつかの法規制が存在している。ここでは，法規制の根拠とその概要をみてみよう。

Column ㉜　放送と通信

　「放送」の定義は，放送法の2010年12月改正によって，「公衆によって直接受信されることを目的」とする「電気通信の送信」（放送法2条1号）となり（改正前は「無線通信の送信」），無線・有線を含むことになった。また，「電気通信」は「有線，無線その他の電磁的方式により，符号，音響又は影像を送り，伝え，又は受けること」（電気通信事業法2条1号）と定義されている。両者の相違として以下の2点があげられる。第1に，受信者について，放送は公衆という不特定多数者，通信は特定者であること，第2に，演じる役割について，放送事業者は自ら表現者でもあることが大半を占めるのに対し，通信事業者は基

本的にコモン・キャリアとして他人の通信の伝送者であり自らは表現者でないことである。しかし，昨今の通信技術の進歩によって，双方向通信可能なケーブル・テレビ，インターネット，電子メール，SNSなどが社会に急速に普及して，両者の境界は徐々に曖昧になりつつある。

> **電波メディアの規制根拠**

印刷メディア（新聞・雑誌）には包括的な規制法律が存在しないのに，どうして電波メディア（放送）には包括的な規制法律が存在するのであろうか。

(1) **規制の根拠をめぐる理論** 規制の根拠としてかつては，「電波公物論」が唱えられた。つまり電波を国民の共有財産あるいは「公物」とみなして，放送事業者は放送局の免許（行政法理論上の「特許」）によって排他的・独占的に電波を使用する特権・権利を認められた。したがって，放送の高度の公益性から包括的な規制を受けるというのである。しかし，この根拠に対しては，報道機関が現代社会において果たす政府の監視・批判機能を侵害する可能性があることが指摘され，また「電波」を「公物」とみなすことに疑問が投げかけられ，以下の「電波の特性論」にとって替わられることになる。

「電波の特性論」は，放送による表現活動を行うメディアである電波の有限性・稀少性という特性に着目する。つまり放送は一定の周波数帯の排他的使用となり使用できる者の数に限界がある。そしてそのような特性をもつ電波の使用を認められた特定の者は国民からの「受託者」として，公平性などさまざまな規制に服するのは当然であるとする。

さらに印刷メディアに比して社会的影響力が大きい点が指摘され

ている。つまり印刷メディアは文字・写真などによって主に人間の知性に訴えるものであって読者は複数の記事から自主的に自分の関心のあるものを選択できるという能動的契機をもつ。これに対して，電波メディアは映像・音声によって主に人間の感性に訴えるものであり，またその視聴者は1つの放送局から送信される1番組のみを受け入れるほかなく，その意味で視聴者は「囚われの聴衆（captive audience）」という受動的立場に置かれる。さらにその番組は「お茶の間」の家族の団らんの場に直接飛び込むので，視聴者の能動的契機は，放送の受信を拒否するか，他の放送局を選択するという余地が残されているに過ぎない。したがって，その放送内容は一定の規制を受けるというのである。

(2) **規制の根拠理論への疑問**　しかし，「電波の特性論」に対しては，およそ「財」は有限であり，地上波デジタル放送も導入されるなどデジタル通信などの技術革新によって電波の有限性・稀少性は緩和の方向にあること，また「社会的影響力」論については，その影響力の大きさは必ずしも厳密に立証されていないこと，テレビはすでに1人1台の時代となり，また多チャンネル化が進むと視聴者の能動的選択の余地が広がっていくなどの疑問点を指摘できる（舟田正之＝長谷部恭男編著・放送制度の現代的展開参照）。最近は，メディアをめぐる規範意識の成熟度から印刷メディアとの規制の違いを説明する理論，メディアごとの規制のあり方の相違により思想の自由市場が充実するという部分規制論なども存在する。しかし，そこから放送に対する包括的な規制にストレートに結びつけることにはなお問題がある。

電波メディアの規制方法　電波メディアへの規制は，放送施設つまりハードの側面を規制する「電波法」と，放送内容つまりソフトの側面を規制する「放

送法」から成り立っている。電波法は「設立規制」を規定する。報道機関としての放送局も、施設としては放送用無線局開設免許を得る必要があるのである（4条以下）。放送法は日本放送協会（NHK）の設立と組織・運営（15条以下）の他に放送番組審議会（82条）、放送番組審議機関（6条・7条）に関する「組織規制」、放送番組の編集準則や番組相互間の調和義務規定（4条・5条）などを定める「行動（内容）規制」、集中排除の理念（91条2項1号）を定める、いわゆる「構造規制」がある（浜田純一・情報法参照）。

| 行動（内容）規制の問題点 |

電波メディアに対する各種の規制のうちいちばん問題となるのは、「行動（内容）規制」である。放送法4条1項の番組編集準則は、①「公安及び善良な風俗を害しないこと」（1号）、②公平な放送、つまり「政治的に公平であること」（2号）・「意見が対立している問題については、できるだけ多くの角度から論点を明らかにすること」（4号）、③正確で客観的な放送、つまり「報道は事実をまげないですること」（3号）を規定している。放送法はこの準則違反について、③に関係して、真実でない事項の放送につき訂正放送を義務づけ（9条1項・2項）、それを怠った場合に制裁規定をおいている（186条。ただし、これは被害者に訂正放送請求権を付与したものではない。「生活ほっとモーニング」事件・最判平成16・11・25民集58巻8号2326頁。⇨*Chap.* 11-*3*）。

また、テレビジョン放送の番組編集にあたり、「教養番組又は教育番組並びに報道番組及び娯楽番組」の相互間の調和が義務づけられている（106条1項）。この番組調和準則は、テレビジョン放送による国内放送すべてが適用の対象とされていたが、2010年11月の放送法改正によって、基幹放送事業者（「電波法……の規定により放送をする無線局に専ら又は優先的に割り当てられるものとされた周波数の電

波を使用する放送」〔2条2号〕を「基幹放送」といい，それ以外の放送を「一般放送」という〔同条3号〕）のみに適用されることになった（106条参照）。放送法には番組編集準則および番組調和準則違反につき直接的な法的制裁規定はないが，電波法では，総務大臣が，電波法，放送法もしくはこれらの法律に基づく命令またはこれらに基づく処分に違反したときは，特定地上基幹放送事業者（＝無線局の免許人）の場合は3ヵ月以内の無線局（＝放送局）の運用の停止等を（電波法76条），その他の放送局および放送事業者に対しては，電波法76条に相当する3ヵ月以内の放送業務の停止を命じることができる（放送法174条）。

しかし，放送法の目的を定める1条2号は「放送の不偏不党，真実及び自律を保障することによつて，放送による表現の自由を確保すること」とし，この法律が，政府や政党からの圧力を受けず，真実ではない放送を強制されないことを放送局と放送事業者に保障している。つまりその自律を保障することによって，放送による表現の自由が貫徹されるとしているのである。とすれば，電波法の定める虚偽通信の禁止（同法106条），日本国憲法またはその下に成立した政府の暴力的破壊を主張する通信の禁止（同法107条）およびわいせつな通信の禁止（同法108条）以外の根拠に基づく放送内容に対する規制は，裁判所を含む公権力の主体による強制を放送法は禁止しているという意味で，法的効力を有しないと解さなければならない。すなわち，放送法の放送内容に関する諸規定は，放送局と放送事業者に対しては法的効力をもたず，公権力の主体に対しては放送局と放送事業者の自律に介入することを禁止する法的効力をもつ規定ということになる（渋谷秀樹「放送の自由のために」浦部法穂古稀記念『憲法理念とその展開』，川端和治・放送の自由参照）。

さらに，電波法にある上記の内容規制に関する規定（106条・107

条・108条）も，その内容があまりに一般的・抽象的すぎて，萎縮効果が強くはたらくので，漠然性ゆえに違憲の瑕疵を帯びる。

なお，**政見放送事件**（最判平成2・4・17民集44巻3号547頁）において，身体障害者に対する卑俗かつ侮辱的表現，いわゆる差別的用語の音声を消去（削除）したことが問題となった。これが公職選挙法150条の2で規定する「他人……の名誉を傷つけ若しくは善良な風俗を害し……政見放送としての品位を損なう言動」に該当するというのである。最高裁は，「政見放送が直接かつ即時に全国の視聴者に到達して強い影響力を有している」ので「そのような言動が放送されることによる弊害を防止する」という点からこの消去行為は正当化できるとした。しかし，ここでも処罰対象の明確性，つまり「品位を損なう言動」つまり下品な表現とはそもそも何かの問題点がある。

さらに，無線局免許の有効期間は5年以内とされ（電波法13条1項。ただし再免許を妨げないとされ，その場合の簡易手続も認める〔同法15条〕），期間満了による失効，あるいは免許の停止（同法76条1項）・取消し（最判昭和43・12・24民集22巻13号3254頁は，免許期間の更新と解する）の問題が生じうるし，過去の放送内容（「実績」）が再免許（免許の更新）の基準とされているので（電波監理委員会規則「放送局の開設の根本的基準」参照），これらの行政手段による報道の自由への干渉が憲法上問題とされなければならない。

Column ㉝ BPO（放送倫理・番組向上機構）

テレビジョン放送は免許を受けてなされているので，電波法・放送法を所管する主務官庁（現在は総務省）から放送内容に干渉される可能性がある。これに対処するため，日本放送協会（NHK）と民間放送連盟（民放連）は，1969年，放送倫理の高揚と放送文化の発展を目的に「放送番組向上協議会」を発足させ，「放送番組向上委員会」を設置・

運営することにした。ところが，1985年から1990年代にかけて，「やらせ」問題が続発したので，行政指導がくりかえしなされた。

　1996年，NHKと民放連は，「放送倫理基本綱領」を制定し，1997年，放送による人権侵害に対して迅速な救済を図るため，自主的な第三者機関として「放送と人権等権利に関する委員会機構」(BRO) を発足させ，「放送人権委員会」(BRC) が設置された。その後，法律で苦情に対応する行政機関を作ろうとする動きなどがあったので，2003年，NHK，民放連と，民放連加盟放送局 (207社，2024年3月現在) は，放送番組向上協議会とBROを統合して，放送の自主・自律を目指して「放送倫理・番組向上機構」(BPO＝Broadcasting Ethics & Program Improvement Organization) を，任意団体として設立した。その中に，両組織の所管していた委員会が移され，現在，放送による人権侵害の被害を救済する「放送と人権等権利に関する委員会」(放送人権委員会)，青少年に対する放送や番組のあり方に関する視聴者からの意見などを基に審議する「放送と青少年に関する委員会」(青少年委員会)，放送倫理を高め，放送番組の質を向上させるための審議を行う「放送倫理検証委員会」の3つの第三者委員会が，放送への苦情や放送倫理上の問題に対して，自主的に，独立した第三者の立場から迅速・的確に対応し，正確な放送と放送倫理の高揚に寄与することを目的とした活動を行っている。

判例　**NHK受信契約締結承諾等請求事件**（最大判平成29・12・6民集71巻10号1817頁）　原告X (NHK) は，テレビ放送の受信設備を設置したが，放送受信契約を締結しないYに対し，主位的に放送法64条1項等によってXとYとの間で放送受信契約が成立していると主張して，放送受信契約に基づき受信機を設置した月から現在までの受信料の支払を求め，予備的に，Yは放送受信契約締結義務を負うと主張して，Xからの上記契約の申込みに対する承諾の意思表示と，上記申込みおよび承諾の意思表示によって成立する放送受信契約に基づき，上記受信料の支払などを求めた。一審・控訴審が，この予備的請求を認容したので，双方が上告に及んだ。この裁判では，憲法上は，契約締結の自由の制限，情報の受領強制，放送の自律（公権力からの独立）と自立（財源の確保）な

どが争点となった。最高裁は，放送法64条1項は，同法に定められたXの目的にかなう適正・公平な受信料徴収のために必要な内容の受信契約の締結を強制する旨を定めたとして，憲法13条，21条，29条に違反しないとし，また，受信契約に基づき発生する受信設備の設置の月以降の分の受信料債権（受信契約成立後に履行期が到来するものを除く）の消滅時効は，受信契約成立時から進行するものと解するのが相当であるなどとして，Xの上記予備的請求を認容すべきものとした控訴審の判断は，是認することができるとした。

[渋谷]

【4 精神的自由権】

Chapter 13 表現の自由④
―― 表現内容規制・表現内容中立規制

『チャタレイ夫人の恋人』
初版本
（日本近代文学館提供）

1 表現内容規制と表現内容中立規制

　表現内容規制とは，大勢の人々の前でした演説や本に書いた内容が政府にとって都合が悪かったり，社会に悪影響を及ぼすというような理由による取締り，つまり表現行為をそれが伝えようとしているメッセージの内容や効果に着目して行われる規制である。表現行為が社会において果たす機能，そして表現の自由の性質を考えれば，このような規制はもっとも厳しい規制であり，その表現行為に致命的な打撃を与えかねない。これに対して，表現内容中立規制とは，演説や本の内容とは無関係に，たとえば，町の美観を損なうとか，

生活の静けさを破るとかの理由でそれを取り締まること，つまり表現行為をそれが伝えようとしているメッセージの内容や効果とは無関係にその外形に着目して行われる規制である。このような規制も，表現行為が本来果たすべき機能を損なう可能性をはらんでいる。しかし，表現行為に対するインパクトが異なるので，表現内容規制については「厳格な審査」が，また「表現内容中立規制」については「厳格な合理性の審査」が，それぞれ用いられるべきであると一般に解されている（⇨*Chap.* 22-**2**, *Chap.* 31-**5**）。

2 表現内容規制

　表現内容規制の代表は，名誉毀損的表現行為と性表現行為の規制である。その他に犯罪煽動的・営利的・差別的表現行為の規制もこの類型にはいる。喧嘩言葉（fighting words）のように表現行為であるが，低い価値しかなく，憲法21条の保障の枠外とされるものもある。名誉毀損的表現行為や性表現行為なども価値が低い表現であるとして，その規制を立法政策にゆだねてしまう考え方もある。しかし，価値の高い・低いはそれぞれ個人の価値観に基づいて決まるものであるから，そう決めつけてしまうのは憲法の根本理念である自由主義・個人主義に反する。今日では，これらの行為も憲法によって保障されるととらえた上で，他の人権等との関係からその制約が正当化される要件を考えようとするのが一般的である。

> 名誉を毀損する表現

　名誉はプライバシー（名誉とプライバシーの相違については，⇨*Chap.* 18-**3**）と同様，元来私法上の法益と考えられてきたが，今日においては，憲法13条によって保護される権利とされている（北方ジャーナル事件・最大判

昭和 61・6・11 民集 40 巻 4 号 872 頁)。名誉は刑法において戦前から保護法益と考えられていた。戦後現行憲法が表現の自由に手厚い保護を与えるようになったので名誉と表現の自由との調整をはかるために、刑法 230 条の 2 が追加的に規定され (昭 22 法 124)、人の名誉を毀損するような表現行為であっても一定の要件をみたすときには違法性が阻却されることにしたのである。この条文で示された考え方は民事上の不法行為として問題となる名誉毀損にも妥当するとされている (**最判昭和 41・6・23 民集 20 巻 5 号 1118 頁**)。

そこで名誉毀損と表現の自由の調整は、刑法 230 条の 2 を憲法理論の見地からどのように解釈すべきかという問題になる。そして判例上、表現の自由に保護を与える方向で解決される傾向がある。たとえば、「公共の利害に関する事実」(刑法 230 条の 2 第 1 項) の意味について、一般的には私生活上の事実はこれにあたらないが、私人の私生活上の行状であっても、「そのたずさわる社会的活動の性質及びこれを通じて社会に及ぼす影響力の程度などのいかんによっては」公共の利害に関する事実にあたる場合があるとされた (**月刊ペン事件・最判昭和 56・4・16 刑集 35 巻 3 号 84 頁**)。また、事実が真実であると証明できなくても、表現者が公表した事実を誤って真実と信じており、かつそのように信じたことについて、確実な資料、根拠からみて相当の理由があるときは、名誉毀損罪成立に必要な主観的要件である故意はなく、無罪になるとされている (**夕刊和歌山時事事件・最大判昭和 44・6・25 刑集 23 巻 7 号 975 頁**)。

アメリカの判例理論では、公務員や有名人 (public figure) の名誉を毀損する表現については、表現者がそれを虚偽と知りつつ、あるいは虚偽か否かを不遜にも顧慮せずに表現したことを被害者側が立証しなければならないとする「現実の悪意 (actual malice)」の法理が確立しており (New York v. Sullivan, 376 U.S. 254 (1964))、そ

の日本への導入を主張する学説もある。しかし,実定法の構造の相違や社会的背景の相違を十分に考慮する必要があろう。

なお,インターネット上の名誉毀損について,最高裁は,「個人利用者がインターネット上に掲載したものであるからといって,おしなべて,閲覧者において信頼性の低い情報として受け取るとは限らない」とし,「一律に,個人が他の表現手段を利用した場合と区別して考えるべき根拠はない」としたうえで,むしろ「不特定多数のインターネット利用者が瞬時に閲覧可能であり,これによる名誉毀損の被害は時として深刻なものとなり得ること,一度損なわれた名誉の回復は容易ではなく,インターネット上での反論によって十分にその回復が図られる保証があるわけでもないこと」を理由に,「より緩やかな要件で同〔名誉毀損〕罪の成立を否定すべきものとは解されない」とした(最決平成22・3・15刑集64巻2号1頁)。

Column ㉞　プライバシーを侵害する表現

新しい人権としてのプライバシーは *Chapter* 18で説明されるが,ここでは表現の自由との関係について少し触れておこう。表現行為によるプライバシーの権利侵害成立の前提となる3基準として,「宴のあと」事件・東京地裁判決(東京地判昭39・9・28下民集15巻9号2317頁)は,公開された内容が,①「私生活上の事実または私生活上の事実らしく受け取られるおそれのあることがらであること」,②「一般人の感受性を基準にして当該私人の立場に立った場合公開を欲しないであろうと認められることがらであること,換言すれば一般人の感覚を基準として公開されることによって心理的な負担,不安を覚えるであろうと認められることがらであること」,③「一般の人々に未だ知られていないことがらであること」をあげている。この3基準にあてはまる事実を「正当な理由」なく「みだりに」公開したときプライバシーの侵害となる。またプライバシーの権利はその性質上,いったん公表されると回復不能となるので,事前差止が救済手段としては有効といえる。しかし,この手段は表現行為の「事前抑制の原則禁

止」との関係でその許容される要件をどのように構成していくかの難問をかかえている。この問題の先例として,「エロス＋虐殺」上映禁止仮処分申請事件がある。この事件の一審決定(東京地決昭和45・3・14下民集21巻3＝4号413頁)は,「違法性が高度な場合」という基準を示して申請を却下した。その抗告審決定(東京高決昭和45・4・13高民集23巻2号172頁)は個別的比較衡量論をとり抗告を棄却している(⇨*Chap.* 18-*2*)。

なお,公人の親族の離婚記事の差止めを求めた事案につき,その記事が①「公共の利害に関する事項に係るものとはいえないこと」,②「専ら公益を図る目的のものでないことが明白であること」,③「被害者が重大にして著しく回復困難な損害を被るおそれがあること」,の3要件がそれを認める一般的基準として示されている(「週刊文春」事件・東京地決平成16・3・19判時1865号18頁,同抗告審・東京高決平成16・3・31判時1865号12頁)。

| 性表現行為 | **(1) 判例の立場** 性表現行為の規制の合

憲性は,刑法175条の規定するわいせつ物頒布罪の合憲性およびそこでいう「わいせつ」(旧刑法では漢字で「猥褻」と規定していた)の意味について争われた。わいせつの定義は,チャタレイ事件で最高裁が示した(**最大判昭和32・3・13刑集11巻3号997頁**),①「徒らに性欲を興奮又は刺戟」し,②「普通人の正常な性的羞恥心を害し」,③「善良な性的道義観念に反する」という3要件から捉えたものが判例となっている。その後の判例では,わいせつ性は文書全体において判断されるとされ(**「悪徳の栄え」事件・最大判昭和44・10・15刑集23巻10号1239頁**),また3要件を判断する際の考慮要因も詳細化されて,性描写の程度・手法,文書全体に占める比重,文書に表現された思想等との関連性,文書の構成・展開,芸術性・思想性による性的刺激の緩和の程度など,となった(**「四畳半襖の下張」事件・最判昭和55・11・28刑集34巻6号433頁**)。

ただ、表現行為の規制に、より抑制的な考え方が最高裁判決の少数意見の中にもみられる。たとえば、わいせつ性と芸術的・思想的・文学的価値を衡量（考量）し後者が優れば処罰しないとする考え方（利益衡量説、「悪徳の栄え」事件の奥野健一反対意見）、表現内容をその文脈（科学性・思想性・芸術性）、社会環境の推移、文書に客観的に現れている作者の姿勢・態度、販売・頒布における宣伝・広告方法を総合的に判断するという考え方（相対的わいせつ概念の理論、「悪徳の栄え」事件の田中二郎反対意見）、わいせつをハードコア・ポルノ（性描写の露骨なもの）と準ハードコア（ソフトコア）・ポルノに限定・分類し、前者については「社会的価値を欠いているか、または法的に評価できる価値をほとんどもつものではない」から、表現の自由の保障からはずし、後者については「当該性表現によってもたらされる害悪の程度と〔その〕作品の有する社会的価値との利益較量」を行うとする考え方（ハードコア・ポルノ説、ビニール本事件・最判昭和58・3・8刑集37巻2号15頁の伊藤正己補足意見、ポルノカラー写真誌事件・最判昭和58・10・27刑集37巻8号1294頁の団藤重光補足意見）などがある。

その後、著名な写真家の写真集の国内持ち込みが、関税定率法21条1項4号（現関税法69条の11第1項7号）でいう「風俗を害すべき」物品に当たるか否かが争われた事件において、当該写真家は、「肉体、性、裸体という人間の存在の根元にかかわる事象をテーマとする作品を発表し、写真による現代美術の第一人者として美術評論家から高い評価を得ていたというのであり、本件写真集は、写真芸術ないし現代美術に高い関心を有する者による購読、鑑賞を想定して」収録、編集、構成した点に意義を有するものと認められ、「全体で384頁に及ぶ本件写真集のうち本件各写真〔男性性器を直接的、具体的に写し、これを画面の中央に目立つように配置したもの〕が掲

載されているのは19頁にすぎ」ず，その「占める比重は相当に低いもの」であること，しかも，「本件写真は，白黒（モノクローム）の写真であり，性交等の状況を直接的に表現したものではない」として，同号でいう物品には該当しないとした（**メイプルソープ写真集事件・最判平成 20・2・19 民集 62 巻 2 号 445 頁**）。この判決は，「四畳半襖の下張」事件・最高裁判決の流れに沿い，問題となった図書等自体の芸術性・思想性等による性的刺激の緩和の程度を考慮し，また全体的考察方法を用いたものであるが，さらに出版社の編集意図，想定された読者をも考慮に入れて判断したものである。

なお，漫画家兼芸術家が，自己の女性器をスキャンした三次元形状データファイルを頒布した事案につき，自己の作品制作に資金を提供する者に対し参加する機会を与えること，また頒布された者にデータを加工して創作する機会を与えることに芸術性・思想性が認められるから，わいせつな電磁的記録に該当しないと主張した。しかし，最高裁は，それに該当するか否かは，「電磁的記録が視覚情報であるときには，それをコンピュータにより画面に映し出した画像やプリントアウトしたものなど同記録を視覚化したもののみを見て，これらの検討及び判断をするのが相当である」としてその主張を退けた（「ろくでなし子」事件・最判令和 2・7・16 刑集 74 巻 4 号 343 頁）。

(2) **規制を必要とする理由**　　ここでは誰のどのような利益を守るために性表現行為を規制するのかを考える必要がある。チャタレイ事件・最高裁判決は，「性的秩序を守り，最少〔小〕限度の性道徳を維持すること」を指摘する。人間を他の動物から区別する本質的特徴の1つとして羞恥心の存在を挙げ，「性行為の非公然性は，〔この〕人間性に由来するところの羞恥感情の当然の発露である」とするのである。しかし，これではあまりにあいまいに過ぎる。性

表現行為も21条によって保護される以上，対抗利益あるいは保護法益をより明確にしなければならない。考えられるのは，①青少年の精神の健全な発達に悪影響を及ぼす，②性犯罪を誘発する，③女性差別を助長する，④みたくない者の「みたくない自由」つまり「知らない権利」を侵害するということであろう。しかし，①は一応肯定できるが発達心理学において実証されているのか，②につきはたして因果関係はあるのか，仮にあるとすれば暴力的表現行為（テレビの刑事ドラマ，時代劇の殺人シーン）も規制されるのではないか，③についても女性を差別する行為との因果関係が実証されているのか，仮にそれがあるとすれば，男女の特性をステレオ・タイプ化する内容の表現行為（「男は△△で女は○○」と歌う演歌など）も規制されるのではないかなどの問題がある。結局，④の個人の自由・権利からのアプローチが最も自然であろう。チャタレイ事件・最高裁判決がいう「性行為の非公然性」は，このような趣旨のものとして再定位されるべきであろう。

Column ㉟ インターネットとわいせつ画像

コンピュータ・ネットワーク相互を接続したインターネットは新しい情報伝達手段として1990年代中頃から急速に普及している。これは国境を超えた通信網であり，人類はここに世界的な情報通信メディアを獲得した。しかし，その匿名性を利用した無責任な情報が流通し始め，その問題点が顕在化しつつある（インターネットの現代社会にもたらす法的問題点については，⇒*Chap.* 10-**2**, *Chap.* 12-**3**）。とりわけ個人がわいせつ画像に簡単にアクセスできるので，これらの画像が国境を越えて流入し，「税関検査」を事実上無意味なものとしているのである。アメリカ合衆国は，1996年通信品位法（Communications Decency Act）を制定して，相手が18歳以下であることを知りつつなされる「下品な」あるいは「明らかに不快な」通信を一定の要件の下に処罰しようとした。しかし，この文言は漠然としていて萎縮効果をもち，かつ過度に広範であるとして違憲とされた（Reno v. ACLU, 521 U.S. 844

(1997))。日本においても自ら開設・運営するパソコンネットのホストコンピュータのハードディスクにわいせつな画像データを記憶・蔵置させ，不特定多数者がアクセスして再生・閲覧できる状態にすることは，刑法 175 条のわいせつ物公然陳列罪にあたるとした判決がある（最決平成 13・7・16 刑集 55 巻 5 号 317 頁）。また，児童ポルノを掲載する第三者管理のウェブページの URL の一部を改変した文字列等を，共犯者が管理するウェブページ上に明らかにする行為も，児童ポルノ公然陳列罪にあたるとされた（最決平成 24・7・9 判時 2166 号 140 頁。⇨ *Column* ㉑）。

1998 年，風営法（風俗営業等の規制及び業務の適正化等に関する法律）の改正により，「映像送信型性風俗特殊営業」に対する規制が新設された。許可制よりも緩やかな届出制による規制であるが，規制の対象（映像の定義），規制の実効性（海外の映像や無料で提供される映像が規制の対象外であり，年齢確認手段も不確実であるなど）と制裁手段の曖昧さ（「必要な指示」），さらには憲法・法律で保障された「通信の秘密」との関係でさまざまな議論を呼び起こしている（2008 年 6 月に制定された青少年インターネット規制法〔青少年が安全に安心してインターネットを利用できる環境の整備等に関する法律〕については，⇨*Chap.* 11-*1*）。

Column ㊱ 児童ポルノ禁止法

2014 年 6 月，「児童買春，児童ポルノに係る行為等の処罰及び児童の保護等に関する法律」が改正され，題名も「児童買春，児童ポルノに係る行為等の規制及び処罰並びに児童の保護等に関する法律」と変更された。改正前の法律の問題点は，児童ポルノの定義の不明確性と刑法 175 条が処罰の対象としていない単純所持を刑罰の対象とする点にあった。前者の問題に対処するため，写真と電磁的記録を対象とした児童ポルノの定義の一部が改正で次のように加筆された。「衣服の全部又は一部を着けない児童の姿態であって」と「性欲を興奮させ又は刺激するもの」の間に，「殊更に児童の性的な部位（性器等若しくはその周辺部，臀部又は胸部をいう。）が露出され又は強調されているものであり，かつ」が入った（2 条 3 項 3 号）。また，後者の問題に対処するため，受信した電子メールに児童ポルノの画像が添付されていた場合など，自分が知らないうちに単純所持とされないようにする

ため「自己の性的好奇心を満たす目的で、児童ポルノを所持した者（自己の意思に基づいて所持するに至った者であり、かつ、当該者であることが明らかに認められる者に限る。）」(7条1項)とし、法律の適用についても「学術研究、文化芸術活動、報道等に関する国民の権利及び自由を不当に侵害しないように留意」すると書き込まれた(3条)。

なお、この改正議論の過程で、漫画、アニメ、CGなどの規制も検討された。これらの規制については、地方公共団体の中に青少年保護育成条例を改正し、あるいは独立の条例を制定して、児童ポルノなどの性表現行為を規制しようとする動きも、近時見られる。

| その他の表現の規制 |

(1) コマーシャル（商業広告）　民法第1編総則第5章「法律行為」において規定される心裡留保(93条)、通謀虚偽表示(94条)、錯誤(95条)、詐欺・強迫(96条)など「意思表示」の効力に関する規定は、表現行為の内容に関する規制であるが、憲法上の問題として取り上げられることはこれまでなかった。それは規制によって守られるべき法益があまりに明白であること、その規制が経済取引に関するものであることなどによるのであろう。商品・サービスの購入を勧誘する表現物、つまり商業広告（宣伝）として、社会にはさまざまな表現物があふれているが、憲法学ではこれを「営利的言論」（あるいは商業的言論、commercial speech）と呼びその規制のあり方が議論されている。それはこれらの表現行為が1対1の意思表示の効力として処理できる問題ではなく、広く公衆に対する表現行為で、またその方法が巧妙なので社会に対する影響が大きいゆえであろう。最高裁は、**あん摩師等広告制限事件**（最大判昭和36・2・15刑集15巻2号347頁）において、一定事項以外の広告を禁止することは「国民の保健衛生上の見地から、公共の福祉を維持するためやむをえない措置として是認

されなければならない」としているが，商業広告のもつ情報伝達効果には言及していない。営利的言論は，経済的自由権の側面をもち，その憲法上の保障レベルが問題となる。

　学説には，営利的言論を2つにわけて，目的が商品知識の啓蒙，あるいは主たる内容が情報伝達・意見広告であるなど精神活動的要素があるものは表現の自由として保護し，これらの要素のない純然たる営利広告は，経済的自由権と同様に扱うという「二分説」，表現の自由と経済活動の自由の両側面をもち，他の表現行為よりも広い規制が可能とする「二側面説」，両者の区別は困難で，純然たる営利広告も消費者の側からみると重要な生活情報としての意味をもつので，消費者の「知る権利」の見地から表現の自由の保障外とするのは疑問とする「表現の自由」説がある。コマーシャルは基本的に経済的動機に基づいてなされるのであるから，詐欺的な広告，重要な情報を告知しない広告（酒・タバコの宣伝等）など，規制によって達成される「情報の受け手」の実質的な利益は何かという観点から広告規制法令（不当景品類及び不当表示防止法〔＝景表法〕など）の合憲性は判断されるべきであろう。とすれば，営利的言論を規制する法令の合憲性の審査は，正確な情報の告知をどのように義務付けているかを中心とした，中間段階の基準，すなわち厳格な合理性の基準によって審査され，その規制の正当性は政府側が論証しなければならないという手法によることになる。

(2)　**犯罪の煽動**　　犯罪行為を「実行する決意を生ぜしめるような，または既に生じている決意を助長させるような勢のある刺激を与えること」(**地方税法違反被告事件・最大判昭和37・2・21刑集16巻2号107頁**)を煽動といい，刑法ではなく個別の法律において犯罪行為とされている（破壊活動防止法38条・40条，国税通則法126条，国家公務員法110条・111条，地方公務員法61条・62条など）。煽動罪は，

現実の法益侵害が発生しない危険犯,つまり煽動された者が実際に犯罪を実行しなくても処罰される点で,刑法上の「教唆罪」(61条)とも異なる特殊な犯罪である。このようにその内容はともあれ表現行為であるにもかかわらず表現行為自体を処罰する点でその合憲性が問題とされるのである。最高裁は,「社会的に危険な行為であるから,公共の福祉に反し,表現の自由の保護を受けるに値しない」(渋谷暴動事件・最判平成 2・9・28 刑集 44 巻 6 号 463 頁)としているが,より厳しい合憲性判定基準である「明白かつ現在の危険」の基準を用いて判断すべきであると解するのが有力である。

Column ㊲ 明白かつ現在の危険

「明白かつ現在の危険(clear and present danger)」は,1919 年のアメリカ合衆国の判決(Schenck v. United States, 249 U.S. 47 (1919))において法廷意見を書いたホームズ裁判官が,言論については,劇場で「火事だ!」と叫ぶような実質的害悪を発生させるような行為のみが処罰されうることを示すために述べたフレーズである。当初は,処罰される言論を限定するための事実認定に関する基準,あるいは言論処罰規定の構成要件を絞り込むための基準ともいうべきものであった。しかし,1940 年代に入ると,表現および集会の自由を規制する法令等の合憲性判断の基準として用いられるようになる。その内容は,①実質的害悪発生の蓋然性が明白であること,②実質的害悪が重大で緊急・切迫していること,③表現行為と実質的害悪発生との間に不可避的で密接な因果関係があること,④他の手段ではその発生を防止できないこと,である。この基準は,1950 年代の東西冷戦下に,「表現の自由の濫用は国益を損ねる」という風潮の下に後退した。しかし,1969 年の判決(Brandenburg v. Ohio, 395 U.S. 444 (1969))において,②の「害悪の重大性」の要件を「非合法の行為」に置き換えて復活したとされている。日本の判例にも,これに類似する表現がみられる(新潟県公安条例事件・最大判昭和 29・11・24 刑集 8 巻 11 号 1866 頁,泉佐野市民会館事件・最判平成 7・3・7 民集 49 巻 3 号 687 頁等)が,この基準を

適用して違憲の判断を下した最高裁判決はない。

(3) 差別的言論　差別的言論とは，少数者集団（minority＝黒人，アイヌ人，ユダヤ人，被差別部落民，障害者，性的少数者〔LGBT＝レズビアン，ゲイ，バイセクシュアル，トランスジェンダー〕，HIV感染者，COVID-19〔新型コロナウイルス感染症〕感染者，女性など，数量的な観点のほかに社会における影響力という，いわば質的観点から見た「少数者」も含まれる）に対する名誉毀損，侮辱，憎悪，排斥，差別などを内容とする表現行為である。これらの表現行為は，刑法が規定する名誉毀損罪（230条）や侮辱罪（231条）に該当するようにみえるが，これらの犯罪は，被害者が特定される個人や団体でないと，成立しないとされている。たとえば，大審院は，「或特定セル人又ハ人格ヲ有スル団体」に対するものでなければならず，「単ニ東京市民又ハ九州人ト云フカ如キ漠然タル表示」によっては，これらの罪は成立しないとしている（**大判大正15・3・24刑集5巻117頁**）。そこで，新たに対象たる少数者集団を明確に定義づけて，それに対するこれらの表現行為を規制すべきか否かが問題となるのである。アメリカ合衆国ではこのような表現行為は「憎悪の言論（hate speech）」と呼ばれてその合憲性が議論されている（ただし，これには必ずしも「少数者」ではない特定の集団に対する直接的・間接的な，その存在意義を揶揄あるいは否定するような誹謗中傷的・皮肉的表現も含まれる）。

Column ㊳　ヘイトスピーチ

2009年12月，京都朝鮮第一初等学校の校門前で行われた差別煽動街宣活動について，2013年10月，京都地裁は，単なる不法行為ではなく人種差別撤廃条約（あらゆる形態の人種差別の撤廃に関する国際条約）にいう人種差別にあたると認定して，約1220万円の損害賠償と，当該学校の半径200m以内における街宣活動等の禁止を命ずる判決を下した（京都地判平成25・10・7判時2208号74頁，控訴審・大阪高判平成

26・7・8 判時 2232 号 34 頁は控訴棄却，上告審・最決平成 26・12・9 判例集未登載は上告棄却・上告受理申立て不受理）。

　人種差別撤廃条約は，1959 年ごろドイツから欧米諸国に燎原の火のごとくに広がったネオナチ運動への危機感をもとに作られたとされるが，日本でも，旧植民地出身者を対象とするにとどまらず，戦後日本に定住した様々な国籍の者やアイヌ・沖縄などの日本の民族や被差別部落出身者，障害者，女性，性的マイノリティなどを対象とするヘイトスピーチ（hate speech，「差別煽動表現」と訳すのが定着しつつある）が，特に 2000 年前後から頻発するようになり，その法規制が政治課題となっている。

　前記判決は，人種差別撤廃条約の日本における機能のあり方を示したが，この事案は，差別煽動街宣活動の相手方被害者が特定されていたため，現行日本法制度でからめ取ることができた。しかし，相手方が不特定の集団であれば，この判決の射程内に捉えることは困難であるので，その法規制が課題となるのである。その際，考えるべき要素は，差別的言論で言及するものと重なり，その是非についても，見解が分かれる。差別煽動表現といえども，表現活動であることには変わりはなく，それが犯罪（ヘイトクライム）に至った段階ではじめて法規制できるとする見解がある一方，このような表現は表現活動ではないとする国際基準に照らすと当然に法規制の対象となるという見解もある。しかし，ここで再現することにためらいを覚えるほどの，近時のあまりに下品で苛烈な差別煽動表現の実態を目の当たりにして後者の見解が有力になりつつあるように思われる（師岡康子・ヘイト・スピーチとは何か参照）。なお，ホロコーストを経験したドイツでは，1960 年，刑法典にある階級煽動罪を改正し，公共の平穏を乱す態様で住民の一部に対する憎悪を掻き立てるなど人間の尊厳を攻撃する行為を民衆煽動罪として，3 ヵ月以上 5 年未満の自由刑に処するとしている（現 130 条 1 項）。

　2016 年，ヘイトスピーチ対策法（本邦外出身者に対する不当な差別的言動の解消に向けた取組の推進に関する法律）が制定された。この法律は，ヘイトスピーチを「本邦外出身者に対する不当な差別的言動」とし，それは「専ら本邦の域外にある国若しくは地域の出身である者又はその子孫であって適法に居住するもの……に対する差別的意識を助長し

又は誘発する目的で公然とその生命，身体，自由，名誉若しくは財産に危害を加える旨を告知し又は本邦外出身者を著しく侮蔑するなど，本邦の域外にある国又は地域の出身であることを理由として，本邦外出身者を地域社会から排除することを煽動する不当な差別的言動」と定義する（同法2条）。

　この法律には，ヘイトスピーチの対象から日本国内に存在する少数者集団（アイヌ人，被差別部落民，障害者，LGBT，女性など）が除外されていること，努力義務規定が多く，実効的な救済手段の用意がないなどの問題点がある。

　このような問題点の一部を解消しようとする動きが裁判から生まれつつある。社会福祉法人の認可を受けたXがYに対して，いわゆるヘイトデモ禁止仮処分命令を申し立てた事案において，専ら本邦外出身者に対する差別的意識を助長しまたは誘発する目的で行われたヘイトスピーチ対策法2条に該当する差別的言動は，平穏に生活する人格権に対する違法な侵害行為に当たるとして不法行為を構成し，また，Xの事業所において平穏に事業を行う人格権を侵害する違法性が顕著な場合には，当該法人Xは，自然人の場合と同様に，人格権に基づく妨害予防請求権として，その差別的言動の事前の差止めを求める権利を有するとし，この申立てを認容したのである（横浜地川崎支決平成28・6・2判時2296号14頁）。

　2016年，大阪市ヘイトスピーチへの対処に関する条例が制定・施行された。この条例は，ヘイトスピーチの定義として，その目的が①「人種若しくは民族に係る特定の属性を有する個人又は当該個人により構成される集団〔＝「特定人等」〕を社会から排除すること」，②「特定人等の権利又は自由を制限すること」，③「特定人等に対する憎悪若しくは差別の意識又は暴力をあおること」，表現の内容または表現活動の態様が，①「特定人等を相当程度侮蔑し又は誹謗中傷するものであること」，②「特定人等（当該特定人等が集団であるときは，当該集団に属する個人の相当数）に脅威を感じさせるものであること」，その場所または方法が「不特定多数の者が表現の内容を知り得る状態に置くような場所又は方法で行われるものであること」とし，その違反の申出等に基づき，ヘイトスピーチ審査会の意見を聴き，ヘイトスピーチに該当する場合，表現内容の拡散防止措置をとるとともに，表

現内容の概要，表現活動を行ったものの氏名または名称等を公表するとしている。

この条例の各規定が憲法21条1項等に違反し条例による支出命令は違法であるとして争われた住民訴訟において，一審（大阪地判令和2・1・17民集76巻2号207頁）・控訴審（大阪高判令和2・11・26判例地方自治488号18頁）は，本件各規定が表現の自由を制限するものとした上で，憲法21条1項に違反しないとして請求を棄却した。上告審（最判令和4・2・15民集76巻2号190頁）は，「表現の自由は，立憲民主政の政治過程にとって不可欠の基本的人権であって，民主主義社会を基礎付ける重要な権利であるものの，無制限に保障されるものではなく，公共の福祉による合理的で必要やむを得ない限度の制限を受けることがある」とした上で，「本件各規定の目的」は，ヘイトスピーチの抑止を図ることにあり，合理的であり正当であるとし，「制限される表現活動の内容及び性質は……過激で悪質性の高い差別的言動を伴うものに限られる上，その制限の態様及び程度においても，事後的に市長による拡散防止措置等の対象となるにとどまる」とし，「表現の自由の制限は，合理的で必要やむを得ない限度にとどまる」として，上告を棄却した。またヘイトデモの集合・到着・集会の会場とする川崎市の公園の使用の不許可が違法として国家賠償を求めた事案において，横浜地裁は，参加者の以前の集会における発言は，ヘイトスピーチ対策法2条の「本邦外出身者に対する不当な差別的言動」に該当し，許可申請のあった集会でも，これに「該当する言動がされていた蓋然性が高いことが客観的事実に照らして明らか」であるとし，当該「公園及び周辺の施設利用者のうち在日韓国人，朝鮮人の人格権を直ちに侵害することになるから，明らかな差し迫った危険の発生が具体的に予見された」として，請求を棄却した（横浜地判令和5・7・11判例集未登載）。

差別的言論の禁止が合憲か否かについて学説は分かれている。合憲説はその根拠として，①反人道主義的言論は保護されない，②表現に含まれている価値はごく少ない，③差別や差別意識を解消する必要がある，などをあげ，また規制によって守られる利益として，

①人間の尊厳と平等，②心の平和や本質的平等，③少数者保護，④差別の撤廃，を指摘する。これに対して，違憲説はその根拠として，①犯罪構成要件すなわち犯罪となる行為が不明確である，②それゆえに制定が法技術的に困難である，③濫用のおそれがある，④強制によって差別は解消されない，⑤差別発言の認定を裁判所に行わせることは危険である，などをあげ，さらにより根本的に，⑥表現の自由は憲法上重要な権利であり，少数者についての言論も自由でなければならないことを指摘する（内野正幸・差別的表現参照）。

　なお，1995年，「あらゆる形態の人種差別の撤廃に関する国際条約」（＝人種差別撤廃条約）を批准する際に，日本政府は，人種差別的思想の流布などの処罰を義務づける規定（4条(a)(b)）が憲法21条の保障する表現の自由などの権利に抵触する懸念を示し，この保障に抵触しない限度で履行する旨の留保を付している。

(4)　その他　　参議院通常選挙の候補者を応援する政治家の街頭演説に対して路上からヤジを飛ばした者に対して，警察官らが肩や腕をつかんで移動させるなどした行為が，警察官職務執行法4条1項（避難等の措置）・5条（犯罪の予防及び防止）の要件を満たさず違法であるとして，国家賠償を求めた事案において，札幌地裁（令和4・3・25判タ1504号130頁）は，現場にいた者の証言や動画にもとづきこれらの条項の要件を満たさず違法であるとし，さらに組織法たる警察法2条1項にもとづくものとする主張については，「警察の諸活動は，強制力を伴わない任意手段による限り，一般的に許容されるべきものであるが，それが国民の権利・自由の干渉にわたるおそれのある事項に関わる場合には，任意手段によるからといって……許されるものではなく，必要かつ相当な手段と評価される範囲でのみ……認められる」とした判例（最判昭和55・9・22刑集34巻5号272頁）を引用し，本件事案における追従行為や接触行為は，そ

の必要性のないものであり違法であったとして国家賠償法上違法であるとした。そして，損害の発生について，表現の自由が立憲民主政の政治過程にとって不可欠の基本的人権であるなどとした上で，本件における「表現行為の内容及び態様は，殊更に特定の人種又は民族に属する者に対する差別の意識，憎悪等を誘発し若しくは助長するようなものや，生命・身体等に危害を加えるといった犯罪行為を扇動するようなものではなく……選挙演説自体を事実上不可能にさせるものでもな」く，原告らの受けた制限が，公共の福祉による合理的で必要やむを得ないものと解することはできず，また移動・行動の自由を侵害し，また警察官の付きまとい行為は通行人に原告が何らかの罪を犯そうとする不審者であり警察官に追従されて説得を受けているとの印象を与え，原告の社会的評価を低下させるものでありその名誉権を侵害し，原告の行動を長時間にわたり継続的に把握することになりプライバシー権も侵害しているとして請求を認容した。

　被告（北海道）側の控訴に対して，控訴審（札幌高判令和5・6・22判例集未登載）は，表現の自由等の憲法上の権利については言及せず，当該警察官の行為が警職法上適法か否かのみの判断をして，2人の原告（被控訴人）のうち1人につき原審の請求認容部分を取り消し，他の1人につき被告（控訴人）の控訴を棄却した。

Column ㊴　セクシュアル・ハラスメント

　「セクシュアル・ハラスメント（Sexual Harassment）」の一般的定義は，「相手の意思に反して不快感を与える性的言動（発言・動作・行動等）」となろう。アメリカにならってその類型を①代償（対価）型と②環境型に分けるのが一般的である。代償型は，利益・不利益の付与を対価・代償とする特定人への性的働きかけであるので，働きかけをする表現行為自体が問題となることは通例は想定できないが，環境型には性的冗談，容姿・私生活に対する性的発言，性的差別意識に基づく

職務分担発言などが含まれるため、その規制は表現行為の内容規制に関連してくる。1997年の男女雇用機会均等法の改正により、事業主に対して職場における性的言動に起因する諸問題に関して雇用管理上必要な配慮をなす義務が新たに課されることになった（現在では「必要な体制の整備その他の雇用管理上必要な措置」を講じる義務になっている。同法11条1項参照）。

　セクシュアル・ハラスメントに関する判例は今や多数にのぼる。第1の問題点は、加害者の不法行為責任の認定の際の違法性の判断基準である。第2の問題点は、使用者に対する責任追及につき不法行為による使用者責任か、債務不履行によるかの法的構成である。第2の問題点について後者の構成をとった場合、債務の内容を職場環境整備義務と捉えることができ、証明責任の配分、消滅時効、損害の算定時期などのほか、行為規範が明確化され予防にも資するとされている（日本労働法学会編・講座21世紀の労働法第6巻・労働者の人格と平等、水谷英夫・セクシュアル・ハラスメントの実態と法理参照）。

　セクシュアル・ハラスメントの問題は性差別の問題として議論されているが、規制対象が表現行為であれば、憲法理論上、その規制が表現内容規制になる点に注意しなければならない。しかし性的人格を傷つける表現に保護すべき価値を見出すことはきわめて困難である。

　なお、2000年に制定された、いわゆるストーカー規制法（ストーカー行為等の規制等に関する法律）は、「恋愛感情その他の好意の感情又はそれが満たされなかったことに対する怨恨の感情を充足する目的」で、その者またはその関係者に対して「つきまとい」等をなすことを規制するものであるところ、憲法13条・21条1項・31条に違反しないとされた（最判平成15・12・11刑集57巻11号1147頁）。

　「Me Too」運動はもともとアメリカの市民運動家タラナ・バークが2007年に性暴力被害者支援活動のスローガンとして提唱したものであるが、2017年10月5日のニューヨーク・タイムズ紙が、2015年3月から性的虐待の疑惑のあった著名な映画プロデューサーのハーヴェイ・ワインスタインによる数十年にわたるセクシュアル・ハラスメントの告白記事を掲載したことから、SNS上のハッシュタグ「#Me Too」となり、セクシュアル・ハラスメントや性的暴行の被害を告白・共有する運動のスローガンとなって、ハリウッドから日本を含め

世界的な広がりをみせている。なお，被害の撲滅を訴えるのは「Time's Up」運動である。

　2018 年，男女共同参画社会基本法の基本理念にのっとり，政治分野における男女共同参画を推進するため，「政治分野における男女共同参画の推進に関する法律」が制定された。ところが，諸外国と比べると女性の政治分野への参画が大きく後れを取っていること，女性の選挙活動の際に不必要に身体を触ったり，プライベートな事柄を執拗に聞いたり飲食に誘ったり，また政治活動を妨害する「票ハラスメント」が横行するなどの問題点が明らかとなった。2021 年，同法は改正され，政党その他の政治団体に対しては，男女の候補者数の目標設定，候補者の選定方法の改善，候補者となるにふさわしい人材の育成，現職の首長・議員やその候補者についての「性的な言動，妊娠又は出産に関する言動等に起因する問題の発生の防止及び適切な解決その他の事項」について自主的に取り組む努力義務を課し（同法 4 条），国と地方公共団体についても，環境整備（同法 8 条），性的な言動等に起因する問題への対応として研修や相談体制の整備（同法 9 条）を義務づけることとなった。

3 表現内容中立規制

　内容中立規制は，外形的行為を伴う表現行為につき行われることが多いので，*Chapter* 16 でとりあげる「集会・結社の自由」の規制にも関係する。ここでは集会・結社以外の内容中立規制をみてみよう。この規制の 1 つに，「表現行為」の外形の規制，つまり「時・所・方法」の規制が問題になる場合がある。そして本来は「非表現行為」の規制であるものが，「表現行為」に対して適用されて問題となる場合，つまり「象徴的言論」の問題がある。

| 「時・所・方法」の規制が問題となる場合 |

(1) **ビラ貼り・街頭演説などの規制** 道路におけるビラ貼り、ビラまき、街頭演説は、一般交通への影響の観点から道路交通法77条1項4号に規定された許可制に服するほか、屋外広告物法（条例）、軽犯罪法1条33号によって規制されている（⇨*Chap.* 10-**2**, **表10-1**）。街頭演説が問題となった事案につき、最高裁は、表現行為を「公共の福祉の為め必要あるときは、その時、所、方法等につき合理的に制限でき」、道路における演説などによる人寄せを「道路交通上の危険の発生、その他公共の安全を害するおそれがないでもないから」許されるとしている（**街頭演説許可制事件・最判昭和35・3・3刑集14巻3号253頁**）。屋外のビラ貼りについても、「都市の美観風致を維持する」という目的による「必要且つ合理的な制限」であり許されるとした（屋外広告物条例事件・最大判昭和43・12・18刑集22巻13号1549頁）。また政党が商店街の街路樹にくくりつけたプラカード式ポスターについても同様の判断が示されている（**最判昭和62・3・3刑集41巻2号15頁**）が、この判決には、広告物に表現された内容の価値と美観風致の維持の利益を比較衡量すべきであるという少数意見が付されている。

　その後、公務員宿舎やマンションなどに立ち入ってビラを配布した行為を住居侵入罪（刑法130条前段違反）で起訴する2つの事案があり、地裁は、両事案とも無罪とした（立川市防衛庁宿舎ビラ投函事件・東京地八王子支判平成16・12・16判時1892号150頁、葛飾政党ビラ配布事件・東京地判平成18・8・28刑集63巻9号1846頁）。しかし、それぞれの控訴審は、これらの判決を破棄して有罪とし（東京高判平成17・12・9判時1949号169頁、東京高判平成19・12・11判タ1271号331頁）、上告審で、その判断は確定している（**最判平成20・4・11刑集62巻5号1217頁**〔⇨*Chap.* 10-**2** 判例 参照〕、**最判平成21・11・30刑**

集63巻9号1765頁)。表現行為の規制を目的としない住居侵入罪等を適用して特定の政治活動のみを狙い撃ちして摘発・訴追することは表現の内容規制となり、摘発・訴追行為自体の合憲性(処分違憲)が問題となる。また表現行為をなすための軽微な法益侵害に着目して処罰することは、当該規制法規が想定している実質的違法性の程度(可罰的違法性)に達していない行為を処罰することになり、刑法適用上の問題もある。

なお、同様に警視庁職員住宅に立ち入って政党機関誌を配布した行為を国家公務員法102条1項の政治的行為にあたるとして起訴した2つの事案において、地裁は、両事案とも有罪とした(堀越事件・東京地判平成18・6・29刑集66巻12号1627頁、世田谷事件・東京地判平成20・9・19刑集66巻12号1926頁)。世田谷事件の控訴審(東京高判平成22・5・13判タ1351号123頁)・上告審(**最判平成24・12・7刑集66巻12号1722頁**)は一審の判断を維持したが、堀越事件の控訴審(東京高判平成22・3・29判タ1340号105頁)は一審の判断を破棄して無罪とし、上告審(**最判平成24・12・7刑集66巻12号1337頁**)もその判断を維持した(⇨*Chap.* 21-*2*)。国家公務員法違反の処罰案件においては、当該公務員の職務内容等を勘案する必要があるが、上記2事案と同様の問題を指摘することができる。

(2) **選挙運動の規制** 選挙運動の規制は、内容的に投票勧誘活動を対象とする規制であるから内容規制の側面ももち、また国民の参政権ときわめて密接に関係する行為の規制であるから、その合憲性の審査はより厳格になされなければならないはずである。しかし、最高裁は、一貫して、きわめて鷹揚にその合憲性を肯定している。まず、法定外文書図書の頒布・掲示を禁止する規定(公職選挙法142条・143条・146条)について、「無制限の頒布、掲示を認めるときは、選挙運動に不当の競争を招き、これが為却って選挙の自由公正を害

し，その公明を保持し難い結果を来たすおそれがある」ための規定であって憲法上許される必要かつ合理的な制限とする（**最大判昭和30・3・30刑集9巻3号635頁**）。また戸別訪問禁止規定（同法138条）についても，戸別訪問は，買収・利害誘導など不正行為の温床となること，選挙人の生活の平穏を害すること，候補者の出費が多額になることなどの弊害を防止し，「選挙の自由と公正を確保する」という目的にでたものであり，それ「以外の手段方法による意見表明の自由を制約するものではなく，単に手段方法の禁止に伴う限度での間接的，付随的な制約にすぎない」規制のあり方は「立法政策の問題」であるとして合憲としている（**最判昭和56・6・15刑集35巻4号205頁**）。またこの問題を憲法47条下の選挙のルールであるから立法裁量の問題とする見解（同判決の伊藤正己補足意見）もある。

しかし，学説においては，戸別訪問が投票行動の基礎となる情報伝達過程であることを重視して，立法目的の正当性をより厳格に審査し，またその目的を達成するためのより制限的でない他の代替手段がないかを検討すべきであるという意見が有力である（インターネットを通じた選挙運動については，⇨*Chap. 38-1*）。

| 象徴的言論 |

象徴的言論（symbolic speech）とは，純粋言論（pure speech）と対比させて用いられ，一定の外形的な行動によって何らかのメッセージを伝えようとするものである。外形的行動を伴うので「行動を伴う言論（speech plus）」ともいわれる。ベトナム戦争反対の意思表示のために徴兵カードを公衆の前で焼却した行為，公民権運動の際に行われた黒人を閉め出すレストランなどでの座り込み行為，政府の政策に抗議した焼身自殺などがその典型例である。このような行為が出現した背景には，政府・大衆に自己の意見をアピールするためのメディアをもたず，また従来の方法では無力である場合に，このような方法を

採らざるをえないという事情がある。アメリカ合衆国では，このような行為が一定の要件をみたす場合（主観的要件として「行為者に特定のメッセージを伝えようとする意図があること」，客観的要件として「その行為の目撃者がそのメッセージの内容を理解する蓋然性が高いこと」）には憲法上保護された表現行為とみなされ，それを規制する必要性・正当性が他の表現行為と同様に問われることになる。日の丸・君が代で問題となる不起立・不斉唱も，その行動のメッセージ性からして，象徴的言論と捉えることもできる（⇨***Chap.* 9-*2***）。日本でもこの理論は紹介されているが，採用した判例はない。

> **判例** 日の丸焼却事件（那覇地判平成5・3・23判時1459号157頁）
> 　1987年，沖縄国体でソフトボール会場となった読谷（よみたん）村の開会式において，同村民Yはスコアボードの上に掲揚された「日の丸」旗を引き下ろし，火をつけ，観客に掲げて見せた後，投げ捨てた。この行為につき，器物損壊罪などで起訴されたが，起訴状に記載された「国旗」の法的根拠（訴因の特定性），違法性阻却の可否などをめぐって争われた。裁判所は，国旗につき何らの法律もないが，国民から「日の丸」の旗以外に国旗として扱われているものはなく，多数の国民がそれを国旗と認識して用いているから訴因の特定・明示に問題はないとしたうえで，民主主義社会においては，自己の主張の実現は言論による討論や説得などの平和的手段によって行われるべきであり，日の丸掲揚に反対であっても，その主張の実現のための本件のような実力行使は手段において相当ではなく「正当行為」ではないとした。

　　　　　　　　　　　　　　　　　　　　　　　　　　　　　［渋谷］

【4　精神的自由権】

Chapter 14　信教の自由

> 「国家や地方公共団体の権限，威信及び財政上の支持が特定の宗教の背後に存在する場合には，それは宗教的少数者に対し，公的承認を受けた宗教に服従するよう間接的に強制する圧力が生じる……。〔地鎮祭のような〕事柄から国家や地方公共団体は，手をひくべきものなのである。たとえ，少数者の潔癖感に基づく意見と見られるものがあっても，かれらの宗教や良心の自由に対する侵犯は多数決をもってしても許されないのである。そこには，民主主義を維持する上に不可欠というべき最終的，最少〔小〕限度守られなければならない精神的自由の人権が存在するからである」（津地鎮祭訴訟・最大判昭和52・7・13民集31巻4号533頁の藤林益三裁判長の追加反対意見より）。

1　信教の自由

信教の自由の歴史　近代憲法史における権利章典の展開において大きな役割を果たしたのは「宗教の自由」である。つまり自由主義の精神は，中世の宗教弾圧に対する抵抗の歴史のなかで尊い血を流しながら育まれてきた。それゆえこの自由は諸国の憲法において現在に至るまで重要な位置を占め続けている。しかし，その規定のありようは各国固有の歴史的事情を反映しており，特に政府と宗教の関係に関する扱いはさまざまである。

明治憲法も「日本臣民ハ安寧秩序ヲ妨ケス及臣民タルノ義務ニ背

カサル限ニ於テ信教ノ自由ヲ有ス」（28条）として信教の自由を保障していたが，表現の自由の保障（29条）などと異なり「法律の留保」がないので，命令による規制を容認する根拠となった。神社神道に事実上国教の性格が与えられる（したがって「国家神道」ともいう）一方，他の宗教はきわめて弱い保障しか与えられず，昭和に入って激しい弾圧をうけた宗教もあった（新宗教「大本」など）。

国家神道は，国粋主義・軍国主義の精神的バック・ボーンとなったこともあって，戦後，GHQの一連の命令・指令により宗教団体の設立の自由化がはかられた。特にいわゆる「神道指令」（国家神道（神社神道）ニ対スル政府ノ保証，支援，保全，監督並ニ弘布ノ廃止ニ関スル件〔昭和20年12月15日付覚書〕）によって神社神道に関する特別処遇などは廃止された。現行憲法は，20条1項前段および2項において信教の自由を保障するとともに，20条1項後段および3項においていわゆる政教分離原則を定めている。なお，89条は政教分離原則を財政的側面から裏づける規定である。

> 宗教とは？

「信教の自由」という言葉は明治憲法の文言を踏襲したものであり，その実質は「宗教の自由」である。とすれば，「宗教」とはそもそも何かが問題となる。しかし実際に多様な形態で存在する宗教を一義的に定義づけることはきわめて難しく，「宗教法人法」にもその定義はない。ただ，ある判決によって与えられた「超自然的，超人間的本質（すなわち絶対者，造物主，至高の存在等，なかんずく神，仏，霊等）の存在を確信し，畏敬崇拝する心情と行為」（**津地鎮祭訴訟控訴審判決・名古屋高判昭和46・5・14行集22巻5号680頁**）という定義は，その内容の妥当性について議論はあるものの，憲法の想定する「宗教」をイメージするにはきわめて有効である。

> 保障の内容

信教の自由には、①信仰の自由、②宗教的行為の自由、③宗教的結社の自由が含まれている。②と③は、あわせて「礼拝の自由」あるいは「宗教実践の自由」と呼ばれることもある。人の内面的・外面的精神活動の宗教的部分が横断的に保障されているのである（⇨*Chap. 9-4*の図9-1）。

まず、①の信仰の自由は、思想・良心の自由の特別法的位置づけが与えられ、(i)特定宗教の信仰・不信仰あるいは無信仰の強制、(ii)特定宗教の信仰・不信仰あるいは無信仰を理由とする不利益処遇、(iii)信仰の有無あるいは信仰内容の告白強制（「踏み絵」など）をそれぞれ受けないことがその内容となる（無信仰の強制、信仰・無信仰を理由とする不利益処遇は直接的には19条の問題である）。なお、「静謐な宗教的環境の下で信仰生活を送るべき利益」（＝宗教上の人格権）は、**自衛官合祀拒否訴訟・最高裁判決（最大判昭和63・6・1民集42巻5号277頁）**において「直ちに法的利益として認めることができない」とされている。

②の宗教的行為あるいは宗教的活動の自由は、宗教上の儀式、宗教の布教宣伝等の行為をなす、あるいはなさない自由であり、憲法20条2項はそれらを強要されない自由の観点からの規定である。これは信仰の自由の(i)を外形的側面から保護しようとしたものと解され、表現の自由の特別法的保障と解することもできる。

③の宗教的結社の自由は、憲法21条1項が一般法的に保障する結社の自由を結社目的の見地から特別法的に保障した自由である。結社とは、複数人が共通目的で継続的に団体を形成することをいうが、20条1項は宗教目的をもつ結社の自由を保障していることになる。具体的には、宗教団体の結成・不結成・解散の自由、宗教団体への加入・不加入・脱退の自由を保障するとともに、宗教団体加入を理由とする不利益処遇を禁止し、さらに宗教団体の内部的意思

決定およびこれに基づく活動につき原則として政府の介入をうけない自由を意味する。

> **判例** 自衛官合祀拒否訴訟（最大判昭和 63・6・1 民集 42 巻 5 号 277 頁）
> 　殉職自衛官の夫を自己の信仰に反して県護国神社（明治維新前後から国家のために殉難した人の霊を祀る神社）に合祀されたキリスト教信者の妻が合祀を推進・申請した自衛隊地方連絡部（地連）と社団法人隊友会県支部連合会（隊友会）の行為の政教分離規定違反，宗教的人格権（自己の意思に反して亡夫を祭神として祀られない自由）侵害を主張して提訴した事件。一審判決（山口地判昭和 54・3・22 判時 921 号 44 頁）は合祀申請行為は宗教的意義を有し，神社の宗教を助長・促進する「宗教的活動」であり，宗教上の人格権を侵害するとし，控訴審判決もこれを支持した。ところが，最高裁は地連の行為は「目的・効果基準」からみて宗教的活動ではないとした。また信教の自由の保障は自己の信教の自由を妨害されない限り寛容であるべきことを要請していて，「自己の信仰する宗教により何人かを追慕し，その魂の安らぎを求める」行為は誰にでも保障されていて「宗教上の人格権」は直ちに法的利益と認めることはできない，また県護国神社にも信教の自由が保障されていて，それ自体は何人の法的利益も侵害していないとして請求を棄却した。

保障の限界　信仰の自由は内心の問題なので性質上絶対的な保障をうけるが，宗教的行為の自由および宗教的結社の自由は，その自由の行使の影響が他者にまで及ぶ場合，一定の制約をうける。なお，信仰の自由を理由とする一定の行為の拒否，たとえば治療行為の拒否もその結末についての判断能力が十分にある者の決定であれば，信仰の自由の一環として保障されることもある（これは「自己決定権」の問題とも関連する。⇨**Chap. 18-4**）。しかし，それが第三者の生命・身体に危険を招くような場合，たとえば，親がその信仰に基づいて病気の子どもの治療行為に必要な輸血を拒否するような場合は，宗教的理由に基づく不作為であるから宗教的行為の自由の限界として考えるべきことになろう。

判例　信仰に基づく輸血拒否事件（大分地決昭和 60・12・2 判時 1180 号 113 頁）　骨肉腫を病んだ成人 Y（妻と未成年の子 3 人をもつ）がその信仰する「エホバの証人」の教義に基づいて手術の際に必要となる輸血を拒否した。ところが，その両親 X らが患者を看護しその生命健康を擁護する法律上の権利を有しているとして，Y に代わり病院に対して Y の左脚切断手術とこの手術に必要な輸血その他の医療行為を委任することができる旨の仮処分を申請した。裁判所は，正常な精神的能力を有する成人が輸血拒否によって生じる自己の生命・身体に対する危険性について十分知覚したうえでなお輸血を拒否し続けているのであり，かつ Y の属する宗派の真摯な宗教上の信念に基づいているのであるから輸血強制はその信仰の自由が侵害されることと等しく，X らの被侵害利益が Y の宗教的信仰に基づく要求を凌駕するほどの権利・利益ではないとした（なお，最判平成 12・2・29 民集 54 巻 2 号 582 頁〔⇨ *Chap.* 18-**4**〕も，信仰上の理由で輸血を伴う医療行為を拒否することは人格権の 1 つとして尊重されなければならないとしている）。

(1) 宗教的行為の自由の限界　宗教的行為の自由も他人の生命，身体等に危害を及ぼすことまで含まれているわけではない（**加持祈禱事件・最大判昭和 38・5・15 刑集 17 巻 4 号 302 頁**＝精神異常治療のためと称して線香護摩の加持祈禱をしたが，暴れ出したので暴行を加え，結果的に急性心臓麻痺による死亡に至らしめた事件）。逆に，外形的に刑法に触れる行為であっても宗教的行為の態様によってはその違法性が阻却される事由になる場合もある（**牧会活動事件・神戸簡判昭和 50・2・20 判時 768 号 3 頁**）。また，この自由は私人間の宗教上の紛争として問題となる。ある寺院の設置する墓地で，その寺院の宗派を離脱した墓地使用権者が，その寺院の定める方式以外の墓石設置要求をした事案において，寺院の典礼施行権を理由に，この要求を認めなかった例（**最判平成 14・1・22 判時 1776 号 58 頁**）がある。

2022 年 7 月 8 日に発生した奈良市での選挙演説中の安倍晋三元首相の銃撃死亡事件の背景に容疑者の母親の宗教団体（旧統一教会，現「世界平和統一家庭連合」）への法外な金銭の寄付があることが判明

したことを契機として,「特定不法行為等に係る被害者の迅速かつ円滑な救済に資するための日本司法支援センターの業務の特例並びに宗教法人による財産の処分及び管理の特例に関する法律」（略称「旧統一教会被害者救済法」）（令和5年法89号）が制定された。この法律は，日本司法支援センター（法テラス）（⇨*Chap.* 2-*2*, *Chap.* 8-*2*）の業務を拡充して，被害者が収入などにかかわらず民事訴訟の支援などを受けられるようにするものである。また，国が裁判所に解散命令を請求した宗教法人について，資産状況を適時把握できるようにするため，不動産を処分する前に行政機関への届け出を義務づけ，また財産目録を3ヵ月ごとに提出する義務が規定された。

なお旧統一教会に対して1億円余の献金をし，公正証書による不起訴合意の念書を提出させられたことは，信者がこれを締結するかどうかを合理的に判断することが困難な状態であることを利用して一方的に大きな不利益を与えるものであったと認められ，この合意は公序良俗に反し無効であるとされた（最判令和6・7・11判例集未登載）。

> **判例** **牧会活動事件**（神戸簡判昭和50・2・20判時768号3頁）
> 建造物侵入（刑法130条）・兇器準備集合（同法208条の3〔現208条の2〕）・「暴力行為等処罰ニ関スル法律」違反容疑によりその行方を追及されていた高校生2名がその母親を介して教会の牧師を頼ってきた。この牧師は，個人の魂への配慮を通じて社会に奉仕する社会活動である牧会活動として教会に1週間宿泊させ，説得の上警察に出頭させた。ところがその間に訪れた警察官には所在を知らないと答えていた。この一連の行為につきこの牧師が犯人蔵匿罪（刑法103条）により略式起訴され罰金1万円の略式命令を受けたので，これを不服として正式裁判を請求した。裁判所は，牧会活動は「礼拝の自由」に含まれ，それに対する制約が「結果的に行為の実体である内面的信仰の自由を事実上侵すおそれが多分にあるので，その制約をする場合は最大限に慎重な配慮を必要とする」としたうえで，「全体として法秩序の理念に反するところがなく，正当な業務行為〔刑法35条〕として罪とならない」とした。

(2) 宗教的結社の自由の限界　宗教的結社，つまり宗教団体に関しては，「宗教法人法」があるが，同法は宗教団体に法人格を与えること（「認証」）によってその活動基盤を強化するものであり，同法によって法人格が付与されていない団体も憲法上の保障を受けることはいうまでもない。同法は，宗教法人が，「法令に違反して，著しく公共の福祉を害すると明らかに認められる行為」（81条1項1号）あるいは「宗教団体の目的を著しく逸脱した行為」（同2号）などをした場合に，裁判所が解散命令をなしうる旨を規定している。これは同法の法人格を奪うのが目的であって，違憲ではないとされている（**オウム真理教解散事件・最決平成8・1・30民集50巻1号199頁**）。なお，宗教団体内部の紛争について裁判所がどのような場合にどのような救済を与えることができるかという問題も，本条および32条の保障する「裁判を受ける権利」さらに76条の規定する「司法権」のあり方の三面的考察を要する問題であるが，これについては後に言及される（⇨*Chap.* 28-**3**）。

> **判例**　**オウム真理教解散事件**（最決平成8・1・30民集50巻1号199頁）
> 1995年3月20日に地下鉄サリン事件などを起こしたオウム真理教について東京地検検事正・東京都知事が裁判所に対し解散命令を請求した事件。最高裁は，宗教法人法の解散命令制度は，宗教法人の世俗的側面につき世俗的目的で置かれた制度であり，宗教団体や信者の精神的・宗教的側面に容かい（＝介入）する意図はなく制度目的も合理的であるとしたうえで，本件解散命令によってオウム真理教やその信者らの宗教的行為に生じる支障は解散命令に伴う間接的で事実上のものにとどまり，またそれは必要でやむをえない法的規制であり，手続の適正も担保されているので，本件解散命令とこれに対する即時抗告を棄却した原決定は20条1項に違反しないとした。

1 信教の自由

2 政教分離原則

政教分離原則の意味 憲法20条1項後段は，宗教団体が国から特権をうけたり政治上の権力を行使することを禁止し，3項は国およびその機関が宗教教育などの宗教的活動をすることを禁止している。これが政教分離（政府と宗教の分離）原則である。また89条はこの原則を財政的側面から裏づけるかたちで，宗教上の組織・団体の使用・便益・維持のためにこれに対して公金を支出し，あるいはその他の公の財産を提供してはならないとしている。判例は，この原則を個人の人権である信教の自由の保障を確保し補強する意味をもつ，制度的保障（⇨2巻 *Column* ⑨1）の規定と解している。なおここでいう「宗教」とは，政教分離原則が「政府（国家）」と「教会」の分離に由来することを考えると，信教の自由でみた「宗教」よりもより狭く「何らかの固有の教義体系を備えた組織的背景をもつもの」と捉えるのが妥当であろう。

政府と宗教の関係の多様性 現在の政府と宗教とのあり方については，たとえばイスラム諸国の中に政教一致（祭政一致）をとる国もあるが，ヨーロッパ・アメリカ諸国で完全な国教制度（政府が国民の信奉すべき宗教を定め，国務の一部としてその教務を取り扱い，これを保護する制度）をとる国をみることはできない。

憲法は，宗教団体への「特権」の付与を禁止している。特権とは特定の宗教団体を一般の宗教団体に比して優遇したり，宗教団体一般を他の団体に比して優遇することをいう。宗教的文化財の維持・保存のための公金の支出は，文化財という側面に着目した支出であ

るから問題はないとされる。税制上の優遇措置は宗教団体の「公益法人」としての位置づけから正当化されている。なお，社寺の境内地・近接地となっている国有地を無償または時価の半額で譲渡することを定めた，いわゆる国有境内地処分法（社寺等に無償で貸し付けてある国有財産の処分に関する法律）は合憲とされた（**最大判昭和33・12・24民集12巻16号3352頁**）（大石眞・憲法史と憲法解釈参照）。

　宗教団体にその行使が禁止される「政治上の権力」とは本来政府が行うべき統治権力をいい，たとえば徴税権の行使や，江戸時代の宗門改帳（現在の「戸籍」にあたるもの）の作成のような職務の分担が禁止される。「宗教教育」とは，特定宗教の信仰を奨励または非難することを目的とする教育をいう。宗教一般に関する寛容の精神や宗教の歴史的・社会的位置づけを教育することは禁止されない。政府に禁止される「宗教的活動」はこの概念自体が抽象的であり，次に触れる「政教分離原則」の限界問題の中で議論されている。

Column ㊵　諸外国の政府と宗教との関係

　諸外国の政府と宗教との関係は，それぞれの国特有の歴史的事情があるので類型化するのは難しい。ここでは代表的な国をみておくことにする。イギリスは国教制度をとりつつ他の宗教にも寛容である。ドイツは国教制度はとらないが特定の宗教に租税徴収権など一定の特権を与えている。イタリアは政府と宗教が固有事項について独立であることを認めつつ競合事項について政教条約（コンコルダート）を結んでいる。フランスは政府の非宗教性（laïcité, ライシテ）とあらゆる信仰を尊重することを憲法で規定しつつ個人の信仰に政府が積極的に配慮する傾向がある点において政府と宗教が友好的関係にある。アメリカ合衆国は国教制度を憲法上否定し政府と宗教との厳格な分離を定めている。日本の政教分離原則は，明治憲法下の歴史，つまり神社神道の経験を踏まえて規定されたこと，また規定の文言上から，これらのうちアメリカ合衆国型の厳格な分離型に属していると解されている。

> **禁止される関係**

厳格な政教分離原則を現行憲法が採用しているとしても，現実の社会において政府と宗教が完全に分離し一切の接触を断つことは不可能である。問題は，どのような関係が許され，また許されないかである。ここでも，宗教的活動の定義方法によって結論が異なってくる。たとえば，「宗教的信仰の表現である一切の行為」（津地鎮祭訴訟・控訴審判決）と広く捉えれば，分離の要請が厳格になり，「行為の目的が宗教的意義をもち，その効果が宗教に対する援助，助長，促進又は圧迫，干渉等になるような行為」（津地鎮祭訴訟・上告審判決）と狭く捉えれば，分離の要請は比較的寛大となる。そして，最高裁が示した後者の基準は，「目的・効果基準」として，限界を判定する一般的基準となっている。この基準に照らせば，宗教的起源をもつが完全に習俗化したもの，たとえば，クリスマスツリー，門松などを政府の施設に置くことは問題ない。しかし，地蔵像・忠魂碑などの施設に公有地を提供したり慰霊祭などの行事に公金を支出することなどが微妙に問題となる。判例として，これらの行為につき政教分離原則に違反しないとしたもの（**大阪地蔵像訴訟・最判平成 4・11・16 判時 1441 号 57 頁，箕面忠魂碑訴訟・最判平成 5・2・16 民集 47 巻 3 号 1687 頁**）と，違反するとしたもの（**岩手靖国訴訟・仙台高判平成 3・1・10 行集 42 巻 1 号 1 頁，愛媛玉串料訴訟・最大判平成 9・4・2 民集 51 巻 4 号 1673 頁**）がある。また，当該市域に所在する宗教法人の式年大祭の発会式に出席して祝辞を述べた行為を政教分離原則違反としたもの（**白山比咩〔しらやまひめ〕神社事件・名古屋高金沢支判平成 20・4・7 判時 2006 号 53 頁，同上告審・最判平成 22・7・22 判時 2087 号 26 頁は違反しないとした**），市有地を神社施設のある町内会館に対して無償で提供する行為を政教分離原則違反としたもの（**空知太〔そらちぶと〕神社訴訟・最大判平成 22・1・20 民集 64 巻 1 号 1 頁**）がある。

また靖国神社への政府要人の参拝が問題となる。政府は，1980年，公式参拝は「違憲ではないかとの疑いをなお否定できない」という統一見解を出した。ところが，1985年，首相の私的諮問機関「閣僚の靖国神社参拝問題に関する懇談会」（靖国懇）が提出した報告書に「国民が靖国神社を戦没者追悼の中心的施設であると考え，公式参拝を望んでいる」とされたのを受けて，中曽根康弘首相は簡略化した形式による参拝を行った。この報告書には，公式参拝は違憲であるとする反対意見も併記されており（芦部信喜・宗教・人権・憲法学参照），違憲の疑いを述べる判決もある（福岡高判平成 4・2・28 判タ 778 号 88 頁，大阪高判平成 4・7・30 判時 1434 号 38 頁等）。また，小泉純一郎首相はその在任中 6 度靖国神社を参拝し各地で違憲訴訟が提起された。これらの訴訟はいずれも主文で請求棄却となったが，判決理由中で違憲とした判決が 2 件ある（福岡地判平成 16・4・7 判時 1895 号 125 頁，大阪高判平成 17・9・30 訟月 52 巻 9 号 2979 頁。判決理由に述べられた違憲判断の拘束力につき⇨***Chap***. 31-***6***）。ただし，最高裁は，靖国神社「参拝によって〔原告〕らに損害賠償の対象となり得るような法的利益の侵害があったとはいえない」として，請求を棄却した一審（大阪地判平成 16・2・27 判時 1859 号 76 頁）・控訴審（大阪高判平成 17・7・26 訟月 52 巻 9 号 2955 頁）の判断を維持した（最判平成 18・6・23 判時 1940 号 122 頁）。安倍晋三首相も在任時の 2013 年 12 月に参拝し，違憲訴訟が提起されている。

　また，神道式で実施された天皇の即位式に関連する儀式に対する公費支出や，知事等の大嘗祭等への参列行為も政教分離原則違反が問題となるが，目的・効果基準に照らして合憲とされた（抜穂の儀違憲訴訟・最判平成 14・7・9 判時 1799 号 101 頁，鹿児島大嘗祭違憲訴訟・最判平成 14・7・11 民集 56 巻 6 号 1204 頁，最判平成 16・6・28 判時 1890 号 41 頁）。

> **判例** 津地鎮祭訴訟（最大判昭和 52・7・13 民集 31 巻 4 号 533 頁）

津市が市体育館の起工にあたり神式の地鎮祭を挙行し公金 7,633 円を支出したことが憲法 20 条・89 条に違反するとして提起された住民訴訟である。控訴審判決は、神式地鎮祭が単なる習俗的行事ではなく、宗教的行事であるとしたのに対して、最高裁は、宗教的活動の判定基準として「目的・効果基準」を示し、神式地鎮祭はその目的は世俗的で効果も神道を援助・助長したり、他の宗教に圧迫・干渉を加えるものではないから宗教的行事ではなく、政教分離原則に違反しないとした。

> **判例** 愛媛玉串料訴訟（最大判平成 9・4・2 民集 51 巻 4 号 1673 頁）

愛媛県は Y 知事の在職中に靖国神社に対して、春秋の例大祭に玉串料・献灯料合計 7 万 6000 円を、愛媛県護国神社の春秋の慰霊大祭に供物料合計 9 万円を公金より支出した。X らは、これらの支出行為が憲法 20 条 3 項・89 条に違反するとして住民訴訟を提起した。一審は請求を認容したが、控訴審は本件支出行為が社会的儀礼にあたるなどとしてこれを覆したので、X らが上告に及んだ。最高裁は、津地鎮祭・最高裁大法廷判決を引用したのち、玉串料等の奉納は、地鎮祭と異なり、「時代の推移によってすでにその宗教的意義が希薄化し、慣習化した社会的儀礼にすぎないものになっているとまでは到底いうことができ」ず、「県が当該特定の宗教団体を特別に支援しており、それらの宗教団体が他の宗教団体とは異なる特別のものであるとの印象を与え、特定の宗教への関心を呼び起こすものといわざるをえない」として、これを違憲・違法とした。

> **判例** 空知太神社訴訟（最大判平成 22・1・20 民集 64 巻 1 号 1 頁）

北海道砂川町（当時、現砂川市）にある空知太（そらちぶと）神社は、隣接する小学校の拡張工事にともない、住民の所有する土地に移されたが、その後、土地所有者の寄付によって同町の所有地となった。地元町内会は、砂川市からの補助金によって同所に集会場用の建物「空知太会館」を新築したが、建物内に祠を設置して外壁には「神社」の表示がなされ、鳥居と地神宮が設置された。なお、同敷地は同市から無償で提供されている。この無償提供行為が政教分離原則に違反し、違法に財産の管理を怠るものとする住民訴訟が提起された。原審（札幌高判平成 19・6・26 民集 64 巻 1 号 119 頁）は、この行為が憲法 20 条 3 項の「宗教的行為」に当たり、また 20 条 1 項後段および 89 条の「政教分離原則の精神」に明らかに反するとした。同市の上告に対して、最高裁は以下のように判示した。すなわち、国公有地を宗教的施設の敷地として無償で提供する行為

は，一般的には，便宜の供与として，憲法89条との抵触が問題となる。そして，その状態が「信教の自由の保障の確保という制度の根本目的との関係で相当とされる限度を超えて憲法89条に違反するか否かを判断するに当たっては，当該宗教的施設の性格，当該土地が無償で当該施設の敷地としての用に供されるに至った経緯，当該無償提供の態様，これらに対する一般人の評価等，諸般の事情を考慮し，社会通念に照らして総合的に判断すべきものと解するのが相当である」とした上で，本件利用提供行為は，「憲法89条の禁止する公の財産の利用提供に当たり，ひいては憲法20条1項後段の禁止する宗教団体に対する特権の付与にも該当する」とした。しかしながら，「原審において，本件利用提供行為の違憲性を解消するための他の合理的で現実的な手段が存在するか否かについて適切に審理判断するか，当事者に対して釈明権を行使する必要があった」として，さらに審理を尽くさせるために原審に差し戻した（なお，同日，最高裁は，同市内の富平〔とみひら〕神社の敷地を地元町内会に無償で譲与したことの合憲性が争われた事案については，本件土地は，市側に寄付する前は，町内会の前身たる各部落会が実質的に所有していたものであり，本件譲与は，「憲法89条及び20条1項後段の趣旨に適合しないおそれのある状態を是正解消するために行ったもの」であったとして，合憲であるとした〔最大判平成22・1・20民集64巻1号128頁〕）。

判例　久米至聖廟訴訟（最大判令和3・2・24民集75巻2号29頁）

沖縄県那覇市はその管理する都市公園内に儒教の祖である孔子等を祀った久米至聖廟を設置することをAに許可した上で，その敷地の使用料の全額を免除した。那覇市住民Xは那覇市長Yの行為が政教分離原則に違反し無効であり，公園使用料181万7063円を請求しないことは違法に財産の管理を怠るものであるとして，Yを相手に，地方自治法242条の2第1項3号に基づき上記怠る事実の違法確認を求めて住民訴訟を提起した。一審請求認容・控訴審も違法であることを確認した。

最高裁は，「一般的には宗教的施設としての性格を有する施設であっても，同時に歴史的，文化財的な建造物として保護の対象となるものであったり，観光資源，国際親善，地域の親睦の場などといった他の意義を有していたりすることも少なくなく，それらの文化的あるいは社会的な価値や意義に着目して当該免除がされる場合もあり得る」としたが，「本件施設で行われる釋奠祭禮（せきてんさいれい）は，その内容が供物を並べて孔子の霊を迎え，上香，祝文奉読等をした後にこれを送り返すというものであることに鑑みると，思想家である孔子を歴史上の偉大な人物として顕彰する

にとどまらず，その霊の存在を前提として，これを崇め奉るという宗教的意義を有する儀式というほかない」とし，「本件免除は，Aに上記利益を享受させることにより，Aが本件施設を利用した宗教的活動を行うことを容易にするものであるということができ，その効果が間接的，付随的なものにとどまるとはいえない」。「本件施設の観光資源等としての意義や歴史的価値を考慮しても，本件免除は，一般人の目から見て，市が参加人の上記活動に係る特定の宗教に対して特別の便益を提供し，これを援助していると評価されてもやむを得ない」とし，上告を棄却した。

Column ㊶ 目的・効果基準

津地鎮祭訴訟・最高裁判決（前出）で示された「目的・効果基準」はその後の政教分離が問題となった諸事件の違憲審査基準となっている。この基準はアメリカ合衆国最高裁の判例（Lemon v. Kurtzman, 403 U.S. 602 (1971)）で示されたものに由来するとされる（それゆえ「レモン・テスト」と呼ばれる）。レモン・テストは，政府の行為の①目的が宗教的か世俗的か，②主要な効果が宗教を助長または圧迫するか否か，③宗教との過度のかかわり合いを促すか否かを問い，①宗教的，②助長・圧迫する，③促す，のいずれかであれば違憲とする。日本の基準は，③を要件とせず，①宗教的かつ②助長・圧迫するときに限り違憲とし，また具体的認定も厳格性を欠いている。なお，アメリカ合衆国において1990年代からレモン・テストよりもやや緩やかな「是認のテスト（endorsement test）」に再構成されるようになったとされる。このテストは，特定宗教の信者以外の者にその政治共同体の部外者であるというメッセージを伝え，付随的にその信者にその共同体の部内者であり厚遇されている（＝「是認」，この反対が「否認」）というメッセージを伝えるか否かをその基準とする。

| 信教の自由への配慮 | 政教分離原則は，政府が宗教または宗教団体と関わりをもつ場合であっても，政府の

宗教的中立性を要請していることになる。ところが，宗教的中立性を貫こうとすれば，個人の「信教の自由」を制限する場面も生じて

くる。たとえば，日曜日授業参観を公立学校が開催すれば，ある宗教が宗教的義務としている教会学校への信徒の出席が不可能となる（**日曜日授業参観事件・東京地判昭和61・3・20行集37巻3号347頁**。⇨*Chap.* 4-**4**）。格闘技を禁止する宗旨をもつ宗教の信徒に公立学校が体育の必修科目として「剣道」受講を義務づければその生徒の進級・卒業は不可能となる（**剣道拒否退学事件・最判平成8・3・8民集50巻3号469頁**。⇨*Chap.* 4-**4**）。この問題は，世俗的義務と宗教的義務との対立・調整の問題とも捉えることができる。上記のような場合に，仮に公立学校が信徒の便宜を図れば，特定の宗教を優遇しているとの主張もでてくるのである。しかし，宗教的中立性は，政府の宗教的無関心を要請するのではなく，個人（宗教的少数者）の信教の自由に対する政府の寛容性を要請しているのである。したがって，政府が特定個人に寛容性を示すことによって他者の憲法上の権利あるいは非常に重要な公共的利益が侵害されるか否かによって政教分離原則違反の有無は判定されるべきであろう。

［渋谷］

【4 精神的自由権】

Chapter 15 学問の自由

> 「真理はあなたたちを自由にする（the truth shall make you free）」（新共同訳・新約聖書ヨハネによる福音書第8章32節）。この文章は，前後のコンテクストからすると，イエスの言う神の言葉，つまり真理を信じれば罪から解放されて自由になるということが本来の趣旨である。もっとも古典的な書物によくあるように，含蓄のある文章は多様な解釈を可能とする。たとえば，真実を語らずうそを語ることが身動きの取れない状態に身を陥らせかねないという日常の言動に対する教訓を読み取ることもできる。ここでは，真理を学びとることによって，精神的により豊かに自由に生きることが可能になると理解することにしたい。真理を追い求める自由が「学問の自由」である。

1 学問の自由の歴史

諸外国における学問の自由

学問は，真理の追究という純粋の知的欲求を満たすために重要であるばかりでなく，直接的・間接的に人間生活の向上に資する。もっともイギリス，アメリカ合衆国における人権関係文書には学問の自由に直接関係する規定はない。これは思想の自由などの精神的自由権の中に研究の自由が含まれ，研究者など特定の者に特権を与えることは平等原則に反すると考えられていたからである。フランスにおいても，憲法的文書に学問の自由を見出すことはできないが，

大学の自由あるいは自治が憲法上の権利として認められている。

　これに対してドイツにおいては早くから「学問の自由」が大学教授の特権として認められていた。ただし，これは一般市民としての自由の保障が不十分であった背景において捉えられるべきであって，現実にはその自由保障の程度につき他の国と格段の差異があるわけではない。むしろ学外の実践活動との関わり合いは排除されていたとされる。なおドイツ基本法5条3項は「芸術および学問，研究および教授は自由である。教授の自由は，憲法に対する忠誠を免除するものではない」と規定して，学問の自由を明示的に保障している。

日本における学問の自由の歴史

　明治憲法は，学問の自由を保障する規定を置いていない。しかし，大学の自治はいくつかの事件を契機として徐々に形成されていき，その中核を占める人事の自治は，1913（大正2）年の京大・沢柳事件によって慣行として確立した。ところが昭和にはいりこの慣行も軍国主義の下に侵食されていく。1933（昭和8）年の京大・滝川事件は，大学の人事の自治および大学教授の研究結果発表の自由を侵害した事例である。また1935（昭和10）年の天皇機関説事件は研究者の研究結果発表の自由および学問教授の自由を侵害した事例である。現行憲法が，特に23条で「学問の自由は，これを保障する」と規定したのは，このような戦前の学問研究抑圧の歴史の反省に立ったものである。

　Column ㊷　学問の自由に関する戦前の3事件

　①　**京大・沢柳事件**　1913年，沢柳政太郎が京都帝国大学総長に就任して，大学の改革と沈滞の一掃を理由として総長の専断で医・文・理工系の7名の教授を辞職させた。これに対して法科大学（当時。後の法学部）の教授・助教授は教授の任免が教授会の同意を得なければならないことの承認を総長に要求した。しかし，総長がこれを拒否

したので教授等は辞表届を提出した。文部大臣は「教授ノ任免ニ付テハ総長ガ職権ノ運用上教授会ト協定スルハ差支エナク且ツ妥当ナリ」ということを確認し，教授の任免について教授会の議を必要とするという慣行が確立した。

② **京大・滝川事件**　1932年10月，京都帝国大学法学部教授滝川幸辰が，中央大学で「復活に現れたるトルストイの刑罰思想」という講演を行い，社会は犯人に復讐的態度で臨む前に，犯罪の原因を十分に調査すべきこと，同情と理解が報復的刑罰より人道的であることとするトルストイの立場を肯定的に紹介した。内務大臣は1933年4月に滝川の著書『刑法読本』『刑法講義』を発売禁止処分とした。また文部大臣は京都帝国大学総長に滝川の辞職を要求したが，法学部教授会は滝川の辞職に反対する意向を表明した。文部大臣は，同年5月26日に文官分限令によって滝川を休職に付したので，法学部教授会は全員辞表を提出したが，最終的には7教授の辞職で終わった。

③ **天皇機関説事件**　貴族院勅選議員で当時の通説である天皇機関説（統治権は法人としての国家にあり天皇はその最高機関として他の国家機関の参与を受けて統治権を行使すると理解する学説）を代表する学者美濃部達吉の著書が反国体的学説であると非難されたのがきっかけとなって，政府の取締りを要求する国体明徴運動が起こり，政治問題化した。内務大臣は1935年4月に安寧秩序を害するとして『逐条憲法精義』『憲法撮要』『日本憲法の基本主義』を発売禁止処分とし，『現代憲政評論』『議会政治の検討』に改訂命令を発した。その直後に出された文部大臣の国体明徴の訓令および首相の訓示は実質的に天皇機関説を教室で教えることを禁止した。美濃部達吉が貴族院議員を辞職してこの事件は政治的には決着をみた。

Column ㊸　日本学術会議の任命拒否

2020年10月1日，日本学術会議が新会員として推薦した105名のうち6名が，菅義偉首相によって任命されなかったことが明らかになった。

日本学術会議（以下「会議」という）は，1949年1月，「日本学術会議法」（以下「法」という）施行によって，日本の人文・社会科学，生命科学，理学・工学の全分野約87万人の科学者を内外に代表する機

関として発足した。その前文には,「日本学術会議は,科学が文化国家の基礎であるという確信に立つて,科学者の総意の下に,わが国の平和的復興,人類社会の福祉に貢献し,世界の学界と提携して学術の進歩に寄与することを使命とし,ここに設立される」とある。会員の人数は210人で6年間の任期,3年ごとに半数が入れ替わる(法7条1項・3項)。会員以外に連携会員が約2000名任命される(法15条)。会議の活動は会員・連携会員によって担われる(法15条の2)。会員の任命手続に関する現行規定は,法17条の「日本学術会議は,規則で定めるところにより,優れた研究又は業績がある科学者のうちから会員の候補者を選考し,内閣府令で定めるところにより,内閣総理大臣に推薦するものとする」との規定を受けて,法7条2項が,「会員は,第17条の規定による推薦に基づいて,内閣総理大臣が任命する」としている。この選考手続に内閣総理大臣には裁量権(=拒否権)がないことは,中曽根康弘首相の1983年5月12日の参議院文教委員会における「形式的任命」との答弁で確認されている。その理由は,内閣総理大臣に学問上の業績を評価する能力はないからとされている。会議の発足当初,会員の選出方法は公選制であったが,それを現行規定に改正するにあたっての答弁である。

　2020年の任命拒否に対しては,会議の設立趣旨と会員の任命手続の前提を無視するものとして,ただちに日本の500以上の学術団体が反対声明を出した(人文社会系学協会連合連絡会編・私たちは学術会議の任命拒否問題に抗議する参照)。これは多様性を旨とする学術団体の本質からして前代未聞の事件であり,学問の自由の根幹をゆるがす大問題が起こったことを示している。

　菅首相は,「総合的,俯瞰的活動を確保する観点から判断した」と拒否理由を述べている(2020年10月5日)。この表現は2003年の総合科学技術会議による意見具申が初出とされ,この文書における「総合的,俯瞰的な観点から活動」という記載は学術会議全体のあり方を意味し,個々の会員の選考要件として提案されたものではない。

　この問題は,学問の自由との関係で分析する必要がある。学問は「真理の論理的・体系的・実証的探究」である。近世にヨーロッパで成立した大学は,この学問を専門的職業とする研究者集団が組織的に研究に従事するとともに,研究成果を学生に教授する学問共同体であ

った。真理の探究は，時の通説と矛盾する結果を出し，また時の政権の政策に反する結果を表明することがある。その結果，権力者が学者を弾圧・殺戮することが歴史上繰り返された（日本では，たとえば京大・滝川事件，天皇機関説事件）。これが人類全体を不幸にすることを学んで，学問の中心的組織である大学の自治，特にその中でも人事の自治は，日本でも戦前の京大・沢柳事件，京大・滝川事件（⇨ *Column* ㊷）によって確立され，それを継承するため憲法23条が明文化されたともいえる（後にみる東大ポポロ事件）。この会議は，戦前の学問研究の政治利用を反省して，大学を横断しさらには大学に属さない研究者を包含する研究者共同体として組織されたものである。その構成員たる「会員」の人事の自治をこの会議がもつのは，学問研究がもつ性質上，さらには歴史上必然の結果といえる。その趣旨は，「日本学術会議は，わが国の科学者の内外に対する代表機関として，科学の向上発達を図り，行政，産業及び国民生活に科学を反映浸透させることを目的とする」と定める法2条，そして，「日本学術会議は，独立して左の職務を行う。／一　科学に関する重要事項を審議し，その実現を図ること。／二　科学に関する研究の連絡を図り，その能率を向上させること。」と定める法3条の「独立して」の文言に示されている。

　今回の事件で，法律上形式的な「任免権者」である内閣総理大臣は，その理由を説明していない。正確にいえば，理由が公にできる内容ではないというべきであろう。そのこと自体が，任命拒否は政治的理由によるものであったことを例証しているといえる（佐藤学＝上野千鶴子＝内田樹編・学問の自由が危ない——日本学術会議問題の深層参照）。

| 学問とは？ 　　憲法23条によってその自由が保障される「学問」とは何なのか。「論理的手段をもって真理を探求する人の意識作用」（芦部編・憲法Ⅱ［種谷春洋執筆］），あるいは「内容および形式からみて，真理の探究のための真摯で計画的な試みと考えられるものすべて」（ドイツ憲法裁判所判決，BVerfGE 35, 79）などと定義される。しかし，学問とそれ以外のもの（非学問）を区別することは，たとえば現行選挙制度の問題点を政治

学者が指摘するような場面を考えると，限界領域においては非常に難しい。そこで，「学問的研究を為すことを使命とする人や施設により為される研究は，真理探求のためにするものである，と一応推定されなくてはならぬ」（佐々木惣一・日本国憲法論）とする見方もある。

2　学問の自由の内容

　学問の自由は，プロセスの観点からは，①研究の自由，②研究結果発表の自由，③教授（教育）の自由に分析される。①の研究の自由は，対外的な活動ではないという意味で，内面的精神活動の一領域を占め，19条の内心の自由の特別法的規定と解される。これに対して，②③は対外的な活動であり，外面的精神活動の領域を占め，21条の表現の自由の特別法的規定と解される。したがって，それぞれの自由につき存在する限界にも原則として服することになる。さらに，③の教授の自由は，学問の教授を受ける側の権利，つまり26条で保障された「教育を受ける権利」による制約その他の制約も受ける。しかし，あえて学問の自由に特別法的規定をおいた以上，一般法的な思想・良心の自由または表現の自由の保障を超えた保障，あるいはその保障に付された限界に例外を認めるような意味があるのかを問う必要がでてくる。

> (判例)　**東大ポポロ事件**（最大判昭和38・5・22刑集17巻4号370頁）
> 　東京大学の公認学生団体「ポポロ劇団」が許可を得て，松川事件を素材とする演劇発表会を大学構内の教室で開催した。その観客の中に所轄警察署警備係の警察官数名が私服でいることを学生が発見し，その身柄を拘束し警察手帳を取り上げて反省文を書かせた。その際暴行等があったとして，「暴力行為等処罰ニ関スル法律」に違反した容疑で起訴され

た事件である。一審は，警察官の立ち入り行為は職務の範囲を逸脱した違法行為であり，学生の行為は正当行為であるとして無罪とした。控訴審もこれを支持したが，最高裁は一般論として以下のように判示した上，破棄差戻しの判決をした。すなわち，学問の自由は，すべての国民に対して学問的研究の自由とその研究結果の発表の自由を保障するが，教育ないし教授の自由は，大学において教授その他の研究者に対してのみ保障する。また大学における学問の自由を保障するために大学の自治が認められている。大学の学生が一般国民以上に学問の自由を享有し施設を利用できるのは大学の教授その他の研究者が有する特別な学問の自由と自治の効果としてである。そして学生の集会は真に学問的な研究またはその結果発表のためのものであるときにはそのような自由と自治を享有するが，本件集会はそのような集会ではない，と。

研究の自由

研究の自由は，純粋な思索のみならず，研究のための前段階にあたる文献等の資料収集，装置を利用する基礎データの収集なども含まれる。報道の自由に取材の自由が認められないと意味がないのと同様である。純粋の思索は，学問的な色彩を帯びた内面的精神活動であるから絶対的な保障を受けるが，これは思想・良心の自由の保障からも導かれる。しかし，自然科学分野における実験作業は，物理的・化学的な力を周囲に及ぼすことがある。たとえば実験に使用した薬剤・微生物などは他人の生命・健康に影響を及ぼす可能性があるので，このような場合，研究活動自体が絶対的な保障を受けないのはむしろ当然ともいえる。なお，研究の自由は，職業として学問に携わる者のみならず，それ以外の一般市民にも保障される性質の自由である（前出・**東大ポポロ事件最高裁判決**）。

研究の自由は，基本的に政府の介入を排除する権利であり，積極的に研究費の補助を請求する権利を保障するわけではない。しかし，研究対象が経済的利益に直結しない基礎的研究は，政府等公共団体の補助に大きく依存しているのが現実である。この補助に関して不

当な差別的取扱いがある場合には平等原則違反の問題が生じる。

Column ㊹ 先端科学技術と学問の自由

情報処理技術など人間の知的生活にかかわる科学技術はメディアの変容をもたらし，特に表現の自由に新たな問題を提起している（⇨ *Chap.* 10-**2**）。さらに，より根源的には人間の生存にかかわる先端科学技術の研究について，深刻で緊急の問題が生起している。原子力やレーザー光線，毒性をもつ化学物質に関する研究のような人間の大量な殺傷兵器に結びつく研究，遺伝子操作を通じてクローン人間の誕生まで可能としつつある生命科学の研究などがそれである。少なくとも研究成果の戦争あるいは殺傷目的への転用禁止は，一般論としては異論のないところである。しかし，兵器は国際的規制を必要とする問題なので，国際政治の動向とも絡んで見通しは暗い。

生命科学は，遺伝子組換え技術など生物化学兵器の基礎研究となり国際政治と直接関係するものもあるが，現在は各国がそれぞれ規制方法を模索している段階である。アメリカ合衆国では法的規制は無いに等しく，商業ベースでの実施が現実化しているのに対して，ドイツでは厳格な規制を施そうとしている。イギリス・フランスは中間的な規制方法をとっている。日本の場合，基本的に関連する学会等の自主規制で行われている（他に，たとえば，経済産業省が文部科学省および厚生労働省とともに，「人を対象とする生命科学・医学系研究に関する倫理指針」のように官報〔2021年3月23日付〕告示の形式で，ガイドラインを示すこともある）。自主規制のあり方は，個人レベルの規制，個別の機関内にたとえば「倫理委員会」を設置して行われる規制，研究領域に関係する学会による規制などがありうるが，法的拘束力はないので信念に基づく独走を抑制することはできない。法的規制の必要性も説かれるが，倫理観が大きなウェイトを占めるので，専門家のみならず一般市民にも開かれた議論を踏まえて立法すべきであろう。なお，2000年，ヒト・クローン法（ヒトに関するクローン技術等の規制に関する法律）が制定され（2001年施行），人クローン胚（ヒトの体細胞であって核を有するものがヒト除核卵と融合することによって生ずる胚）などを人または動物の体内に移植することが禁止されるようになった。

研究結果発表の自由

研究発表の自由は，21条で保障された表現の自由の学問的側面を構成する。ただし，性科学の名の下でのわいせつ文書の出版や，政治学の応用と称してなされる実践的政治活動は「学問」ではなく，表現の自由一般の問題となり，表現の自由の限界に服すると考えられる。学問の自由は，その主体，つまり研究者の身分に付随するものではなく，その内容に着目した自由なのである。

公務員の身分をもつ教師・研究者が政治に関連する「研究発表」を行ったとき，公務員の政治的行為禁止の問題も絡んで，どのように考えるかが問題となる。特に「政治的目的を有する署名又は無署名の文書，図画，音盤又は形象を発行」（政治的行為〔人事院規則14-7〕6項13号）した場合，それが国家公務員の身分をもつ教官のときは，以前は国家公務員法102条（政治的行為の制限）が適用された（2004年4月1日に国立大学が法人化された後は適用も準用もされない）。なお地方公務員の身分をもつ教員は，教育公務員特例法18条によって国家公務員法の規定が準用される（1項。ただし，刑罰は科されない〔2項〕）。実践的政治活動と真理探究活動とは境界が微妙で，一般的な公務員法制において定められる政治的行為の禁止は，公務員たる研究教育従事者には原則として適用がないと解する説もある。この説は，23条に公務員一般に課せられた政治活動禁止を教育公務員につき解除する特別法的効果を認めるものである。

なお，初等中等教育機関で使用される教科用図書（教科書）の出版も研究成果発表の側面をもつが，教育を受ける権利と密接に関係するので，教科書検定制度に服し，この制度自体は合憲とされている（⇨*Chap.* 11-*1*）。

教授の自由

学問研究の成果を教授する自由は，学問の自由を構成する。しかしその保障される場

が大学等の高等教育に限定されるのか，それとも初等中等教育まで含まれるのかについては，学説は分かれていた。従来は，学問の自由が沿革的に大学の教授の自由のみを含めていたことを主たる理由として，大学における教授の自由と考えるのが一般的であった。

判例は，東大ポポロ事件最高裁判決（前出）においてこのような考え方をとったが，**旭川学テ事件**（最大判昭和51・5・21刑集30巻5号615頁）において，「知識の伝達と能力の開発を主とする普通教育の場」においても「教授の具体的内容及び方法につきある程度自由な裁量が認められなければならないという意味においては，一定の範囲における教授の自由が保障されるべきことを肯定できないではない」として初等中等教育機関における教授の自由が保障されると解し，判例の基本的立場を変更した。しかし，児童生徒の教授内容批判能力の欠如，教師の児童生徒に対してもつ影響力・支配力の強さ，学校・教師の選択余地の乏しさ，教育の機会均等の見地から全国的な一定水準の確保の要請を理由として完全な教授の自由を認めることはできないとしている（⇨*Chap.* 4-**2**）。

教育基本法の定める「政治教育の禁止」（14条2項）は罰則規定もなく教育者のモラルを示す規定として一般論としては合理性をもつ。なお，教授の自由には，教育成果の評価の自由も含まれるので，単位認定についても教育上の裁量が原則として尊重されるべきであるが，司法審査が全面的に排除されるわけではない（⇨*Chap.* 28-**3**）。

3 大学の自治

「大学の自治」に関する明文の規定は現行憲法に存在しない。しかし，学問研究の中心的組織である大学の自治は，学問の自由を保

障するために必要不可分であることを理由として，憲法上のいわゆる客観的な「制度的保障」(⇨2巻 *Column* (91)) であると解するのが一般的である。東大ポポロ事件最高裁判決（前出）も，「大学の学問の自由と自治は，大学が学術の中心として深く真理を探求し，専門の学芸を教授研究することを本質とすることに基づく」とする。

自治の内容

大学の自治の内容は中世ヨーロッパ以来の大学の伝統に由来し，大学の教授人事などの内部行政を大学の自主的決定に委ね，政府等の介入を排除しようとする。自治の中心に位置づけられる人事について，戦前の日本でも大学の自治に関するいくつかの事件があった。現行法制度は，教員の資格を定めるにとどまり（学校教育法92条，大学設置基準12条～17条），教員等の任免・分限等は評議会・教授会等の大学管理機関の自主的決定に委ねている（教育公務員特例法3条～10条参照）。教育の内容・方法も「教育課程」(大学設置基準19条～26条),「卒業の要件等」(同27条～33条）のみを定めている。ただし，その運営が独善に陥ることのないよう，2002年，自己点検・評価，認証評価の制度が導入された（学校教育法109条以下)。

大学の自治の内容は，伝統的に，①教員人事の自治，②施設管理の自治，③学生管理の自治とされている。その他に，④研究教育の内容および方法の自主決定権，⑤予算管理の自治も含むと解する説も有力である。自治を担う中心的組織は，教授その他の研究者の組織，つまり「教授会」あるいは「評議会（教育研究評議会)」である。

2014年，学校教育法が改正され，学長および副学長の権限が強化された（同法92条4項)。教授会が改正前に有していた重要事項の審議権は縮小され,「学生の入学，卒業及び課程の修了」(同法93条2項1号）と「学位の授与」(同項2号）のほか，学長が定める「重要な事項」が学長の決定事項となり（同項3号)，教授会は，こ

れらについて単に意見を述べることができるに過ぎない。この改正によって，教授会が有する人事権・予算権をも学長が剥奪しうる根拠が創設され，大学の自治は，侵食される危機に直面している。人事権・予算権を中核的内容とする大学の自治を制度的保障と解する通説からすると，運用次第で，この改正は違憲とされる可能性もある。

学生の地位は，従来は営造物（＝人と物から構成される公的施設）の利用者と考えられていたが，大学の不可欠の構成員として何らかの発言権をもつとの考え方も有力である。なお，23条が学問の自由を定めた特別の法的意味を，学問研究従事者の雇用関係における職務命令権，懲戒権，解雇権等の人事権の解除と捉える見解もある（高柳信一・学問の自由）。

Column ㊺ 国立大学の独立行政法人化

2003年，国立大学を国から独立した「国立大学法人」が設置・運営するものとし，大学の運営を学部等の教授会から学長を中心とする「経営協議会」と「教育研究評議会」に転換させる国立大学法人法が成立した（2003年10月1日施行）。これにより，文部科学大臣は6年ごとに中期目標を策定し，国立大学法人等は，これに基づき中期計画を作成して，国立大学法人評価委員会が，その達成状況について調査分析を行って総合的な評価を実施し，文部科学大臣が，その検討を行い所要の措置を講ずるとされた（同法30条～31条の4）。その評価は，国立大学法人運営費交付金の配分に反映されることになる。

このような制度改編は，教授会自治を中心とする大学の自治に対する政府機関の介入の糸口をあたえ，各大学が長年培ってきた独自の伝統を損なうものである。またその財政につき，運営費交付金を毎年漸減するとしたうえで，研究活動にも競争と経済効率優先の原理を導入したもので，自主財源が構造的に乏しい大学経営を圧迫し，学問の自由を実質的に侵害する懸念がある。

2015年6月8日，文部科学大臣は，「国立大学法人等の組織及び業

務全般の見直しについて」を決定し，各国立大学法人学長および各大学共同利用機関法人機構長宛に通知した。その中に，「特に教員養成系学部・大学院，人文社会科学系学部・大学院については，18歳人口の減少や人材需要，教育研究水準の確保，国立大学としての役割等を踏まえた組織見直し計画を策定し，組織の廃止や社会的要請の高い分野への転換に積極的に取り組むように努めることとする」と記載された。これは，大学文系不要論と理解されて物議をかもした。文部科学省は，表現の問題に過ぎないなどとしてこれを撤回しなかった。この騒動は，経済活動に資する自然科学のみを大学の取り組むべき学問とする偏狭な思い込みが政官界を支配し，森羅万象にわたる真理の探究こそが学問のエッセンスとの基本認識のないことを露呈させた。

　2023年12月に，国立大学法人法の一部を改正する法律が制定された（令和5年法律88号）。この法律は，国立大学法人等の管理運営の改善並びに教育研究体制の整備及び充実等を図るため，事業の規模が特に大きい国立大学法人についての運営方針会議の設置及び中期計画の決定方法等の特例の創設，国立大学法人等が長期借入金等を充てることができる費用の範囲の拡大，認可を受けた貸付計画に係る土地等の貸付けに関する届出制の導入等の措置を講ずるとともに，国立大学法人東京医科歯科大学と国立大学法人東京工業大学を統合するものである。

　この法律により，新たに「運営方針会議」が設けられる。この会議は，委員3名以上及び学長で構成され，委員は学長選考・監察会議と協議の上，大臣の承認を得て学長が任命・解任するとされ，①中期目標への意見，中期計画の作成，②予算と決算の作成というこれまでの「役員会」の決定事項が移され，また学長選考・監察会議に学長の選考に関する意見，学長が解任事由に該当する場合の報告を実施する権限をもつことになる。

　この法律は，累次進められてきた経済界など学外者の大学運営参加者を増やすことによって，学部・研究所など大学部局の教授会自治の権限を弱め，学長・執行部による権限を強める政府の方向性の終着点ともいわれる。この法律には東京大学・京都大学など5つの大規模国立大学法人を特定国立大学法人として指定し強力な権限をもつ運営方針会議の設置を義務づける。この会議には教育・研究の内容には権限

は及ばないが，役員会（学長・理事等）にあった組織目標や予算に関する決定権が与えられる。この会議の構成員には何らの資格要件が付されていないので，授業料の過大な引き上げや学部廃止などの決定が決定される可能性もあり，大学の自治さらには学問の自由（とりわけ研究の自由）が根本から蝕まれる恐れがあることも指摘されている。

自治の限界　大学の自治といってもいわゆる「治外法権」的地位を大学に付与するものではなく，学問の自由とは無関係な領域においては一般社会と同様の規制に服する。また，教員人事や学生の処分等についても一定の司法審査に服する。問題は，警察作用との関係である。これは特に，施設管理の自治との関係で問題となる。真理の探究，つまり既存の価値体系を批判的に検討し新しい価値体系を創造することを使命とする学問研究活動は，既存の体制の維持を使命とする警察作用と衝突する可能性を本来はらんでいるといってもよい。警察当局の監視や統制のおそれのある警備公安活動はこのような観点から禁止されると解される。ただし，令状に基づく捜査活動に協力すべき義務は大学関係者の立会いという条件の下に当然負うべきであり，また施設管理につき内部の職員による処理能力を超える事態が生じたときには，警察力の出動を要請しその要請下に構内に立ち入ることは必ずしも不当ではない。

［渋谷］

【4 精神的自由権】

Chapter 16　集会・結社の自由／家族形成の自由

> 集会・結社は，その目的を問わない。政府の特定の政策に反対しまたは支持する集会・結社のような政治的なものから，好みのバンドのコンサートや映画の鑑賞，あるいはスポーツ観戦も「集会」に含まれる。またタレントのファンクラブ，ひいきチームの応援団，趣味を共通にするサークルなどは「結社」に含まれ，「家族」も人生のある時期を共に過ごす集団と考えられる。人は1人で孤独に生きていくにはあまりにも弱い存在である。しかし同じ嗜好・目的をもつ者同士が集い，意見を交換し，またともに行動することによって，人は生きる意味を見出し，場合によっては外部の他者に働きかけることができる。

1　集会・結社の意義

集会・結社とは？

(1) **集　会**　2人以上の人が共通の目的で一時的に一定の場所に集うことを集会という。共通の目的がある点において「群衆」とは区別される。集会の行われる場所として，公会堂・市民会館など参加に際して何らかのチェックがなされるものと，公園・広場などチェックがなされず自由に参加できるものがある。法的には前者のように対外的に閉ざされた施設で行われる集会が「屋内集会」，後者のように対外的に開かれた施設で行われる集会が「屋外集会」である（屋根の有る無

しによる区別でないことは,「東京ドーム」と「阪神甲子園球場」を想起すればわかる)。また特定の場所にとどまらずに移動しながら行われるもの,つまり集団行進,集団示威運動(デモ行進)も集会に含まれる。集会は,集合体としての意思を形成し,さらに場合によってはその意思を対外的に表現し,それを社会的に実行するための活動を伴う。したがって精神的自由権,特に表現の自由の1つの形態として捉えるのが多数説である。

(2) **結　社**　2人以上の人が共通の目的で一時的または継続的に団体を形成することを結社という。結社はそれ自体が必然的に表現活動を行うわけではなく結社の目的・機能もさまざまである。また憲法24条は家族生活における個人の尊厳と両性の平等を規定している。夫婦・家族は社会における基礎的団体であり,この規定は夫婦・家族という団体のあり方の基本原則を示したものである。

現行憲法における保障　大日本帝国憲法(明治憲法)29条も,「集会及結社ノ自由」を保障していた。しかし,それは「法律ノ範囲内ニ於テ」であり,いわゆる「法律の留保」が付されていた。現実には治安警察法,治安維持法等の治安立法がこれらの自由を規制していたのである。ところが戦後の現行憲法下の集会・結社の自由にはそのような留保がなくなり,その保障は無条件的となった。しかし,集会・結社の自由は社会的活動を伴うので,他者の人権への影響,その他の理由に基づいて制約を受ける。なお,日本国憲法の下で集会・結社の自由は表現の自由を規定する21条1項の中に位置づけられている。これは先に説明したようにこれらの自由が表現の自由と密接な関係があるからとされている。

2 集会の自由

集会の自由の重要性　集会は社会においてどのような意味をもつのであろうか。最高裁はその意味を次のように捉える。つまり，集会は「国民が様々な意見や情報等に接することにより自己の思想や人格を形成，発展させ，また，相互に意見や情報等を伝達，交流する場として必要であり，さらに，対外的に意見を表明するための有効な手段」であるから，集会の自由は「民主主義社会における重要な基本的人権の1つとして特に尊重されなければならない」（成田新法事件・最大判平成4・7・1民集46巻5号437頁）。人と人が対面して情報を交換し，意見をたたかわせ，自己の内面を高め，また相手を説得する場，つまりいちばん素朴なコミュニケーション手段としての集会の捉え方は重要である。

集会の自由の限界　集会の自由は，集会の主催・指導，あるいは参加について政府によって強制または妨害されない自由を意味する。しかし，集会・集団行動は複数人が集合して一定の場所を物理的に占拠するので他者の権利・自由・利益と競合・衝突する可能性を伴う宿命をもつ。したがって，このような物理的な競合・衝突を未然に調整し予防するために，必要最小限度の制約に服すことになる。これまでに具体的に問題となったのは，道路，公園，公会堂などの公の施設（公共用物）を集会・集団行進のために使用する際に行われる規制に関係する事案である。

(1)　**屋外における集会・集団行動の規制**　屋外で行われる集会・集団行動に対する直接的規制が問題となった事案が**皇居外苑使用不許可事件**（最大判昭和28・12・23民集7巻13号1561頁）である。最高

裁は，この事件で，公共的空間を国民が使用することは単なる「恩恵」ではなく，管理権者の許可・不許可の判断には限界があり，国民がその判断の違法性を争うことができることを示した。

判例　金沢市庁舎前広場事件（最判令和5・2・21民集77巻2号273頁）
　石川県憲法を守る会（以下X）は，金沢市長（以下Y）が管理する金沢市庁舎前広場（本庁舎の北側に位置し壁や塀で囲われていない南北約60m・東西約50mの平らな広場で北側と東側は道路に接している。以下「本件広場」）において「憲法施行70周年集会」を開催するため，金沢市庁舎等管理規則（以下「本件規則」）所定の許可申請をしたところ，Yは本件規則5条12号（「特定の政策，主義又は意見に賛成し，又は反対する……等の示威行為」）に該当し庁舎等の管理上の支障がある等として不許可処分とした。これに対して，XはYに対して国家賠償法1条1項の損害賠償請求訴訟を提起した。一審・二審は請求を棄却したので，Xは上告に及んだ。法廷意見は「普通地方公共団体の庁舎は，飽くまでも主に公務の用に供するための施設であって，その点において，主に一般公衆の共同使用に供するための施設である道路や公園等の施設とは異なる」。「公務の中核を担う庁舎等において，政治的な対立がみられる論点について集会等が開催され，威力又は気勢を他に示すなどして特定の政策等を訴える示威行為が行われると，〔Y〕が庁舎等をそうした示威行為のために利用に供したという外形的な状況を通じて，あたかも〔Y〕が特定の立場の者を利しているかのような外観が生じ，これにより外見上の政治的中立性に疑義が生じて行政に対する住民の信頼が損なわれ，ひいては公務の円滑な遂行が確保されなくなるという支障が生じ得る」。他方「他の場所，特に，集会等の用に供することが本来の目的に含まれている公の施設……等を利用することまで妨げられるものではないから，……集会の自由に対する制限の程度は限定的である」。「したがって，本件広場における集会に係る行為に対し本件規定を適用することが憲法21条1項に違反するものということはできない」とした。
　宇賀克也裁判官の反対意見は以下の通りである。「本件広場は公共用物であり，地方自治法244条2項にいう公の施設ないしこれに準ずる施設に当たるものと考える」。「公用物や利用者の限定された公共用物であっても，空間的・時間的分割により，広く一般が利用可能な公共用物になることがある」。「本件広場を含めた（広義の）庁舎についても，本件広場に空間を限定し，かつ，休日等，騒音等により市の公務に支障を与

えない範囲で公共用物としての利用が行われてきたとみることもできる」。「公用物は公用物としてしか利用し得ないという論理は，行政の実態とも適合しておらず，本件広場の利用の実態等を十分に吟味せずに，本件広場への本件規則の適用を前提とすることには賛同し難い」。

本裁判は，行政法理論における公物法上の概念である公用物（＝直接政府または地方政府の利用に供される物）と公共用物（＝直接一般市民の利用に供される物）との区別が論じられていて，本件広場の分類が焦点となった（この点は宇賀意見が学問的にも常識的にも妥当な判断である）。もっとも憲法理論からすると，本事案の本質的論点は憲法 99 条解釈である。つまり同条によって公務員たる市長 Y には憲法遵守義務が課されていて，市長をはじめ一般市民に憲法遵守を求める集会を「政治的な対立がみられる論点」あるいは「政治的中立性に疑義が生じ〔る〕」ととらえること自体が極めて反憲法的かつ政治的で，本判決は裁判官に課された憲法遵守義務が果たされなかった歴史に残る珍妙な判決となった。

集団行動につき許可制を設ける公安条例について，最高裁は，**新潟県公安条例事件（最大判昭和 29・11・24 刑集 8 巻 11 号 1866 頁）**において次のような基準を示した。すなわち，①一般的な許可制を定めて事前に抑制することは許されない，②特定の場所または方法につき合理的かつ明確な基準の下での事前の許可制または届出制はただちに違憲とはならない，③公共の安全に対し明らかな差し迫った危険を及ぼすことが予見されるときは不許可または禁止する規定をおくことができる。この判決は，一般論として行政側の裁量的判断の余地をなるべく限定しようとした点が評価された。しかしその後，集団行動が「甚だしい場合には一瞬にして暴徒と化」すことは「群集心理の法則と現実の経験に徴して明らかである」として，きわめてあいまいな基準しか設定していない公安条例を合憲としている**（東京都公安条例事件・最大判昭和 35・7・20 刑集 14 巻 9 号 1243 頁）**。この判決は，治安維持の必要性を重視しすぎ，集団行動の意義および表現行為規制法令の規定のあり方の理解に問題がある。屋外における集会・集団行動の規制は，一般大衆による公園・道路など公共用

施設の利用に危険が及ぶことを防止する目的，あるいは利用の競合を調整する目的をもって定められた届出制などの必要最小限度の規制でなければ違憲となるであろう（芦部・憲法）。

国会議事堂等周辺地域及び外国公館等周辺地域の静穏の保持に関する法律は，これらの地域と政党事務所周辺地域における拡声器の使用を規制し，国会の審議権の確保と良好な国際関係の維持を目的とする。規制態様は，内容中立規制にみえるが，大規模な集会・集団示威行進にはその秩序を保つために拡声器の使用は必要不可欠である。この法律は，最も政治的表現行為が行われる可能性の高い場所において実質的に集会・集団示威行進を禁止するもので，違憲と考えられる。

なお，「何人も……公共の場所において，当該場所の所有者又は管理者の承諾又は許可を得ないで，公衆に不安又は恐怖を覚えさせるようない集〔蝟集＝蝟（はりねずみ）の毛のように密集して多く集まること〕又は集会」を禁止する条例につき，合憲限定解釈を施した上で合憲とした判例もある（**広島市暴走族追放条例事件・最判平成19・9・18民集61巻6号601頁**）。

(2) **屋内における集会の規制**　自分が所有しあるいは正当に管理する施設内において集会を行うことは自由であるはずである。ところが，いわゆる成田新法（新東京国際空港の安全確保に関する緊急措置法〔現・成田国際空港の安全確保に関する緊急措置法〕）は，特定区域内の建築物が「多数の暴力主義的破壊活動者の集合」（3条1項1号）などのために用いられる場合にその使用禁止命令を課すことができるとし，実際この法律が適用された（⇨*Chap. 2-1*）。最高裁は，先に引用したように集会の意義を高く評価しつつ，その制約によって得られる利益，つまり空港施設・航空機航行の安全，乗客等の生命・身体の安全の確保と制限される利益を「総合して衡量」し，前

者が後者を上回るとしてその制約を合憲としている（前出・成田新法事件最高裁大法廷判決）。立法目的の正当性に異論はない法律であるが，集会の意義の重要性に照らして，制約を課す手段の正当性をより厳密に問うべきであろう。

地方自治法は，「正当な理由がない限り，住民が公の施設を利用することを拒んではならない」（244条2項）とし，また住民のその利用につき「不当な差別的取扱いをしてはならない」（同条3項）としている。このような施設の利用についてはさらに条例を制定して利用手続や不許可事由を定めるのが一般的である。

> 判例　泉佐野市民会館事件（最判平成7・3・7民集49巻3号687頁）
> Xらは泉佐野市民会館ホールで「関西新空港反対全国総決起集会」を開催するため泉佐野市長（Y）に，市立泉佐野市民会館条例6条に基づき使用許可申請を行ったが，Yは同市民会館条例7条1号の「公の秩序をみだすおそれがある場合」および3号の「その他会館の管理上支障があると認められる場合」に該当するとして不許可処分としたので，Xらは国家賠償法に基づき損害賠償を請求した。一審・控訴審が請求を棄却したので，Xらは上告した。最高裁は以下のように述べて上告を棄却した。
> 「集会の用に供される公共施設の管理者は，当該公共施設の種類に応じ，また，その規模，構造，設備等を勘案し，公共施設としての使命を十分達成せしめるよう適正にその管理権を行使すべきであって，……利用を不相当とする事由が認められないにもかかわらずその利用を拒否し得るのは，利用の希望が競合する場合のほかは，施設をその集会のために利用させることによって，他の基本的人権が侵害され，公共の福祉が損なわれる危険がある場合に限られ……，このような場合には，その危険を回避し，防止するために，その施設における集会の開催が必要かつ合理的な範囲で制限を受けることがある」。その「制限が必要かつ合理的なものとして肯認されるかどうかは，基本的には，基本的人権としての集会の自由の重要性と，当該集会が開かれることによって侵害されることのある他の基本的人権の内容や侵害の発生の危険性の程度等を較量して決せられるべきものである」。
> 「本件条例7条1号は，……広義の表現を採っているとはいえ，……

集会の自由を保障することの重要性よりも、……集会が開かれることによって、人の生命、身体又は財産が侵害され、公共の安全が損なわれる危険を回避し、防止することの必要性が優越する場合……と限定して解すべきであり、その危険性の程度としては、……単に危険な事態を生ずる蓋然性があるというだけでは足りず、明らかな差し迫った危険の発生が具体的に予見されることが必要である」。そして、「主催者が集会を平穏に行おうとしているのに、その集会の目的や主催者の思想、信条に反対する他のグループ等がこれを実力で阻止し、妨害しようとして紛争を起こすおそれがあることを理由に公の施設の利用を拒むことは、憲法21条の趣旨に反する」。

「しかしながら……本件不許可処分は……客観的事実からみて、グループの構成員だけでなく、本件会館の職員、通行人、付近住民等の生命、身体又は財産が侵害されるという事態を生ずることが、具体的に明らかに予見されることを理由とするものと認められる」として、「本件不許可処分が憲法21条、地方自治法244条に違反するということはできない」とした。上尾市福祉会館事件・最判平成8・3・15民集50巻3号549頁も同旨。

公の施設で平穏に集会を行おうとしている場合に、その集会や主催者の思想・良心に反する集団が実力で妨害しようとするおそれがあるとき、たとえば、ある団体（日教組など）が施設の使用許可を申請したとき、その団体に敵対する集団（右翼団体など）による敵対行動の発生が予見され、周辺住民の生活に支障をきたす懸念などを理由に施設管理者が不許可とすることがある。このような理由による利用拒否（不許可処分）は憲法21条違反になるとする法理を「敵意ある聴衆の法理（hostile audience doctrine）」という。

⟨判例⟩ **日教組グランドプリンスホテル新高輪集会拒否事件**（東京地判平成21・7・28判時2051号3頁）　日本教職員組合（日教組）は、「日教組第57次教育研究全国集会」の会場とするために、ホテルと、宴会場の使用と参加者の宿泊を内容とする契約を締結したが、ホテル側が、右翼の街宣などで周囲に迷惑がかかるなどとして解約を主張し、宴会場の使用を拒否し、またホームページなどで自己の主張を続けた。日教組側が宴会場の使用を求める仮処分命令を申し立てた事案において、東京地裁

は申立てどおりの決定を出した。ホテル側はこれに対する保全異議の申立ておよび保全抗告をしたが，東京高裁は，ホテル側が日教組や警察当局と十分打ち合わせることで混乱を防止できるなどとしてこれを棄却した。ところが，ホテル側がこれに従わず，なおその主張を続け，結局集会を開催できなかった。この使用拒否等一連の行為について，日教組は，損害賠償と謝罪広告を求めた。

東京地裁は，本件使用拒否が「民事保全制度の基本構造を無視するものであって，民事保全法の予定しない違法な所為」であるとしたうえで，単位組合・組合員については，集会の意義について成田新法事件・最大判平成4・7・1民集46巻5号437頁（⇨*Chap.* 2-*1*, *Chap.* 16-*2*）と同趣旨を述べた後，「集会参加することについて固有の利益を有し，かかる利益は法律上保護されるべきである」として，債務不履行および不法行為に該当するとし，また一連の行為は名誉・信用の毀損による不法行為に該当するとして，損害賠償および謝罪広告掲載請求を認容した。控訴審・東京高判平成22・11・25判時2107号116頁は，賠償額は減額したものの，その判断を基本的に支持した。

3 結社の自由

結社の自由の重要性

結社の自由は，団体を結成し，存続し，解散すること，また既存の団体に加入し，脱退することについて政府から強制または妨害されないことを意味する。近世絶対主義時代の政府（王権）は権力の掌握・集中の要求から政治的自律性を有する団体，つまり多元的な権力構造の担い手である中世以来の各種団体の統制を試みた。また近代市民革命後の政府も，全体社会（国家）と個人（市民）との間に存在していたさまざまな旧来の団体（中間団体），たとえば同業組合，教会などを解体して個人を解放することをその目標の1つとした。このような時代は結社の自由にはむしろ否定的であったと解することができる。

しかし，活動に限界のある個人の枠組みを超えた展望を開く団体の活動は，個人に対してより多くの幸福・利益をもたらすことが広く認められ，また団体固有の利益の追求が認められることを理由に，結社の自由について憲法的保障を与えるのが現在の世界的傾向といえる。

　21条1項の保障する「結社の自由」は結社の自由一般の保障規定であるが，個別の権利ごとに，その権利実現のための結社の自由を特別法的に保障する規定がある。宗教的結社に関する20条，労働組合の結社（勤労者の団結）に関する28条などがそれである。

　結社はその目的・機能もさまざまであり，結社自体が表現活動をはじめとする諸活動を必然的に伴うわけではない。団体としての対外的活動にどのような憲法上の保障が及ぶかは，「法人」の人権の享有主体性の問題として，個別の権利ごとにはたしてどのような権利をどの程度まで享有するのかを考える必要がある（⇨Chap. 20-**2**）。

　結社の自由の保障が独自の意味をもつのは先に見た結社自体に対する政府の規制の局面のほかには，団体の対内的自律統制権に対する規制がある。つまりこの自由は法令等を定めて内部的自律事項へ介入すること，また統制権の具体的行使に関して司法的救済を与えることの限界を画する機能をもつのである（⇨Chap. 28-**3**）。

結社の自由の限界　結社も集会と同様に社会的な力をもつので絶対的な保障を受けるわけではない。たとえば，犯罪目的の結社は許されないといわれている。1991年に制定された「暴力団員による不当な行為の防止等に関する法律」3条は，都道府県公安委員会が「暴力団として指定」することを規定している。もっとも，指定によって間接的に「解散」を誘導するものであり，暴力団の設立そのものを制限するわけではない。この法律は，2012年7月に改正され，企業や市民への襲撃にかかわり，犯

行を繰り返すおそれがある暴力団を「特定危険指定暴力団」に，また抗争事件を起こした暴力団を「特定抗争指定暴力団」にそれぞれ指定して，指定された区域内での不当要求や抗争相手の関係先に近づくことなどを禁止し，中止命令・再発防止命令なしに逮捕できる，いわゆる直罰規定となり，同命令に違反した場合の罰則も強化されて，懲役（現「拘禁刑」，以下同じ）1年以下または罰金100万円以下が懲役3年以下または罰金500万円以下となった。また各都道府県の暴力追放運動推進センターが，暴力団事務所の使用差止を求める訴訟を提起できるようになった（同年10月施行）。

　憲法秩序の基礎の破壊を目的とする結社は，日本国憲法が「闘う民主主義」，つまり民主主義の価値を否認し破壊する勢力を許さない民主主義を採っていると解するか否かによって結論は異なってくる。ドイツはそのような立場を採るが，日本はその目的が「思想」にとどまっている限りは保障されると解するのが一般である。日本の現行法令で問題となるのが，破壊活動防止法に含まれている解散指定（7条）である。「団体の活動として暴力主義的破壊活動を行う明らかなおそれ」という包括的かつ不明確な規定のもとで集会の開催，機関誌の発行に加えて結社そのものを禁止することについては違憲の疑いが濃いとされている。1996年7月1日，オウム真理教（現「アレフ」）につき公安調査庁長官から公安審査会に団体解散指定処分の請求が初めてなされたが，1997年1月31日，同審査会は請求を留保つきながら棄却する決定を下したので，適用例はなお存在していない。

　弁護士会・税理士会等専門技術的公共的職業団体については強制加入制をとっているが，当該職業の公共性・専門性を維持するために必要でかつ当該団体の目的と活動が会員の職業倫理の向上，職務の改善等をはかる等に限定されているときにはこの制度も許される

と解されている。ただし，このような団体がその設立目的と直接関連しない活動（たとえば，特定の政治団体や人道的活動への寄付など）をすることは，たとえそれが会員の多数によって決定されるものであっても，これに反対する少数派の会員には脱退する自由がなく，またその思想・良心の自由を侵害することになるから認められないであろう（⇨*Chap.* 21-**2**）。なお，団体の内部統制権も無条件ではなく，たとえば，労働組合の方針に違反して立候補した党員を処分することは許されないとした判例がある（三井美唄炭鉱労組事件・最大判昭和43・12・4刑集22巻13号1425頁）。

Column ㊻　団体規制法

　1999年12月，オウム真理教対策を念頭に置いた団体規制法（無差別大量殺人行為を行った団体の規制に関する法律）が制定・施行された。この法律は，公安調査庁長官の請求（事前に警察庁長官の意見を聴くことになっている）に基づき（12条）公安審査委員会が過去10年以内に「無差別大量殺人行為」を行った団体に対する観察処分（5条）や再発防止処分（8条）を行うこととしている（30日以内の努力義務，22条2項）。観察処分は，①3カ月ごとに役職員らの氏名・住所や土地・建物の状況，資産状況などの報告・意見聴取，②施設などへの立入検査，再発防止処分は，①土地・建物の新規取得・使用等の禁止，②事件当時の役員らの団体活動の禁止，③勧誘や脱退妨害の禁止がその主たる内容となっている。そしてその施行状況を国会に毎年1回報告することとする（31条）。しかし，その処分手続は迅速性を重視して簡略化されすぎているとして，「結社の自由」や「住居の不可侵」（憲法35条）の保障を危うくするという批判があり，5年ごとに廃止を含めて見直すことが規定された（附則2項）。しかし，この法律は制定当初のままなお存続している。

4　家族形成の自由

　家族は社会の基礎的団体である。現行憲法 24 条は婚姻関係（1項）および家族関係（2項）に関する基本原則を定めるが、夫婦および家族を団体と見た場合、この規定は結社すなわち「個人の結合」の自由の家族に関する特別法的規定と解することができる。

Column ㊼　「中間団体」としての家族

　市民革命を経て成立した憲法を含む「近代法」全体を貫く基調は「個人主義」であるといわれる。しかし、ここでいう「個人」とは、20世紀に入るまでは成年男子、つまり主として「家長」を意味し、この個人主義は「家長個人主義」とでもいうべきものであったとされる。たとえば、政治的自由の中核を占める参政権は家長が有するとされたのである。このようにヨーロッパ社会において「家族」は一貫して「最も自己完結的で、最も小さな、最も安定的な社会団体」であり、先に見たような中間団体に対する王権による絶対主義的介入、市民革命時の解体の試みを生き延び、あるいは利用され、自由主義経済の発展とともに政治的意味づけのみならず、労働力再生産の場という経済的意味づけを与えられたのである（村上淳一「団体と団体法の歴史」岩波講座・基本法学2巻「団体」、上野千鶴子・家父長制と資本制等参照）。

戦前の家族制度　明治憲法には家族に関する規定はない。明治維新後諸般の事情で法制度の整備を急いだ際、個人主義を基調とするフランス民法をモデルとした、いわゆる旧民法（1890年〔明治23年〕）人事編は、「民法出でて忠孝亡ぶ」（穂積八束が、法学新報5号8頁〔1891年〕に発表した論文のタイトル）という表現に象徴される「民法典論争」の末、その実施が延期された。そして、あらためてドイツ民法を主なモデルとした新民法が制

定(1896年〔明治29年〕)・施行(1898年〔明治31年〕)されたのである。この民法の家族関係の規定は，法典論争の実施延期派の考え方の影響を受けて，封建的な大家族制度(=「家制度」)をとった。つまり家長である戸主に家を統率する戸主権を与え，婚姻などの家族の身分行為に対する同意権，それに反した場合の制裁としての離籍・復籍拒絶権，妻の無能力などを定め，婚姻関係において夫の妻に対する優越権を認めていた。また相続についても長子単独相続の家督相続が中核とされ，女性は相続順位においても男性より劣位におかれたのである。

家族の基本ルール 憲法24条の主眼は，このような戦前の家制度を解体し，個人の尊厳と両性の平等に基づく新たな家族像の構築をはかったことにある。その詳細は法律で定められることになり，憲法の基本原則に沿って全面的に改正された民法第4編「親族」・第5編「相続」が1948年1月1日より施行され(なお，同時に「個人の尊厳」と「両性の本質的平等」が財産法を含む民法全体の解釈基準と規定する民法1条ノ2〔現2条〕が追加された)，その後若干の改正がなされて現在に至っている。ただ，家族のあり方も社会状況とそれに伴う社会意識の変化に洗われて，「その起源を探ることは，不可能に近く，その将来を卜する〔=占う〕ことは，夢にひとしい」(我妻栄・親族法)といえる。未届・別居・別姓の「夫婦」，また意識的に子どもを作らない夫婦は現在ではもはや珍しい存在ではなくなっているのである。

(1) **婚姻の自由** 24条1項は，婚姻が両性の合意のみに基づく契約的関係であることを要求している。合意された婚姻の実質的内容については憲法も民法も規定していないが，判例は，「婚姻の本質は，両性が永続的な精神的及び肉体的結合を目的として真摯な意思をもつて共同生活を営むこと」(**最大判昭和62・9・2民集41巻6号**

4 家族形成の自由

1423頁）とした。テーブルとベッドを共にする関係，つまり寝食を共にし性的結合をもつ関係と一応定義することもできた。

　婚姻は，両性の合意のみに基づき成立するのであるから，当事者以外の第三者の同意を有効要件とすることは「憲法上の例外的家族」と解される天皇・皇族以外については禁止される。ただし，婚姻届の提出を法律上の有効要件とすること（民法739条，戸籍法74条）は，夫婦関係に法的効果を認める制度を維持する以上，合理的な規定と解される。

　同性同士の「婚姻」が異性同士の婚姻と同程度に保障されるのか。2024年6月の時点で，同性婚を認める国・州・地域は38あり，年々増加している。アメリカ合衆国最高裁は，2015年6月26日，州政府が同性カップルに対して婚姻許可証を発給しないこと，他州で合法的に認められた同性カップルの婚姻を承認しないことを違憲とする判決を下した（Obergefell v. Hodges. なお裁判官の評決は5対4であった）。婚姻の権利は合衆国憲法が保障する基本的権利であり，その制限は適正手続条項に反すること，国の社会秩序の要となる婚姻につき同性婚と異性婚との間に違いはないこと，同性婚を不利に扱う行為は法の平等保護に反すること，を理由とする。

　その他，婚姻に準じる関係（パートナー）を認める国も十数ヵ国ある。

　日本でも，2015年，東京都の渋谷区は同性カップルを「結婚に相当する関係」と認める証明証を発行することも規定した条例（男女平等及び多様性を尊重する社会を推進する条例）を制定した。同年，東京都世田谷区は，同性カップルが「パートナーシップ宣誓書」を区に提出すれば，区長は受領証を発行することを定める要綱を策定した。同様の制度は459の自治体に広がっている（2024年6月28日現在）。他方，与党の衆議院議員がLGBT法案を検討する党内会合

で「種の保存に反する」旨の発言をするなど，なおLGBTに対する無理解が存在し，「男女の夫婦とその間に生まれた子ども」という家族観が根強い。この問題は，性的マイノリティの生き方をいかに保障するか，家族とはそもそも何か，という課題への真剣な取り組みを，私たちに求めている。

2023年6月に「性的指向及びジェンダーアイデンティティの多様性に関する国民の理解の増進に関する法律」（LGBT理解増進法）が議員立法として制定・施行された（令和5年法律68号）。性的指向とジェンダーアイデンティティ（=SOGI）の多様性に着目する日本初の立法となった。差別禁止法ではなく理解増進法となったのは保守派議員の反対があったからである。本法律の構成は，目的（1条），定義（2条），基本理念（3条），国と地方公共団体の役割（4条・5条），理解増進にかかわる事業主・学校の努力義務（6条），政府の理解増進施策について負う義務として，実施状況の公表（7条）・基本計画の策定・変更（8条）・学術研究の推進（9条），国・地方公共団体・事業主・学校の知識の着実な普及等必要な施策を講ずる努力義務（10条），関係行政機関の連絡調整を行う「理解増進連絡会議」の設置（11条），この法律所定の措置の実施等に当たっての留意事項やその場合における政府の指針策定義務（12条）からなる。

経済産業省勤務のトランス女性の女性トイレ使用等にかかる行政措置の要求を認めなかった人院の判定は「具体的な事情を踏まえることなく他の職員に対する配慮を過度に重視し，〔原告〕の不利益を不当に軽視するもの」であり裁量権の逸脱・濫用にあたり違法とする判決（**最判令和5・7・11民集77巻5号1171頁**）がある。

同性婚は，日本の世論調査でも認める意見が多数を占めるようになった。憲法の基本理念は，個人の尊重（13条前段）と個人の尊厳（24条2項）であるから，婚姻の自由に同性婚の自由も含めるべき

時が到来した。婚姻を結社の一部とする立場からすると，先にみた最高裁の婚姻の定義はすでに古くなり，「相互の指向と価値観を理解し共有しあえる個人同士が互いを信じあって対等に生きる時間を分かち合うために創った結社」とすべきであろう（渋谷秀樹「憲法理論からみた同性婚の省察」判時2015号参照）。

Column ㊽ 同性婚訴訟

同性同士の婚姻届を受理しない扱いについて各地で訴訟が提起された。憲法上の争点は，①憲法24条1項は同性婚を保障しているか，②同性婚を認めないのは憲法24条2項が保障する個人の尊厳を侵害するか，③同性婚を認めないのは憲法14条1項の法の下の平等に違反するか，である。地方裁判所の判決として，(i)札幌地裁は①②を否定したが，③を認めて違憲とし（札幌地判令和3・3・17判時2487号3頁），(ii)大阪地裁は①②③をすべて否定して合憲とし（大阪地判令和4・6・20判時2537号40頁），(iii)東京地裁は，①③は否定したが，②につき違憲状態とし（東京地判令和4・11・30判時2547号45頁），(iv)名古屋地裁は①を否定したが，②③につき違憲とした（名古屋地判令和5・5・30判例集未登載）判決などがある。

高等裁判所の判決として，①②③すべてを違憲とした判決（札幌高判令和6・3・14判タ1524号51頁），②③を違憲とした判決（東京高判令和6・10・30判例集未登載），②③に加えて新たに「幸福追求権」を保障した憲法13条に違反するとした判決（福岡高判令和6・12・13判例集未登載）がある。

2003年に成立した「性同一性障害者特例法」（性同一性障害者の性別の取扱いの特例に関する法律）は，性同一性障害の独身成人が戸籍上の性を心の性に合わせて変更できるようにしたものである。なお，性別変更につき「現に子がいないこと」（同法3条1項3号）という要件を最高裁は「家族秩序に混乱を生じさせ，子の福祉の観点からも問題を生じかねない等の配慮に基づくものとして，合理性を欠く

ものとはいえない」として合憲とした（最決平成19・10・19家月60巻3号36頁）が，この要件は，2008年6月に改正され，「現に未成年の子がいないこと」となった。

　また，最高裁は，性同一性障害者特例法における性別取扱い変更のための生殖腺除去要件（同法3条1項4号）を合憲とした（最決平成31・1・23判時2421号4頁）が，この決定は，「自己の意思に反して身体への侵襲を受けない自由」が，「人格的生存に関わる重要な権利として，〔憲法13条〕によって保障されていることは明らかである」とした上で，当該要件が「個人の人格的存在と結び付いた重要な法的利益」の侵害となり違憲無効であるとする決定（**最大決令和5・10・25民集77巻7号1792頁**⇨*Chap.* 18-*4*）によって覆された。ただ，最高裁は同法における非婚要件（同法3条1項2号）を合憲とし（最決令和2・3・11判例集未登載。⇨*Chap.* 18-*4*），同法3条1項3号「現に未成年の子がいないこと」の要件も合憲とした（最決令和3・11・30裁時1780号1頁）。なお，この決定には裁判官1名の反対意見がある。

　第三者の犯罪行為によって同居していた同性パートナーが殺され，「犯罪被害者等給付金の支給等による犯罪被害者等の支援に関する法律」に基づき遺族給付金を請求した訴訟において，最高裁は，同法5条1項が定める給付金の支給を受ける遺族の範囲について，犯罪被害者の死亡の時において，「犯罪被害者の配偶者（婚姻の届出をしていないが，事実上婚姻関係と同様の事情にあつた者を含む。）」（同項1号）と規定するが，「犯罪被害者と同性の者は，〔ここに規定された〕括弧書きにいう〔者〕に該当し得ると解するのが相当である」とした（最判令和6・3・26判タ1523号72頁）。

　2024年，同性パートナーと公正証書に基づく財産の取扱いなどに関する契約を結んで同居し，里子の養育をしている人が，同性パ

ートナーと同じ姓への変更を求め家事審判を申し立てたところ，名古屋家裁は，氏の変更を定める戸籍法107条1項で家庭裁判所が変更を許可する要件の「やむを得ない事由」に該当するとして，氏の変更を認めた（名古屋家決令和6・3・14判例集未登載）。

　文言上は定かでないが，憲法は一夫一婦制を想定しているとされ，重婚の禁止（民法732条，刑法184条）は合憲と解されている。婚姻年齢の制限は，年少者（未成年者）の人権享有主体性の問題であるが，あまりに早すぎる婚姻から生じるさまざまな不幸，たとえば独立して安定した家族生活が維持できないといった状況を後見的見地から防止する趣旨の制度とみれば正当化される。しかし，男女に差異を設けることについては合理的根拠を見出すことはできず，男18歳・女16歳とされていた婚姻適齢は，2018年，男女の区別をなくして一律に18歳と改正された（民法731条）。

　婚姻の自由には，消極的婚姻，つまり婚姻しない自由，婚姻を解消する自由（離婚の自由）も含まれる。この点，一方当事者の同意がないのに離婚を認める制度，つまり裁判離婚制度が問題となりうる。ところが離婚も「個人の尊厳」に立脚すべきである（24条2項），つまり夫婦関係においても個人主義が優越するとするのが憲法の基本的立場であり，この立場からは裁判離婚制度は正当化されよう。むしろ明文上破綻主義をとる民法の規定（770条1項5号）にもかかわらず，長きにわたって有責主義にこだわりつづけた最高裁の態度（**最大判昭和62・9・2民集41巻6号1423頁**により限定的ながら破綻主義に移行）こそ問題とされるべきであった。

(2)　**両性の平等**　　女性のみに設けられた再婚禁止期間は，嫡出性の簡便な確認を社会が要求する以上，最小限度必要なものであれば合憲である。最高裁は，民法733条の定める6カ月の禁止期間を「父性の推定の重複を回避し，父子関係をめぐる紛争の発生を未然

に防ぐ」ことを理由に合憲とした（最判平成7・12・5判時1563号81頁）。しかし、推定の重複を回避するためには100日で足りるので、この規定は立法目的に対して過度に広汎にすぎる手段を置いており違憲と解するのが多数であった（1996年に出された法制審議会民法部会の「民法の一部を改正する法律案要綱」〔以下「民法改正要綱」という〕によれば100日に短縮するとされていた）。そして、2015年、最高裁は判例変更を行い、父性の推定の重複を避けるために100日について一律に女性の再婚を制約することについては合理性があるが、100日超過部分については必要な期間ということができないとした（**最大判平成27・12・16民集69巻8号2427頁**。⇨*Chap.* 23-*4*）。この判決を受けて、2016年、民法733条は改正されて、再婚禁止期間は100日となり、あわせて同条2項に「女が前婚の解消又は取消しの時に懐胎していなかった場合」が追加された（同項1号。なお、2号も文言は改正されたが旧同条2項と同旨）。

　その後、2022年12月、733条は削除されて再婚禁止期間はなくなった。同時に婚姻の解消等の日から300日以内に子が生まれた場合であっても、母が前夫以外の男性と再婚した後に生まれた子は、再婚後の夫の子と推定することとし（民法772条3項・4項）、夫のみに認められていた嫡出否認権を、子及び母にも認め（同774条1項・3項～5項）、さらに嫡出否認の訴えの出訴期間を1年から3年にのばした（同777条）。

　また、夫婦の同氏（同姓）（民法750条）の定めは社会意識の変化と共に違和感を覚える人が少なからず生じている。これまで「氏（姓）」は家族という団体を象徴していると考えられていた。しかし、「氏名」は個人の人格を象徴するものと捉えられるようになり、また「個人の尊厳」が基本原則となった以上、個人の意思に反して同氏（同姓）を強要することはできないと解すべき時代が到来した

(「民法改正要綱」によれば夫婦別姓を選択することも認めている）。

判例 夫婦同氏義務付け違憲訴訟（最大判平成27・12・16民集69巻8号2586頁）　婚姻届を提出しようとしたⅩらが，婚姻後夫婦が称する「氏」を選択していないとして不受理となったので，夫婦同氏の義務づけを定める民法750条の規定が憲法13条，14条1項，24条等に違反するとし，この規定を改廃する立法措置をとらない立法不作為の違法を理由に，国に対して国家賠償法1条1項に基づき損害賠償を請求した。一審・控訴審が請求を棄却したので，Ⅹらは上告に及んだ。

最高裁は，①婚姻の際に「氏の変更を強制されない自由」は憲法13条が保障する人格権の一内容であるとはいえないこと，②民法750条は夫婦がいずれの氏を使用するかを夫婦となろうとする者の協議に委ねていて文言上性別に基づく法的な差別的扱いを定めているわけではないから憲法14条1項に違反するものではないこと，③夫婦同氏制は旧民法の施行された明治31（1898）年に日本の法制度として採用され，日本の社会に定着してきたものであり現行民法の下においても家族は社会の自然かつ基礎的な集団単位ととらえられその呼称を1つにすることには合理性が認められ憲法24条に違反するものではないこと，以上の3点を理由として，国家賠償法1条1項の適用上違法の評価を受けるものではないとした。ただし，この判決には，同氏義務づけは違憲とする4名の裁判官の意見と，義務づけは違憲でありかつ国家賠償法上も違法とする1名の裁判官の反対意見が付されている。

その後，民法750条が違憲であるとして争われ，最高裁大法廷に回付された事案において，11名の裁判官の多数意見は「〔上記判決の〕判断を変更すべきものとは認められない」。「夫婦の氏についてどのような制度を採るのが立法政策として相当かという問題と，夫婦同氏制を定める現行法の規定が憲法24条に違反して無効であるか否かという憲法適合性の審査の問題とは，次元を異にするものである」とした（最大決令和3・6・23判時2501号3頁）。この判決には，3名の裁判官の補足意見，1名の裁判官の「婚姻の要件について，法が夫婦別氏の選択肢を設けていないこと……は，憲法24条の規定に違反する」いう意見，2名の裁判官の「単一の氏の記載……があることを婚姻届の受理要件とし，もって夫婦同氏を婚姻成立の要件とすることは，当事者の婚姻をするについての意思決定に対する不当な国家介入に当たるから……憲法24条1項の趣旨に反する」などとする反対意見，1名の裁判官の「選択的夫婦別氏制の導入によって向上する福利が……大きいことが明白であり，かつ，減少

するいかなる福利も人権又はこれに準ずる利益とはいえないとすれば，当該制度を導入しないことは……個人の尊厳をないがしろにする所為であり……憲法24条に違反する」とする反対意見が付されている。

(3) **事実婚と法律婚の差別**　社会保障関係の法律では，事実上の配偶者に同等の権利を認めているものもある（国民年金法5条7項，厚生年金保険法3条2項等）が，法定相続人は法律上の配偶者に限定されている（民法890条・900条1号〜3号）。また非嫡出子の相続分は嫡出子の2分の1と定められていた。これらの規定は，法律上の婚姻を優遇していることになるが，法律上の家族を特に保護する必要性の見地から，その合憲性が判断されなければならない。法定相続人を配偶者に限定する規定は，現行制度が一夫一婦制を前提とする以上肯定されることになろう。非嫡出子の相続分格差につき最高裁は法律婚の尊重と非嫡出子の保護との調整を理由に合憲とした（最大決平成7・7・5民集49巻7号1789頁）（「民法改正要綱」によれば区別は廃止するとされていた）。

しかし，この判決の18年後，「事柄は時代と共に変遷する」から，「その定めの合理性については，個人の尊厳と法の下の平等を定める憲法に照らして不断に検討され，吟味されなければならない」とし，「家族という共同体の中における個人の尊重がより明確に認識されてき」ているといった変化に伴って「父母が婚姻関係になかったという，子にとっては自ら選択ないし修正する余地のない事柄を理由として不利益を及ぼすことは許されず，子を個人として尊重し，その権利を保障すべきであるという考えが確立されてきて」いるから，当該規定は，遅くとも本件相続が発生した当時（平成13〔2001〕年7月）において，憲法14条1項に違反しているとした（**非嫡出子相続分格差訴訟・最大決平成25・9・4民集67巻6号1320頁**。⇨*Chap.* 23-*4*）。この判決を受けて，2013年，民法900条4号は改正されて，

非嫡出子の相続分を嫡出子の2分の1とする部分は削除された。

(4) 家族を形成する権利　24条の規定は従来，旧来の家制度の解体と男女の家庭生活における平等に関する側面が注目されていた。しかし，家族のあり方が急激に多様化しつつある現在において，改めてこの規定を家族を形成する権利に関する一般規定と読み直す必要がある。たとえば，生殖（reproduction）の自由は，自分の子孫をどのように考え，家族をどのように形成するかの問題と捉えることができる。この自由は，従来13条で規定された「幸福追求権」の一端を構成する自己決定権の一内容として考えられてきた（⇨ *Chap.* 18-**4**）。しかし，むしろ家族形成の権利として24条の中の「家族に関するその他の事項」の問題と考えるべきであろう。

Column ㊽　旧優生保護法下の強制不妊・強制堕胎手術

　ナチスなどの優生思想をベースとする優生保護法（現母体保護法）は，特定の障害や疾患のある人に不妊手術や堕胎手術を可能とする条項をおいていた。不妊手術は約2万5000件，そのうち本人の同意のない手術は約1万6000件であった。この法律の下で，強制手術によって子どもを産み育てる機会を奪われた人が訴訟を提起した。2019年の仙台地裁の判決はこの条項を違憲とし（仙台地判令和元・5・28判時2413・2414号合併号3頁），各地の地方裁判所の判決の大半もこれに続いた（大阪地判令和2・11・30判時2506・2507号合併号69頁，札幌地判令和3・1・15判時2480号62頁，神戸地判令和3・8・3賃金と社会保障1795号23頁，なお，東京地判令和2・6・30判時2554号35頁，札幌地判令和3・2・4判タ1491号128頁は憲法判断をしていない）。しかし，これらの判決も，手術から20年以上が経過しているので，損害賠償請求権は民法724条の定める除斥期間の経過によって消滅したとして請求を棄却した。

　2022年2月22日，大阪高等裁判所は，請求を棄却した原審判決を取り消し，国が障害者に対する差別・偏見を正当化し，助長してきたとみられ，原告は訴訟を起こすための情報や相談機会へのアクセスが著しく困難な環境にあったために，「除斥期間の適用をそのまま認めることは，著しく正義・公平の理念に反する」として，国に合わせて

2750万円の賠償を命じた（大阪高判令和4・2・22判時2528号5頁。続く東京高判令和4・3・11判時2554号12頁、大阪高判令和5・1・16判例集未登載も請求を認容した）。

最高裁は、2024年7月、強制不妊・強制堕胎手術に関する旧優生保護法の規定は、「憲法13条及び14条1項に違反〔し〕、国民に憲法上保障されている権利を違法に侵害するものであることが明白であったというべきであるから、本件規定に係る国会議員の立法行為は、国家賠償法1条1項の適用上、違法の評価を受ける」とし、「これにより多数の者が重大な被害を受けたのであるから、……憲法17条の趣旨をも踏まえれば、本件規定の問題性が認識されて平成8年に本件規定が削除された後、国会において、適切に立法裁量権を行使して速やかに補償の措置を講ずることが強く期待される状況にあったというべきである」。「本件訴えが提起された後の平成31年4月に一時金支給法が成立し、施行されたものの、その内容は、本件規定に基づいて不妊手術を受けた者を含む一定の者に対し、上告人〔国〕の損害賠償責任を前提とすることなく、一時金320万円を支給するというにとどまるものであった」。「本件請求権が改正前民法724条後段の除斥期間の経過により消滅したものとすることは、著しく正義・公平の理念に反し、到底容認することができない。……上告人が除斥期間の主張をすることは、信義則に反し、権利の濫用として許されないというべきである」とした（**最大判令和6・7・3判例集未登載**）。

この裁判の争点の1つとして、「人権は除斥期間の経過によって消滅するか」という問題がある。憲法11条後段は「この憲法が国民に保障する基本的人権は、侵すことのできない永久の権利として、現在及び将来の国民に与へられる」(97条も同趣旨)とする。この規定は諸国の憲法の人権規定の母胎となった1789年のフランス人権宣言2条にある「すべての政治的結合〔＝国や地方自治体〕の目的は、人の、時効によって消滅することのない (imprescriptible) 諸々の自然権の保全にある」を継承したもので、「永久」とは「時効によって消滅することのない」という意味と解すべきではないか。

なお、人権の特性として、永久性のほかに普遍性（⇨ *Column* ㊹）、固有性がある。固有性とは人権の不可譲性である（渋谷・憲法参照）。

現代では，従来は意思によってコントロールできず，自然の摂理に委ねられていた子孫の形成が，生命科学の応用分野と位置づけられる生殖技術の急速な進歩によって人為的にコントロールできるようになった。人工授精・体外受精は法的対応をまたずに，すでにポピュラーとなり，代理母による出産を施術する病院も国内にあらわれて注目をひき，またビジネス・ライクにこのような手法を認めるアメリカなどの外国にその施術を求める人も少なからず存在するのである。クローン人間の誕生は，国内では，いわゆるヒト・クローン法（ヒトに関するクローン技術等の規制に関する法律）によって一応の歯止めがかけられた（⇨ *Column* ㊹）が，これも外国での施術まで規制することはできない。

なお，夫または内縁関係にあった男性の死後，冷凍保存していた精子で体外受精を行って出産した子との父子関係を認めるか否かが争われた訴訟において，最高裁は，現行法制は「少なくとも死後懐胎子と死亡した父との間の親子関係を想定して」おらず，「親子関係を認めるか否か，認めるとした場合の要件や効果を定める立法によって解決されるべき問題である」として，立法がない以上父子関係は認められないとした（**最判平成 18・9・4 民集 60 巻 7 号 2563 頁**）。

「生殖の自由」の問題は人間の根源的なあり方に関係する非常に困難な憲法問題として出現してきているのである。このような技術を自然の摂理に反するとして排斥するのはたやすいが，他方で生物学的につながった子孫をもちたいと真摯に願う人の存在も無視できない。「個人の尊厳」の文言は，親になろうとする人（なりたい人），人となろうとする存在（受精卵・胚・胎児），その家族，それにかかわる人・機関（生殖科学者・医師，それに関連する研究所・病院），そして一般社会の間にどのようなルールを作るべきかを指導する基本理念として再構成されるのを待っているのである。

なお，2003年，少子高齢化のすすむ日本の将来を危惧して，少子化社会対策基本法と次世代育成支援対策推進法が成立した。前者は，少子化の現状を「有史以来の未曾有の事態」と位置づけ，従来の政策にあった雇用と子育て環境の整備に加えて，不妊治療に関する施策も規定する。また後者は，地方公共団体と一定規模以上の企業に対して少子化対策の行動計画づくりを義務づける時限立法として制定された（現在その有効期限は2025年3月31日まで延長されている）。これらの法律の背景には，社会保障制度の基盤の崩壊と，労働力不足の深刻化に対する政府・企業の危機感がある。しかし，どのような家族を形成していくかは，本来一人ひとりが決定する個人的な問題である。これらの法律が，多様な家族観をもつ個人を公平に支える社会環境の整備を推進しようとするものではなく，一定の家族観を前提とし，それを推奨する施策を推進しようとするものだとすれば，「個人の尊厳と両性の本質的平等に立脚」（憲法24条2項）していない違憲の法律と評価されることになろう。

〔渋谷〕

【5 新しい人権】

Chapter 17 幸福追求権①——性格と範囲

> 憲法13条はアメリカ独立宣言の有名なフレーズを受けついで、人権思想のエッセンスを表明した規定だ。「すべて国民は、個人として尊重される。生命、自由及び幸福追求に対する国民の権利については、……国政の上で、最大の尊重を必要とする」。社会の急激な変化のなかで、この規定を根拠として、伝統的な人権条項にストレートにはあてはまらない新しい権利が、いろいろと主張されてきた。私たちは、新しい人権主張が頼りにできる受け皿を13条に期待すべきなのか、それとも13条を窓口にした人権の大安売りを警戒すべきなのだろうか。

1 個人の尊重

個人主義の宣言 13条前段は、「すべて国民は、個人として尊重される」と定めている。また、婚姻・家族生活での男女平等を謳った24条には、「個人の尊厳」という表現も見られる。これらは、日本国憲法が特定の価値観に立脚していることを示す規定として重要だ。憲法が選択した価値観をひとことで言えば、それは個人主義である。原案を作ったGHQは、封建的な「家」制度(父親の支配権、女性の低い地位、家を継ぐという意識など)から、これからの日本人が解放されるべきだという意味で、こ

うした規定を設けたようだ。

　しかし個人主義という考え方は，封建的「家」制度からの個人の解放要求にとどまらない意味をもつ。個人主義とは，「人間社会における価値の根元が個々の人間にあるとし，何よりも先に個人を尊重しようとする原理」である（宮沢・憲法Ⅱ）。国家・民族・会社・家族など，さまざまな集団を作っているのはあくまで1人ひとりの個人だ。集団のために個人が存在するのではなく，どんな集団も個人のために存在する。この価値観が個人主義なのである。だから13条前段は，赤紙とよばれた召集令状1枚で，「お国のために死ぬ」ことを要求して，国民を戦場に狩りたてることを当然視した軍国主義思想・国家主義思想からの決別宣言でもあるわけだ。

人格と個性　ここまでは，今日の学説でほぼ一致して認められた事柄と言ってよいだろう。1人ひとりの個人はみんな人間だから，国民が「個人として尊重される」とは，結局個人が人間として尊重されるという意味である。つまりこの規定は，すべての個人が人間としての共通性をもつことを根拠として，政府が個人を人間にふさわしく取り扱うように要請する。意見が分かれるのはさらに進んで，人間としての共通性を何に求めるのか，つまり，13条前段からどんな人間像を読み取るのか，という問題についてである。

　1つの代表的見解（仮に人格説とよぶ）は，人間としての共通性を，自分の人生を自分で切りひらいていく意志と判断力とをもった理性的存在であることに見出す。標語的に言えば，「人間の1人ひとりが"自らの生の作者である"」というわけだ（佐藤幸治・憲法）。人間を人間たらしめているもの，つまり人間の本質を「人格」とよぶ用語法にしたがえば，そこには次の等式が存在することになる。個人＝人間＝人格＝理性的存在，個人の尊重＝人格（人格的自律＝理性

1　個人の尊重

的自己決定）の尊重。

　これに対して，もう1つの代表的な見解（仮に個性説とよぶ）はこう考える。憲法が尊重しようとしているのは「ありのままの人間」だ。ありのままの人間の共通点は，「自己愛に満ち，自己愛を最大化する存在」という点にある（阪本・理論Ⅱ）。利己的なことでは共通する個々人も，その現実の欲求・能力・状況などでは千差万別である。そこでこの説は，13条前段を自己愛をもつ生身の個人の「個性」を尊重するよう政府に求める規定だと見る。

　考えてみれば，きわめて理性的に思考する殺人鬼だっていないとは言えない。しかし人格説が想定するのは，理性的判断能力を用いて，自己の向上・他者との共存を目指す個人だろう。だからこの立場に立つと，13条前段が宣言した個人主義は，他人を押しのけて自分の利益だけを追求する利己主義とは違うことになる（宮沢・憲法Ⅱ）。他方，人間のなかには献身的に他者に尽くす，利己心の薄い人もいる。つまり個性と利己心とは必ずしもつねに結びつくわけではない。しかし個性説は，利己心を人間一般の本性とみなして，13条前段は利己主義を排除していないと考える（阪本・理論Ⅱ）。両説のこのような対立は，13条後段（「生命，自由及び幸福追求」）からどんな権利を導き出せると考えるのかという，次の論点とも密接に関係している。

2　幸福追求権

　13条後段は権利保障規定か？

日本国憲法制定後まもない時期から，13条後段の「生命，自由及び幸福追求に対する国民の権利」は，個別の人権を包括し総

称するものだと理解されていた（法学協会編・註解日本国憲法上）。ただ，この規定は15条以下で保障された人権の総和に尽きると見るべきか，それとも個別の人権規定には含まれない独自の人権も保障していると見るべきか，この点についての学説の理解はあいまいだった。

しかし1960年代のなかば以降，独自の権利保障説が次第に広まっていき，実際に13条を根拠とした新しい権利の主張も行われるようになった。今日でも，13条後段は具体的な権利を保障した規定ではなく，幸福追求権を根拠に裁判救済を受けるためには，詳細を定めた個別の法律が必要だという説もある（伊藤・憲法）。しかし通説は，13条後段から独自の具体的権利が導き出せると考えており，裁判所も一般論としては独自の権利保障説をとっている（京都府学連事件・最大判昭和44・12・24刑集23巻12号1625頁など。⇨**Chap. 18**）。

個別の人権規定は，歴史的に政府と個人が対立することが多かったテーマについて，個人の利益を守ろうとして条文化されたものだから，人権がそれに尽きると考える必然性はないこと，逆に憲法は社会状況や人々の意識の変化に対して開かれていると理解するほうがよいこと，13条後段を根拠とする権利主張も，内容次第でいつも法律による具体化を必要とするとは言えないこと，これらの点を考慮すれば，通説は正当と言えるだろう。

> 人格的利益説

そこで，13条に関して最近の憲法学が最も興味をもってきた問題は，いったいどんな行為や状態が，13条後段の幸福追求権規定によって独自に保護されていると見るべきか，である。学説を大づかみにすれば，さきほど見た13条前段に関する「人格説」と「個性説」とに対応して，2つの傾向に分類することが可能だ。

2　幸福追求権

1つの考え方のタイプはこうである。「幸福追求」という観念がいくら漠然としているからといって、どんな行為や要求も幸福追求権の行使として保護されるわけではない。13条前段の個人の尊重を「人格の尊重」と考えたように、幸福追求権のなかみも、個人が「人格的自律の存在として自己を主張し、そのような存在であり続ける上で必要不可欠な利益」(佐藤幸治・憲法)、「個人の人格的生存に不可欠な利益」(芦部・憲法) と理解すべきだ (人格的利益説)。
　ところが、この説の言う「人格的生存に不可欠の利益」の内容は、じつはあまりはっきりしない。もしそれを、ある人が自分らしく生きるためにどうしても必要な行為や状態、つまりその人のアイデンティティーを維持するために不可欠な事柄と理解するならば、幸福追求権のなかみは非常に広くなり、次に見る「一般的自由説」と実質的には違わないことになりそうだ。しかし人格的利益説は、殺人のような行為が幸福追求権の行使に含まれないのはもちろん、茶髪・ピアスのような髪型やファッションの選択も幸福追求権の行使とは言えないと考えるので、そこでイメージされている人格的利益の範囲はかなり狭い。
　哲学者カントは、感情や衝動を抑えて、自分の心情と行動を道徳律に一致させられる理性的能力を人格の第1条件とみなした。人格的利益説の人格理解は、そこまでストレートに道徳的なものではないが、13条前段の解釈で確認したように、理性的存在であることを重視するこの説の人間像は、結局かなり道徳的な色彩をおびている。ひらたく言えば、自分の性格や才能のうち、道徳的に正しいと思える部分を伸ばそうと努力する人間、そして他人とも共存できる人間というものを前提として、そういう人間にふさわしい行為や待遇を保護するのが幸福追求権だ。こう理解している説と見てよいだろう。

一般的自由説　これに対してもう1つは，各人の個性・アイデンティティーを維持し発展させるのに必要な行為や状態で，個別人権規定ではカバーされていないものは，幸福追求権によって広く保護されるという説だ。個人の行動の自由が広い範囲で保護される，という主張なので「一般的（行為）自由説」とよばれている。

こちらの説をとった場合に，さらに問題となるのは，では保護される自由の範囲はどこまでか，という点である。殺人や窃盗なども含めて，端的にあらゆる行為が「一応は」幸福追求権の保護対象となるとする無限定説もある（内野正幸・憲法解釈の論理と体系）。もちろん無限定説の論者も，刑法の殺人罪規定が憲法13条違反だと主張するわけではない。ある行為が幸福追求権の保護対象に含まれるかどうかをまず選別し，含まれると評価された行為が法律などで規制されている場合には，その規制が13条違反とならないかをさらに検討するという2段がまえの考察より，どんな行為も「一応は」13条後段で保護されていると見たうえで，規制が行われている場合には，規制の必要性や合理性をダイレクトに検討するほうが手間が少ない。どんな行為についても規制根拠を議論できることになって，自由の保障も手厚くなる。これが無限定説の趣旨なのである。

しかし一般的自由説のなかにも，「一応」幸福追求権の保護対象となる行為には，すでに一定の限界があるという考え方もある（限定説）。ふつう限定説は，刑法の自然犯規定が禁止する殺人・強盗・強制性交のような他者に対する明確な加害行為は，そもそも幸福追求権が保護する行為とは言えないと主張する（戸波・憲法）。

人格的利益説と一般的自由説とでは，たとえばぼんやり音楽を聞いたり，小説を読んだり散歩をするなど，理性的存在としての人間の本質にかかわるとは言えそうもない（が別に他人に対して加害的で

もない）行為が，13条後段で保護されるかどうかに大きな違いが出てくる。また人格的利益説と限定的な一般的自由説は，どちらも幸福追求権の保護範囲をはじめから限定する点では同じだが，発想の方向性と保護範囲の広狭に相違がある。人格的利益説は，理性的存在としての人間にふさわしい行為・状態だけを幸福追求権の保護対象とみなすのに対して，限定的な一般的自由説は，逆に理性的存在としての人間にふさわしくない他者加害行為だけを幸福追求権の対象から除外しようとするものだからだ。

プロセス的権利説　人格的利益説と一般的自由説のどちらにも満足せず，別の観点から幸福追求権の範囲を画そうとするいろいろなアイディアもある。ここではそのなかから，いわゆる「プロセス的権利説」の見解を紹介しておこう（松井・憲法）。この説の批判の中心は次の点だ。つまり，これまでの学説だと，民主的な選挙で選ばれたわけでもない裁判官が，憲法に明文がないさまざまな新しい人権を幸福追求権条項から魔法のように取り出して，それを根拠に議会制定法を違憲と判断できることになる。これは議会制民主主義をメインに据え，それを補正する違憲審査制をあくまでサブと位置づける日本国憲法のコンセプトに反する発想だと言うのである。

　そこでプロセス的権利説はこう考える。「日本国憲法は，人間がどのような存在であるかについて異なった意見があることを前提にし，異なった意見を持つ個人が統治を行っていくためのプロセスを定めたもの」だ。したがって憲法上の権利は，統治に参加するための「市民的権利」と理解されるべきで，幸福追求権も，政治的参加に不可欠でありながら明文化されていない権利の根拠規定として，限定的に読まれなければならない。

　プロセス的権利説によれば，無限定の一般的自由説が「一応の」

権利とする殺人・強盗などはもちろん，限定的一般的自由説が保護対象とする服装・髪型などの選択，さらに人格的利益説でも保護の範囲とみなされている家族生活の自己決定権などは，すべて幸福追求権の保護範囲から除外される。これらの行為は，他の人権規定でカバーされていないかぎり，憲法上の権利行使とは評価されないわけだ。統治過程への市民の参加という観点を重視するプロセス的権利説が，むしろ幸福追求権の具体的内容として強調するのは，訴訟手続・非訟手続・行政手続のすべてにわたる「手続的デュー・プロセス」の権利である（松井茂記・裁判を受ける権利。法定手続保障については，⇨*Chap.* 2）。

> 幸福追求権は何を保障しているのか？

さて，こうした学説動向をどう考えるべきだろうか。

① 人格的利益説が前提とする理性的人間像は，たしかに近代人権思想がもともと念頭に置いていた人間観だろう。しかし，これを強調しすぎると，知的障害者の人権保障は手薄でもかまわないということになりかねない。またこの説では，人格的利益と言えるかという価値判断が，13条後段で保護される行為かどうかを左右することになるので，裁判官が人生観や道徳の審判者と化する危険もある。じつは伝統的な個別の人権も，自分の人生について賢明な決定を理性的に下す行為だけを保護してきたわけではない。したがって，幸福追求権の保護対象だけを，「人格的自律の存在であり続ける上で必要不可欠の利益」に限定する理由はなさそうだ。これに対して，もし人格的利益説の考えでも，人生にとって何が「善」なのかの判断主体はあくまで各人だとするなら，そこに一般的自由説との意味のある違いはないことになるだろう。

② 他方，殺人・強制性交・強盗など，一切の行為が幸福追求権の「一応の」保護範囲に入るとする無限定の一般的自由説も，よく

2 幸福追求権

言われるように常識に反する。のみならずこの説は，人権思想の母体となった17世紀自然権論から，まったくかけ離れた発想であることにも注意が必要だ。自然権思想の代表者ジョン・ロックが，万人には自分の生命・自由・財産を他人から侵害されない自然法上の権利があり，政府の設立はこの権利をよりよく保全するためだと主張したこと，この思想が独立期のアメリカで生命・自由・幸福追求の権利と表現されたこと，これらはよく知られている（⇨*Chap.* 19）。ふつう，日本国憲法の人権保障の背景にあり，13条のモデルでもあると言われる自然権論は，「殺人の権利」「強盗の権利」などとはまさに対極の考え方だ。無限定の一般的自由説は，人権保障全体を自然権思想から完全に離れたまったく新たな基礎の上に築くことを意味する。

また，無限定の一般的自由説が思考上のロスとみなす2段がまえの考察は，なにも幸福追求権にかぎったことではない。ある行動や状態が「表現」「集会」「学問」「職業」「居住・移転」などの概念に含まれるか否かを確認し，含まれる場合にその行動・状態に対する法律的規制の違憲性を吟味するという段取りは，個別の人権条項についても，むしろ一般的な思考法ではないだろうか。

③ プロセス的権利説も人権観としては狭すぎるようだ。伝統的な個別の人権で保護された各種の行為は，個人が統治の過程に参加する市民的権利には還元できないだろうし，されるべきでもないように思われる。人権保障の眼目は，一般の人にはとても風変わりに見えるため，理想的に機能している多数決民主制でも保護されないような少数者の利益にも，保護の手をさしのべることだ。だから，新しい権利主張に対して，それが民主的決定プロセスへの参加の問題ではないという理由で，権利性を否定してよいかは疑問である。

このように見てくると，他者加害を除くさまざまな行為や状態が，

個別の人権規定で保護されないかぎり，幸福追求権の保護対象にとりあえず含まれると考える限定的一般的自由説が穏当なようだ。その場合，幸福追求権による保護に含まれない他者加害行為の具体的な範囲については，議論がありうることはやむをえない。しかし，個人の行動の法的規制が行われている場合に，それをなるべく広く人権問題として取り上げるためには，人によって道徳的な評価が分かれる行為でも，はじめから安易に保護対象からはずすべきではないとは言えるだろう。

> 権利としての認定の条件

ある行為や状態が，実際に幸福追求権の保護対象となるかどうかについては，さらに次の考慮が必要だ。まず第1に，学説が共通に認めるのは，幸福追求権と他の個別人権との間には一般法と特別法との関係がなりたち，幸福追求権規定はあくまで補充的に適用されるということだ。だから，人権の行使だと主張されている行為・状態は，どれかの個別人権規定の保護を受けるかどうかが，まず検討されなければならない。たとえば，外国旅行は，22条の「居住・移転」や「外国移住」には含まれないかをよく吟味した上で，13条後段による保護の有無を検討すべきことになる（⇨*Chap.* 1）。この努力を怠ると，なんでもかんでも幸福追求権，という安直な傾向が生まれやすい。

第2に，幸福追求権の行使だという主張を受け入れるためには，①保護を要求されている行為・状態が保護可能なほど十分に具体的で，②社会意識によっても支えられている必要があると言われる（戸波・憲法）。たとえば「幸福」を保障しろと言われても，幸福の理解自体が人によって違う上に，本人にも政府にも実行不可能な内容を含みうるから，13条後段が「幸福」という状態を保護するとは考えられない。つまり①の条件は当然と言えよう。これに対して

②の条件を厳格に考えて，多くの人が支持していることを条件とみなすと，少数者の保護という人権保障の意義がそこなわれやすい。②を，あえてあげる必要はないのではなかろうか。

　これらの諸点が確認された上で，幸福追求権の行使と主張されている行為・状態と，対立する利益との関係や，規制の合理性・必要性がさらに検討されることになる。*Chapter* 18 では「新しい人権」主張の具体的な内容を，いくつか取り出して見てみることにしよう。

〔赤坂〕

【5　新しい人権】

Chapter 18　幸福追求権❷
——新しい人権

> クレジットカードなどの個人データの流出，迷惑電話・盗撮・ストーカー行為，体のあちこちにチューブを差し込まれた末期状態（「スパゲッティ症候群」）。どれもできることなら避けたい状況だ。これらの言葉は日本国憲法には出てこないが，私たちには個人データの流出を防いだり，スパゲッティ症候群を避けたりする憲法上の権利はあるのだろうか。

1　幸福追求権のカタログ

人格の保護と個性の保護

　これまで 13 条後段を根拠として主張されてきた主な権利を概観することが，この *Chapter* のテーマである。狭義の幸福追求権，つまり広義の幸福追求権＝人権の全体から個別の人権を差し引いた残り，それは今まさに生成中の新しい権利だ。だから狭義の幸福追求権の具体的内容を，完全にリストアップすることはできない。これまでの解説書にもいろいろな分類や説明の仕方が見られるが，プライバシー・名誉を中心とした「人格権」のグループと，妊娠中

絶や延命治療の拒否など，いわゆる「自己決定権」として一括される権利主張のグループとを区別するのが一般的なようだ。そこでここでも，便宜上，新しい人権を人格権と自己決定権という2つのグループに分けて説明することにしたい。

その場合この本では，***Chapter*** 17で紹介した人格説，つまり人格＝理性的存在という見方はとらない。人間は誰でも，人間であるというだけで，他の人間から人間にふさわしい敬意をもって接してもらう資格がある。この資格のことをここでは人格とよぼう。つまりここで言う人格は，自分の人生を自分で切りひらいていく理性的能力のような，個人がもつ何らかの資質や能力を要素とするものではない。このよび方は，これまで民法学者が人格権とか人格的利益とよんできたもののイメージと一致する。民法上の人格権，つまり生命・健康・名誉・貞操など非財産的利益に関する権利は，「人間にふさわしい敬意をもって他人から遇される資格」を直接保護するものと理解できるからだ。それと同様の意味で憲法上の「一般的人格権」という言葉を使うとすれば，それに分類できる権利主張が，これまでにも幸福追求権規定を根拠として行われてきた。

上のような意味での「人格」は，すべての人に等しく認められるわけだが，同時に1人ひとりの個人は，性格・能力・境遇・運命などの点では千差万別だ。そして人生についてさまざまな違った考え方をもっている。そこで，既存の人権条項ではすくいとることができないテーマについても，自分の人生にかかわる事柄は自分で決める権利があるのではないかという議論が，やはり幸福追求権規定をめぐって行われるようになった。この種の権利は「自己決定権」とよばれることが多い。

こうして，幸福追求権に関する権利主張のなかみを，力点の異なる2つの権利群に分ければ，一応表18-1のようになる。

表18-1 幸福追求権のカタログ

広義の幸福追求権 ┫ 個別の人権規定で保障された諸権利

13条後段が独自に保障する狭義の幸福追求権
- 一般的人格権 → プライバシー権，名誉権，環境人格権など
- 自己決定権 → 自己の生命・身体の処分に関する権利，結婚・妊娠・出産など家族形成に関する権利，ライフスタイルに関するその他の権利，など

2 一般的人格権①——プライバシー権

古典的プライバシー権 日本国憲法に明文規定がないため憲法13条を根拠として主張され，裁判所も認知するようになった代表的な「新しい人権」はプライバシー権だ。そこでまずこの権利について見てみよう。

プライバシーという言葉は日常的に耳にするが，あらためてその意味を説明しろと言われると，案外困るかもしれない。いまの日本でも写真週刊誌やテレビのワイドショーなどが，芸能人の不倫や離婚をこと細かに取り上げる。こうした現象は19世紀末のアメリカですでに目立つようになり，これに対してターゲットとなった有名人の側がプライバシーの権利を主張するようになった。その場合，プライバシー権とは，「ひとりにしておいてもらう権利（a right to be let alone）」のことだと言われた。もともとのプライバシー権は，政府 vs 市民という構図ではなく，マス・メディア（ゴシップ専門の「イエロー・ジャーナリズム」）vs 市民（有名人）という対立のなか

で，記事の対象者がメディアの不法行為責任を追及するために主張した民事法的な権利なのである。

アメリカの議論は，日本でもすでに1930年代に紹介されている。しかし，多くの日本人がプライバシーという言葉を耳にするようになったのは，1964年に東京地裁の判決が出た「宴（うたげ）のあと」事件以後のことだろう。これは日本の裁判所がプライバシー権の侵害を認めた最初の例となった。「宴のあと」事件で裁判所が認めたプライバシー権も，古典的な意味でのそれである。つまり，プライバシー権とは，①自分の私生活を他人から覗き見されず第三者に対して暴露されないことを保護内容とし，②加害者の不法行為責任を追及する根拠となる民事法（民法709条）上の権利，ということだ。

自己情報コントロール権

しかしながら，やがてプライバシー権という言葉は，もっと広い意味で使われるようになった。今日のアメリカでは，さきほどちょっと触れた中絶や延命治療の拒否など，人生についての自己決定権も含む非常に広い意味で使われることも多い。これに対して日本の学界は，そこまで広く種々雑多な内容を1つの言葉で表現することには批判的だ。

しかし日本でも，いまではプライバシー権概念が上に見た古典的意味よりも広く理解されていることには変わりがない。まず第1にこの権利の保護内容に関して，一般に学説は，プライバシーとは「個人が自分についての情報を誰にどう提供するかを自分でコントロールできる状態」のことを指すと考えるようになった。

プライバシー観のこうした変化の背景には，高度情報化社会のインパクトがある。これまでも政府とか企業のさまざまな機関や部署は，断片的な個人データ，たとえば氏名・生年月日・住所・電話番

号・家族構成・職歴・学歴・給与の支払明細・預貯金の額・クレジットカードの使用状況・診療カルテや健康診断書などなどを，それぞれの業務を通じてバラバラに作成したり取得したりしてきた。ところが今日では，コンピュータ・ネットワークによってこれらの情報を連結することで，技術的にはいとも簡単に個人の生活状況や人物像を総合的に把握することが可能となった。これを無制限に放置しておくと，政府や企業は私たちが知らない間に私たちの個人情報を体系的に集積し，それを個人に対する支配や管理，あるいはビジネス活動のためにいくらでも利用できることになる。巨大組織がこのような能力を獲得したことで，個人は1人の人間としてではなく，ますます組織体の単なる部品，あるいは徹底して操作し管理する対象として扱われるようになってきた。

　人間のこういう「道具化」に対抗して「人格」を守るためには，自宅の壁の内側が私生活空間で，これを覗き見たり暴露する行為がプライバシー権侵害だと考えるだけでは明らかに不十分だ。こうしてプライバシー権＝自己情報コントロール権という理解が広く支持されるようになった。「他者に対して自己を開いたり閉じたりする能力」の確保とか，個人が「社会関係のコンテクストごとに」，たとえば親・上司・友人・電車の乗客など「多様な役割イメージを使い分ける……自己イメージのコントロール」といったプライバシー観も，同様の問題意識に立っている。

| プライバシー権の相手と効力 |

　第2に，権利の性格理解も変化した。上に見たようにもともとプライバシー権は，イエロー・ジャーナリズムに記事の差止めや損害賠償を請求するための個人の民事法的権利として構想された。しかし，ゴシップ雑誌にも憲法上の表現の自由が保障される以上，裁判所がこれと対抗する利益を保護するためには，それが憲法的利

益と言える必要がある。その意味では、プライバシー権を憲法上の権利と見なす理由がはじめからあったわけだ。

　まして、個人の自己情報コントロールの潜在的敵対者には、政府自身も、そしてメディア以外のさまざまな企業も含まれる。だから今日では、プライバシー権は誰に対しても主張できる全方位的権利と理解されるようになった。ふつうの人権が原則として政府に対抗する権利と考えられ、そこからさらに進んで、私人に対する効力の有無が論じられるのに対して（⇨*Chap.* 21参照）、プライバシー権の場合には発想の方向がちょうど逆である。

　また、自分についてのどんな情報を誰が握っているのかを知ることなしには、自己情報のコントロールは不可能だ。だから拡大されたプライバシー権は、情報の開示やさらには訂正・削除を求める権利を含み、自由権的側面と給付請求権的側面とをあわせもつ複合的権利だと言われるようになった。

　つまり、プライバシー権＝自己情報コントロール権とは、①私生活を覗き見られないことを含めて、自分についての個人情報を自分でコントロールできる状態の確保を保護内容とし、②そのために政府や企業に対して、場合によっては介入排除を要求し、場合によっては情報の開示・訂正・削除を要求する民法・憲法上の権利だ。

Column ㊿　個人情報保護法制

　現在の日本にも、個人情報を保護するための法制度が存在する。伝統的なものとしては、他人宛の封書・はがきを勝手に読んだり、電話を傍受することを禁止する「通信の秘密」の保護があげられる。憲法21条2項後段の趣旨を受けて、刑法133条・郵便法80条・電気通信事業法179条が、政府職員のみならず通信の秘密を侵害したすべての人を対象とする処罰規定を置いている（⇨*Chap.* 13）。

　公権力が保有する個人情報を保護するための体系的な法整備は、中央よりも地方が先行し、1984年の福岡県春日市の条例を皮切りとし

て，全国の都道府県・市町村・特別区で個人情報保護条例を制定する動きが広まった。

これに対して，国レベルの制度作りは立ち遅れ気味だったが，2003年の5月に，民間を対象とする「個人情報の保護に関する法律」（個人情報保護法）が紆余曲折の末ようやく制定され，これと対応して，「行政機関の保有する個人情報の保護に関する法律」（行政機関個人情報保護法），「独立行政法人等の保有する個人情報の保護に関する法律」なども制定されて，国レベルの個人情報保護法制が一応整うこととなった。個人情報保護法は，個人情報データベースを事業に利用する「個人情報取扱事業者」に対して，利用目的の特定，情報の適正取得，取得に際しての利用目的の通知，データ内容の正確性の確保，安全管理，従業員の監督などを義務づけ，本人の請求にもとづく開示・訂正・利用停止といった仕組みも取り入れている。また，主務大臣に対しては，助言・勧告，さらには個人情報の利用中止や是正の命令権も付与した。報道機関・著述業・大学などの研究機関・宗教団体・政治団体は適用除外となっている。

個人情報保護法は，個人情報かどうかの判断が困難なケースへの対処や，個人情報を含むビッグデータの活用策の導入など，2003年の制定以後顕在化した新たな事態に対応することを目的として，2015年に大幅に改正され，2017年5月30日から改正法が施行された。改正法は，この法律の個人情報（特定個人を識別できる情報）が電子データを含むことを明文化し，氏名などのように直接的に個人情報を表していなくても，DNAや顔など身体の一部をデータ化した情報や旅券番号・マイナンバーなど個人に割り振られた符号を「個人識別符号」として個人情報に加えることで，個人情報の定義の補充と明確化を図った。さらに，人種・信条・社会的身分・病歴・犯罪歴・犯罪被害歴など，差別や偏見を生みかねない個人情報を「要配慮個人情報」として新たにカテゴリー化し，本人同意のない取得を禁止した。またこれまであった保有個人情報5000人超の事業者という制限を廃止して小規模事業者に適用範囲を拡大した。他方で，特定個人を判別できないように加工し復元不可能にした情報については，本人同意なしに当初の収集目的とは別の目的にも使用することを認め，民間企業による「ビッグデータ」のビジネス利用に道を開いた。組織の面では，個人

情報保護制度の運用機関として，内閣府の下に新たに「個人情報保護委員会」を設置した。

2015年改正で盛り込まれた3年ごとの見直し規定を受けて，事業者に対する個人の利用停止・消去請求権を，個人の権利・利益が害されるおそれがある場合にも拡張するなどの改正が2020年に行われた。また，2021年にはデジタル社会形成の施策を迅速強力に推進する目的で「デジタル社会形成基本法」が制定され，所管官庁として「デジタル庁」が発足した。これに対応して，個人情報の保護も拡充するため，従来の個人情報保護法・行政機関個人情報保護法・独立行政法人等個人情報保護法を一本化し，所管も個人情報保護委員会に統合する改正が行われた。

Column (51) 住基ネット

個人情報保護法に先行して成立した住民基本台帳法の改正で，国および各地方公共団体を結ぶ住民基本台帳ネットワーク（住基ネット）の構築と，国民全員を対象とする住基ネット番号制の導入が決定された。各人の氏名・住所・年齢・性別がこの番号で管理され，2003年8月からは，256の行政事務を住基ネット番号でオンラインで処理するシステムが稼働した。住基ネット番号制に対しては，情報の漏洩や不正利用の可能性が排除されていないのではないか，将来的には膨大な行政情報をネットワークで蓄積・利用する強度の管理国家化の意図が隠されているのではないかという批判があり，市民団体による利用差止の訴訟も複数提起された。下級審の態度は分かれたが（プライバシー権侵害を認めたものとして，金沢地判平成17・5・30判時1934号3頁，大阪高判平成18・11・30判時1962号11頁がある），最高裁は，平成20年3月6日判決（民集62巻3号665頁）で合憲と判断した（住基ネット訴訟判決）。最高裁によれば，憲法13条は，「個人の私生活上の自由の一つとして，……個人に関する情報をみだりに第三者に開示又は公表されない自由」を保障しているが，住基ネットで管理されるのは秘匿性の低い本人確認情報であること，その利用は住民サービスの向上と行政の効率化という正当な目的の範囲内で認められたものであること，情報の漏えい等に対するセキュリティ措置が十分講じられていることなどから，住基ネット制度は13条の権利の侵害にはあたらない。

Column ㊾ マイナンバー法

2013年5月，国会で「行政手続における特定の個人を識別するための番号の利用等に関する法律」が成立した。いわゆる「マイナンバー法」である。この法律によると，国民は全員，住民票コードから作成された「個人番号」（マイナンバー）をわりふられ，この番号が所得税などの税の徴収，社会保障関係の給付，災害対策などに際して，個人識別のための検索番号として行政によって利用されることになった。その後の法改正によって，現在では，マイナンバー法9条と別表が，約130件の事務について，それぞれ指定された行政機関や民間団体にマイナンバーとひもづけされた「特定個人情報ファイル」の保有・利用を認め，19条と政令が，約170件の事務について，マイナンバーの提供を求めることができる行政機関・民間団体とその事務とを列挙している。

マイナンバー法に基づいて住民にマイナンバーを付与し，本人の同意なく個人情報を収集・利用・提供する制度を運用したことが憲法13条のプライバシー権を侵害するとして，市民が国を相手どってマイナンバーの削除と国家賠償を求めた訴訟で，**最高裁マイナンバー法判決**（最判令和5・3・9民集77巻3号627頁）は，マイナンバー法を合憲と判断して上告を棄却した。最高裁は，住基ネット判決と同様，憲法13条が「個人の私生活上の自由の一つとして，何人も，個人に関する情報をみだりに第三者に開示又は公表されない自由」を保障するとしている。しかし，マイナンバー法が意図するマイナンバー制度による行政運営の効率化，給付と負担の公平性の確保，国民の利便向上は正当な目的だとし，特定個人情報ファイルを作成できる事務の種類やファイルを保有・利用できる機関が厳格に特定され，漏えい等には防止策と刑事罰も定められ，本人開示制度や第三者機関によるチェックの仕組みもあることなどから，個人情報の流出や不正利用の可能性は小さいとして，マイナンバー法を合憲と判断した。

政府は，2022年から23年にかけて，各人の住所・氏名・生年月日・顔写真とともにマイナンバーが表示されたいわゆる「マイナカード」の取得を推進し，2023年からは任意で，2024年末からは強制的に，健康保険証をマイナカードに統合した。しかし，2023年以降，

作業ミスでマイナカードと別人の健康保険証が統合されたり，マイナカードを使って公的年金受給者とは別人の口座への振込手続がとられたり，マイナカード自体の偽造事案が出てきたりなど，マイナカードをめぐってはプライバシー権侵害の不安が払拭されていない。

判例に見るプライバシー問題　これまで最高裁は，プライバシー権の概念を正面から認めることを慎重に避けることが多かったが，実質的にプライバシーの一部と言えるような法的利益は承認している。また，下級審のレベルも含めると，自己情報のコントロールにかかわる諸問題がテーマとなったいろいろな判決がある。ここでは，これらをプライバシー権関連判例と位置づけて，いくつかの場面に分けてピックアップしておこう。

(1) **プライバシー権と表現の自由との対立**　さきほど述べたように，プライバシー問題が最初に大きく取り上げられた裁判は，「宴のあと」事件（東京地判昭和39・9・28下民集15巻9号2317頁）である。これは，作家三島由紀夫の小説『宴のあと』のモデルとなった政治家が，プライバシー権の侵害を理由として謝罪広告と損害賠償とを求め，裁判所がこれを認めた事件だ。さらに，「逆転」事件（最判平成6・2・8民集48巻2号149頁）でも，沖縄でのアメリカ兵傷害事件を題材としたノンフィクションが，有罪判決を受けた加害者を実名で登場させたことが争点となった。最高裁は実名は不必要だったとして慰謝料請求を認容した。

「宴のあと」事件の判決で東京地裁は，公表された事柄が，①私生活上の事実またはそれらしく受け取られるおそれのある事柄であること，②一般人の感受性を基準として公開を欲しない事柄であること，③一般の人にまだ知られていない事柄であること，この3つ

の要件を満たす場合にはプライバシー権侵害が成立するとして，古典的なプライバシー概念を明確に採用した（⇨**Chap.** 15）。「逆転」事件の最高裁判決は，プライバシーという概念の使用を避け，個人には「みだりに前科を公表されない法的利益」があるとした。そして，表現の自由との調整にあたっては，取り上げられた事件の社会的意義，当事者の重要性，その著作物の目的・性格から見た実名使用の必要性などを総合的に判断するという考え方を示した。

モデル小説に関しては，作家柳美里の小説「石に泳ぐ魚」が，登場人物のプライバシー権侵害にあたるとして，慰謝料支払と出版差止を認める判決（最判平成14・9・24判時1802号60頁）も注目された。

(2) **政府による個人識別情報の収集**　犯罪捜査などの場合に，政府機関が関係者を特定するために個人識別情報を収集することが，13条違反として争われたいくつかのケースがある。許可条件に反する学生のデモ行進を警察官が写真撮影して，「肖像権」の侵害が争われた京都府学連事件（最大判昭和44・12・24刑集23巻12号1625頁）が代表的である。最高裁は，個人の私生活上の自由の1つとして「みだりに容ぼう等を撮影されない自由」があることを認め，「警察官が，正当な理由もないのに，個人の容ぼう等を撮影することは，憲法13条の趣旨に反し，許されない」と述べた。ただし最高裁は，①現に犯罪が行われ，または行われて間もないこと，②証拠保全の必要性および緊急性があること，③撮影方法が許容限度内の相当なものであること，この3要件を満たす場合には写真撮影も許され，本件はこれらの要件を充足すると判断した。この判決は，最高裁が13条から具体的な権利を導き出したはじめての判決として注目される。その後，自動速度監視装置によって撮影された写真を，スピード違反の証拠として使用することが肖像権侵害として争われた事件でも，最高裁はこの基準で合憲判断を下している（最判

昭和61・2・14刑集40巻1号48頁)。

　政府による個人識別情報の収集が問題となったものとしては，指紋押捺訴訟（最判平成7・12・15刑集49巻10号842頁）も重要だ。これは，1年以上日本に滞在する外国人に対して，指紋の押捺を義務づける外国人登録法に反対して押捺を拒否した人が，この法律に基づいて起訴された事件である。最高裁は，憲法13条によって「何人もみだりに指紋の押なつを強制されない自由を有する」とし，指紋の利用方法次第では「個人の私生活あるいはプライバシーが侵害される危険性がある」ことも認めた。しかし事案については，在留外国人の公正な管理という立法目的には合理性・必要性があり，3年に1度，1指だけなど押捺の方法（目的達成手段）も相当な限度内だとして，合憲判断を示した。この判決は，最高裁が初めてプライバシーという言葉を使った点でも注目される。1999年の外国人登録法の改正により，指紋押捺はいったんは全廃されたが，2006年5月の出入国管理及び難民認定法の改正により，電子認証のための指紋採取制度として復活した（6条3項）。テロ対策の一環とされるこの制度では，短期滞在の旅行者も採取対象に加えられ，逆に特別永住者は除外されている。

　2020年8月23日の朝日新聞デジタル配信記事によれば，警察は2004年から犯罪現場遺留物のDNA型，さらに2005年からは被疑者のDNA型のデータベースの運用を開始し，2019年末時点で，約130万件のDNA型をデータベースに登録しているという。市民100人に1人以上の割合である。こうしたDNA型データベースの構築と運用については，刑事訴訟法等の法律には明文の規定がなく，法律の一般的な委任を受けて制定されている国家公安委員会規則の「DNA型記録取扱規則」が根拠法となっている。無罪判決が確定した人が，（捜査機関のさまざまな行為の違法を理由とする国家賠償請求と

ともに）捜査中任意に提出した DNA 型を，無罪判決確定後も警察が保有していることはプライバシー権の侵害に当たるとして，データの抹消を求めた訴訟で，**名古屋地裁令和 4 年 1 月 18 日判決（判時 2522 号 62 頁）**は，原告の請求を認めて DNA 型の抹消を命ずる判決を下した。判決は，憲法 13 条によって，個人の私生活上の自由の 1 つとして「何人もみだりに DNA 型を採取されない自由」も保障されることを認めた。判決によれば，無罪判決が確定したのちに，なお本人の明示の意思に反して DNA 型を保存できるのは，別の目的に使用する高度の必要性があり，社会通念上やむを得ないものとして是認される場合に限定されるが，本件にはそのような事情はないとされた。しかし，そもそも国会の制定した法律に，捜査機関による DNA 型採取の要件・手続・保管・廃棄等に関する規定がないまま，国家公安委員会規則のみで警察がデータベースを構築・運用している現状自体が，憲法の法治主義原理に抵触するものといえるだろう。

(3) **政府からの個人情報の流出** 逆に政府が保有する個人情報の流出が，プライバシー権侵害として争われることもある。前科照会事件（最判昭和 56・4・14 民集 35 巻 3 号 620 頁）がその例である。自分が担当する民事裁判を有利に進めようとした弁護士が，弁護士法の規定に基づいて，弁護士会を通じて京都市に訴訟の相手方の前科を照会してこれを法廷で公表した。そこで相手方が，照会に応じた京都市に損害賠償を求めた事件である。最高裁は，憲法上のプライバシー権論にはふみこまず，「前科等のある者もこれをみだりに公開されないという法律上の保護に値する利益」があるという理由づけで，損害賠償を認めている。

(判例) **早稲田大学講演会名簿提出事件**（最判平成 15・9・12 民集 57 巻 8 号 973 頁）　1998 年 11 月，日本訪問中の江沢民・中国国家主席の講演

会が，早稲田大学で開催された。大学は事前に出席希望者の名簿を作成したが，警視庁の求めに応じて，この名簿を本人の同意を得ずに警察に提出した。この事実を知った講演参加者が早稲田大学を相手にプライバシー権侵害等を理由として損害賠償を請求する訴訟が，複数提起された。本件は，そのうちの1つの上告審判決である。

　最高裁は，学籍番号・氏名・住所・電話番号という，秘匿の必要性の低い単純な個人識別情報も，「本人が，自己が欲しない他者にはみだりにこれを開示されたくないと考えることは自然なことであり，そのことへの期待は保護されるべきものであるから，本件個人情報は，上告人らのプライバシーに係る情報として法的保護の対象となる」とし，特段の事情もないのに本人同意を経なかった大学の行為を不法行為にあたると判断した。民事事件なので，憲法には言及していないが，最高裁が個人識別情報をはじめてプライバシー権の保護対象と認めたことは注目される。

(4) **政府に対する本人情報の開示請求**　診療カルテや診療報酬明細書（レセプト）のような自分の医療情報，中学校の内申書のような自分の教育情報の開示を求める訴訟も提起されている（⇨*Chap.* 4）。しかし，憲法はプライバシー権を保障しており，それには本人情報の開示請求権も含まれるという考え方が，行政の現場にはなかなか受け入れられないこと，国の情報公開法や自治体の情報公開条例は，公開請求者が本人かどうかで区別する仕組みとなっていないこと，個人情報保護法制でも例外的に本人非開示の情報を認める例が多いこと，これらが本人への情報開示のネックとなっている。

　判例　レセプト開示訴訟（最判平成13・12・18民集55巻7号1603頁）
　　原告は自分の分娩の情報を得ようとして，入院した病院にカルテの開示を求めたが拒否されたので，カルテ同様診療情報が記載されたレセプト（診療報酬明細書）を開示するよう，公文書公開条例にもとづいて兵庫県に請求した。しかし県は，条例で公開を禁止された個人情報にあたることを理由に非公開決定を下した。この決定の取消しを求める原告の請求に対して，一審はこれを斥け，逆に控訴審は一審原告の主張を認めた。県側の上告を受けて最高裁は，情報公開と個人情報保護は異なる制度なので，情報公開条例にもとづいて個人情報を本人だけに開示することは

本来は認められないとしたうえで，本件では県に個人情報保護条例が存在せず，公文書公開条例には本人開示を禁止する規定もなく，第三者の利益を侵害する事情もないとして，例外的に本人開示を認めた。

> **プライバシー権侵害の審査基準**

上に見たように，最高裁は，憲法13条から統一的なプライバシー権を導き出すことを避け，事件ごとに「みだりに容ぼう等を撮影されない自由」「みだりに指紋の押なつを強制されない自由」「みだりに前科を公表されない法的利益」などを保護対象と認めて，それぞれの場合について，対立する利益との調整を図ってきた。これも手堅いやり方だとは言えるかもしれない。他方で，自己情報コントロール権説に立つ学説のなかには，個人の思想・信条・心身に関する基本情報のような「プライバシー固有情報」と，それ以外の「プライバシー外延情報」とを区別する見解もある（佐藤幸治・憲法）。プライバシー固有情報の収集・利用などの合憲性は厳格に審査し，それ以外の場合にはより緩やかな審査で足りると言うのだ。

しかし，プライバシー固有情報と外延情報とを初めから明確に区別することはむずかしい。むしろ，ある人には自分の信念・心情・病状などをこと細かに打ち明けながら，別な人には顔や名前さえも知られたくないと思ったりするのが，私たちの現実の姿だろう。自己情報のコントロールというプライバシー観に立つならば，どんな個人情報でも，本人に知られずに，または本人の意思に反して収集・利用されたり，第三者に流出していることが判明した場合には，収集・利用等の目的と方法の合理性・必要性が厳格に審査されるべきではないだろうか。

3 一般的人格権②——名誉権,環境人格権

名誉権　名誉とは,ある人に他の人々から与えられるプラスの社会的評価である。プライバシーよりも古くから,民事法上の非財産的利益として認められてきた。1896年に制定された現行民法710条・723条にも名誉保護の規定があり,1907年制定の現行刑法230条も名誉毀損罪を設けている。最高裁は北方ジャーナル事件判決（最大判昭和61・6・11民集40巻4号872頁。⇨*Chap.* 15）で,名誉とは「人の品性,徳行,名声,信用等の人格的価値について社会から受ける客観的評価」だとし,「人格権としての名誉権」の保護が憲法13条の要請であることを認めた。

　名誉権の侵害は,ふつう何らかの表現行為によって起こるので,私人相互の関係では,いずれも憲法上の権利である名誉権と表現の自由との調整が必要となる。刑法230条の2は,この調整のために設けられた規定だ。230条の2第1項によれば,表現行為者側は,①テーマが公共の利害に関する事実にかかわること,②公益を図る目的だったこと,③真実であること,この3点を証明できれば名誉毀損罪に問われない。これは,主としてマス・メディアが,人々が関心をもつべき公的テーマや公的人物について報道する場合には名誉毀損罪を成立しにくくして,表現の自由を保護しようとするものだ。最高裁は,1項の要件を表現行為者側に有利なようにさらに緩める解釈を行ってきた。もっとも学説には,もう一歩進めて,公的人物についての報道は原則として名誉毀損にならないと考えるべきだという見解もある（アメリカ最高裁の「現実の悪意」の理論）。

名誉とプライバシー

ある人の社会的評価は，真実の情報のみならずウソの情報によっても低下することがある。だから，表現内容の真偽にかかわらず名誉毀損は成立しうる。上に見た刑法230条の2第1項は，公的事項について真実証明ができた場合のあくまで特例だ。これに対して，プライバシー権侵害は，一般には私生活の事実の暴露，個人の真実情報の収集・利用によってひきおこされる。ただし，モデル小説のようなケースでは，真実と虚構とのミックスによってもプライバシー権が侵害されたと言える場合がある。また，名誉毀損は表現行為によって生じるのに対して，プライバシー権の侵害は情報の収集だけでも成立する。つまり，両者はオーバーラップする場合もあるが，やはり別ものだ。

たとえば，麻薬撲滅運動の先頭に立っている政治家がじつは麻薬の常用者だという報道は，それが真実である場合には名誉毀損とプライバシー権侵害の両方が問題となりうる。しかし，真実ではなかった場合には，プライバシー権侵害とは言えないだろうが，名誉毀損の程度はむしろ強まる。他方，麻薬常用の事実をつかもうとして，マス・メディアがこの政治家の診療カルテを入手したり電話の傍受や寝室の盗撮をしたりした場合，その結果を何も報道しなければ名誉毀損の問題は生じないが，これらの行為自体がプライバシー権侵害となりうる。

環境権と環境人格権

1960年代のなかばになると，高度経済成長のツケとも言える深刻な公害問題が，全国でクローズアップされるようになった。1970年に新潟市で開催された日本弁護士連合会の人権擁護大会で，大阪弁護士会に所属する2人の弁護士が，憲法は「環境権」を保障しているという考え方をはじめて提唱した。環境権とは「良き環境を享受し，かつそれを支配しうる権利」であるとされ，この権利に基づいて住民側は環境

汚染の排除・予防を請求できるという主張が行われた。根拠規定としては，憲法25条があげられた。学者のなかにもこの考え方に共鳴する人が増え，13条の幸福追求権と25条の生存権の双方から導かれる権利という説明が多くなった（代表例として小林・講義上）。そこで念頭に置かれている環境とは，大気・水・日照などの自然環境である。しかし学説には，景観や遺跡などの歴史的・文化的環境や，さらには道路・公園のような社会的環境まで，環境権の保護対象に含める見解もある（たとえば，松本昌悦・新しい人権と憲法問題）。

　これまでのところ裁判所は，環境権という憲法上の権利を承認していない。下級審判決のなかには，憲法13条・25条がプログラム規定であることを根拠の1つとしてあげるものもあるが，13条・25条が何ら法的権利を保障していないと見ることは，これらの規定に関する最高裁の解釈とも矛盾すると言えよう。むしろ，裁判所が環境権に好意的でない最大の実質的理由は，保護対象としての環境の内容・範囲や権利者の範囲があまりにも漠然としていて，裁判救済になじまないと見られている点にある（たとえば，豊前火力発電所操業差止訴訟一審・福岡地判昭和54・8・31判時937号19頁参照。逆に環境権論に好意的な判決もないわけではない。たとえば，東北電力女川原発訴訟一審・仙台地判平成6・1・31判時1482号3頁参照）。

　しかし裁判所も，自然環境の汚染・破壊によって，特定人の生命・健康に被害が発生したり，特定人の著しい精神的苦痛や生活妨害が存在する場合には，人格権侵害という法的構成をとって，政府や企業の補償・賠償責任や時には差止請求も認めてきた（たとえば，大阪空港騒音訴訟控訴審・大阪高判昭和50・11・27判時797号36頁。もっともこの訴訟の最高裁判決は，損害賠償は認めたが差止請求は棄却した。最大判昭和56・12・16民集35巻10号1369頁）。こうした判例動向をふまえて，近年では学説でも，環境権＝環境を支配する権利よりは

限定的な，環境人格権＝環境汚染によって生命・健康などを害されない個人の権利を，憲法13条で保障され実務的にも受容された権利と考える傾向が見られる。なかにはよりはっきりと，環境人格権だけを憲法上の権利とみなす説もある（内野・論点）。環境人格権の主張は，環境汚染が個人の健康などに具体的な被害を及ぼした場合，または及ぼすほどの程度に達した場合を直接の問題とする点で，裁判所による個別の救済になじみやすい考え方と言えよう。

1993年には，従来の公害対策基本法に代えて環境基本法が制定され，環境保護政策の一層の充実が図られるようになった。環境基本法は，「現在及び将来の世代の人間が健全で恵み豊かな環境の恵沢を享受する」ため（3条），政府に環境保全の責務を課している。しかし，この法律にも環境権の保障は規定されなかった。

Column ㊵　自然の権利

人間の権利である環境権を超えて，人間以外の自然界の存在も権利の主体だとする「自然の権利」を主張して，たとえば絶滅に瀕している野生動物の名前で訴訟を起こす環境保護団体もある。日本でも1995年に，国の特別天然記念物であるアマミノクロウサギの名前で，鹿児島県によるゴルフ場の開発許可の取消しを求める行政訴訟が起こされたが（アマミノクロウサギ訴訟），鹿児島地判平成13・1・22（判例集未登載）は動物は訴訟の原告になれないという理由で，訴えを却下した。一見するとナンセンスに思えるこうした運動も，人間のための自然環境の保全という環境保護理念に再考をうながし，自然界のための自然，生態系のなかでの人間という発想を再生しようとしている点で大きな意味をもつ。学者のなかにも，たとえば財団法人と同様の理屈で，法律によって具体的な制度を設ければ動物の原告適格を認めることが可能だという人もいる。権利の観念そのものにインパクトを与える議論である（市川正人・ケースメソッド憲法）。なお，CNNの報道によれば，2014年12月，アルゼンチンの下級裁判所が，ブエノスアイレス動物園からのメスのオランウータンの解放を認めるにあたって，

オランウータンが権利主体であることを認める判決を下して、動物愛護団体の注目を集めているとのことである。

4 自己決定権

自己決定権の主張

1回かぎりの人生を自分らしく生きるために、明文の人権規定ではカバーされていない事柄についても、自分のことは自分で決める憲法上の権利があるという考え方が、1980年代はじめ頃から多くの学者の関心をひきはじめた。13条を根拠とする権利主張は、それ以前にもいろいろ行われていたが、自分のことは自分で決める権利というまとめ方は、アメリカでの議論に影響されたものだ。1960年代後半のベトナム戦争の時期を境として、キリスト教の力の強いアメリカ社会ではそれまで正面から論じることさえむずかしかった避妊・妊娠中絶・同性愛などについて、それを個人の選択権の問題と主張する動きが出てきた。また日本の社会でも、女性の権利向上や尊厳死の承認を求める運動が活発化してきた。アメリカでの議論の動向と、日本社会の変化とが、日本の憲法学にも反映されはじめたのである。

自己決定権をめぐる論点

自己決定権については、よく考えてみなければならない論点がいろいろある。まず第1に、「自己決定権」というネーミングも問題だ。信教の自由・表現の自由・職業の自由などの伝統的な人権も、ある宗教団体に加入するかしないか、民間企業への就職活動をするかしないかなど、多くの場合、個人の選択の自由を保護の対象としている。つまり、人権はどれも自己決定権だと言ってもよいわ

けだ。だから、一定の新しい人権の主張だけを自己決定権とよぶことは、ほんとうは適切ではない。しかし、いまではこのよび名が定着しているし、ほかにピッタリの名称もなさそうなので、ここでもこれに従っておく。

　第2に、自己決定権という権利グループを認める立場に立っても、保護される行動の範囲については議論がある。幸福追求権の保護対象に関する「人格的利益説」(⇨*Chap.* 17) をとれば、13条から導かれる自己決定権の範囲は、理性的・道徳的存在としての個人の人生にとって不可欠な事柄に限定される。そうすると、服装・髪型の選択など日常のライフスタイルや趣味の領域が自己決定権の保護対象に含まれるかは、それらが理性的・道徳的存在者＝人格にとって不可欠かどうかの価値判断で決まることになる。前に見たように、人格的利益説の人たちはこれらの行為の権利性を否定する傾向にある（佐藤幸治・憲法）。これに対して、この本のように「（限定された）一般的自由説」に立って、幸福追求権は各人の個性も保護すると考えれば（⇨*Chap.* 17）、こうした領域も、他者加害にならないかぎり自己決定権の保護対象に入ってくる。

　第3に、自己決定権の制約根拠についても、まだまだ考えなければならないことが多い。たとえば、妊娠中絶や延命治療の拒否などについては、家族同士の意見や利害が激しく対立する可能性がある。どんな些細な自己決定も周辺の人に何らかの影響を及ぼすわけだから、他者に対する加害行為は明確な実害に限定されなければ、自己決定権と言ってみてもほとんど無意味なものになるだろう。さらに、明確な他者加害がない場合でも、本人のためにならないという理由で、自己決定を制限できるかどうかも大きな問題だ。これは、ふつう「パターナリズム」（家長的後見主義）に基づく権利制限と言われる。「悪いことは言わない。お父さん（政府）の言うことを聞きな

さい。それがお前のためなんだから」という制限だ。精神疾患などのために本人の判断能力が非常にかぎられているようなケースでは、こうした後見的保護も必要だろう（弱いパターナリズム）。しかし、13条の人間像について「人格説」「個性説」のどちらをとっても、通常の成人に対するパターナリスティックな制限（強いパターナリズム）は、原則的には否定される。

第4に、自己決定権としてひとくくりにされる個別の権利主張には、いろいろなものが含まれている。これらを整理分類し、個別に検討することが、本来最も重要な課題だ。たとえば、①延命治療の拒否（尊厳死）や宗教的理由による輸血拒否のような自分の生命・身体の処分に関する権利、②結婚・離婚・避妊・中絶など家族にかかわる権利、③服装・髪型・バイク免許の取得など広くライフスタイルに関する権利という分類が行われることもある。しかし、これらの権利主張には、13条以外の人権規定の問題として議論できるものも含まれる。この本でも、児童生徒のライフスタイルの制限は26条に関連して *Chapter* 4で、宗教的理由による輸血拒否は20条についての *Chapter* 14で、家族生活については24条の問題として *Chapter* 16で、それぞれ取り上げた。

第5に、権利性の承認について。これまで、さまざまな個人や団体が、自己決定権として一括されているいろいろな権利を13条を根拠に主張してきた。学説にはそれらを支持する見解も多いが、判例上はほとんど認められていないのが現状だ。

自己決定権の個別問題から

各人の生命の保護は国家の最重要の任務なので、一般にどこの国も、個人に対して自分の生命の処分権は認めていない。これは、個人の自己決定が本人に取り返しのつかない著しい不利益をもたらす場合に例外的に国家の介入を許す「限定されたパターナリズム」

だとされる（佐藤幸治・憲法論）。しかし，事故や病気のため間近な死が予測され，その間耐え難い苦痛にさいなまれたり，意識不明の状態が続いたりする場合に，医師によって生命を積極的に奪ってもらい（安楽死），あるいは消極的に延命措置をやめてもらう（尊厳死）権利が個人にはあるという主張は，以前から行われてきた。外国には，これを法制度化した例もある。日本でも，意識不明状態の継続など一定の場合に延命措置を拒否する旨をあらかじめ文書化しておく「リビング・ウィル」運動や，安楽死の厳格な要件を示した下級審判決はあるが（東海大学安楽死事件判決・横浜地判平成7・3・28判時1530号28頁），安楽死・尊厳死を認めて医師を刑事免責する法律は存在しない。

　患者の治療方針決定権も従来から主張されてきた。これも生命・身体の処分権の一種として，ここにいう自己決定権の1つと位置づけられる。「医師〔等〕は，医療を提供するに当たり，適切な説明を行い，医療を受ける者の理解を得るように努めなければならない」とする医療法1条の4第2項は，インフォームドコンセント（病状や治療行為についての説明を受けたうえでの患者の同意）を定めた規定と理解され，インフォームドコンセントは医療現場で実行されている。判例にはエホバの証人輸血拒否事件（最判平成12・2・29民集54巻2号582頁）がある。これは，患者が信仰上の理由から，輸血しなければ死を招く場合でも輸血を絶対に拒否する固い意思を明示し，医師も無輸血手術による治療が可能だと説明していたのに，じつは手術前から輸血の必要を認識し，実際に手術中に輸血したところ，このことが患者に知られ，医師と病院が患者から慰謝料請求訴訟を起こされた事件である。最高裁は，この事件の具体的な事実関係をもとに，本件輸血行為が患者の人格権を侵害したことを認めたが，憲法ないし民法上の患者の治療選択権を一般的に承認したわ

けではない。

　死後に自分の臓器を難病の患者に提供する行為も，身体の処分権行使の一種といえる。しかし，心停止後に提供可能な臓器は限定されるため，脳死を死と認めて，脳死後，心停止前の臓器提供を求める声と，あくまで心停止を死と考える伝統的見解とが対立した。日本法では従来心停止をもって死と判断してきたが，1997年に制定された臓器移植法では，臓器移植の場面に限って脳死を死と認めた。臓器移植法は2009年に改正され，生存中に本人が文書で臓器提供の意思表示をしていた場合のほか，生前に本人が臓器提供を拒否する文書を作成していない限り，親族の同意で臓器提供が可能となった。

　性的少数者の保護も，近年各国でクローズアップされている人権問題であり，それにはここにいう自己決定権の問題も含まれる。性的少数者は，誰に性的興味や恋愛感情を抱くかという「性的指向」上の少数者と，自分の性別をどう認識しているかという「性自認」上の少数者に分類され，ひとりの人がその両面で少数者のこともある。性的指向上の少数者はレズビアン・ゲイ・バイセクシュアルなどの人々であり，性自認上の少数者には，自分の身体的な性別に違和感をもつトランスジェンダーと，身体的に女性と男性の要素をあわせもつインターセクシュアルなどの人々が含まれる。これらの頭文字をとったLGBTQ＋という言葉こそ一般化してきたが，同性婚の承認（⇨*Chap.* 16-*4*）など性的少数者の法的保護や，社会における受容は，まだまだ未解決の課題だ。

　2023年に最高裁は，性同一性障害者特例法の性別変更要件規定の1つを違憲と判断して，注目されている（**性同一性障害者特例法違憲決定・最大決令和5・10・25民集77巻7号1792頁**）。身体的には男性だが性自認は女性であり，生殖腺の除去手術は受けていないがホル

モン治療などによって外見は女性である人が、性別変更の審判を申し立てたところ、下級審では「生殖腺がないこと又は生殖腺の機能を永続的に欠く状態にあること」という性同一性障害者特定法3条1項4号の要件を満たしていないとして変更が認められなかったため、この性別変更要件規定が憲法13条等に反するとして、最高裁に特別抗告した。

最高裁は、自己の意思に反して身体に侵襲を受けない権利が憲法13条で保障され、生殖腺の除去を要件とする特例法3条1項4号はこの権利の制約に当たることを認めた上で、憲法13条に適合するかどうかは、この規定の目的のために制約が必要とされる程度、制約される自由の内容・性質、具体的な制約の態様・程度を較量して判断するとした。

その上で最高裁は、第1に、性同一性障害者のなかには自発的に生殖腺除去手術を受ける者も相当数存在すること、生殖腺除去手術を受けずに性別変更を認められた者が子をもうけるケースはきわめてまれだと考えられること、特例法施行から19年経過し、性別変更の実績や社会の理解も広がり、これまで特に社会の混乱もうかがわれないこと、これらの事実から本件制約の必要性は低減したと判断し、第2に、今日の精神神経学会では、性同一性障害の「治療」方法は多様だとされ、生殖腺除去手術が必須とは考えられていないのに、法律が生殖腺除去手術の甘受か、性別変更の断念かの酷な二者択一を迫ることには合理性もないと判断して、本件規定が憲法13条に反することを認めた。

［赤坂］

人権の意義と通則

「Ⅰ 個別の人権」では，日本国憲法によって保障された具体的な人権の内容をみた。「Ⅱ 人権の意義と通則」においては，個別の具体的な人権に共通することがらをみることになる。

まず人権とはどのような考え方に基づいて生まれてきたのかを振り返る。次に，現在，世界的に人権はどのようになっているのか，またどのように基礎づけられ，分類されるのかをみる。それから，人権は誰に対してどのような程度まで保障され，どのような関係に適用されるのか，また人権はどのような理由に基づいて制約されるのかをみる。最後に，各種の人権，その他の権利・利益に共通して問題となる平等の問題をみる。

【1 人権の意義】

Chapter 19 人権の意義

フランス人権宣言
第2条 あらゆる政治的団結の目的は、人の消滅することのない自然権を保全することである。これらの権利は、自由・所有権・安全および圧制への抵抗である。
第16条 権利の保障が確保されず、権力の分立が規定されないすべての社会は、憲法をもつものでない。
(高木八尺＝末延三次＝宮沢俊義編『人権宣言集』〔岩波文庫、1957年〕より)

1 人権の理念と歴史

人権の理念

日本語の「人権」にあたる英語のhuman rightsを直訳すれば「人間の権利」となる。このことからもわかるように、人権とは、「人間がただ人間であるということにのみ基づいて、当然に、もっていると考えられる権利」を意味する（宮沢・憲法Ⅱ）。この種の権利の存在を認める考え方を「人権理念」または「人権思想」とよぶことができるだろう。日本国憲法では、11条と97条に「基本的人権」という言葉が出てくる。「基本的」という形容詞は、人権のなかに基本的なものと基

本的でないものとがあるという意味ではなく，人権の重要性を強調する趣旨だと考えられてきた。つまり憲法で言う基本的人権＝人権ということだ。日本国憲法は，日本の歴史上はじめて，人権の理念に立脚する憲法なのである。

人権の理念には，人権とみなされる権利の生得性・普遍性・不可譲性の思想が含まれる。つまり，人権は国王などの権力から与えられたものではなくて，人間が生まれながらにもつものであり（生得性），身分・階級・性別・国籍などで区別された一部の人だけのものではなくて，すべての人間の権利であり（普遍性），奴隷となる契約などで本人が任意に放棄したり他人に譲渡したりできない権利（不可譲性）だということである。こうした発想に立てば，人権は国家（政府）の形成以前から人間がもつ権利，すなわち前国家的権利と性格づけられることになる。のちに述べる17～18世紀西欧の自然権思想は，そういう考え方を主張した。憲法11条・97条も基本的人権の不可侵性・永久性を謳っている。

ところが，厳密に人権＝前国家的権利という捉え方をすると，各国の憲法が規定する権利のなかには，必ずしも人権とは言えないものも含まれていることになる。たとえば参政権は「国家の政治に参加する権利」であるから，国家の存在を前提としており，人権ではないとされることがある。そこでドイツの憲法のように，憲法が保障する権利を，人権ではなく「基本権」と名づける例もある。日本国憲法が保障する権利にも，人権とよべるものとよべないものとがあるとして，憲法上の権利を指す場合にはやはり基本権という言葉を使うべきだと主張し，それを実践している学者もいる（初宿・憲法2）。

しかし，人権とは，すべての人間にとって不可欠の権利だと理解すれば，前国家的と言えるかどうかを問わず，日本国憲法が保障す

る権利をすべて人権とよんでもさしつかえないだろう。多くの憲法解説書がそういう用語法に立って書かれており，本書の場合もそうだ。つまり，いまの日本を念頭に置けば，人権＝基本的人権＝日本国憲法上の権利と考えてよい。

ジョン・ロックの自然権論

人権の理念をはじめて明瞭な形で表現したのは，グロティウス，ロック，モンテスキュー，ルソーなど，17～18世紀西欧の思想家たちが説いた自然権論である。なかでもイギリス人ジョン・ロック（John Locke）が『市民政府論』で展開した考え方は，イギリス名誉革命を正当化し，アメリカ独立革命・フランス革命にも思想的バックボーンを提供したとされる。さらにその影響は日本国憲法にも直接およんでいる。そこでここでは，人権理念の原型を見る意味で，ロックの自然権論の概略を確認してみたい。

この時期の他の思想家と同様，ロックの出発点も，国王・軍隊・警察・裁判所などの政府組織（国家）が存在しない状態が，かつてはあったはずだという想定だ。これが「自然状態」である。ロックの想定する自然状態は，誰も他人に命令できず他人の命令に服従する義務もない，万人が互いに自由で平等な状態である。しかし自然状態と言っても，ロックのイメージでは，殺し放題，盗み放題の無秩序ではなく，人間は神から与えられた「自然法」に拘束されている。自然法の内容は，人間が理性の声に耳を傾ければおのずと理解できる。その中心は，「なにびとも他人の生命，健康，自由または財産を傷つけてはならない」というルールだ。裏返すと，すべての人間は，「他人から生命，健康，自由または財産を侵害されない権利」を神によって与えられている。これがロックの言うプロパティーへの権利，ふつう「自然権」とよばれる権利である。

ロックの自然状態では，各人は自分の自然権を守るために適切と

思われることは何でもできる。しかし、警察や裁判所などの政府組織なしには、自然法違反者に対処して各人の自然権を安定的に保護することはやはり困難だ。そこで、人々は集まって契約を結び、自然権の保障をより確実にするために政府を設立したのだと言う。これが「社会契約」である。つまりロックによれば、政府の正当性の基礎は人々の同意であり、政府の役割は各人の生命・健康・自由・財産の保護である。もし政府自身がこの目的と限界に反して、人々を抑圧する専制政府となってしまった場合には、人々は、その政府を交代し、さらには体制そのものを変革する権利をもつ（抵抗権）。

用語法について言えば、ロック自身は「自然権」とか「人権」という言葉をじつは使わなかった。しかし、「自然状態」「自然法」「プロパティー（生命・自由・財産）への権利」「社会契約による政府設立」「抵抗権」をキーワードとするこうした考え方こそ、後に人権理念とみなされる発想の原型なのである。

アメリカ・フランスの人権文書

もともとイギリスでは、国王と貴族との対立、のちには国王と議会との対立に際して、さまざまな権利の確認や宣言が積み重ねられてきた。1215年のマグナ・カルタ、1628年の権利請願、1689年の権利章典などがそうである。これらが人権理念の展開と密接に関連することはたしかだ。しかし、そこで認められた権利は、けっして人間の権利ではなく、あくまでイギリス貴族の特権、あるいはイギリス国民の伝統的権利と理解されていた。

これに対して、ロックに代表される自然権思想が、公の文書のなかで明瞭に宣言された最初の例は、アメリカ独立時の憲法的文書である。なかでも1776年の独立宣言の次の文章は有名だ。「われわれは、……すべての人は平等に造られ、造物主によって、一定の奪いがたい天賦の権利を付与され、そのなかに生命、自由および幸福の

追求の含まれることを信ずる。また、これらの権利を確保するために人類のあいだに政府が組織されたこと、そしてその正当な権力は被治者の同意に由来するものであることを信ずる。……いかなる政治の形体といえども、もしこれらの目的を毀損するものとなった場合には、人民はそれを改廃し、……新たな政府を組織する権利を有することを信ずる」(高木八尺＝末延三次＝宮沢俊義編・人権宣言集)。

同様の思想は、1789年に始まるフランス革命時のいくつかの憲法典のなかでも表明された。後世への影響という点では、革命の冒頭に国民議会が採択した「人権宣言」が重要だ。これは、人権という言葉が公的文書で使用された最初の例でもある。

> 人権の理念と現実

こうして、アメリカ独立・フランス革命以降、人権の理念は欧米各国に次第に広まっていく。人権理念のインパクトは、人種・性別・身分などの違いによって人間同士が抱いてきた偏見や差別から、人間を解放する発想を提供した点に求められる。しかし、理想がいっぺんに実現したわけでないことはもちろんだ。人権の理念が高らかに謳われたアメリカ独立以後も黒人奴隷制は維持されたし、人権と訳される droits de l'homme という言葉は、フランス革命の時には暗黙のうちに「人間＝男」の権利と理解され、女性は人権の主体と考えられていなかったという研究もある（辻村みよ子・人権の普遍性と歴史性）。人種差別や男女差別などの解消が、今日の世界でも重要なテーマであることに変わりはない。

> 日本における人権理念の受容

17〜18世紀の欧米で発展した人権の理念を、日本人がはじめて知ったのは、1866年から福沢諭吉が公刊した『西洋事情』や、1870〜71年に中村正直が出版した翻訳書『西国立志編』『自由之理』などを通じてだった。「天賦人権」という言葉自体は、1879年

頃,加藤弘之が使いだしたと言われる。政府からの個人の自由という人権理念のエッセンスが,当時の日本でどれほど深く理解されたかは問題だが,明治10年代には天賦人権・天賦の自由という理念が,国会開設・藩閥政府の打破を求める自由民権運動の正当化根拠となったことは間違いない。

　1889年の大日本帝国憲法は,自由民権運動を抑圧しつつ,政府主導で制定されたものだが,少なくとも条文の上では,当時のヨーロッパ諸国なみの権利宣言を含んでいた。しかし,それらの権利は人権ではなく,天皇が臣下としての国民に与えた「臣民の権利」とされた。その結果,日本の歴史上はじめて国民の権利を認めたこの憲法の制定を境にして,逆に人権という用語と理念は日本の言論界や学界から急速に消えていった。戦前に発行された代表的な法律学辞典を引くと,人権とは物権に対する債権のことだと説明されているほどである。

　日本の政治・社会のなかで人権の理念が再び大きな意味をもつようになったのは,第2次大戦後のことだ。連合国が1945年5月に示したポツダム宣言で,日本の降伏条件の1つとして,日本政府には降伏後国民の「基本的人権」を尊重することが求められた。8月14日に日本側がポツダム宣言を受諾したことで,基本的人権の尊重は日本の国際公約となったわけだが,政府当局者にその自覚は乏しかった。結局GHQのイニシアティヴで,日本国憲法に基本的人権という言葉が盛り込まれ,人権の理念に立脚して手厚い権利保障のリストが条文化された。「国政は,国民の厳粛な信託によるものであつて,その権威は国民に由来し,その権力は国民の代表者がこれを行使し,その福利は国民がこれを享受する」という憲法前文の文章や,「生命,自由及び幸福追求に対する国民の権利」という13条の規定は,ロック的な自然権思想の直接の表現と言えるだろう。

こうして日本国憲法の下で，人権理念の具体化・現実化が戦後日本社会の大きな課題となった。

2　人権の国際的保障

世界人権宣言・国際人権規約

　第2次大戦の連合国側は，人権の擁護を1つの旗印として，ドイツ・日本などの全体主義と戦った。1941年にアメリカ大統領F・D・ルーズベルトが，国際秩序の基本原則として唱えた4つの自由（言論の自由・信仰の自由・欠乏からの自由・恐怖からの自由）の主張は，その典型である。大戦が連合国の勝利で終結したのちも，東西冷戦やさまざまな地域紛争など世界の現実は相変わらず苛酷だが，人権の保障が国際社会の1つの指導理念となったとは言えるだろう。

　第2次大戦後設立された国際連合は，早速1948年の第3回総会で「世界人権宣言」を採択した。この宣言は条約のような法的拘束力をもたないとされるが，戦後の国際人権文書の出発点として重要な政治的意義をもつ。さらに1966年に国連総会は，「経済的，社会的及び文化的権利に関する国際規約（国際人権A規約）」，「市民的及び政治的権利に関する国際規約（国際人権B規約）」，「市民的及び政治的権利に関する国際規約の選択議定書（B規約選択議定書）」を採択した。そのほかにも，ジェノサイド条約・難民条約・人種差別撤廃条約・女子差別撤廃条約・拷問禁止条約・死刑廃止条約・子どもの権利条約などが国連によって採択されている。

　A・B規約をはじめとするこれらの人権関係条約は，その締約国を法的に拘束する。条約の実施は第1次的には各締約国内の救済措置にゆだねられるが，これを補強する国際的な仕組みが設けられて

いる場合もある。A・B規約とB規約選択議定書について言えば，締約国の義務履行を確保するために3つの制度が設けられた。第1に国家報告制度。これは，締約国がA規約に関しては国連経済社会理事会の社会権規約委員会に対して，B規約に関しては国連規約人権委員会に対して，自国の人権状況を定期的に報告するよう義務づける制度である。報告を受けた国連機関による勧告が行われる。第2に国家通報制度。締約国は，他の締約国がB規約に違反していると考える場合，規約人権委員会に通報することができる。当事国が同意すれば，規約人権委員会による調停が行われるが，現実にはほとんど利用されていない。第3に個人通報制度。B規約選択議定書の締約国についてだけは，B規約上の権利を侵害された個人が規約人権委員会に通報することが認められる。一定の場合，規約人権委員会は，B規約違反を確認し，是正措置を当該締約国に提案することができる。

しかし，人権関係条約も，それを批准していない国には当然のことながら拘束力がない。また上述のように，現在のところ国際的実施措置は，主он国家内部の法執行に比べればはるかに弱体で，条約の実効性は各締約国の国内措置に左右される面が大きい。とはいえ，国内外の世論を喚起し，NGO（非政府活動組織）の活動を刺激するなど，国際的実施制度の事実上の影響力には無視できないものがある。

国際人権保障と日本　日本は1979年に国際人権A規約・B規約を批准したほか，1981年には難民条約，1985年には女子差別撤廃条約，1994年には子どもの権利条約（政府訳では児童の権利に関する条約。⇨*Chap.* 4），1995年には人種差別撤廃条約など，主な人権関係条約も批准・加入している。しかし，個人通報制度を認めるB規約選択議定書や，死刑廃止条約（B規約第

2選択議定書）など，まだ加入していない重要な条約もある。

国際人権B規約に定められた5年ごとの国家報告義務に基づいて，日本政府は1998年に第4回目の報告書を規約人権委員会に提出した。これに対して規約人権委員会からは，前回勧告の大部分が履行されていないことは遺憾だとしたうえで，B規約選択議定書・死刑廃止条約・拷問禁止条約への早期加入，代用監獄の廃止など起訴前勾留制度の改革，婚外子差別や性暴力の禁止，アイヌ・「在日コリアン」・「部落少数者」の差別禁止などの勧告がなされている。また，裁判官や法執行官に対する国際人権法教育の徹底と，法務省の下にある現行の人権擁護委員とは異なる，独立の国内人権救済機関の設立も勧告された（日弁連編・日本の人権――21世紀への課題）。この勧告を受けて，2002年に内閣は，第三者的な人権救済機関として「人権委員会」を新たに設ける人権擁護法案を国会に提出した。しかし，人権委員会の権限にマス・メディアに対する措置も含まれている点や，人権委員会が国家行政組織法3条の独立行政委員会ではなく，法務省からの独立性が必ずしも確保されない同法8条の審議会とされている点などに批判が集まり，いまのところ法律は成立していない（⇨*Column* (59)）。

3 人権の基礎づけ

人権理念に対する反発

第2次大戦後の国際社会で，人権の理念が次第に人々の共感を得，国際的な人権の保障と監視が，各国政府の行動を規制するようになってきたことは疑いない。しかしながら，1990年代以降も，旧ユーゴの民族紛争のように，警察や軍の手で住民が集団虐殺されるといった極端な人権

侵害行為でさえ，相変わらず世界各地で発生していることも事実だ。のみならず，人権の理念そのものに関しても，さまざまな異論や反発がある。

たとえば，国際的な人権保障を強化しようとする側からも，1970年代後半になると人権の世代論が唱えられるようになった。これは，各国政府から人々の自由を守る第1世代の人権（自由権），各国政府に対して市民が一定の給付を請求できるとする第2世代の人権（社会権）に続いて，現代世界では第3世代の人権（「発展への権利」「環境への権利」など）が重要だとする主張である。「第3世代の人権」論は，富める国に対する発展途上国の権利，民族の自決権など，集団的権利や政府自身の権利も人権と位置づける点で，古典的な人権理念に大きな変更を迫る意味をもっている。

さらに，イスラム諸国やアジアの発展途上国などには，人権理念そのものが，欧米が世界を支配するための内政干渉の道具だとみる警戒感がある。そして，民族や宗教によって文化は多様だとする「文化相対主義」，あるいは人権というグローバル・スタンダードは承認するとしても，まず経済発展を重視する立場から，人権保障のあり方の多様性を主張する「発展段階論」などが提起されている（深田三徳・現代人権論）。

人権の基礎づけ論の諸類型

人権の基礎づけに関する考え方を，仮にいくつかのタイプに分けてみると，たとえば次のようなものがある。

① 自然法的人権論。ロックについて確認したように，古典的な人権論の基礎には，唯一の神が人間の理性に自然法を植えつけ，人間は社会契約によって政府を設立したという，特定のストーリーがある。しかし，この説明だと，神が自分をモデルとして人間を創造し，すべての被造物の頂点に置いたとするキリスト教的な人間観や，

社会契約のストーリーを受け入れない人にとっては，人権の理念も疑わしいものとなる。

② 人間性による人権の基礎づけ。そこで，自然権論のストーリーから人権理念を切り離し，人権は「人間性」「人間の尊厳」から論理必然的に生ずる権利だという基礎づけの仕方もある。「重要なのは，神だの，自然法だのではなくて，人権はすべての人間に生来的に，一身専属的に附着するもの……ということである。……今日多くの国では，人権を承認する根拠として，もはや特に神や，自然法をもち出す必要はなく，『人間性』とか，『人間の尊厳』とかによって……根拠づけることでじゅうぶんだと考えている」(宮沢・憲法Ⅱ)。しかし，多くの国でこうだという認識には，上述のように疑問があるし，私たちはみな人間だという事実から，人間としての権利という規範をストレートに導き出せるのか，この考え方も個人に最高の価値を認める個人主義哲学に立脚しているとすれば，個人主義を承認しない人には説得力をもたないのではないか，といった批判が提起可能だ。

③ 道徳理論的な人権論の試み。むしろ近年では，人間性から人権を導く素朴な議論に満足せず，非宗教的で普遍的な道徳の構想によって，人権の正当性を基礎づけようとするさまざまな試みが，日本の学界でも紹介検討されている。たとえば，アメリカの哲学者ロールズ (John Rawls) の正義論は有名だ。ロールズは，仮に人々が自分の年齢・性別・能力などを知らされていない状態に置かれていると仮定すれば(「無知のヴェール」)，人々は不利を避けて人生をよりよく生きるために，自分にも他人にも平等に自由が保障されることを選択し，それを確保しようとして契約を結んで政府を設立するはずだと言う。キリスト教的な観念を前提としない社会契約論によって，人権の正当性を基礎づける試みの一例だ。

ドイツの憲法学者アレクシー（Robert Alexy）の「討議理論」も注目されている考え方の1つである（深田・前掲書）。彼によれば，ルールの正当性・合理性は，そのルールが合理的な討議を経て形成される場合に確保される。そして，合理的な討議のプロセスが実現されるためには，人々の自律性が保障されなければならず，そのために人権の保障が必要だとされる。

　また，人間はいかに生きるべきかについて，比較不能な異なる価値観を抱く人々が共同生活を営むためには，価値を共有しない人々の間で秩序を形成するための仕組みが必要で，これがリベラル・デモクラシーであり，人権保障だとする議論もある（長谷部恭男・憲法学のフロンティア）。自然法論や社会契約説に依拠せず，文化の相違・価値観の相違を超えて人権理念の正当性を基礎づける試みである。

　④　経験主義的な人権観。いずれにせよ，人権理念の正当性を，誰もが承服するような理論によって基礎づけることはなかなか困難だろう。「人権外交」はアメリカの世界戦略の一環だという第三世界の反発にも理由がないわけではない。しかし，人権理念の重要性は，むしろ人権が保障されない国家でこれまで何が行われたのか（ナチスのホロコースト，スターリン時代のソ連，戦争中の日本軍の占領統治，ポル・ポトのカンボジア，旧ユーゴの民族浄化，ルワンダの集団虐殺などなど），人権の不在状況を歴史に学び，同じことが自分や大切な人の身におこることを想像することで，何よりも経験的に理解できるし，また理解されるべきだと思われる。

4 人権の分類

権利の保護範囲と権利の法的性格

人権の基礎づけについてどう考えるにせよ、今の日本ではそれが憲法で保障された権利であることは間違いない。しかし、ひとくちに日本国憲法が保障している人権と言っても、それにはいろいろなものがある。この本では、それら個別の人権ごとの説明を先に行った。その場合に暗黙の前提となっていたのは、自由権・社会権・参政権・国務請求権という伝統的な分類である。この分類の仕方は、ある人権規定が私たちのどういう行為や状態をカバーしているのかという保護範囲の視点と、その人権規定は私たちにどういう保護を与えるのかという法的性格の視点とのミックスで組み立てられている。

介入排除請求権・給付請求権と保護範囲

人権には、政府の介入を受けない自由を私たちに保障する場合と、政府の積極的な措置を私たちに保障する場合とがある。前者は介入排除請求権、後者は給付請求権などともよばれる。ある特定の人権は、いずれかの法的性格だけをもつこともあれば、主として一方の性格をもつこともあり、両方の性格をあわせもつこともある。同時にまた、各種の人権規定は、人間の一定の行為や状態を、それぞれ守備範囲としている。

たとえば憲法 21 条の「表現の自由」は、本を出版する、テレビ番組を製作する、コンサートを開くといった人間の表現行為を保護の範囲とし、伝統的には検閲の禁止など政府の介入を排除する性格の権利と理解されてきた。「表現」が保護範囲を、「自由」が保護の

法的性格を示しているわけだ。しかし多くの憲法学者は，21条が市民の「知る権利」，すなわち政府情報の開示請求権をも同時に保障する規定だと考えている（⇨*Chap.* 11）。知る権利は，政府の介入排除請求権ではなく，政府に対する一種の給付請求権だ。つまり，表現の自由は，表現行為の領域について，主として介入排除を保障し，しかし一定の給付請求も同時に保障する権利と捉えられていることになる。だから，表現の自由→自由権→政府の介入排除請求権と短絡的に考えてはならない。逆に社会権に分類される労働基本権も，労働組合を保護するよう政府に請求できる権利（給付請求権）であるだけではなく，そもそも政府による労働組合の規制を禁止する権利（介入排除請求権）でもある（⇨*Chap.* 6）。労働基本権→社会権→給付請求権という理解も，やはり単純すぎるのである。

したがって，表現の自由・職業の自由・生存権・教育権といった人権の名称は，表現・生存など，それぞれの規定の保護範囲を主として示すものと理解したほうがよい。また，「～の自由」という言い方が，その人権が伝統的には介入排除請求権と理解されてきたことを示していることはたしかだが，人権規定が人々に与える法的保護の性格は，「～の自由」「～権」というよび名にとらわれず，個別に検討されなければならない。

〔赤坂〕

【2 人権通則】

Chapter 20　人権の享有主体

> 人権保障が構想された頃は、人権を享有するのは個人、つまり「自然人」と考えられた。ところが「自然人」でも、その享有の有無、範囲を考えなければならない存在がある。未成年者、天皇・皇族、外国人である。また複数人の集合体である団体、法人ははたして憲法上の権利を享有するのであろうか。

1　自然人

　自然権思想を背景とする人権宣言が発表された当時の人権のスローガンは、「自由」と「平等」であった。「平等」の意味の中に、人権は人種、性別、身分などに関係なく、人である以上みんなが普遍的に享有できるという理念が含まれていた。仮にこれらの相違に基づき不合理に異なる扱いをすれば、平等原則違反の問題が生じることになる（⇨*Chap.* 23-*1*）。しかし、実定憲法上の例外はあるし、現実の国際社会において主権国家が並存していることからくる例外もある。未成年者、天皇・皇族が憲法上の例外であり、外国人が国際

社会上の例外である。

Column ㊴　人権の「普遍性」

　人権の特性の1つに人権の「普遍性」がいわれる。普遍性とは人権が，人種・性別などにかかわりなく，人間であればみんな遍（あまね）く享有するはずという性質をあらわしている。しかし，普遍性について3つの立場から以下のような批判が浴びせられている。①社会主義の立場からは，ブルジョアジーのプロレタリアートを搾取する自由にすぎないという批判，②反植民地主義の立場からは，人権の先進国が国際的には植民地大国であり植民地には本国と異なって人権が保障されていないという批判，そして③フェミニズムの立場からは，人権宣言は「男の権利」宣言にすぎないという批判（樋口陽一・人権参照）。しかし，①は社会権の中で，②は国際人権論の中で，③は性別に基づく差別等の中で考えられるべき問題である。

憲法上の例外

　(1)　**未成年者**　民法3条1項は，「私権の享有は，出生に始まる」と規定している。憲法上の権利はどのように解すべきであろうか。胎児については今後議論を深める必要性があるが，少なくとも出生以後の人間が享有することについて異論はない。民法は，未成年者に対して行為能力についての制限を付している（5条・6条）。成年となる年齢につき，民法4条は20歳としていたが，2018年，18歳と改正された。同様に，憲法上の権利の享有についても一定の制限が規定されている。たとえば，憲法15条3項は，「公務員の選挙については，成年者による普通選挙を保障する」と規定して，選挙権を未成年者に認めていない。他方で憲法は未成年者に一定の保護を与えている。たとえば，26条2項は，「子女」に「普通教育」を受ける権利を保障し，27条3項は，「児童は，これを酷使してはならない」として特別の保護を与えているのである。その他少年法・二十歳未満ノ者ノ飲酒

1　自然人

ノ禁止ニ関スル法律・二十歳未満ノ者ノ喫煙ノ禁止ニ関スル法律・青少年保護育成条例など20歳未満の者を対象とする法律・条例がある。また各種の公営ギャンブル法律（競馬法28条，自転車競技法9条等〔20歳未満の者〕），風俗営業等の規制及び業務の適正化等に関する法律（＝風営法）（18条等〔18歳未満の者〕）・労働基準法（56条〔15歳未満の者〕）などに特別の規定を置いて，その保護あるいは権利制限を行っている。これらの特別扱いの正当化根拠は，未成年者が人間としての肉体・精神の発達途上・形成過程にあり，成年者に比べて判断力も未熟であることに求められている。ただし，これら各種の特別扱いを区切る年齢については，常にその正当性を吟味する必要がある。たとえば，選挙権付与の年齢は，公職選挙法9条によって「年齢満20年以上の者」とされていたが，2015年6月，18歳に引き下げる旨の改正がなされ，2016年6月19日に施行された。

　また，裁判員の選任資格につき裁判員法（裁判員の参加する刑事裁判に関する法律）13条は「衆議院議員の選挙権を有する者」と定めている。2021年5月21日成立の「少年法等の一部を改正する法律」（令和3年法律47号）（以下「改正法」）で裁判員裁判が扱う重大事件などにつき18歳から19歳の者も同様に裁かれることになったので，18歳から19歳の者も裁判員候補者名簿に記載されることになった。なお，同改正法は，検察審査会法による検察審査員候補者名簿調製の際の同様の特例を定める公選法改正附則7条も削除した。

Column ㊺　こども基本法・こども家庭庁

　2022年6月，こども施策を総合的に推進することを目的として，こども基本法が制定され，2023年4月に施行された（令和4年法律77号）。同日，この法律に規定された施策の立案，実施を所管する「こども家庭庁」が発足した。子どもの権利条約（⇨ *Column* ⑪）を1994年に批准した際には，政府はこの条約を実施するための新たな法律は

不要と強弁した。その後，2017年に第4回・第5回政府報告に対して，国連子どもの権利委員会から，独立した監視機関の設立，体罰・虐待・いじめへの対処など，広範な論点について「懸念」や「勧告」が示されていて，この条約批准から約18年後の議員立法による対応となった。

こども基本法の内容は，この法律の目的・定義・基本理念，国・地方公共団体の責務，事業主・国民の努力義務，年次報告（こども白書）の発行義務を定める総則（1条～8条），政府のこども施策大綱の作成義務，都道府県・市町村のこども計画等の作成の努力義務，こども施策に対するこども等の意見の反映措置，こども施策支援の総合的・一体的提供のための体制整備義務，関係者相互の有機的な連携確保の努力義務，個人情報の適正取扱いについての留意，この法律と児童の権利に関する条約の趣旨及び内容の周知の努力義務，施策の充実と財政上の措置等を定める基本的施策（9条～16条），こども家庭庁に特別機関として「こども政策推進会議」を設置し，この会議の構成員（内閣総理大臣〔会長〕，特命担当大臣と内閣総理大臣が指定する国務大臣〔委員〕）や，資料提出の要求等の権限を定める（17条～19条）。

こども家庭庁はこの法律の主務官庁として，従来内閣府や厚生労働省が担当していた事務の一元化を目的として設立された内閣府の職員定員473名の外局である。果たして国連子どもの人権委員会が求めている独立の監視機関となるかは，こどもの権利侵害に有効迅速に対処できるかにかかっている。

Column ㊻　受精卵・胚・胎児・死者の人権

人はすべて受精の瞬間から連続的に細胞分裂を重ねて，胚から胎児というプロセスをたどって誕生する。従来このプロセスは自然の摂理に委ねられていた。ところが最近は生殖技術が進歩して人工授精・体外受精が行われ誕生することも珍しい現象ではなくなっている。しかし，このプロセスの途中で不要な胚が廃棄され，あるいは妊娠中絶が行われている。これはいずれは人となるべき生命を奪っていることになる。胎児には「生命に対する権利」または「生まれる権利」は保障されないのであろうか。この問題についての考え方は各国で異なっている。ドイツにおいては，生命を保護する国家義務の観点から胎児に

ある種の生命権を認めた。しかし，アメリカ合衆国では「人間の生命の潜在的可能性」としての保護の必要性は認めるが，生命権を享有する人とはしていない。この問題は人の始期に関わるが，人の終期にも難問がある。どの時点で，人間はその享有主体性を終えるのか。脳死の段階か，心臓死の段階か。さらに人間の死後，ある種の憲法上の権利，たとえばプライバシーの権利の享有がなお認められるのであろうか。これは，個人情報保護の請求権者は誰かというかたちで深刻な問題を現実に引き起こしつつある。

---

(2) **天皇・皇族**　君主制をとる国の憲法には「君主」に関する特別の規定があるが，日本も天皇制をとるので，天皇およびその家族（皇族）の憲法上の権利をどう扱うのか，つまりその人権の享有主体性について議論がある。この議論は，明治憲法が天皇と臣民を明確に区別し，同憲法の第2章「臣民権利義務」の享有主体から天皇（およびそれに準じる皇族）を明らかに除外していたことに起因する。現行憲法についても，天皇・皇族は日本国籍を有するが，皇位の世襲制を重くみて「門地」によって天皇・皇族は国民から区別された特別の存在であるとする説もある。しかし，天皇・皇族は国民に含まれるが，その地位の特殊性，憲法自体が天皇を象徴とし（1条），またその地位の世襲性を認めたこと（2条）を根拠にして，一般国民とは異なった扱いを受けると考えるのが一般的である。

天皇は，「国政に関する権能を有しない」（4条1項）し，「象徴」（1条）として政治的に中立であるべきことが要請される。したがって選挙権・被選挙権は認められないとされ，政治活動の自由（21条1項）も実質的に認められない。また財産授受に制限がある（8条）ほか，世襲制から職業選択の自由（22条1項），外国移住・国籍離脱の自由（同条2項）の制限が導かれる。また立后（＝天皇の婚姻）についても皇室会議の議を経なければならないとされる（皇室典範

10条)。皇族についても，たとえば，皇族男子の婚姻につき天皇と同様の手続が要求される（皇室典範10条）。しかし，皇族を天皇とまったく同様に扱うべきかについては議論があり，あまりに制限しすぎると平等原則に反することになる。たとえば皇族に選挙権を認めないのは法の下の平等に反すると解する説もある。

外国人 日本の敗戦によって戦前の植民地出身者は日本国籍をもたなくなり，その子孫も世代を重ねている。また地球規模での人口分布の流動化もますます激しくなっている。国籍，つまり国家の所属員としての資格は，憲法10条の規定を受けて「国籍法」で定められている。日本国籍をもたない者，つまり無国籍者と他国籍者が，ここでいう外国人である。国籍の決定根拠について，血統により決定するという「血統主義」と生まれた場所により決定するという「出生地主義」が現在の世界において並存している。そこで二重国籍・無国籍の問題が生じることになる。日本の国籍法は，従前は父系優先血統主義をとっていた。ところが，沖縄駐留アメリカ軍人男性と日本人女性との間に生まれた子どもの国籍取得をめぐる訴訟をきっかけとして社会的反響がまきおこり，女子差別撤廃条約批准の条件整備の一環として1984年に父母両系血統主義に移行した（国籍法2条1号。ただし，例外的に出生地主義をとる。同法2条3号参照）。

　国籍法は，外国人女性を母，日本人男性を父として日本で生まれた子どもにつき，出生後に認知された場合，後に父母が婚姻して嫡出子の身分を取得した（＝「準正」。民法789条）ときには，届出によって日本国籍を取得する（改正前の国籍法3条）のに対して，父母が婚姻しないときには，法務大臣の帰化の許可を要する（同法8条）としていた。しかし，準正を届出による国籍取得要件とする3条1項の規定は憲法14条に違反するとした最高裁判決（**最大判平成20・**

6・4民集62巻6号1367頁）を受けて，2008年12月，国籍法3条1項の規定から，準正の要件は削除された（2009年1月1日施行）。

なお，「出生により外国の国籍を取得した日本国民で国外で生まれたものは，戸籍法（……）の定めるところにより日本の国籍を留保する意思を表示しなければ，その出生の時にさかのぼって日本の国籍を失う」とする国籍法12条（戸籍法104条1項は，国籍法12条に規定する国籍の留保の意思表示は，出生の届出をすることができる者が，出生の日から3カ月以内にその旨を届け出なければならないとする）について，最高裁は，二重国籍を避けるという立法目的は合理的であり，届出の期間が3カ月あり，また，国籍法12条によって日本国籍を失っても，国籍法17条1項および3項によって，日本に住所があれば，20歳まで（2022年4月1日からは18歳まで）に届け出ると日本国籍を取得できるから，出生により日本国籍との重国籍となるべき子のうち国外で出生した者について，日本で出生した者との間に設けられた区別の内容は立法目的との関連において不合理なものとはいえず，立法府の合理的な裁量判断の範囲を超えるものではないとした（最判平成27・3・10民集69巻2号265頁）。

>判例< **国籍法非嫡出子差別規定違憲判決**（最大判平成20・6・4民集62巻6号1367頁）　Xは，日本国籍を有する父とフィリピン共和国国籍を有する母との間に日本で出生し育った。Xは，出生後父の認知を受けたので法務大臣に国籍取得を届け出たが，国籍取得の要件を具備していない旨の通知を受けたので，国を相手として，国籍法3条1項の規定が憲法14条1項に反し無効であるとして，日本国籍を有することを確認する訴えを提起した。一審（東京地判平成17・4・13判時1890号27頁）は，請求を認容したが，控訴審（東京高判平成18・2・28家月58巻6号47頁）は，一審判決を取消請求を棄却したので，Xは上告に及んだ。

最高裁は，非嫡出子が準正子になるか否かは「子にとっては自らの意思や努力によっては変えることのできない父母の身分行為に係る事柄である」とした上で，国内的・国際的な社会的環境等の変化に照らしてみると，「家族生活を通じた我が国との密接な結び付きの存在を示す」指

標として,「準正を出生後における届出による日本国籍取得の要件としておくこと」について,立法目的との間に「合理的関連性を見いだすことがもはや難しくなっている」として,この規定を違憲とした。

外国人には憲法上の権利は保障されないのであろうか。憲法第3章のタイトルに「国民の権利及び義務」とあることから,憲法上の権利は,外国人には保障されないとする否定説もある。しかし,憲法上の権利の自然権思想を背景とする前国家的権利性,また国際協調主義を根拠として外国人にも一定の憲法上の権利は保障されると解する肯定説が通説である。ただ,保障される権利の判定基準について,「何人」「国民」という憲法上の文言を基準とする文言説と人権の性質を基準とする性質説が分かれる。ところが,22条2項で定める国籍離脱の自由のように「国民」の自由としか考えられないものについても「何人」と規定していて,文言が厳密な用語の使い分けを意識して作られたものではないこと,さらに権利ごとに適用の妥当性を考える方が合理的であることを理由として性質説が多数説となっている。最高裁も早くから外国人にも憲法上の権利が基本的に及ぶとしていた(**最判昭和25・12・28民集4巻12号683頁**)。そして,その判定基準につき,マクリーン事件において性質説をとることを明らかにした(**最大判昭和53・10・4民集32巻7号1223頁**)。

以下,権利ごとにみてみよう。

(1) **出入国の自由**　外国人の日本国への出入り,在留がまず問題となる。入国の自由については,憲法22条が外国人の入国の自由を保障しておらず,また外国人の入国の許否は国際慣習法上主権の属性としてその国の裁量に委ねられていると解するのが通説・判例である(**最大判昭和32・6・19刑集11巻6号1663頁**)。在留権も,入国許否に関する自由裁量の問題とされている(**マクリーン事件・最大判昭和53・10・4民集32巻7号1223頁**)。これに対して出国の自由

は，憲法22条2項を根拠として認められるとするのが判例である（最大判昭和32・12・25刑集11巻14号3377頁）。ただし在留外国人の帰国を前提とする出国つまり再入国の自由は認められていない。憲法が外国人に外国へ一時旅行する自由を保障していないことは，入国の自由・在留権が保障されないとした上記2判決（最大判昭和32・6・19，最大判昭和53・10・4）の趣旨に徴して明らかということにその理由を求める（森川キャサリーン事件・最判平成4・11・16最高裁判所裁判集民事166号575頁）。

これに対して学説は，在留外国人の再入国は22条の出国の自由に対応して認められる人権である，あるいは国際慣行・国際慣習法上認められ新規の入国とは異なる特別の配慮をなすべきであるなどと説いていた。

1991年の「日本国との平和条約に基づき日本の国籍を離脱した者等の出入国管理に関する特例法」の制定に伴い，「特別永住者」には再入国の自由が認められるようになった。

Column (57) 不法滞在収容者の増加

外国人が違法に日本に入国し，在留の条件に違反し，またはビザ（入国査証）の期限を過ぎた後に日本にとどまれば不法滞在となり，全国に17カ所ある法務省の施設に収容され（出入国管理及び難民認定法〔以下，「入管法」という〕39条以下），退去強制の手続へと移行することになる（同法24条・27条～53条）。人道的な理由から施設外での生活を認める仮放免制度もある（同法54条・55条）が，その要件をみたす収容者も減少し，仮放免された者から刑事事件関係者もでたことから審査が厳格になったとされる。

強制送還による身体の拘束といえども，不当な処遇は憲法18条によって禁止されている。ところが，2010年に東京入国管理局が強制送還しようしたガーナ国籍の男性が死亡する事件が発生し，猿ぐつわや結束バンドで拘束し前かがみの姿勢を取らせていた制圧行為が国家賠償法上違法であるか否かが訴訟で問題となった（一審・東京地判平成

26・3・19 判タ 1420 号 246 頁は請求を一部認容したが，控訴審・東京高判平成 28・1・18 判例集未登載は，制圧行為はいずれも適法であり，死亡との間の相当因果関係もないとしてこの判決を覆して請求を棄却している）。この事件後，約 3 年間強制送還はなされず，2016 年末に収容されていた 1133 人中 6 ヵ月以上収容されている人は 313 人であったが，2019 年 6 月末には 1253 人中 679 人と増加が著しい。2018 年 4 月，約 9 ヵ月収容されていたインド人男性が自殺し，他に自殺未遂者もいる。1997 年以降に限定しても，収容中に少なくとも 21 人が死亡し，うち 5 人が自殺とされる。

　出入国管理については，戦前は内務省の警察部局が所管し，戦後，外務省に移管されたが，1952 年，法務省入国管理局に移管された。2019 年，組織改編がなされ法務省外局として，出入国在留管理庁（以下「入管庁」）が設置された。その主たる任務は，「出入国及び外国人の在留の公正な管理を図ること」にある（法務省設置法 28 条 1 項）。2021 年 3 月 6 日，名古屋出入国在留管理局（以下「入管局」）でスリランカ出身のウィシュマ・サンダマリさんが病死した。極度の飢餓状態にもかかわらず適切な医療が提供されなかったという。8 月 10 日にこの事件についての入管庁の最終報告書が出されたが，施設の医療の制約などの弁明に終始し，入管局の処遇と死亡の因果関係には言及していない。居室の監視カメラ映像 2 週間分も約 2 時間分にカットされて遺族にのみ開示され，代理人弁護士の同席を認めなかった。なお，別の事案では，難民不認定の処分を通知された翌日に強制送還されて処分の取消訴訟を提起できなかったとして国家賠償を求めたところ，憲法 32 条が保障する裁判を受ける権利を侵害したとして請求を認容している（東京高判令和 3・9・22 判タ 1502 号 55 頁）。

　戦前の特別高等警察の流れを汲むとされる入管行政に巣くう暗黒の部分（大沼保昭・単一民族社会の神話を超えて参照）は，「いやしくも人たることにより当然享有する人権は不法入国者と雖もこれを有する」とした判例（最判昭和 25・12・28 民集 4 巻 12 号 683 頁）の言葉を入管庁の職員全員に徹底させて，意識改革を図らなければならない。入管法には令状なしの身柄の拘束や強制送還を行政処分として認めるなど違憲の条項が数多くある。

(2) **参政権** 参政権（⇨*Chap.* 37-**1**）のうち選挙権・被選挙権につき，国政レベルは，国民主権の原理から「国籍保持者」に限定されるとするのが通説・判例（**最判平成 5・2・26 判時 1452 号 37 頁**）である。地方政治レベルについては，憲法 93 条 2 項にいう「住民」は「国民」を前提とした概念であることを理由に，憲法は法律による選挙権の付与を禁止すると解する禁止説と立法政策に委ねていると解する許容説に分かれていた。最高裁は，「我が国に在留する外国人のうちでも永住者等であってその居住する区域の地方公共団体と特段に緊密な関係を持つに至ったと認められるものについて」法律で選挙権を付与することは憲法は禁止していないとして許容説の立場をとった（**最判平成 7・2・28 民集 49 巻 2 号 639 頁**）。現行憲法が立脚する社会契約説（⇨*Chap.* 34-**2**）の原点に立ち返って，国民主権原理でいう「国民」とは国籍保有者なのか否かを再考する必要がある。ここでいう国民が，国の領域内に生活の本拠を置き，その政府の統治権に服する者と解すれば，永住者たる外国人に参政権を認めることを，この原理は本来求めていると解することもできよう。

公務就任権については，外交官（外務公務員）は対外主権を代表するから国籍を有することが就任の要件となっている（外務公務員法 7 条 1 項）。一般の公務員について法律上の規定はない。ところが，「公務員に関する当然の法理として，公権力の行使又は国家意思の形成への参画に携わる公務員になるためには，日本国籍を必要とする」という内閣法制局の見解（昭和 28 年 3 月 25 日）を根拠にして人事院規則 8-18（採用試験）9 条 1 項 3 号で国家公務員の受験資格に国籍要件をおいている。また地方公務員も，その募集要項の中に国籍を要件として定めていることが多い。しかし，公務員の職種も多様であり，また現在の行政活動は，すべて「法の支配」に服して，つまり憲法および国民代表の定めた法律の下で行われるのであるか

ら，外国人の公務就任権を一律に否定することは疑問である。

従来，国立大学の教官への任用も内閣法制局の見解にしたがい，助手までに限られていたところ，1982年に「国公立大学外国人教員任用法」（国立又は公立の大学における外国人教員の任用等に関する特別措置法〔当時。現在は公立の大学における外国人教員の任用等に関する特別措置法〕）が議員立法で成立し，教授への任用の途が開かれた。

> **判例** 東京都保健婦管理職登用試験受験拒否事件（最大判平成17・1・26民集59巻1号128頁）　韓国籍の特別永住者Xは，1988年から東京都の保健婦（現保健師）として勤務していたが，課長級の管理職選考試験の受験を日本国籍がないことを理由に拒否されたので，①受験資格の確認と②精神的苦痛に対する損害賠償を求めて出訴した。一審（東京地判平成8・5・16判時1566号23頁）は①につき訴えを却下し，②につき請求を棄却した。控訴審（東京高判平成9・11・26判時1639号30頁）は，公務員を①統治作用を直接行使する公務員，②公権力の行使または公の意思形成への参加により間接的に統治作用を行使する公務員，③上司の命を受けて補佐的・補助的事務または専ら学術的・技術的専門分野の事務に従事する公務員に分けた上で，管理職は②に当たるが，そのうちのスタッフ職は，国民主権の原理に照らして外国人に就任を認めて差し支えないものがあり，本件の受験拒否は憲法22条1項・14条1項に違反するとした。
>
> これを不服とする東京都の上告に対して，最高裁は，住民の権利義務を直接形成し，その範囲を確定するなどの公権力の行使に当たる行為を行い，もしくは普通地方公共団体の重要な施策に関する決定を行い，またはこれらに参画することを職務とする地方公務員（公権力行使等地方公務員）の職務の遂行は，住民の権利義務や法的地位の内容を定め，あるいはこれらに事実上大きな影響を及ぼすなど，住民の生活に直接間接に重大なかかわりを有するから，国民主権の原理に基づき，原則として日本国籍を有する者が就任することが想定されていて，外国人が就任することは本来日本の法体系は想定していない，として受験拒否を容認した。

(3) 自由権　自由権は，「国家からの自由」であり，外国人についても原則として保障される。人身の自由は，自然権的性質をもつから，たとえ不法入国者であろうともその実体的（18条）・手続

的（31条~40条）保障を受けないとするのは不合理である。精神的自由権は，「わが国の政治的意思決定又はその実施に影響を及ぼす活動」（**マクリーン事件・最大判昭和53・10・4民集32巻7号1223頁**）を除いて保障される。これに対して，経済的自由権は，国民に対して政策的観点からの制約が正当化される場合があるから，外国人に対しては政策的制約に加えて相互主義的な制約が及ぶことになる（たとえば，外国人土地法1条参照）。しかし，このような制約には合理的な根拠が要求されることになろう。

> **判例** マクリーン事件（最大判昭和53・10・4民集32巻7号1223頁）
> 　アメリカ合衆国籍のX（マクリーン）は，在留期間1年の上陸許可を得て入国し英語教師をしていた。Xがさらに1年間の在留期間更新を申請したが，Y（法務大臣）は出国準備期間として120日の在留期間の更新のみを認め，さらにXが1年間の更新を申請したところ，YはXの在留期間中の転職と政治活動（ベトナム反戦運動参加）を理由に更新許可をしなかったので，Xはその取消しを求めて出訴した。一審はXの請求を認容したが，控訴審は棄却したので上告に及んだ。最高裁は，「憲法上，外国人は，わが国に入国する自由を保障されているものでないことはもちろん，……在留の権利ないし引き続き在留することを要求しうる権利」を保障されないとした上で，「基本的人権の保障は，権利の性質上日本国民のみをその対象としていると解されるものを除き，わが国に在留する外国人に対しても等しく及ぶものと解すべきであり，政治活動の自由についても，わが国の政治的意思決定又はその実施に影響を及ぼす活動等外国人の地位にかんがみこれを認めることが相当でないと解されるものを除き，その保障が及ぶものと解する」。しかし，「在留中の外国人の行為が合憲合法な場合でも，法務大臣がその行為を当不当の面から日本国にとって好ましいものとはいえないと評価」することなどは「なんら妨げられるものではない」として，控訴審判決を支持した。

(4) 社会権　社会権は，まずその所属国によって保障されるべきであり，当然に外国によっても保障されるべき権利ではないと解されていた。従来から，拠出制の社会保険（国民年金，健康保険，厚生年金保険，雇用保険，労災保険など）については国籍要件はなかった

が，無拠出制の社会保障（児童扶養手当，児童手当など）については国籍要件が定められていた。判例は，社会保障に関する国籍要件については，国の政治的判断に委ねられており，限られた財源の下で福祉的給付を行うに当たり，自国民を在留外国人よりも優先的に扱うことも許されるとしていた（**塩見訴訟・最判平成元・3・2 判時 1363 号 68 頁**）。もっとも，生活保護については，生活保護法が「国民」をその対象としている（1条）にもかかわらず，実務上の運用で，外国人にも国民に準じた保護を行っていた。この点につき，最高裁は，生活保護法1条・2条にいう「国民」とは，日本国民を意味し，外国人はこれに含まれないので，外国人が行政庁の通達等に基づく行政措置により事実上の保護の対象となりうるにとどまり，生活保護法に基づく保護の対象となるものではなく，同法に基づく受給権を有しないとした（**最判平成 26・7・18 訟月 61 巻 2 号 356 頁**）。しかし，生活保護は人が生命を維持するうえでの最低限の生活保障であり，保護しないとむしろ違憲となる可能性がある。

1981年，日本政府は難民条約（難民の地位に関する条約）を批准して，社会保障に関して難民に「自国民に与える待遇と同一の待遇を与える」ことを義務づけた（23条・24条）。これをうけて，1981年の国民年金法をはじめ，関係諸法令が改正されて国籍条項が撤廃されたが，その効果は遡及させなかった。前記塩見訴訟の原告は，再度訴えを提起したが，最高裁は，立法裁量の逸脱・濫用はないとして請求を棄却している（**最判平成 13・3・13 訟月 48 巻 8 号 1961 頁**）。

ところで，社会保障の給付の申請により，不法滞在中の外国人はその所在が判明してしまうのでこのような外国人は法的なジレンマの状態に置かれることになる。とりわけ就学年齢の子どもが家族に含まれる場合には，子どもの利益に配慮することが望まれる。

2 法　人

　民法は，私権の享有主体（＝権利能力を有する者）として「自然人」のほかに「法人」を定めている。法人は憲法上の権利を享有するのであろうか。なお，結社の自由との流れでいえば，結社の結果，誕生した団体が，どのような憲法上の権利をどのようにもつかが問題となるはずである。ところが，伝統的に「団体」の人権の享有主体性としてではなく，団体のうち法人格をもつ「法人」の人権の享有主体性としてこの問題は論じられてきたので，以下慣例にしたがう。

法人に対する見方の変遷　憲法で保障する権利は，自然権思想がその背景にあることからわかるように本来自然人に対して保障されるものとされてきた。そして，中世から近世にかけて，ギルド，教会などの団体が個人の権利を抑圧する場合もあったので，むしろ団体の存在そのものに否定的な考え方が人権宣言発表時のフランス，同時代のイギリスには存在していた。しかし，資本主義が進展するにともない，団体が個人としての活動に比してより大きな経済的利益を追求する手段として有効かつ必要であることが認められていくにしたがい，財産権の享有主体としての団体，つまり権利能力を認められた団体である法人，特に株式会社の有用性が認識されるようになる。他方，そのような法人が存在する社会において個人の権利・利益を守るための法人（団体），特に労働組合の有用性も認識されるようになった。さらに法人（団体）は経済的側面のみならず，政治的・文化的・宗教的活動など人間のあらゆる活動においても有用であることが認識されていく。法人が元来自然人とは別個独立の財産権の主体として構

想されたことから，私法上の権利の享有主体であることに問題はない。法人（団体）が社会において無視できない存在になってきたので，憲法上の権利を享有するか否かがここで問題となるのである。

権利性質説　最高裁は，「憲法第3章に定める国民の権利および義務の各条項は，性質上可能なかぎり，内国の法人にも適用されるものと解すべき」として，権利の性質ごとに保障の有無・程度を判定すべきであるとする性質説をとり（八幡製鉄事件・最大判昭和45・6・24民集24巻6号625頁），学説も基本的にこれと同様の立場をとる。問題はその具体的内容である。自然人固有の権利が法人に保障されないことは当然である。たとえば，人身の自由に関する権利は刑事手続上の一定の権利（35条・37条・38条・39条）を除き保障されないし，参政権・社会権も保障されない。これに対して，国務請求権は政府が設定した各種制度を利用する権利であるから，これを否定すべき理由はない。経済的自由権は，私法上の財産権の基礎を構成しているから，原則として法人にも適用されると解すべきである。しかし，法人の経済活動が個人の経済的自由権を侵害する可能性もあるので，政策的観点から法人に対して特別の制約を課すことが合理的な場合もある。問題は精神的自由権である。法人の設立目的も多様であり，個人の精神的自由権を伸張するための法人が原則としてその権利を享有するのは当然であろう。たとえば，宗教法人は信教の自由，学校法人は学問の自由に含まれる教授の自由を享有し，また報道機関は表現の自由を享有する。問題は，その設立目的以外の活動を法人がなしうるかにある。最高裁は，政治資金の寄附が問題となった八幡製鉄事件において，表現行為となる政治資金の寄附の自由は営利法人である株式会社にも保障されるとした。

> **判例** 八幡製鉄事件（最大判昭和 45・6・24 民集 24 巻 6 号 625 頁）
>
> 1960 年 3 月，八幡製鉄株式会社（現・日本製鉄株式会社）の代表取締役が自由民主党に対して 350 万円の政治献金をしたところ，これは会社の定款外の行為であるとして同社の株主がその損害賠償を求めて株主代表訴訟を提起した。一審は請求を認容したが，控訴審がこれを取り消したので上告に及んだ。最高裁は，法人の人権享有主体性について性質説をとり，「会社が，納税の義務を有し自然人たる国民とひとしく国税等の負担に任ずるものである以上，納税者たる立場において，国や地方公共団体の施策に対し，意見の表明その他の行動に出たとしても，これを禁圧すべき理由はない」とした上で，「会社は，自然人たる国民と同様，国や政党の特定の政策を支持，推進しまたは反対するなどの政治的行為をなす自由を有する」。「政治資金の寄附もまさにその自由の一環であり，会社によってそれがなされた場合，政治の動向に影響が与えることがあったとしても，これを自然人たる国民による寄附と別異に扱うべき憲法上の要請があるものではない」とした。

Column ㊽ 法人は思想・良心の自由を享有するか？

思想・良心の自由を法人あるいは団体が享有するか否かの問題は，思想・良心つまり「内心」が純粋に自然人の心（頭脳）の中の意識を意味するのか，あるいはさらに法人自体の設立目的，意思形成過程およびその結果形成された意思のうち内容的に「信条」にあたるものをも含むのかによって結論が異なってくる。現実に，労働委員会の会社に対する不当労働行為救済命令の形式として用いられる文書掲示命令，つまり「ポスト・ノーティス命令」の中に含まれる陳謝のことばが 19 条違反で争われることが多い。最高裁は，反省などの意思表明を要求することはこの命令の本旨ではなく約束を強調する意味をもつにすぎないから 19 条違反の問題はないとしている（医療法人社団亮正会事件・最判平成 2・3・6 判時 1357 号 144 頁等）。謝罪広告の強制についても同様の問題がある（⇒*Chap.* 9-3）。

法人が人権を享有する根拠

ここで考えるべきは法人が人権を享有すべき根拠である。考え方は自然人還元論と法人社会的実在論に分かれる。前者は法人の

活動の効果・利益が最終的に自然人に帰属することを根拠とする。これに対して，後者は法人が社会において自然人と同じく活動する実体であり，現代社会における重要な構成要素であることを根拠とする。八幡製鉄事件・最高裁判決は法人社会的実在論をとっている。

この判決について民法学界で捨て去られた法人社会的実在論をとったとする辛らつな批判もある。法人制度のもつメリットは，その活動の成果が最終的には自然人に還元されるべきであるという視点を無視することは妥当でない。個人の政治活動を抑圧する可能性のあるこの判決に対しては，商法学説を含め学説は総じて批判的である。

議論の方向性　法人が営利法人である場合，慈善事業のための寄付であろうと，災害援助のための寄付であろうと，政治献金であろうと，究極的にその法人に利益をもたらすという意味で，定款・寄附行為に定められた目的の範囲外の行為であるとみなすことは困難である。しかし，ここで問題となっているのは，私法上，どのような行為が法人（団体）には可能か，より厳密にいえばその法人の機関の行為のうちどのような行為が法人の行為とみなされるか，ということではなく，そのような行為が憲法上保障されるか，なのである。ここであらためて考えるべきは，法人の制度はあくまで自然人の理想・利益の追求手段として便宜上設けられたものであって，目的そのものではないということである。議論のあり方として，法人は原則として憲法上の権利を享有しないということから出発して具体的に存在する法人の設立目的・活動の実態，その活動の社会に対する影響力等の観点から個別の憲法上の権利ごとにその享有の正当性を検証していくべきであろう。

［渋谷］

【2 人権通則】

Chapter 21 人権の到達範囲

> 世間では「人権問題」といえば，被差別部落問題や「いじめ」問題をイメージするようである。個人（私人）は日常生活において，政府以外の相手，つまり私人とさまざまな関係をもちながら生きている。たとえば，会社で働く会社員がその信条によって差別されたとき，果たして憲法上の権利あるいは規範は及ぶのか。また個人は自由意思または法律に基づいて一般市民以外の立場で政府と法的関係をもつことがある。たとえば，公務員として働くときや刑務所で服役するときなどに憲法上の権利は保障されるのか。

1 私人間効力

社会的権力と人権規定　憲法上の人権規定の中には，文言上あるいは理論上，政府ばかりでなく私人をも規範の名宛人（＝人権規定を守るべき人）としている規定，つまり私人間における保障を想定している規定がある。投票の秘密を守る義務（15条4項），奴隷的拘束および意に反する苦役を課さない義務（18条），保護する子女に教育を受けさせる義務（26条2項），児童を酷使しない義務（27条3項），労働基本権を尊重する義務（28条）などがそれである（なお憲法上の「国民の義務」，つまり「勤労の義務」〔27

条1項〕・「納税の義務」〔30条〕はこれとは次元の異なる義務である。⇨2巻 *Column* ⑫)。

　しかし，それ以外の規定は，基本的に政府の活動（作為あるいは不作為）に対する人権保障と考えられている。その理由として，①憲法が統治機構を定め，これに権力を付与する授権規範であると同時に，権力の行使を限定する制限規範として構想されたこと（⇨ *Chap.* 41-**4**），②個人の人権への脅威が過去においては政府から加えられたこと，③近代社会では実力装置（軍隊・警察のほか，実力で法の命じるところの実現・貫徹を行うことが許されている税務署・裁判所など）を政府が独占し，それが暴走する危険性を考えると政府が将来にわたりいちばん恐るべき存在であることが指摘されている。さらに④近代市民革命において政府と個人との間に存在した社会の諸権力（中間団体）が解体され近代的意味の憲法において社会的権力を想定する必要がなかったことを指摘する者もある。

　ところが19世紀の産業革命後の急速な工業化社会の進展，20世紀に入ってからの急速な情報化社会の展開によって，私企業，労働組合，報道機関など私人でありながら強力な権力，つまり社会的権力をもつ者が登場してきた。そこで，これらの「強い私人」から「弱い私人」を守る必要性がいわれるようになった。「公権力の主体」（＝政府）と私人との間のルールである憲法上の人権規定をこれら私人相互間，つまり「社会的権力の主体」と私人の間にその効力を及ぼし適用してこの社会の現実の必要性に対応すべきか否かの問題が「人権の私人間効力」の問題である。

私人間効力に関する理論　憲法上の人権規定の効力の私人相互間への適用について，適用の可能性を否定する無効力説と適用の可能性を肯定する効力説がある。人権規定は政府の活動の目標・限界を示しているばかりでな

く，その社会全体の実定法秩序における基本的な規範，つまり基本的価値秩序（＝重要なもののランキング）のルールを示している。したがって，人権規定の効力の私人間への適用を全面的に否定することは妥当ではなく，現在，無効力説をとる者はほとんどない。もっとも，私人間効力を認める効力説にも，直接的効力を認める直接効力説と他の法律の規定を通じて間接的に人権規定の効力が及ぶとする間接効力説がある。

　直接効力説をとると市民の日常生活に憲法が生かされ，理想社会が実現されそうに一見思える。しかし，もともと政府と私人の間のルールであったものを，私人間に直接的に効力を認めて適用すると次のような不都合が生じる。つまり，①本来対等な私人同士がその意思に基づき権利・義務関係を定めるという市民社会の私的自治の原則が侵害される可能性があること，②憲法の対「公権力の主体」性が希薄化されるおそれがあること，③人権の作為請求権（社会権）的側面を私人間に直接的に効力を認めて適用すると政府による私人の自由な活動領域への過度の介入の糸口を与えかねないことなどの問題である。そこで，両者の間をとって，憲法規範の趣旨を私人間に及ぼす法律を新たに制定するか，あるいは既存の法律の規定を介して多少の修正を施しながら間接的に私人間に適用していくとする間接効力説が通説・判例（**三菱樹脂事件・最大判昭和48・12・12民集27巻11号1536頁**）となった。

　なお，ドイツの憲法理論を参考として，国の基本権保護義務が唱えられている。基本権保護義務とは，加害者（第三者）たる私人の侵害から被害者たる私人の基本権法益を保護すべき政府の作為義務である。ここから，立法府および裁判所は，被害者たる私人を保護するために必要な私法規定を制定し，また既存の私法規定を基本権保護的に解釈・適用しなければならないという義務が導き出される

のであるが，立法が用意する保護措置では最低限の保護すら与えないときには，裁判所が政府機関として保護する責務を負う（過少保護の禁止）。もっとも，その保護によって加害者（第三者）の基本権を過度に侵害してはならず（過剰介入の禁止），この2つの禁止に抵触しないようにしながら両者の基本権法益を衡量して解決を導くのが私人間効力の基本構成であるとする（小山剛・基本権保護の法理，山本敬三「憲法と民法の関係」法学教室171号参照）。この説も，間接効力説に分類されるであろうが，すべての権利・自由にこのような義務を認めることはかえって人権の不当な制限を招くおそれがあるとの指摘がなされている。

Column (59) 人権擁護法案

私人間の「人権」侵害への対応は，たとえば，労働者の人権侵害については，労働委員会が対応するなど個別的な救済制度が用意されていたが，総合的な人権擁護政策は，1996年に人権擁護施策推進法が制定され，人権擁護推進審議会が設置されてようやく本格化した。そして，同審議会が2001年5月に答申した「人権救済制度の在り方について」をベースとして，2002年に「人権擁護法案」が国会に提出されたが，2003年，審議未了で廃案となった。その後，この法案は，人権侵害救済機関「人権委員会」を法務省の外局として設置するなどの修正を施されたうえで，人権委員会設置法案として国会に提出されることが，2012年9月19日，閣議で決定されたが，同年11月16日の衆議院解散によって，またも廃案となった。

人権擁護法案の主眼は，独立行政委員会として人権委員会を設置し，差別や虐待などの人権侵害の救済手続を整備することにあった。簡易な救済である「一般救済手続」は，あらゆる人権侵害行為を対象とし，人権委員会が，助言，他の機関・団体の紹介，法律扶助の斡旋，その他の援助，加害者への説示・啓発・指導，被害者と加害者の関係の調整，関係行政機関に対する通告・告発などの措置をとり，またそのために必要な調査（=「一般調査」）ができるとするが，いずれも強制力のない任意的なものにとどまる。積極的な救済である「特別救済手

続」は，公務員による差別・虐待，商店やサービス業者が顧客に対して行う差別，事業主が労働者に対して行う差別，特定の者に対する悪質な差別的言動やセクシュアル・ハラスメント，児童虐待，配偶者に対する虐待（ドメスティック・バイオレンス），マス・メディアによるプライバシー侵害や過剰取材，その他被害者自らでは排除できない深刻な人権侵害など特別な人権侵害行為を対象とし，人権委員会が，一般救済手続をとることができるほか，調停・仲裁，勧告・公表，訴訟援助などの措置をとることができるとし，そのために出頭要求，資料提出要求，立入調査などの権限をもち，その拒絶や妨害などに対しては原則として 30 万円以下の過料を課すことができるとしていた（＝「特別調査」）。そのほかに，一定の属性を共有する不特定多数者に対する差別を助長・誘発するような行為（たとえば，部落地名総鑑の頒布など）に対しては，人権委員会が中止勧告をなし，それに従わないときは，裁判所に対して差止請求訴訟を提起することができるとしていた（江橋崇＝山崎公士・人権政策学のすすめ参照）。

判例　三菱樹脂事件（最大判昭和 48・12・12 民集 27 巻 11 号 1536 頁）

Xは，大学卒業後三菱樹脂株式会社に就職したが，入社試験時に学生運動歴等を秘匿し虚偽の報告を行ったことを理由に 3 ヵ月の試用期間後の本採用を拒否された。これに対してXが，雇用契約上の地位確認と賃金支払いを求めて出訴した。一審判決は解雇権濫用として請求を認容し，控訴審判決がこれを支持したので被告側が上告に及んだ。最高裁は，自由権的基本権が，「国または公共団体の統治行動に対して個人の基本的な自由と平等を保障する目的に出たもの」であり「私人相互の関係を直接規律することを予定するものではない」。そして「私的支配関係においては，個人の基本的な自由や平等に対する具体的な侵害またはそのおそれがあり，その態様，程度が社会的に許容しうる限度を超えるときは，これに対する立法措置によってその是正を図ることが可能であるし，また，場合によっては，私的自治に対する一般的制限規定である民法 1 条，90 条や不法行為に関する諸規定等の適切な適用によって」解決できるとした。そして，本件拒否が「客観的に合理的な理由が存し社会通念上相当として是認されうる場合」に当たるか審理を尽くすべきとして原審に差し戻した。

三菱樹脂事件は，個人の思想・良心の自由（19条），信条に基づく差別（14条1項）が問題となった事案であった。その後の判例として以下のものがある。**日産自動車事件（最判昭和56・3・24民集35巻2号300頁）**では男女別定年制（男子60歳・女子55歳）を定める就業規則が性別に基づく差別であるとして問題となった。そして，それは性別のみによる不合理な差別であり民法90条違反とされた。**昭和女子大事件（最判昭和49・7・19民集28巻5号790頁）**では政治的活動（法案反対の無届の署名運動，学外政治団体への無許可参加など）を理由として大学の「生活要録」に基づきなされた退学処分などが思想・表現の自由を侵害するとして問題となった。そして，大学，特に私立大学にはその独自性に基づき社会通念に照らして合理的と認められる範囲において学生を規律する包括的権能を有するとした上で，本件の処分は学長の懲戒権の裁量の範囲内とされた（なお，憲法9条の私人間への適用が問題となった百里基地事件については，⇨*Chap.* 40-*3*）。

　なお，私人所有の施設利用に関して集会の意義が言及された事案として，**日教組グランドプリンスホテル新高輪集会拒否事件（東京地判平成21・7・28判時2051号3頁）**（⇨*Chap.* 16-*2*）がある。

Column ⑥⓪　国家行為（state action）の理論

　「国家行為の理論」は，アメリカ合衆国において憲法の規定の効力を私人間に対しても及ぼすために形成されてきた理論である。つまりある種の私人の行為（＝私的行為）のうち一定の特徴のあるものを政府の行為とみなして，憲法を直接適用しようとするのである。その特徴のある場合として，(1)政府が①公共施設等の貸与，②財政・免除措置等の援助，③特権または特別の権限の付与，④司法部による積極的実現などを通じてきわめて重要な程度に関わり合いをもっているとき，または(2)私的行為の主体が高度に公的な機能を行使する団体であるときがあげられている。この理論は特に私人の事実行為に関して憲法の

1　私人間効力

効力を及ぼしていくために有効とされている。

2 特殊な法律関係

　一般市民として保障される憲法上の権利も，特殊な法律関係に自らの意思に基づいて入り，あるいは法律に基づいて強制的に入らされた場合，特別な規律が行われて制約されることがある。従来，このような関係は公務員関係を念頭において「特別権力関係」の理論として説明されていた。この理論は，その関係の設定された目的に照らし妥当な限り，①個別的な法律の根拠がなくても支配者に包括的な命令権・懲戒権が与えられる，②種々の憲法上の権利の制約も可能とされる，そして③裁判所による救済も与えられないとしていた。しかし，憲法上の権利に「法律の留保」，つまり議会による制約が認められていた明治憲法下ではともかく，その保障に「憲法の留保」，つまり議会による制約が原則としてできないという保障が与えられた現行憲法下において，特に②の憲法上の権利侵害の容易性を問題としなければならないであろう。さらに，すべての行政活動を憲法および国会の制定する法律の下におき（「法律による行政の原理」），さらに政府（行政主体）によって権利が侵害された場合に司法的救済のみちを開く（17条・32条・76条）現行憲法下においては①③を内容とするこの理論をそのまま採用できないのは明白である。
　しかし，個別的にそれぞれの関係を検討していくと，憲法上の他の原則などに照らして，その関係における権利制約が許される場合が存在することも否定できない。政府（行政主体）との関係でこれが問題となるのは，公務員と刑事施設被収容者（在監者）の権利の

制約である。なお，特定の団体内において自律的に決定された事項に対する司法審査のあり方が問題となる，いわゆる「部分社会論」では，裁判を受ける権利を除いて必ずしも個人のその他の憲法上の権利制約が関係するわけではないので，この問題については司法権の限界のところで触れることにする（⇨*Chap.* 28-*3*）。

Column ⑥1 特別権力関係

　特別の法律上の原因（当事者の同意または法律の規定）に基づき，特定の目的に必要な限度において行政主体（政府）とその相手との間に設定される包括的な支配服従関係を特別権力関係（besonderes Gewaltverhältnis）と呼び，政府と私人との関係，つまり一般権力関係（allgemeines Gewaltverhältnis）と対置した。そして特別権力関係に入ると，法治主義，つまり個別具体的に課す命令・強制・懲戒には個別の法律上の根拠を要するという「法律の留保の原則」が排斥されるなどとするのが特別権力関係の理論（＝「特別権力関係論」）である。具体例として，①公法上の勤務関係（例：国・公共団体と公務員），②公法上の営造物の利用関係（例：かつての国公立大学と学生，かつての国公立病院と患者，刑事施設とその被収容者），③公法上の特別監督関係（例：監督官庁と特許企業者），④公法上の社団関係（例：公共組合と組合員）などがあげられていた。この理論はドイツにおける官吏の勤務関係を法的に説明する構成を一般化・抽象化した理論であったが，日本においてもこの理論は戦前から戦後の一時期まで有力に説かれた。しかし，憲法上の権利の重要性，①②③④の関係すべてに普遍的に妥当する理論そのものの有用性，現代における行政のあり方などの観点から，古典的な意味での特別権力関係論はもはや妥当しないというのが学界における共通理解となっている。最高裁も，「特別権力関係論」への言及は慎重に回避し，「一般市民社会とは異なる特殊な部分社会」（富山大学単位不認定事件・最判昭和53・3・15民集31巻2号234頁）などとしている。ただし，一般権力関係とは異なる扱いの必要性は否定していない。

公務員 　公務員の勤務関係はかつて特別権力関係の典型例として扱われていた。しかし，戦後，

国家公務員法・地方公務員法が制定され，その権利・義務および救済手段が定められている。そこで問題の中心は，これらの法律によって憲法上の権利に対して課された制約が合憲か否かに移った。とりわけ表現の自由の中に含まれている政治活動の自由の制限（国家公務員法102条，人事院規則14-7）と，労働基本権の制限（国家公務員法98条2項，地方公務員法37条，行政執行法人の労働関係に関する法律17条等）が問題となる。

　初期の判例は，このような人権制約の根拠を「公共の福祉」あるいは「全体の奉仕者」（15条2項）に求めていた。しかし，1966年の**全逓東京中郵判決（最大判昭和41・10・26刑集20巻8号901頁）**において，公務員の労働基本権は「職務の内容に応じて，私企業における労働者と異なる制約を内包している」にとどまり，その制限は「合理性の認められる必要最小限度のものにとどめなければならない」とした。このような考え方は学説からも職務の性質，違いを考慮に入れた内在的制約のみを許容するものとして好意的に迎えられた。

　しかし，この判決の考え方は，1973年，職務の内容を考慮することなく公務員の地位の特殊性と職務の公共性一般を強調する**全農林警職法事件（最大判昭和48・4・25刑集27巻4号547頁）**によって変更された（⇨*Chap.* 5-*3*）。また政治活動の自由について現行法制は，すべての公務員の政治活動を一律に全面的に禁止し，刑事罰の制裁を用意している。これに対して学説においては，行政の政治的中立性が要請されるとしても，公務員全員に対して全面的に政治活動を禁止することは表現内容規制となるので，職務の内容に応じてその制約の必要性を具体的に審査すべきであるという批判が強い。ところが1974年の**猿払事件（最大判昭和49・11・6刑集28巻9号393頁）**は，全農林警職法事件・最高裁判決の趣旨にしたがい，その制約を

合憲としている。

　その後，管理職的地位にない国家公務員による政党機関紙の配布が，国家公務員法で禁止する政治的行為に該当するとして猿払事件以来37年ぶりに起訴された事案において，最高裁は，無罪とした原審判決を維持した（**堀越事件・最判平成24・12・7刑集66巻12号1337頁**）。この判決は，猿払事件・一審判決の採用した適用違憲の手法ではなく，構成要件に該当するか否かの問題として処理した。そして，猿払事件・最高裁判決との関係については，「事案を異にする」とした。他方，管理職的地位にある者の同種の事案については，有罪としている（**世田谷事件・最判平成24・12・7刑集66巻12号1722頁**）。

　判例　猿払事件（最大判昭和49・11・6刑集28巻9号393頁）
　　北海道宗谷郡猿払村の郵便局員Yが，衆議院議員選挙に際して労働組合の地区協議会の決定に従い，勤務時間外に日本社会党を支持する目的で同党公認候補者の選挙用ポスターを掲示したり，掲示の依頼をして配布した。これらの行為が国家公務員法102条1項が禁止しその具体的内容を定める人事院規則14-7第5項3号・6項13号の「政治的行為」にあたるとして同法110条1項19号の罰則の適用が求められた事件である。簡易裁判所は罰金5000円の略式命令を出したが，被告人は正式裁判を請求し，一審・控訴審は無罪判決を下したので，検察側が上告した。
　　最高裁は，「行政の中立的運営が確保され，これに対する国民の信頼が維持されることは，憲法の要請にかなうものであり，公務員の政治的中立性が維持されることは，国民全体の重要な利益にほかならない」。したがって「公務員の政治的中立性を損うおそれのある公務員の政治的行為を禁止することは，それが合理的で必要やむをえない限度にとどまるものである限り，憲法の許容するところである」として制約目的の正当化論を展開した。そして，このような「弊害の発生を防止するため，公務員の政治的中立性を損うおそれがあると認められる政治的行為を禁止することは，禁止目的との間に合理的な関連性がある」し，またそれは「これに内包される意見表明そのものの制約をねらい」とするものではなく，「単に行動の禁止に伴う限度での間接的，付随的な制約」にす

ぎないとした。Yは有罪となった。

> **判例** 堀越事件（最判平成 24・12・7 刑集 66 巻 12 号 1337 頁）
>
> 社会保険庁職員が，政党機関誌を配布した行為は国家公務員法 102 条 1 項等で禁止する「政治的行為」に該当するとして起訴された。一審は猿払事件・最高裁判決にしたがい，執行猶予付きの有罪判決を下した（東京地判平成 18・6・29 刑集 66 巻 12 号 1627 頁）。しかし，控訴審は，国家公務員法の罰則規定自体は，直ちに違憲・無効ではないが，裁量の余地のない職務を担当する，地方出先機関の管理職でもない被告人が，休日に勤務先の所在地や管轄区域から離れた地域で，無言で郵便受けに政党の機関誌や政治的文書を配布した行為について，法益を侵害すべき危険性は抽象的なものを含めてまったく肯認できず，当該行為に同項の罰則規定を適用することは違憲であるとして，無罪とした（東京高判平成 22・3・29 判タ 1340 号 105 頁）。そこで，検察側が上告した。
>
> 最高裁は，「〔国公法 102 条 1〕項にいう『政治的行為』とは，公務員の職務の遂行の政治的中立性を損なうおそれが，観念的なものにとどまらず，現実的に起こり得るものとして実質的に認められるものを指〔す〕」としたうえで，「〔それが〕認められるかどうかは，当該公務員の地位，その職務の内容や権限等，当該公務員がした行為の性質，態様，目的，内容等の諸般の事情を総合して判断するのが相当である」とし，「具体的には，当該公務員につき，指揮命令や指導監督等を通じて他の職員の職務の遂行に一定の影響を及ぼし得る地位（管理職的地位）の有無，職務の内容や権限における裁量の有無，当該行為につき，勤務時間の内外，国ないし職場の施設の利用の有無，公務員の地位の利用の有無，公務員により組織される団体の活動としての性格の有無，公務員による行為と直接認識され得る態様の有無，行政の中立的運営と直接相反する目的や内容の有無等が考慮の対象となる」としたうえで，本件行為は，「本件罰則規定の構成要件に該当しない」として，無罪判決を維持した。

刑事施設被収容者

憲法は 18 条・31 条などの規定で犯罪者に対する人身の自由の制約を肯定しているが，他の憲法上の権利は，何ゆえに，そしてどの程度制約されるのであろうか。刑事施設の収容関係には，判決確定前の身柄の拘束（逮捕・未決勾留）と判決確定後の拘禁刑・拘留等がある。前者は逃亡または罪証隠滅の防止を，後者は逃亡の防止および矯正教化を目的

としている。そして両者ともに関連して施設の特殊性，つまり多数の被拘禁者を外部から隔離して収容する施設であることから内部における暴行・殺傷の防止などの規律維持の必要性が肯定される。しかし，刑事施設被収容者といえども，人である以上原則として憲法上の権利は保障されるべきであるから，これに加えられる制約は以上のような目的・必要性を達成するために必要最小限のものでなければならない。そして，精神的自由権の制約についても，上記のような目的や施設管理の必要性から集会・結社の自由に対する制限は正当化される。しかし，新聞・図書の閲読の制限，信書の発信・受信の制限および検閲は必要最小限でなければならない。

最高裁は，新聞記事の抹消が問題となった，「よど号」ハイ・ジャック新聞記事抹消事件（**最大判昭和 58・6・22 民集 37 巻 5 号 793 頁**）においてその抹消を適法とし，監獄法 50 条および同法施行規則 130 条（いずれも当時）に基づく在監者の「信書ノ検閲」もこの判決に照らして適法であるとしている（**最判平成 6・10・27 判時 1513 号 91 頁**）。また死刑囚の死刑存廃問題に関する新聞への投稿についても，死刑囚の心情の安定や拘置所内の規律・秩序維持などを理由にその不許可は拘置所長の裁量の範囲内とした（**最判平成 11・2・26 判時 1682 号 12 頁**）。しかしこの判決には，発信の自由が少なくとも憲法の保障する基本的人権に由来することを考えると，死刑囚の発信は原則自由であるべきで，具体的な障害が生じる相当の蓋然性がある場合にのみ制限することができるとする趣旨の反対意見（河合伸一裁判長）が付されている。

その後，受刑者の新聞社への信書の発信を刑務所長が不許可にした事案につき，監獄法 46 条 2 項（当時）は憲法 21 条・14 条違反ではないが，具体的事情の下で，当該信書の発信を許すことによって，「刑務所内の規律及び秩序の維持，上告人を含めた受刑者の身柄の

確保,上告人を含めた受刑者の改善,更生の点において放置することのできない程度の障害が生ずる相当のがい然性があるかどうかについて考慮しないで」不許可をしたことは明らかであり,同項の適用上違法であり,かつ国家賠償法1条1項の規定の適用上も違法であるとした事案(**最判平成18・3・23判時1929号37頁**)もある。

2002年5月,名古屋刑務所において,刑務官による受刑者虐待とみられる事件が発覚した(⇨*Column* ③)。このような行為が,残虐な刑罰を禁止する憲法36条に直接違反し,また同時に犯罪行為を構成する(刑法195条〔特別公務員暴行陵虐〕・196条〔特別公務員職権濫用等致死傷〕)ことはいうまでもない。そして,このような事件は,刑事施設被収容者に対する一部の刑務官の人権意識の欠落状況をはしなくも露呈させた事件であると評されてもいたしかたなかろう。閉じられた社会における規律維持の必要性はあるにしても,そこで用いられる規制手段は必要最小限のものでなければならないのである(なお,監獄法の改正については *Column* ③ 参照)。

喫煙の自由が憲法13条で保障される「幸福追求権」に含まれるか否かについて議論がある(⇨*Chap.* 17-**2**)。最高裁は,監獄内における喫煙は罪証隠滅のおそれ,火災発生に伴う被拘禁者の逃走のおそれがあるとして,喫煙禁止を肯定している(**最大判昭和45・9・16民集24巻10号1410頁**)。

判例　「よど号」ハイ・ジャック新聞記事抹消事件(**最大判昭和58・6・22民集37巻5号793頁**)　国際反戦デー闘争などに参加し,兇器準備集合罪・公務執行妨害罪等で起訴され東京拘置所に勾留・収容されていたXらは,読売新聞を私費で定期購読していた。ところが1970年3月31日,いわゆる赤軍派学生による日本航空「よど号」乗っ取り事件が発生した際に,その記事が内部通達で定める「犯罪の手段,方法等を詳細に伝えるもの」に該当するとして拘置所長は同日夕刊から4月2日付朝刊まで関係記事を墨で塗りつぶして配布した。Xらはこれを違憲・違法として国家賠償請求訴訟を提起したが,一審・控訴審ともその請求を斥け

たので最高裁に上告した。最高裁は次のように一般論を展開した。すなわち，逃亡・罪証隠滅の防止，監獄内の規律・秩序の維持のための必要かつ合理的な制限は認められる。しかし，「意見，知識，情報の伝達の媒体である新聞紙，図書等の閲読の自由」は憲法上保障されるのであるから，その制限を認める要件について，新聞記事閲読を許すことにより「規律及び秩序が害される一般的，抽象的なおそれがある」というだけでは足りない。「規律及び秩序の維持上放置することのできない程度の障害が生ずる相当の蓋然性がある」ことが必要であり，制限の程度も「障害発生の防止のために必要かつ合理的な範囲にとどまるべきもので」ある。しかし，本件における拘置所長の具体的判断はこの基準に照らし適法であるとした。

強制加入制の公益法人の会員 　弁護士会・司法書士会・税理士会など公益性の高い職業について，法律がその資格をもつ者に加入を義務づけ，かつその会自体の目的・構成などを定める法人がある。これらの法人は，法律に基づき設立されたものであり，また公共性の極めて高いものであるから，人権の享有主体ではないと考えられる。ところが，このような法人が構成員に対して一定の規律や義務づけをなそうとして，その憲法上の権利が制限される場合がある。最高裁は，たとえば，**税理士会政治献金事件（最判平成8・3・19民集50巻3号615頁）**では，政治団体への寄付は，会員の「個人的な政治思想，見解，判断等」に基づいて決定されるべきことがらであるとして，個人の精神的自由権に対する配慮を示した。ところが，**群馬司法書士会事件（最判平成14・4・25判時1785号31頁）**では，阪神淡路大震災に関連して兵庫県司法書士会に対する寄付の資金の強制徴収につき「会員の政治的又は宗教的立場や思想信条の自由」を害するものではないとした。このような強制加入団体は，さまざまな政治的・思想的立場の者から構成されているのであるから，法律の定める団体の活動の目的も厳格に解されるべきで，その範囲内にはいるか否かがあいまいな事

項については,安易に多数決によって決すべきではない。

なお,地域の自治会も,地方自治法 260 条の 2 以下の「地縁による団体」の認可を受けているか否かにかかわらず,地域サービスを受けるための事実上の強制加入団体であり,自治会費から特定の募金に寄付することには問題がある(大阪高判平成 19・8・24 判時 1992 号 72 頁。⇨*Chap.* 9-*2*)。

> 判例　**税理士会政治献金事件**(最判平成 8・3・19 民集 50 巻 3 号 615 頁)

公益法人で強制加入団体である税理士会が,その決議に基づき税理士法改正運動に要する特別資金に充てるため,会員から特別会費を徴収し,特定の政治団体に寄付した。これに対して同会員が,当該行為は法人の「目的ノ範囲内」でないなどとして,納入義務の不存在確認等の訴訟を提起した。一審は請求を認容したが,控訴審がこれを取り消したので上告に及んだ。最高裁は,「政党など〔政治資金〕規正法上の政治団体に対して金員の寄付をするかどうかは,選挙における投票の自由と表裏を成すものとして,会員各人が市民としての個人的な政治的思想,見解,判断等に基づいて自主的に決定すべき事柄である」から,「公的な性格を有する税理士会が,このような事柄を多数決原理によって団体の意思として決定し,構成員にその協力を義務付けることはできない」として,この会員の主張を認めた。

> 判例　**群馬司法書士会事件**(最判平成 14・4・25 判時 1785 号 31 頁)

群馬司法書士会は,阪神淡路大震災によって被災した兵庫県司法書士会に 3000 万円を復興支援拠出金を寄付すること,そしてそのために会員から登記申請 1 件あたり 50 円の特別負担金を徴収する旨の総会決議をした。これに対して同会会員がこの決議はこの会の目的の範囲外であるなどと主張して,債務の不存在確認訴訟を提起した。一審は請求を認容したが,控訴審がこれを取り消したので上告に及んだ。最高裁は,司法書士法 14 条 2 項(現 52 条 2 項)の定める司法書士会の目的(「会員の品位を保持し,その業務の改善進歩を図るため,会員の指導及び連絡に関する事務を行うこと」)を「遂行する上で直接又は間接に必要な範囲で,他の司法書士会との間で業務その他について提携,協力,援助等をすることもその活動範囲に含まれる」と解した上で,本件拠出金の目的は,司法書士会・司法書士への「経済的支援を通じて司法書士の業務の円滑な遂行による公的機能の回復に資することを目的とする趣旨」であるから,「そ

の金額の大きさをもって直ちに〔同会の〕目的の範囲を逸脱するものとまではいうこと」はできず，また，その調達方法も「特段の事情がある場合を除き，多数決原理に基づき自ら決定すること」ができ，その徴収は「会員の政治的又は宗教的立場や思想信条の自由を害するもの」ではないとして，会員の上告を棄却した（2裁判官の反対意見がある）。

〔渋谷〕

【2 人権通則】

Chapter 22 人権の制約原理

> 「自由は,他人を害しないすべてをなし得ることに存する。その結果各人の自然権の行使は,社会の他の構成員にこれら同種の権利の享有を確保すること以外の限界をもたない。これらの限界は,法によってのみ,規定することができる」(フランス人権宣言4条)。
> 「法は,社会に有害な行為でなければ,禁止する権利をもたない。法により禁止されないすべてのことは,妨げることができず,また何人も法の命じないことをなすように強制されることがない」(フランス人権宣言5条)。
> (高木八尺=末延三次=宮沢俊義編『人権宣言集』〔岩波文庫,1957年〕より)

1 公共の福祉論の展開

　憲法上の権利の行使が外部社会と関係をもつとき,社会あるいはその構成員に対して何らかの波紋を広げ,また影響を及ぼす。このような波紋・影響が社会の共同生活において,無視できないような害悪をもたらし,またその危険性があるとき,権利の行使に制約を課すことが正当化されるのである。問題は憲法上の論理としてどのように構成するかにある。これは,「基本的人権の限界論」として論じられ,主に現行憲法12条・13条,22条1項・29条2項が規定する「公共の福祉」の法的効果およびその内容をどのように理解

するかの問題として展開された。

> 抽象的「公共の福祉」論

(1) **内　容**　現行憲法施行後，まず唱えられたのは，抽象的「公共の福祉」論であった（美濃部達吉〔宮沢俊義補訂〕・日本国憲法原論等）。これは，12条が権利・自由の濫用禁止のほかに，「公共の福祉 (the public welfare)」のために利用する責任があることを規定し，13条が「公共の福祉」に反しない限り最大限尊重されると規定していること，またこれらの条文が，個別の権利規定の総則的な位置に規定されていることを根拠に，すべての人権に課せられた制約と解する。22条1項・29条2項はその限りで法的意味のないものと解するのである。

(2) **問題点**　しかし，「公共の福祉」の文言自体はきわめて抽象的で，これを「公益 (public interest)」とか「公共の安寧秩序 (public peace and order)」と言い換えても，これらの保護を理由として国会が憲法で保障された権利・自由を制約する法律を制定した場合，それは憲法自体が認めている制約であるから合憲であると容易に認定されるおそれがある。現に初期の最高裁判例はこのような論理を用いている。たとえば，煽動罪規定の合憲性が争われた**食糧緊急措置令違反事件**（最大判昭和24・5・18刑集3巻6号839頁）においては，政府の政策を批判しその失政を攻撃することは表現の自由を構成することを認めつつ，「国民として負担する法律上の重要な義務の不履行を慫慂〔しょうよう。そそのかすこと〕」し，「公共の福祉」を害するので，この自由の限界を逸脱し，このような行為を罰しても憲法違反ではないとしている。

ところが，このような論法でいくと，明治憲法下において各種の権利・自由が「法律の留保」の下にあったのと同様に，憲法上の権利の容易な制約を招くことになる。つまり，明治憲法は法律により，

1　公共の福祉論の展開

憲法上の権利の内容・範囲・限界を定めうることを明示的に規定していた（⇨*Chap.* 44-*2*）。そして，現行憲法下における以上のような論法は，法律の中に「公共の福祉」の内容を少しだけ具体化して規定したり，あるいは争われている法律の制定理由を裁判所が解釈によって補い「公共の福祉」の内容を充塡すると，結局法律によってなされた権利制約の憲法上の根拠を提供することになりかねない。

　たとえば，かつて最高裁は刑法 175 条が犯罪とするわいせつ物頒布罪について，「性的秩序を守り，最少(ママ)限度の性道徳を維持すること」（チャタレイ事件・最大判昭和 32・3・13 刑集 11 巻 3 号 997 頁）が「公共の福祉の内容をなすことについて疑問の余地がない」としてその合憲性を肯定した。これは裁判所が「公共の福祉」の内容を解釈上推測して具体的条文の合憲性判断の結論を導いた例である。いかなる法律も何らかの法益保護のために制定されるし，またこのような要素を含まないものはほとんど想定できないことを考え合わせると，結局，憲法上の保護，つまり「憲法の留保」を与えられた人権規定自体が無意味と化してしまうであろう。

12 条・13 条訓示規定説

(1) 内　容　抽象的「公共の福祉」論の以上のような問題点を克服するため唱えられたのが，12 条・13 条訓示規定説である（法学協会編・註解日本国憲法上）。この説は以下のように説く。すなわち，権利自由は，現代の社会秩序の要請する制約に当然服すべきものであり，それに内在する，あるいはそこで前提とされている制約，つまり内在的制約がある。このことは 12 条・13 条の規定を特に必要としない当然の事理であるとする。そして，内在的制約にとどまらず，さらにその上に外から加えられる制約（＝外在的制約），つまり特定の国家目的を達成するため，あるいは政策的考慮によって公益のために加えられる制約があるが，これは内在的制約と性質

を異にして，具体的には，立法者の考えによっていかような制約にまで及ぶことがある。しかし，これは一般的な制約原理としては認めることができず，特に「公共の福祉」の掲げられた規定，つまり22条・29条に意味が出てくるとする。

この説によると，憲法上の権利のうち国家権力からの妨害排除に主眼を置く，人身の自由，思想良心の自由，信教の自由等の人格的自由は市民的自由主義を背景に認められたものであるから，内在的制約のみが及び，それに対する制限形式の態様も事後抑制（刑事処罰と民事責任）に限定されるとする。これに対して，国家権力による保障を求めることに主眼を置く権利自由は，人格的自由のような抽象的消極的な保障のあることを前提として，そのような保障のみでは具体的な各人の権利自由の実現が不可能となった社会経済状態を地盤として，その具体的な実現のために国家の積極的関与を，つまり国家権力による保障を要求して生じたものである。したがって，それ自体社会的な性質を要するこのような権利にどのような保障を与えるかは，国家が「公共の福祉」のために決するところであり，またこれらの権利は本質的に社会的なものであるから高度の社会的義務性を内包しているので，社会の要求による制約を受ける可能性が大きく，その権利行使そのものにつき事前規制も及ぶとしている。

(2) **問題点**　この説は，抽象的「公共の福祉」論に比べて，人格的自由に関する保障レベルを高めた点にその利点がある。しかし，①具体的に問題となる権利自由にも，人格的自由か否かが流動的あるいは不明確なものもあること（たとえば，「旅行の自由」や「商業広告の自由」など），②国家に対する妨害排除（不作為）請求と作為請求など具体的な権利の現れ方の問題と，権利の所属分野とは別次元の問題と考えられること，③人格的自由以外の自由について国家の政策的制限を大幅に認めかねないこと，さらに④12条・13条の法

的規範性を否定すると、13条の「幸福追求権」の文言を根拠として「新しい人権」を導き出すことが不可能になること、などの問題点がある。

> 「公共の福祉」内在制約説

(1) **内 容** 以上の説の欠陥を克服するために登場したのが、「公共の福祉」内在制約説である。この説は以下のように説く。すなわち、「公共の福祉」という制約は、憲法の条文にその根拠をもつものではなく、憲法理念から論理必然的に生じるものであり、当然そこに内在するものである。憲法上の権利が他人に関連する場合には、必然的に他人の権利と衝突する可能性が生ずる。その可能性を調整する原理が「自由国家的公共の福祉」であり、権利の公平な保障をねらいとする。さらに憲法が自由権の保障に加えて参政権および社会権をも保障する場合には、それだけでは不十分である。社会権は、その本質上、国家に対して国民の生活の保障のための立法的・行政的作為を要請するが、その作為は必然的に各人の自由権、特に財産的な自由権に対する制約を含む。この制約を根拠づける原理も「公共の福祉」であり、「社会国家的公共の福祉」ということができる。そして自由国家の理念に基づく制約が要請される場合は、「必要な最小限度」においてのみ国家権力による規正が許される。これに対して、社会国家の理念に基づく制約が要請される場合には、「必要な限度」において国家権力による経済的自由権に対する介入・干渉が是認されるとする。

(2) **問題点** この説は、憲法の明文規定からはなれて「公共の福祉」による制約を説くから、13条の法的規範性は否定されていない。したがって、12条・13条訓示規定説の④の問題点は克服されている。しかし、①自由国家と社会国家の具体的な内容が実はあいまいであること、②そこで示された「必要な最小限度」の規正と

「必要な限度」の介入・干渉も直感的な理解を助けるものであるが，単に程度の相違に過ぎず，またその内容自体も不明確であること，③経済的自由に対する介入・規正は，結局「外在的制約」と同じになってしまい歯止めがなくなるのではないか，という問題点がある。

> どのように考えるべきか？

以上みてきた諸説の示す内在的制約・外在的制約の内容が不明確なこともあって現在の学説・判例の基盤に共通するものを正確に示すことは困難であるが，一応以下のように整理することができるであろう。

12条・13条の「公共の福祉」は，すべての人権に共通にある限界を「消極的制約」，つまり国民の生命・健康・安全を守り，あるいは社会に対する害悪の発生の防止を目的とするための制約（消極規制，警察規制ともいう）という人権の一般的制約原理として明らかにしたものである。これに対して22条・29条で経済的自由権に関連して言及される「公共の福祉」は，政府が福祉国家的な観点から，社会的・経済的弱者の保護，より快適な生活をめざして課される積極的社会・経済政策的制約（積極規制ともいう）を経済的自由権に加えることができることを明らかにしたものであると解する。つまり，精神的自由権・身体的自由権などの人格的自由権は，他人の権利・自由や個人の尊厳との調整の観点から消極的規制立法にのみ服するが，それ以外に経済的自由権は弱者の生存権の確保などの観点から積極的規制立法にも服すると解するのである。このような理解は，具体的に人権規制法令の合憲性が裁判所で争われた場合に，裁判所が用いる審査基準についても反映されていく（渋谷秀樹「『公共の福祉』とは何か」高見勝利古稀記念『憲法の基底と憲法論』所収参照）。

1 公共の福祉論の展開

2 違憲審査基準論

　人権制約に関する以上のような学説の展開を受けて,「人権の制約原理」の問題は，人権の制約がありうることを前提として，具体的に法令が設定する人権制約の合憲性を裁判所が審査する際に用いる基準，そして審査の手法の問題へと展開していくことになる。

　　「二重の基準論」　　　違憲審査基準論は，まず「二重の基準論」から出発する。「二重の基準論」は，法令が規制しようとする憲法上の権利が精神的自由権か，それとも経済的自由権かのどちらに分類されるかによって裁判所による審査精度のレベルが違う，つまり前者の規制法令については厳格な審査，後者の規制法令については，緩やかな審査を施すとするものである。さらに前者については，合憲性の推定ははたらかず，規制する政府側がその合憲性を論証しなければならないとする。その理由は，「表現の自由」が特に保護されるとする理由と一部重なる（⇨*Chap.* *10-3*）。具体的には，①精神的自由権は民主政治が健全に機能するための前提要件であるから，その規制法令はなるべく排除すべきであること，②精神的自由権は，特に政治的圧力に敏感で真に価値のある情報が流通しなくなるおそれがあるから，豊富な情報環境を整備する上でその規制法令はなるべく排除すべきであること，③特に社会的少数者の見解（＝精神的自由権に属する「思想・良心」）は排除され，多数決原理によって容易に弾圧される可能性があるから，裁判所は基本的に少数者保護の立場から精神的自由権に対する規制については厳しい態度で臨むべきであること，④裁判所は経済的自由に対する規制である社会・経済政策についての当否についての審査

表 22-1　3種の違憲審査基準

違憲審査基準	目　　的	手　　段	目的と手段の関係
①厳格な審査	真にやむをえない利益	必要最小限度	必要不可欠の関係
②厳格な合理性の審査	重要な利益	より制限的ではない代替手段がないなど	実質的関連性
③合理性の審査	正当な利益	著しく不合理であることが明白でないなど	合理的関連性

能力に乏しいこと，などが指摘されている。

3種の審査基準　ところが二重の基準論では，種々多様な権利・自由，またさまざまな規制態様に対応できないことが判明してくる。他方通常裁判所による違憲審査制の母国であるアメリカ合衆国の判例・学説の研究の蓄積が進展していくと，日本においてもより詳細な審査基準論が唱道されていくことになる。そして，現在のところ，違憲審査基準として，「厳格な審査」，「厳格な合理性の審査」および「合理性の審査」が語られることが多い。これらの審査基準は「立法目的」と「立法目的達成手段」のそれぞれの審査，そして「目的と手段の関係」の審査という3つの局面から把握するのが，分析上，理解しやすいであろう（表22-1参照）。

(1) **目的審査・手段審査・関係審査**　立法目的の審査（以下「目的審査」という）とは，ある法令が憲法上の権利を制約する場合，それを制約するのは何のためか，つまりどのような権利・利益を守り，あるいは促進するためなのかを問うものである。より具体的にいえば，立法目的として設定される権利・利益が，①きわめて重要度の高いものか否か，つまり真にやむをえない利益か否か，②それよりも重要度は下がるが，それなりに重要性があると認められるものか否か，つまり重要な利益か否か，③それほど重要性があるとは

いえないが，制約することの合理性をあげることのできるものか否か，つまり正当な利益か否か，などを事案の特性に応じて問うものである。

立法目的達成手段の審査（以下「手段審査」という）とは，そこで用いられた手段が果たして妥当か否か，つまり権利・利益に対して過剰な制約になっていないかを問うものである。より具体的にいえば，①手段が必要最小限度に止まっているか否か，②より制限的ではない代替手段がないか否か，③著しく不合理であることが明白であるか否か，あるいはその手段によって失われる利益が得られる利益に比して大きくないか否か，などを事案の特性に応じて問うものである。

目的と手段の関係の審査（以下「関係審査」という）とは，そこで用いられた手段と立法目的との間に整合性があるか否か，すなわちその手段がどの程度目的達成に資するかを問うものである。より具体的にいえば，①その手段を採用しないと目的達成はまったくできないのか否か，つまり目的と手段が必要不可欠の関係にあるか否か，②その手段を採用することによって目的達成が十分に予測できるか否か，つまり目的と手段の間に実質的関連性はあるか否か，③その手段を採用しても目的達成はできるとほぼ予測できないか否か，つまり目的と手段との間に合理的関連性がないか否か，などを事案の特性に応じて問うものである。

手段審査と関係審査は，判例においては，手段の合理性と必要性の問題として一体化して処理されることもある。しかし，この処理を緻密に解析すれば，手段の合理性とは手段の妥当性を吟味するものであるから手段審査の局面を，また手段の必要性とは手段の実効性を吟味するものであるから関係審査の局面を，それぞれ実際には吟味していると解することができる（⇨*Chap.* 31-**5**）。

たとえば、性表現行為は表現行為として憲法21条1項によって保障されている。ところが刑法175条はわいせつ物の頒布について刑事制裁規定をおき、関税法69条の11第1項7号は「風俗を害すべき書籍、図画」を輸入禁制品としている。また青少年保護育成条例はわいせつには至らないが一定割合の性表現行為を含む図書等を「有害図書」として包括的に指定して（これを、特定図書を指定する「個別指定」に対して「包括指定」という）、青少年への販売・頒布・貸付、自動販売機への収納を禁止している。目的審査では、性表現行為を規制する目的が問われる。そして、手段審査では、刑罰を科す行為の範囲、輸入禁制品とする規制方法などの手段の妥当性が問われる。さらに、関係審査では、包括指定などの事前抑制的制約手段の有効性・影響、事後制裁の実効性などが問われる。このように、目的審査・手段審査・関係審査は、これまで「公共の福祉」をめぐって展開してきた議論を、法令によって課された制約の合憲性の審査のあり方としてより体系的に、かつ緻密に構成するために考案されたものなのである。

　関係審査という分析は、いまだ一般的ではない。しかし、**森林法違憲判決**（最大判昭和62・4・22民集41巻3号408頁）は、「立法目的と関連性が全くないとはいえないまでも、合理的関連性があるとはいえない」とし、また、**国籍法非嫡出子差別規定違憲判決**（最大判平成20・6・4民集62巻6号1367頁）は「立法目的との合理的関連性の認められる範囲を著しく超える手段を採用」したとするが、これも関係審査をした例である。

　(2)　**違憲審査基準の内容**　　3種の審査基準は以下のような内容をもつ。3基準はそれぞれその目的について①「厳格な審査」は「真にやむをえない利益（compelling interest）」（＝どうしても守らねばならない利益）を、②「厳格な合理性の審査」は「重要な利益

(important interest)」を，そして③「合理性の審査」は「正当な利益（legitimate interest）」をそれぞれ促進するかどうかを審査する。

またその手段に関して，①「厳格な審査」は「必要最小限」のものでなければならず，「目的」との関係において「必要不可欠」の手段であることを要求する。②「厳格な合理性の審査」は「目的」との関係において「実質的関連性（substantial relationship in fact）」があることを要求する。ここでは実際に採用された「手段」について，「より制限的ではない他の代替手段（less restrictive alternatives＝LRA）がない」か否かが具体的・実質的に審査される。そして③「合理性の審査」は，「目的」との関係において「合理的関連性（rational relationship）」があり，手段が「著しく不合理であることが明白でない」ことを要求するにとどまる。ここでは目的と手段のあいだに抽象的・観念的な関連性があれば足りるとされる。そして，手段が著しく不合理なことが明白でなければ許されるとするのである（⇨*Chap.* 7-*1*）。

(3) **違憲審査基準の具体的適用**　これらの基準が具体的にどのような憲法上の権利制約にそれぞれ適用されるかについて，一般的に学説で言われているところを見てみよう（表22-2参照）。

まず①「厳格な審査」が適用される権利は，人間の人格的生存の基本に関わること，また他の人権の基礎を構成するものであること，あるいはその政府による規制に対する鋭敏性に照らして，その制約の正当性は厳密かつ慎重に審査されるべきであり，その制約の正当性も原則として規制する側が立証（論証）すべきであるとされる。

次に②「厳格な合理性の審査」が適用される権利は，人間の人格的生存の基本には関わらないので，①よりは厳密度あるいは慎重度がやや緩和された基準が適用されるべきであり，精神的自由権・人身の自由等についてはその制約の正当性を権利・利益を制約する政

表 22-2　違憲審査と個別の憲法上の権利・原則

違憲審査基準	憲法上の権利および原則等
①厳格な審査	(i)「プライバシー固有情報」(個人情報のうちで人格的生存にかかわる重要な情報，たとえば病歴，前科，信条など)をコントロールする権利 (ii)(生殖・生命の処分などに関する)自己決定権 (iii)平等原則(精神的自由権・参政権，人種・信条に基づく差別的取扱い) (iv)人身の自由 (v)宗教的行為の自由，政治的表現の自由，報道の自由，通信の秘密，知る自由，表現内容規制(学説)，学問の自由 (vi)集会・結社・集団行動の自由
②厳格な合理性の審査	(i)「プライバシー外延情報」(個人情報のうちで人格的生存にかかわらない情報)をコントロールする権利 (ii)(髪形・服装などに関する)自己決定権(ただし判例〔最判平成 8・7・18 判時 1599 号 53 頁〕は③が適用されるとする) (iii)平等原則(性別・社会的身分・門地に基づく差別的取扱い) (iv)性表現の自由，名誉を毀損しあるいはプライバシーを侵害する表現の自由，商業広告の自由，表現内容中立規制(学説) (v)象徴的表現，取材の自由(博多駅事件・最大決昭和 44・11・26 刑集 23 巻 11 号 1490 頁は憲法上の権利ではないとする) - (vi)経済的自由権(消極・警察目的による規制。判例：薬局距離制限事件・最大判昭和 50・4・30 民集 29 巻 4 号 572 頁) (vii)平等原則(経済的自由権の消極目的規制)
③合理性の審査	(i)表現内容中立規制(判例：猿払事件・最大判昭和 49・11・6 刑集 28 巻 9 号 393 頁，戸別訪問事件・最判昭和 56・6・15 刑集 35 巻 4 号 205 頁) (ii)経済的自由権(積極・政策目的による規制。判例：小売市場距離制限事件・最大判昭和 47・11・22 刑集 26 巻 9 号 586 頁) (iii)平等原則(経済的自由権の積極目的規制) (iv)その他の権利・原則

1　この表は，学説に基づく一応の整理にすぎない。
2　破線より上の審査については，政府側がその規制の合憲性を，また下の審査については私人側がその規制の違憲性を論証しなければならない。

府側が立証（論証）すべきであり，経済的自由権の制約等については私人側がその制約の不当性を立証（論証）すべきであるとされる。

③「合理性の審査」が適用される権利は，以上にあげたもの以外の権利になる。これらの権利の制約は，立法部において多数決原理によって決定されるべき政策的問題であるから，よほど明白に合理性を欠くと判断されない限り違憲とならないような基準が適用されるべきであるとされる（＝明白性の原則）。

以上，問題とされたのは，私人の自由・権利に対する介入的規制であり，3基準は基本的に「国家からの自由」あるいは「国家への自由」の到達範囲ないし限界を画定するための審査基準である。「国家による自由」，つまり社会権的側面は，人間の最低限の生存権をも保障しない法令，あるいは平等原則違反が問題となる場合はより厳格な基準を適用すべきであろう。しかし，それ以外の場合には，基本的に政府の立法裁量が尊重されるので，これらの基準自体がそもそも適用されないともいえるが，考え方としては，③「合理性の審査」が適用されているといってよい。

ドイツで有力な違憲審査の手法として，いわゆる三段階審査論が日本に紹介され，その導入が提唱されている。これは，防御権（自由権）の制限は原則として許されないが，それを制限する政府の行為が例外的に許されるか否かについて，憲法裁判所は，①保護領域・②介入（制限・侵害）・③正当化の三段階の手順を踏んで審査すべきだとする。しかし，日本とは異なるドイツの憲法裁判制度の下で展開されてきた違憲審査の手法をそのまま日本に導入できるのかといった問題点などが指摘されている（⇒2巻 *Column* ⑨）。

他の違憲審査基準との関係　訴訟においてその合憲性が争われている法令等の違憲審査基準は，本来は，そこで争点となっている憲法上の規範の内容・性格，

その事案の状況に応じて，設定されていくべきものである。たとえば，政教分離原則違反の違憲審査基準として「目的・効果基準」（⇨ Column ㊶）がある。政教分離原則に違反するか否かの判断は，憲法上の規範の侵犯があったか否かが問われているのであるが，権利の制約・侵害があったか否かは問われていない。ここでは，政教分離原則の性格や沿革などを考慮して，固有の基準が設定されているのである。

　古典的な表現内容規制法令の審査基準として有名な「明白かつ現在の危険（clear and present danger）の基準」は，表現を制約する法令の適用場面を狭める基準として出発し，後に表現内容規制法令の文面審査の基準として用いられるようになった（⇨ Column ㊲）。そこで，この基準は「表現の自由」固有の基準とされている。しかし，この基準は，権利侵害発生の確率が極めて高いことを言葉としては語っているのであり，それが確認されない限り，法令等による制限は許されないとするものである。とすれば，制限の対象は，表現の自由のみならず，他の憲法上の権利，さらには制度的保障とされる客観的なルールにまでその射程を広げる可能性を含んでいるのである。これに対して「より制限的でない他の代替手段（less restrictive alternatives＝LRA）の基準」は，表現内容中立規制に関して用いられる基準である。この基準は係争法令でとられた手段の他にLRAがないことの立証（論証）を規制側がしなければならないという点で「厳格な合理性の審査」と「厳格な審査」の中間に位置づけられる。しかし，他の自由規制法令の手段審査においても，立証（論証）責任の問題はさておき，応用可能な基準といえるであろう。

　前項（3種の審査基準）で説明した基準は，憲法上の権利にある程度横断的にあるいは共通に適用しうる基準であるが，これを出発点

として個別の権利ごとにさらにその適用の可否，あるいはその修正を考える必要があろう。

Column (62) 比較衡量論（利益衡量論）

「違憲審査の基準」として比較衡量論が紹介されることがある。これは，法令等によって権利・自由に課された具体的制約の合憲性について，①「その権利・自由の制限によって得られる利益」と②「制限の不存在によって得られる利益」または，③「制限によって失われる利益」を比較して，前者（①）が大きいと判断される場合にその制約は合憲であり，後者（②③）が大きいと判断される場合にその制約は違憲であるという結論を導き出そうという理論である。しかし，これは「目的審査」「手段審査」において，具体的な結論を出す際に諸々の要素が考慮されるということを比喩的に表現したものであって，「審査基準」として別個独自のものではない。

たとえば，比較衡量論を用いたとされる「よど号」ハイ・ジャック新聞記事抹消事件（最大判昭和58・6・22民集37巻5号793頁。⇨*Chap.* 21-***2***）は，「閲読の自由」を未決拘禁者につき制約することが問題となった。ここでの「閲読の自由」は19条・21条の派生原理として導き出され，また13条の趣旨にかなうものとして憲法上の権利性を確認したうえで，この権利を制約する「公共の福祉」の内容は何かを摘出する作業を行っている。その作業工程においては，憲法上の権利（「新聞紙，図書等の閲読の自由」）の対抗利益となる「公共の福祉」の具体的内容（「逃亡又は罪証隠滅の防止」，監獄内での「規律及び秩序」の「維持」）が比較衡量され，後者が前者を上回ることが論証されてはじめて立法目的は肯定的に評価されることが前提になっている。つまり，自由を保護すべき要請（②または③）と，その自由を認めることによって侵される（可能性のある）利益（①）との比較衡量が行われ，後者が前者を上回るという価値判断がなされているのである。

猿払事件（最大判昭和49・11・6刑集28巻9号393頁。⇨*Chap.* 21-***2***）では，「利益の均衡」として明示的に比較衡量の手法がとられている。つまり，「できる限り多数の国民の参加によって政治が行われることが国民全体にとって重要な利益」であり，それが「失われることとなる消極面」と，「公務員の政治的中立性を維持し，行政の中立的運営

とこれに対する国民の信頼を確保するという国民全体の共同利益」という「得られる〔こととなる積極面の〕利益」を明示したうえで、「得られる利益は、失われる利益に比してさらに重要なものというべきであり、その禁止は利益の均衡を失するものではない」としている。この判決は、手段審査の局面においても、自由（公務員の政治的行為の自由）を保護すべき要請（②または③）とその自由を認めることによって侵される（可能性のある）利益（行政の中立的運営とこれに対する国民の信頼の確保）（①）の比較衡量が行われ、後者が前者を上回るという価値判断がなされたのである。

さらに、薬局距離制限事件（最大判昭和50・4・30民集29巻4号572頁。⇨*Chap.* 6-**2**）は、「許可制に比べて職業の自由に対するよりゆるやかな制限である職業活動の内容及び態様に対する規制によっては……目的を十分に達成することができないと認められることを要する」としている。これは、職業の自由を制約するために採用された手段審査の局面において、より制限的でない代替手段の探求という比較衡量的思考がなされていると解されるのである。

〔渋谷〕

【2　人権通則】

Chapter
23　法の下の平等

自由・平等・博愛はフランス革命の合言葉だ。青・白・赤の三色旗が3つの理念を象徴することもよく知られている。この *Chapter* では自由と並ぶ人権思想のもう1つの柱，平等を取り上げる。

1 平等の理念

人格価値の平等

すべての人間は，人間であるというだけで，同一の権利を認められるべきだ。この考え方＝人権思想は，才能・富などには違いがある個々人も，人間としての値打ちに上下があるわけではないという信念＝人格価値平等の理念を前提としている（天は人の上に人を造らず，人の下に人を造らず）。もし，たとえば貴族はほかの人たちよりも高貴な（価値の高い）人間だというなら，貴族にだけ特別の権利を認めるのはむしろ当然だろう。そうした身分特権を拒否する人権思想は，つねに平等思想で

もある。

　他人と比べて、理由なく不利な扱いを受けることに対するいきどおりは、人間の本源的な感情であると言えよう。平等は正義の感覚とも分かちがたく結びついている。他方、強い立場にある者が何かと理屈を持ち出して、自分（たち）に他人より高い価値を認めたがるのも人間の本性のようだ。平等と差別とのせめぎあいは、現実社会のなかでは多くの場合、弱者と強者との戦いである。社会の受益者・強者が平等の理念を理解するためには、弱者の立場からものごとを見る視点、他人と自分の立場を入れ換えて考える想像力が求められるということだろう。

自由と平等　人権思想は平等思想でもあるが、同時に個人の自由の承認でもある。自由と平等は、人権思想の根底にある個人主義哲学の盾の両面だ。ジョン・ロックの「自然状態」論がそうしたように（⇨*Chap.* 19）、政府が存在せず、誰も他人の支配に服従する義務がない状態を想像してみれば、そこでは各人はお互いに自由＝平等なはずである。ところが人間社会の現実では、自由と平等とはしばしば鋭い緊張関係に立つ。日本国憲法は基本的人権の保障を謳い、さまざまな自由を権利として保護するとともに「法の下の平等」も保障する。憲法は自由と平等とのバランスを求めているということだ。

2 平等条項の意味

立法者を拘束するか、しないか　法の下の平等を定める憲法14条1項の読み方をめぐっては、いくつかの論点に関して議論があった。そこでまず、その内容を

ざっと確認することから始めよう。

19世紀ヨーロッパ諸国の憲法典が保障していた権利には，一般に議会が作った法律の範囲内での保障という留保条件（法律の留保）がついており，当時アメリカ以外の諸国では，裁判所が法律をチェックする違憲審査制度も設けられていなかった。つまり，憲法が謳う人権は，もっぱら国民代表である議会の手によって，法律を通して，保障され規制されるというコンセプトだ。この仕組みでは，憲法の人権規定は議会に対しては法的拘束力をもたない。人権制限法律が違憲だという主張は，政治論としては別だが法律論としては成り立たないことになる。

この発想の平等条項版が「立法者非拘束説」（法適用平等説）である。憲法の規定する平等は法律の範囲内で保障され，法律を拘束しないというわけだ。この説だと，たとえば議会が女性に選挙権を認めない法律を制定することは，少なくとも平等条項違反ではない。憲法の平等条項は，議会が制定した法律をえこひいきや手心を加えずに忠実に適用するよう行政や司法を義務づけるだけである。これに対して「立法者拘束説」（法内容平等説）は，議会が作る法律の内容に差別が含まれていれば，その法律は憲法の平等条項違反になるという考え方だ。憲法体制が大きく変わったワイマール憲法下のドイツで，帝政期以来の伝統理論である立法者非拘束説に対抗して唱えられた。

かつては日本国憲法の下でも，伝統的な立法者非拘束説をとる論者もいた（佐々木惣一・日本国憲法論）。しかし，法律の留保という仕組みを全面的には受け入れておらず，違憲審査制も設けた現行憲法については，立法者拘束説の読み方のほうがはるかに自然だ。だからこの説が今日の通説・判例の立場である。

絶対的平等か，相対的平等か

政府は，各人の相違を無視して，人々をつねに同一扱いしなければならない。この平等観を「絶対的平等説」と言う。平等とは各人がもつさまざまな相違を無視することではなく，等しいものは等しく，異なるものは異なる程度に応じて取り扱うことだ。この平等観を「相対的平等説」と言う。

① 立法者非拘束説＋絶対的平等説。この組み合わせをとれば，議会が人々を互いに別扱いする法律を作っても平等違反ではなく，ただ行政と司法は，制定された法律を絶対的に平等に（法律に書いてある以外のいかなる例外も許さずに）適用すべきだということになる。これはこれで現実的な選択だ。

② 立法者非拘束説＋相対的平等説。この読み方だと，議会は自分の判断で市民を相互に別扱いすることができ，さらに行政や司法も自分の判断による別扱いが許されることになって，憲法の平等規定はほとんど無に等しくなってしまう。

③ 立法者拘束説＋絶対的平等説。この組み合わせは，議会が人々を互いに別扱いする法律を作ることは，絶対的平等を命じる平等条項違反だとみなすことを意味する。そうすると，累進課税のように金持ちと貧者とを別扱いしたり，年金制度のように老人と若者とを別扱いしたり，道路交通法でドライバーと歩行者，飲酒運転とそうでないドライバーとを別扱いすることは，すべて平等条項違反ということになりかねない。これではおよそ立法は不可能だ。

④ だから立法者拘束説をとる以上，相対的平等説以外の選択肢は考えられない。つまり立法者拘束説＋相対的平等説，これが通説・判例だ。この立場に立つと，人々を相互に別扱いすることを定めた法律は，14条1項違反になる場合とならない場合とがあることになる。その見きわめをどうつけるか。それが平等規定の適用上，

最大の問題なのである。

機会の平等か,条件の平等か,結果の平等か

　人々を平等に扱う法とは,どんな内容の法なのか。この点についてもいろいろな考え方がある。伝統的な学説は,法的平等とは機会の平等,つまりチャンスの平等だと考える。たとえば,高校の卒業証書をもつ者は,性別・財産・年齢・宗教などに関係なく,希望すれば誰でもどの大学でも受験できる。これがチャンスの平等だ。しかし,受けたい人は誰でもどうぞと言われても,実際には学費がなくて大学進学をあきらめる人が昔はたくさんいた。「機会の平等」説によれば,それでも憲法の平等理念は実現していることになる。

　これに対して,チャンスの平等をほんとうに生かすためには,個人が現実に負っているハンディを,場合によっては法の力で埋める必要があるという見解が,福祉国家思想のもとで現れた。たとえば,学業が優秀な貧困家庭の子どもには,政府が奨学金を与えて大学進学を援助しなければ真の平等ではない。この考え方が「条件の平等」論または実質的平等論である。日本国憲法の予定する平等は,原則的には機会の平等であり,機会の平等を現実化するために必要なかぎりで,条件の平等も場合によっては憲法上要請されると言われている。

　しかし,事柄によって,条件を整えただけでは真の平等とは言えないという議論もある。たとえばこうだ。男性は外で仕事,女性は家で家事・育児,こういう観念で長いこと作り上げられてきた社会システムは,そう簡単には変化しない。たとえば公務員試験を受けたい人は誰でも受けられ（機会の平等）,そのために必要があれば奨学金も授与される（条件の平等）としても,男女平等を実質化するためにはこれだけでは不十分で,合格者を男女同数にするよう法律で義務づけることが必要だ。これが「結果の平等」論である。実際,

アメリカやヨーロッパでは，公務員ポストの女性枠制度が取り入れられているところもある（アファーマティヴ・アクションないしポジティヴ・アクション＝積極的差別是正措置とよばれる）。こういう仕組みをとると，試験の成績は上位だった男性が，女性枠確保のために不合格とされるケースも当然出てきて，これは逆差別だとの批判もある。極端な「結果の平等」の追求は自由の否定にもつながる。憲法が結果の平等を容認することはあっても，積極的に命じているとまで考えることはできないだろう。

なお，男女の平等に関しては，「間接差別」の問題も意識されるようになってきた。間接差別とは，たとえば住宅手当を世帯主にのみ支給するなど，外見上は性中立的な法令・基準・慣行が，一方の性（とりわけ女性）に相当程度の不利益を与えている場合を意味する。間接差別の禁止は，機会の平等を実質化する実質的平等の観念に属するといえるだろう。間接差別の禁止は，アメリカ最高裁の判例法理として発展してきたものだが，日本でも2006年の男女雇用機会均等法の改正で，7条に間接差別の禁止が盛り込まれた。東京地裁令和6年5月13日判決（労働判例1314号5頁）は，設立時から2020年までの間に在籍した総合職は男性33名・女性1名，一般職は女性6名・男性1名であり，総合職であれば社宅制度による家賃補助を受けられるのに，一般職ではそれよりかなり低額の住宅手当しか支給されなかったという事案について，男女雇用機会均等法7条の間接差別を認め，被告会社に差額分の支払いを命じた。

Column ⑥ **男女共同参画社会**

「男女が，互いにその人権を尊重しつつ責任も分かち合い，性別にかかわりなく，その個性と能力を十分に発揮」できる社会の構築をめざして，1999年に男女共同参画社会基本法が制定された。この法律は，男女差別の是正，性による固定的な役割分担の改革，政策の立

案・決定に対する男女共同参加，家庭生活での男女の共同などを基本理念として掲げ，政府にこの理念を実現するための基本計画の策定を義務づけた。これを受けて，2000年に「男女共同参画基本計画」，2015年12月には第4次「基本計画」が閣議決定され，この基本計画にもとづいて，国・地方レベルで具体的な施策を企画・実施する体制がとられている。

さらに，2015年には「女性の職業生活における活躍の推進に関する法律」(女性活躍推進法)が制定された。この法律では，301人以上の労働者を雇用する事業主が，自社における採用者や管理職に占める女性比率，勤続年数の男女差，労働時間の状況等を調査し，今後の行動計画を策定して届出・公表を行うとともに，自社における女性の活躍状況を公表することを義務づけられた。2019年の改正により，2022年4月からは義務づけの対象が，101人以上の労働者の雇用主に拡大された。

これらの取組みは，単に形式的な機会の平等を超えて，憲法の男女平等理念を現実化する試みとして注目されるが，同時に政府の主導で社会に人権理念を浸透・実現させようとする一種の逆転現象である点にも注意が必要だ。

平等権と平等原則

平等・不平等はつねに複数の人の比較によってのみ判断される。政府が国民全員に対してキリスト教の礼拝・布教を禁止しても，ある特定人のキリスト教の礼拝・布教を禁止しても，どちらも信教の自由の侵害だ。しかしこうした禁止措置は，同時に平等の観点からも問題となる。特定人のキリスト教禁止は，他のクリスチャンと比較して不平等だが，国民全員に対するキリスト教の禁止は，その意味では平等だ。しかし，他の宗教の信者と比較すれば，国民全員を対象とするキリスト教禁止も，キリスト教だけという意味で不平等である。

礼拝・布教を禁止された特定のクリスチャンは，他のクリスチャンとの関係での平等権侵害を主張できる。クリスチャン全員が礼

拝・布教を禁止されれば，他のクリスチャンとの関係での平等権侵害は成立しないが，他の宗教との関係での平等権侵害を主張できる。これに対して，この不平等扱いの受益者側，たとえば仏教徒は，自分の平等権が侵害されたとは言えない。

　この例から次のことがわかる。まず第1に，人権侵害行為は，政府が全国民の人権をまんべんなく同程度に侵害するという，ありそうもないケースを除けば，たいていの場合は同時に平等条項違反の問題でもある。だから平等条項は，単に表現の自由・職業の自由などと横並びの人権保障の1つとは言えない。この本で，平等条項を「個別の人権」ではなく「人権通則」のパートで取り扱うことにした理由である。

　第2に，平等条項違反と平等権侵害とは重なり合うが同一ではない。不平等扱いの受益者は平等権を侵害されたとは言えない。つまり14条1項は，政府に対して不平等扱いを禁止する「平等原則」と，各人が不平等扱いによって不利益をこうむらない「平等権」とを同時に，しかし異なる範囲で保障する規定なのである。

3 平等違反の審査方法

> 合理性の有無

　さきほど述べたように，立法者拘束説＋相対的平等説の立場をとった場合には，14条1項違反になる法律とならない法律との判別が大問題となる。

　古典的学説は，「『人間性』を尊重するという個人主義的・民主主義的理念に照らしてみて，不合理と考えられる」別扱いが14条違反になるとする（宮沢・憲法Ⅱ）。個人主義的・民主主義的合理性，つまり人格価値平等の理念から見た合理性の有無を判断基準とする

この考え方は，学説の幅広い支持を受けたと言ってもよいだろう。人格価値平等の理念に反する別扱いかどうかのふるい分けを，平等審査の「第一関門」と位置づける学説もある。

最高裁も初期の判例では，「人格の価値がすべての人間について平等」と述べ，14条が人格価値平等の理念に立つことを明示的に認めていた（尊属傷害致死を通常の傷害致死よりも重く処罰することを定めていた刑法の旧205条2項合憲判決。最大判昭和25・10・11刑集4巻10号2037頁）。しかし，最高裁は，昭和39年のある判決（一定年齢に達した公務員を待命処分とすることは，平等違反ではないとした最大判昭和39・5・27民集18巻4号676頁）で，14条は「差別すべき合理的な理由なくして差別することを禁止」する趣旨だと述べて以降，むしろ端的に合理性の有無を14条違反の判断基準とする態度をとっている。

法律による別扱いと後段列挙事由

一般に法律は，何らかの基準で人々をグループ分けし，それらのグループごとに何らかのテーマについて異なる取り扱いを規定することが多い。たとえば，選挙権を男性に限定する選挙法は，性別を基準として国民を2つのグループに分け，選挙権というテーマについてこの2グループ（男女）を別扱いしている。また，累進課税を定めた所得税法は，所得の額を基準として人々をいくつかのグループに分け，税金というテーマについて各グループごとに異なる扱いを規定する。

ところで，14条1項後段は「人種，信条，性別，社会的身分又は門地により……差別されない」と規定しており，そこに掲げられた人種以下5つの要素が俗に「後段列挙事由」とよばれる。初期には，14条1項前段のほうは単なる法適用の平等の要求であり，後段列挙事由による別扱いだけは立法者にも禁じられているとする学

説もあった（佐々木惣一・前掲書）。この説に立つと，法律が人々を何らかの基準でグループ分けし，相互に異なる取り扱いを定めている場合，区別の基準が人種・信条など後段列挙事由のどれかだと，その法律はただちに平等違反となる。

しかし最高裁は，上にあげた昭和25年の判決ですでに，後段列挙事由を単なる例示とみなしている。最高裁によれば，これらを基準とする別扱いを定めた法律も，年齢・所得など後段列挙事由以外の要素を基準とする法律も，合理性があれば合憲，なければ違憲となるわけだ。

当初「例示説」は学者からも支持されていた。ところが1980年代に入ると，最高裁とは異なる考え方が現れた。それはこういう理解だ。人種・性別・出生身分は，いずれも生まれながらのもので，本人の意思や努力では変えられない。これらを基準とする人々の別扱いは，歴史的な経験から言っても生まれによる差別である可能性が高い。信条は本人が選択できるものだが，その人の人生にとってきわめて重要な意味をもつ。信条を基準とする人々の別扱いも，異教徒の弾圧のように歴史的には不当な差別であることが多かった。だから後段列挙事由には，単なる例示以上の意味がある。これらを基準とする別扱いは，許されない差別と推定され，平等原則違反でないと言うためには，別扱いの目的や必要性について厳格な審査が必要だ。後段列挙事由が基準となった別扱いかどうかで，違憲審査の基準を変えるこの見解（伊藤・憲法）が，現在では学説の支持を集めている。

Column ㊿　後段列挙事由

①人種とは，黒人・白人・黄色人種など，人間の人類学的種類である。アメリカでの黒人差別は有名だ。日本には人種問題はほとんど見られない。他方，民族とは，共通の歴史・言語・宗教・文化などを根

拠にしてアイデンティティーを共有する人間集団と言えよう。後段列挙の人種に類すると考えられている。在日韓国・朝鮮人やアイヌ民族など，日本にも民族問題はある。②信条は信仰や政治的主義を指す。過去にも共産主義の政治信条が，労働関係で差別を引き起こすことがあった。③性別は言うまでもなく男女の別である。男女の法的別扱いは，背景にある社会意識も含めて，現代の日本でも大きな争点である。④門地とは家柄のことだ。公家や大名家の出身である，など。14条2項が戦前の華族その他の貴族制度を禁止したのは，門地による差別禁止の具体化だ。⑤社会的身分の意味については理解が分かれる。士農工商のような出生身分のことだという狭義説をとると，門地と変わらないことになる。逆に，社会において人が占める地位も含める広義説をとると，学生・会社員などの職業的地位も後段列挙の社会的身分となる。多数説に従えば，それらを基準とする別扱いはすべて厳格な違憲審査を受ける結果となってしまう。破産者のように社会のマイナス評価を受ける後天的地位までを含める中間説を支持しておきたい。被差別部落出身者の差別問題は，なお未解決の社会問題である。

目的手段審査

最高裁は，有名な尊属殺重罰規定違憲判決（最大判昭和48・4・4刑集27巻3号265頁）で，平等違反の審査にも目的手段審査の手法を取り入れた。これは，問題となっている法律規定の制定目的（立法目的）と，その目的を実現するために法律が選択した手段（目的達成手段）のそれぞれについて，合憲性を検討する方法だ。

この方法をとると，法律による別扱いが合理性をもつかどうかは，その法律の立法目的は合理的か，目的達成手段と目的との間には合理的な対応関係があるか，この2段がまえの審査で判断されることになる。学説もこうした審査手法を広く支持し，ただ後段列挙事由を基準とする別扱いについては，目的審査も手段審査も，単なる合理性の有無の確認ではなく，もっと厳格に審査すべきだとしている。

しかし，ある法令が憲法14条1項違反かどうかの目的手段審査

には，通常の目的手段審査とは異なる面がある。通常の目的手段審査では，市民の行動を規制する法令による憲法上の権利侵害の有無は，当該規制の目的は何か，それは正当，重要などと評価されるか，この目的を達成するために法令が採用している手段は目的と合理的関連性をもつとか必要不可欠だと評価されるかといった点が検討される。

　これに対して，平等と差別は，つねに複数の人ないし集団を相互に比較して初めて問題にできる事柄なので，法令が平等規定違反かどうかの目的手段審査は，次のような段取りで行われることになる。

　第1に，問題となっている法令は，何を基準として人々をグループ分けし，各グループをいかなるテーマについてどのように別扱いしているかを確認する必要がある。上述のように，累進課税制度を設ける所得税法は，年収300万円未満の人とか，1000万円以上の人といった具合に所得を基準として人々を複数のグループに分け，グループごとに所得税率を変える法律である。

　第2は，法令がこのように人々をグループ分けしてそれぞれの取り扱いを変える目的は何かを認定し評価することである。たとえば，刑法の尊属殺重罰規定は，なぜ殺人を普通殺と尊属殺とに分けて，尊属殺について重い刑罰を定めたのか。民法の法定相続分の規定は，なぜ被相続人の子を嫡出子と非嫡出子とに分け，後者の相続分を前者の相続分の2分の1としたのか。これらを認定し，その正当性や重要性の有無を評価するのである。

　第3に手段審査は，目的審査で明らかになった区別の目的に対して，複数グループ間の別扱いが関連性をもつかを検討する審査である。たとえば，嫡出子・非嫡出子の法定相続分に差を設ける目的が法律婚の保護と認定され，法律婚の保護は重要だと評価されるとしたら，非嫡出子の相続分を嫡出子の2分の1とすることは，法律婚

の保護にどの程度役立つかが吟味されなければならない。

このように平等条項違反の目的手段審査は、法令による複数グループ間の取り扱いの相違に着目して、この別扱いにはどのような目的があるのか、この別扱いが目的とどのような関係をもつのかを審査する点で、他者の取り扱いとの比較という観点を含まない一般の人権侵害の審査とは異なるのである。

4 判例に見る平等問題

14条関係判例と平等問題

平等違反が裁判の場で争われた事件から、代表的とされるものをテーマ別にいくつか取り出して簡単に見ておこう。憲法14条は直接的には政府による国民の差別を禁止する規定だから、私たちお互い同士の差別、社会のなかのさまざまな差別が、14条関係の訴訟でストレートに問題となることはむしろ少ない。そういう意味では、これから取り上げる判例も、広く差別問題全体から見れば、ほんの氷山の一角であることに注意が必要だ。

尊属関係重罰規定と平等

刑法には、被害者が親をはじめとする直系尊属である場合に、刑罰を重くする規定が4つあった。尊属殺人罪（200条）、尊属傷害致死罪（205条2項）、尊属遺棄罪（218条2項）、尊属逮捕監禁罪（220条2項）である。このうち特に尊属殺重罰規定の平等違反が刑事裁判で何度か争われた。違憲側の主張はこうだ。日本国憲法の下では人命の価値は平等なはずなのに、刑法200条が事情を問わず親殺しをはじめから重く処罰することにしているのは、親に対する「孝」、「家」制度の維持という儒教的道徳に基づくもので、憲法の

平等理念と合致しない。

最高裁は昭和25年10月25日大法廷判決（刑集4巻10号2126頁）では合憲判断を示したが，**昭和48年4月4日大法廷判決（刑集27巻3号265頁）**で明示的に判例変更を行い，刑法200条を憲法14条に反するとした。最高裁初の法令違憲判断であった。ただし，上で見たように，多数意見は目的達成手段（刑罰の重さの程度）だけを違憲とした。

この判決以後，国会による法改正は遅々として進まなかったが，ようやく1995年になって，条文の口語化の機会に尊属関係重罰規定が全部削除された。

1票の較差と平等

14条と並んで特に44条但書は，選挙権の平等＝1人1票を定めた規定と理解されている。そこからさらに，法律の定める選挙区ごとの議員定数と，各選挙区の有権者数（または人口）との比率のアンバランス（1票の較差）が，平等違反と主張されるようになった。問題は衆議院・参議院・地方議会に及ぶ。衆議院について最高裁は，いわゆる中選挙区制の時代に2回違憲判決を下している（最大判昭和51・4・14民集30巻3号223頁，最大判昭和60・7・17民集39巻5号1100頁。1票の較差問題については，⇨*Chap.* 38）。

租税負担と平等

能力に応じた公平な租税負担も，平等原則の重要な内容と考えられる。1789年フランス人権宣言の13条もすでに，「租税はすべての市民の間でその能力に応じて平等に配分されなければならない」として，「応能負担原則」を宣言していた。しかし，これを複雑な社会経済生活のなかで現実化することは簡単ではない。

租税関係法律の14条違反が問題となった事件では，最高裁は国会にきわめて広い裁量権を認め，立法目的と目的達成手段の双方に

ついて,「著しく不合理であることが明らかでない限り」合憲とみなす審査態度(明白性の審査)をとっている。サラリーマンだけが所得税を源泉徴収(天引き)され,税の控除も一定額と決められていて,たとえばスーツのクリーニング代のような,必要経費の実費が控除対象として認められないのは,自営業者と比較して憲法14条に反すると争った**大島サラリーマン税金訴訟**での合憲判決(最大判昭和60・3・27民集39巻2号247頁)がその代表である。

福祉受給権と平等

憲法25条の生存権を抽象的権利と理解し,その具体化は法律によると考える通説的見解に立てば(⇨*Chap.* 3),福祉関係法律での取り扱いの違いが14条違反かどうかも,国会の裁量権を前提として緩やかに審査されることになるだろう。

代表的なケースは**堀木訴訟**である。この訴訟では,障害福祉年金と児童扶養手当との併給(二重払い)を禁止していた当時の児童扶養手当法が,25条と並んで14条にも違反しないかが問題となった。一審原告側は,父が障害福祉年金を受給し,障害者ではない母が児童を養育している家庭や,障害者ではない母だけが児童を養育している家庭には児童扶養手当が支給されることと比較して,併給禁止規定は差別にあたると主張した。しかし最高裁は,本件制度を「総合的に判断すると,右差別がなんら合理的理由のない不当なものであるとはいえない」と述べて,きわめて簡単に合憲判断を下した(最大判昭和57・7・7民集36巻7号1235頁)。

家族関係と平等

人々の結婚観や家族観の変化を反映して,民法の規定が平等条項違反にあたるとして問題となるケースが出てきている。代表的なものを紹介しておこう。

1つは,いわゆる非嫡出子(婚外子)の相続分を嫡出子(婚内子)の2分の1と定めた民法900条4号が,憲法14条に反しないかど

うか争われた事件である（**非嫡出子相続分格差訴訟**）。最高裁は，法律婚の尊重と非嫡出子の保護とを調整しようという立法目的には合理的な根拠があり，2分の1としたことにも立法目的との間に著しい不合理は見出されないと判断した（**最大決平成 7・7・5 民集 49 巻 7 号 1789 頁**）。最高裁はその後の小法廷判決でも，いずれも僅差で合憲判断を維持してきたが，2013 年の大法廷決定で，民法 900 条 4 号が憲法 14 条 1 項に違反することを認めた（**最大決平成 25・9・4 民集 67 巻 6 号 1320 頁**）。この決定で最高裁は，晩婚化・非婚化・少子化の進展と家族形態の多様化，国民意識の変化，非嫡出子差別を是正する外国の法改正，国際人権 B 規約による非嫡出子差別の禁止などをあげ，こうした立法事実の変化によって，遅くともこの決定のもとになる相続の開始時である 2001 年 7 月以降，民法 900 条 4 号は違憲となったと判断した。昔は合憲だったが今は違憲だという論法であるから，2013 年の違憲決定は，1995 年の合憲決定とは矛盾しないことになる。なお，本件決定は，2001 年 7 月以降の相続案件で，まだ未確定のものについては，違憲判断の効力が及ぶとしている。この大法廷決定を受けて，2013 年 12 月に民法が改正され，非嫡出子の相続分を嫡出子の 2 分の 1 と定めた部分が削除された。

2 番目は，女性にだけ 6 カ月の再婚禁止期間を設けている民法 733 条 1 項によって婚姻届を受理されなかった人が，この規定は憲法 14 条・24 条に反すると主張して国家賠償を請求した**再婚禁止期間違憲訴訟**（**最大判平成 27・12・16 民集 69 巻 8 号 2427 頁**）だ。2015 年末に最高裁は，女性が再婚後に出産した子の父性の重複を回避し，父子関係をめぐる紛争を未然に防ぐ再婚禁止期間の目的には合理性があるものの，民法 772 条 2 項の父親推定規定に従えば女性の再婚禁止期間は 100 日で十分なため，733 条 1 項は 100 日を超える部分について違憲だと認めた。最高裁は立法不作為を理由とする国家賠

償請求はしりぞけたが，733条1項は「6カ月」から「100日」に改められた。さらに2022年の民法改正により，再婚禁止期間を定める733条自体が削除された。

なお，この判決と同日に言い渡された別の大法廷判決で最高裁は，当事者が望めば夫婦別姓を選択できる制度を求め，「夫婦同氏」を強制する現行民法750条を憲法13条・14条・24条に反するとした上告人の主張をしりぞけた（⇨*Chap.* 16-*4*）。

これまでは，民法772条によって，妻が婚姻中に懐胎した子は夫の子と推定され，775条による嫡出否認の訴えを起こせるのは夫に限られていた。そのため，夫の暴力が原因で別居中の妻が，他の男性との間の子を出生した場合でも，嫡出否認の訴えを起こすことを夫に求めなければならず，これを避けるために生まれた子の出生届を出さないといった，いわゆる「無戸籍児」問題が生じていた。

2024年4月1日から施行された2022年の民法改正によって，前述のように733条の女性の再婚禁止期間は廃止され，離婚後300日以内に出生した子でも再婚後の出生であれば，これまでとは異なって再婚後の夫の子の推定が働くことになった。また，774条・775条も改正され，子自身や妻にも嫡出否認権と否認の訴えの提起が認められることとなり，無戸籍児問題に解決の道が開かれた。

国籍と平等

憲法10条は，「日本国民たる要件は，法律でこれを定める」として，国籍の取得・喪失の具体的なルール作りを国会に授権している。これを受けて国会が制定したのが国籍法だ。国籍法では，出生・準正・帰化のいずれかによって日本国籍を取得できることになっている。国籍取得のいわばメインルートは，「出生」による取得である。国籍法2条1号は，「出生の時に父又は母が日本国民」であれば，生まれた子は日本国籍を取得するとして，血統主義および男女両系主義をとってい

る。

　他方，国籍法3条1項は，「父母の婚姻及びその認知により嫡出子たる身分を取得した子で二十歳未満のもの……は，認知をした父又は母が子の出生の時に日本国民であった場合において，その父又は母が現に日本国民であるとき……」国籍を取得できると定めていた。これが「準正」による取得である。父が認知したが両親が婚姻していなかったために，この規定によって国籍を認められなかった人が，出生前に父が認知すれば国籍法2条1号によって国籍を認められるのに，出生後の認知の場合には，さらに両親の婚姻まで要求する3条1項は違憲だとして，国籍の確認を求める訴えを起こした。最高裁は，この主張を認めて，国籍法3条1項の「父母の婚姻」を求める部分を憲法14条1項違反とした（**最大判平成20・6・4民集62巻6号1367頁**。⇨*Chap.* 20-*1*）。

〔赤坂〕

事項索引

あ

あいちトリエンナーレ 2019 ……… 175
あおり罪 …………………………… 93
アカウンタビリティー …………… 189
アクセス権 ………………………… 186
「悪徳の栄え」事件 ……………… 217
旭川学テ事件 ……… 69, 73, 75, 77, 261
朝日訴訟 ………………………… 59, 62
新しい人権 ………………… 302, 303
アファーマティヴ・アクション … 399
アマミノクロウサギ訴訟 ………… 321
アムネスティ・インターナショナル
 …………………………………… 41
アレフ（オウム真理教）信者転入拒
 否事件 ………………………… 15
あん摩指圧師養成施設訴訟 ……… 109
あん摩師等広告制限事件 ………… 222
安楽死 …………………………… 325

い

家制度 …………………… 279, 292, 406
家永訴訟 ………………………… 72, 172
 第 1 次―― ………………… 73, 173
 第 2 次―― ………………… 73, 173
 第 3 次―― ……………………… 173
違憲審査基準論 …………………… 384
石井記者事件 ……………………… 204
「石に泳ぐ魚」事件 ……………… 313
いじめ問題 ………………………… 83
泉佐野市民会館事件 ………… 224, 272
一事不再理 ………………………… 47
一般的自由説 ……………… 297, 299, 323
 限定的な―― ………… 298, 301, 323
一般的人格権 ……………………… 304
1 票の較差 ………………………… 407
1 票の較差違憲国賠訴訟 ………… 125
一夫一婦制 ………………… 284, 287
移動の自由 ………………………… 18
医薬品のネット販売規制違法判決
 …………………………………… 107
医療法人社団亮正会事件 ………… 360
岩手靖国訴訟 ……………………… 246
インカメラ審理 …………………… 190
インターネット …………… 161, 216, 220
インターネット掲示板 …………… 161
インフォームド・コンセント …… 325

う

ヴォーン・インデックス ………… 190
「宴のあと」事件 ………… 216, 306, 312

え

映画倫理綱領 ……………………… 177
永久 ……………………………… 289
営業 ………………………………… 98
営業の自由 ……………………… 98, 99
営利的言論（commercial speech）
 …………………………………… 222
駅構内ビラ配布事件 ……………… 159
SNS（social networking service）
 …………………………………… 161
NHK ……………………………… 208
NHK 記者事件 …………………… 204
NHK 従軍慰安婦番組事件 ……… 198
NHK 受信契約締結承諾等請求事件

　　　　　　　　　　　　　　　　……211
NGO ……337
愛媛玉串料訴訟 ……246, 248
「エホバの証人」信者輸血拒否事件
　……325
LRA　→より制限的でない他の代替手段
LGBT（LGBTQ＋）……225, 326
LGBT 理解増進法 ……281
「エロス＋虐殺」上映禁止仮処分申請事件 ……217

お

オウム真理教解散事件 ……243
大阪空港騒音訴訟 ……320
大阪地蔵像訴訟 ……246
大阪市売春取締条例事件 ……32
大島サラリーマン税金訴訟 ……408
オーバーグフェル対ホッジス判決（Obergefell v. Hodges）……280
公の施設 ……272
屋外広告物条例事件 ……233
親の養育権 ……75

か

外国移住の自由 ……15, 348
外国人 ……349
　──の公務就任権 ……355
外国旅行の自由 ……17
外在的制約 ……380
街頭演説許可制事件 ……233
介入排除請求権 ……342
外務省秘密電文漏洩事件 ……201
学習権 ……77, 170
学習指導要領 ……70, 74
学生無年金障害者訴訟 ……64
学問 ……256

学問の自由 ……69, 252, 257
　先端科学技術と── ……259
閣僚の靖国神社参拝問題に関する懇談会（靖国懇）……247
鹿児島大嘗祭違憲訴訟 ……247
加持祈禱事件 ……241
家事事件手続法 ……132
過剰介入の禁止 ……365
過少保護の禁止 ……365
河川附近地制限令事件 ……117
家族 ……278
家族形成の権利 ……288
家族形成の自由 ……278
学校制度的基準 ……72
葛飾政党ビラ配布事件 ……233
家庭用ゲームソフト ……177
過度の広汎性 ……285
金沢市庁舎前広場事件 ……269
川崎民商事件 ……42
環境基本法 ……321
環境権 ……319
環境人格権 ……319
関係審査 ……385
官公労 ……94
観護措置 ……135
間接効力説 ……364
間接差別 ……399
完全補償説 ……116
官房機密費開示訴訟 ……189

き

生糸輸入制限違憲国賠訴訟 ……125
議員定数不均衡　→1 票の較差
機関 ……6
記者クラブ ……201
喫煙の自由 ……374
岐阜県青少年保護育成条例事件

事項索引　413

……………………170, 178	京都府学連事件 …………295, 313
基本権 ……………………331	居住・移転の自由 ……………14
基本権保護義務 ……………364	緊急逮捕制度 ………………40
基本的人権 ……………………330	勤労の権利……………………84
義務教育無償請求権……………76	——の自由権的側面……………85
義務教育無償制事件……………76	
逆　送 …………………………134	く
「逆転」事件 ………………312	具体的権利 ……………85, 295
旧統一教会被害者救済法 ……242	具体的権利説 ………………58, 60
給付請求権 …………………342	言葉どおりの—— ……………61
教育の自由……………71, 75, 257	国 ……………………………5
教育を受ける権利 ……67, 77, 257	久米至聖廟訴訟 ……………249
教育基本法 ……………69, 70	黒髪染髪訴訟 ……………82
教育権 ……………………67, 170	軍国主義 ……………………293
国民の—— ……………69	君主制 ………………………348
国家の—— ……………69	群馬司法書士会事件 …149, 375, 376
教育成果の評価の自由 …………261	
教育制度整備請求権…………76	け
教育勅語 ……………145	経済的自由 ………………18, 102
教育内容決定権 ………………71	経済的自由権 ……………356, 359
教科書検定制度 ………70, 170, 260	警察規制 …………………383
教科書裁判（→家永訴訟）…172, 173	刑事施設被収容者 ………372
教授の自由 ………………257, 260	——の人権……………………48
強制加入制 ……………276, 375	刑事実体法 ………………31, 33
行政機関個人情報保護法 ………309	刑事収容施設及び被収容者等の処遇
行政救済法 ……………124	に関する法律……………48
行政裁判所……………122, 130	刑事訴訟法 …………………40
行政裁判法 …………………122	刑事手続法 ………………30, 34
行政裁量………………………62	刑事補償請求権 ……………121, 128
行政手続と司法審査 ………132	刑事補償法 ……………128
行政手続法 ……………36	刑罰謙抑主義 ………………33
強制不妊・強制堕胎手術 ………288	契約の自由 ……………85
行政不服審査手続 ………130	結果の平等 …………………398
強制労働 ……………25	月刊ペン事件 ………………215
京大・沢柳事件 ……………253, 256	結　社 ……………267
京大・滝川事件 ……………254, 256	結社の自由 …………239, 274, 358
京都風俗案内所規制条例判決 …108	血統主義 ……………349

父系優先── ……………349
父母両系── ……………349
下品な表現 ……………210
検　閲 ……………156, 169
厳格な合理性の審査
　……………64, 104, 223, 385, 387, 388
厳格な審査 ……………385, 387, 388
喧嘩言葉（fighting words）………214
研究の自由 ……………257, 258
研究結果発表の自由 ……………257, 260
権限（権能） ……………68
健康で文化的な最低限度の生活
　……………53, 59, 60
現実の悪意 ……………215
剣道拒否退学事件 ……………80, 251
憲　法 ……………3
憲法遵守義務 ……………270
権　利 ……………68
権利章典 ……………333
権利請願 ……………30, 333

こ

公安条例 ……………270
公害対策基本法 ……………321
公教育の宗教的中立性（→政教分離） ……………80
公共の福祉 ……………103, 113, 378
　社会国家的── ……………382
　自由国家的── ……………382
皇居外苑使用不許可事件 ……………268
拘　禁 ……………40
合憲限定解釈 ……………271
合憲性の推定 ……………384
公権力の主体 ……………6
公権力行使等地方公務員 ……………355
皇室会議 ……………348
麹町中学内申書事件 ……………79, 145

公衆浴場距離制限事件 ……………106, 107
公職選挙法 ……………234, 346
構成要件の明確性 ……………31
校　則 ……………81
皇　族 ……………348
後段列挙事由 ……………402
公的扶助 ……………54
行動を伴う言論（speech plus） ………235
幸福追求権
　……………17, 282, 288, 294, 299, 303, 320
公文書等の管理に関する法律 ……………192
公務員 ……………260, 369
　──の勤務関係 ……………369
　──の守秘義務 ……………201
　──の政治活動 ……………234, 370
　──の労働基本権 ……………93, 370
　現業── ……………93
　非現業── ……………93
公務就任権 ……………354
拷　問 ……………43
小売市場距離制限事件 ……………106, 389
合理性の審査 ……………385, 388, 390
合理的関連性 ……………388
勾　留 ……………40
国際人権A規約 ……………336
国際人権B規約 ……………131, 336
国際人権保障 ……………336
国籍法 ……………349, 410
国籍法非嫡出子差別規定違憲判決
　……………350, 387, 410
国籍離脱の自由 ……………16, 348
国選付添人 ……………134
国選弁護人依頼権 ……………44
告知・聴聞 ……………34, 36
告知・弁解・防御 ……………34, 35
国　民 ……………354
国民主権の原理 ……………354, 355

国務請求権	121, 342
国有境内地処分法	245
国立大学法人	263
国連規約人権委員会	46, 337
国連子どもの権利委員会	83
国労広島地本事件	92
個人識別情報	313
個人主義	278, 284, 292, 294, 340
家長——	278
個人情報	307
個人情報保護法	199, 309
個人情報保護法制	308
個人の尊厳	279, 285, 290, 292
個　性	294, 303
個性説	294
国　家	5
国家行為（state action）の理論	367
国家公務員制度改革基本法	95
国家神道	238
国家賠償	121
国家賠償請求権	121
国家賠償法	122
国家報告制度	337
国家無答責	122
国会議事堂等周辺地域及び外国公館等周辺地域の静穏の保持に関する法律	271
国旗国歌法	74, 146
国教制度	244
こども	
——家庭庁	346
——基本法	346
子どもの権利条約	82, 336, 346
子どもの人権	78
戸別訪問	235
コマーシャル	222
コモン・キャリア	206
婚　姻	349
——の自由	279
異性同士の——	280
同性同士の——	280
婚姻年齢	284
婚外子	408
コンピュータウイルス	163
コンピュータ監視法	163

さ

在外国民選挙権訴訟	61, 126
在監者	180, 199
罪刑均衡の原則	33
罪刑法定主義	31
再婚禁止期間	284, 409
再婚禁止期間違憲国賠訴訟	125
再婚禁止期間違憲訴訟	409
財産権	111
再審制度	138
在宅投票制度廃止違憲国賠訴訟	61, 125
再入国の自由	352
サイバー刑法	163
裁　判	133
——の拒絶	130
裁判を受ける権利	121, 129
非訟事件と——	132
裁判外紛争処理制度（Alternative Dispute Resolutions＝ADR）	141
裁判迅速化法	131
在留権	351
堺通り魔殺人事件	196
差　別	395
差別的言論	225
猿払事件	370, 371, 389, 392
サンケイ新聞事件	194

三審制	137
参政権	342, 354, 359
三段階審査論	390
山陽電気軌道事件	91

し

GPS捜査	42
自衛官合祀拒否訴訟	239
塩見訴訟	357
死刑	45
死刑囚	373
死刑廃止条約	46, 336
死後懐胎子	290
自己決定権	288, 304, 322
自己実現（self-fulfillment）	165
自己情報コントロール権	306, 308, 317
自己責任説	123
自己統治（self-government）	165
自己負罪拒否特権	43
事実婚	287
事実審	137
事実認定	132
自主規制（表現行為の）	176
私人	6
私人間効力	362
私生活	306
次世代育成支援対策推進法	291
自然の権利	321
自然環境	320
自然権	332
自然権思想	331, 333, 358
自然権論	300, 332
自然状態	332
自然人	6, 344
自然法	300, 332, 339
事前抑制（表現行為の）	170

思想	144
思想・良心の自由	142, 239, 257, 360
思想の自由市場論	166
思想警察	154
実質的関連性	388
実質的証拠法則	132
実質的平等	398
実体的デュー・プロセス理論	35
児童の権利に関する条約	82
児童ポルノ禁止法	221
自白	45
渋谷暴動事件	224
司法官憲	40
司法書士	141
資本主義	118
市民政府論	332
指紋押捺訴訟	314
社会契約	333, 339
社会契約論（社会契約説）	340, 354
社会権	58, 85, 339, 342, 356, 359
——の自由権的側面	65
社会権規約委員会	337
社会手当	54
社会的環境	320
社会的・経済的権利	51, 67, 84, 97, 111
社会的権力	196, 363
社会的身分	404
社会の安全弁	165
社会福祉	54
社会保険	53, 356
社会保障	51, 357
社会保障法	53
謝罪広告強制事件	149, 150
自由	395
国家からの——	355, 390
国家による——	390
国家への——	390

事項索引　417

4つの——	336
集会	266
集会の自由	268
集会・結社の自由	266
「週刊文春」事件	217
住基ネット訴訟判決	310
宗教	238
宗教教育	245
宗教の自由	237
宗教上の人格権	239
宗教的結社の自由	239, 275
宗教的行為の自由	239
宗教的中立性	250
宗教法人法	243
従軍慰安婦	171
自由権	57, 339, 342, 355
重婚の禁止	284
私有財産制度	118
集団示威運動（デモ行進）	267
修徳学園パーマ禁止事件	81
住民	354
住民基本台帳ネットワーク（住基ネット）	310
住民基本台帳法	310
自由民権運動	335
重要経済安保情報保護・活用法	190
重要土地規制法	114
受益権	121
受刑者虐待	374
取材源の証言強制	150, 203
取材資料の提出強制	202
取材の自由	150, 169, 181, 198
手段審査	385
出国の自由	351
出生地主義	349
出入国管理及び難民認定法	314
出入国在留管理庁	353
出版許可制度	160
酒類販売免許制合憲判決	107
純粋言論（pure speech）	235
準正	349, 410
消極（目的）規制	104, 105, 383
——・積極（目的）規制区別論	104
消極的制約	383
消極目的	104
証言拒絶権	150, 204
証券取引法合憲判決	115
上告制限	137
少子化社会対策基本法	291
少数者集団（minority）	225
肖像権	313
象徴的言論（symbolic speech）	155, 232, 235
証人喚問権	44
証人審問権	44
少年審判	133
少年法	129, 180, 196
消費税違憲国賠訴訟	125
情報	153
情報公開条例	187
情報公開請求権	156, 186
情報公開法	188, 316
情報公表（流通）請求権	156
情報伝達手段	155
情報流通の自由	154
昭和女子大事件	367
職業	97
職業の自由	18, 97, 100, 102
職業の秘密	204
職業遂行	99
職業遂行の自由	99
職業選択の規制と職業遂行の規制	102

職業選択の自由 …………… 85, 102, 348
職務行為基準説 ……………………… 125
食糧管理法違反事件 …………………… 62
食糧緊急措置令違反事件 …… 117, 379
女子差別撤廃条約 ……………… 336, 349
女性活躍推進法 ……………………… 400
署名運動 ……………………………… 146
所有権 ………………………………… 111
知らない権利 ………………………… 220
白山比咩神社事件 …………………… 246
私立高校超過学費返還請求事件 …… 76
知る権利 ………………………… 186, 196
知る自由 ……………………………… 168
人　格 …………………………… 293, 303
人格価値の平等 ……………………… 394
人格権 ………………………………… 303
人格説 ………………………………… 293
人格的自律 …………………… 112, 293, 296
人格的利益説 ……… 295, 297, 299, 323
新型コロナウイルス感染症と人権制
　限 ……………………………………… 26
審級制度 ……………………………… 136
信教の自由 ……………………… 237, 250
人　権 ………………………………… 330
　――の基礎づけ …………………… 339
　――の享有主体 …………………… 344
　――の限界 ………………………… 378
　――の理念 ………………………… 330
　死者の―― ………………………… 347
　受精卵・胚・胎児の―― ………… 347
　第3世代の―― …………………… 339
人権宣言 ………………………… 334, 358
人権擁護委員 ………………………… 338
人権擁護法案 …………………… 338, 365
人工授精 ……………………………… 290
信仰に基づく輸血拒否事件 ………… 241
信仰の自由 ……………………… 143, 239

審査請求前置主義 …………………… 130
人事院勧告 …………………………… 95
人　種 ………………………………… 403
人種差別撤廃条約 ……………… 225, 336
信　条 ………………………………… 404
信条説 ………………………………… 144
人身の自由 …………… 14, 19, 29, 130, 355
迅速な裁判 ……………………… 44, 130
神道指令 ……………………………… 238
新聞閲読制限 ………………………… 180
臣民の権利 …………………………… 335
森林法違憲判決 ………………… 107, 114

す

推知報道 ……………………………… 196
ストーカー規制法 …………………… 231
ストライキ（同盟罷業） ………… 86, 90
スマートデバイス …………………… 161

せ

生活権補償 …………………………… 117
生活保護 ………………………… 55, 357
生活保護法 …………………………… 54
生活保護老齢加算廃止訴訟 ………… 63
「生活ほっとモーニング」事件
　………………………………… 194, 208
請願権 ………………………………… 121
税関検査事件 …………………… 169, 170
政教分離 ………………………… 244, 391
政見放送事件 ………………………… 210
政策的規制 …………………………… 104
政治活動 ……………………………… 348
政治教育の禁止 ……………………… 261
政治スト ……………………………… 90
政治的行為 ……………………… 234, 260
性自認 ………………………………… 326
性的指向 ……………………………… 326

事項索引　419

青少年インターネット環境整備法 ……178
生殖 (reproduction) の自由 ……288
生殖技術 ……290, 347
生殖腺除去要件 ……283
精神的自由 ……18
精神的自由権
……142, 153, 237, 252, 266, 356, 359
生成 AI ……164
生存権 ……51, 53, 58, 320
性同一性障害者特例法 ……282
性同一性障害者特例法違憲決定 ……326
正当な補償 ……116
制度改革訴訟 ……124
制度の過失 ……124, 127
制度の保障 ……118, 244, 262
性表現行為 ……217, 387
政府 ……5
政府言論 (government speech) ……174
生命に対する権利 ……347
生命科学 ……259, 290
税理士会政治献金事件 ……149, 375, 376
政令 201 号事件 ……94
世界人権宣言 ……336
セクシュアル・ハラスメント ……230
世襲制 ……348
世田谷事件 ……234, 371
積極 (目的) 規制 ……104, 383
積極的差別是正措置 ……399
積極的社会・経済政策的制約 ……383
積極目的 ……104
接見交通権 ……42
絶対的平等説 ……397
是認のテスト (endorsement test)
……250
前科照会事件 ……315
選挙運動 ……234

選挙権 ……346, 348, 354
前国家的権利 ……127, 331
全司法仙台事件 ……94
専制政府 ……333
先端科学技術 ……259
全逓東京中郵事件 ……94, 370
煽動 ……223
全農林警職法事件 ……91, 95, 370

そ

憎悪の言論 (hate speech) ……225
臓器移植法 ……326
争議権 ……88, 89
争議行為 ……89
総合法律支援法 ……140
相互主義 ……127
相対的平等説 ……397
相当補償説 ……116
総評サラリーマン税金訴訟 ……66
遡及処罰 (事後法) の禁止 ……31, 46
訴訟事件 ……132
即決裁判手続 ……130
その意に反する苦役 ……24
空知太神社訴訟 ……246, 248
尊厳死 ……324, 325
損失補償 ……116
尊属殺重罰規定違憲判決 ……404

た

代位責任説 ……123
体外受精 ……290
大学の自治 ……261
第三者所有物没収事件 ……35
第 3 世代の人権 ……339
対審 ……132
代用監獄 ……41
第 4 の権力 ……160, 196

代理母 …………………………290
高田事件…………………………44
高槻内申書事件…………………79
他者加害行為……………………298
闘う民主主義……………………276
立川市防衛庁宿舎ビラ投函事件
　…………………………158, 233
タトゥー施術業医師法違反事件 …108
団結権………………………88, 275
男女共同参画社会………………399
男女共同参画社会基本法………399
団体規制法………………………277
団体交渉権…………………88, 89

ち

治安維持法…………39, 87, 143, 267
治安警察法……………………87, 267
小さな政府………………………104
地縁による団体…………………376
地方税法違反被告事件…………223
嫡出否認権………………………285
チャタレイ事件………217, 219, 380
中間団体……………274, 278, 363
抽象的権利………………………85
抽象的権利説………………58, 123
徴兵制……………………………26
徴用………………………………171
直接効力説………………………364
治療行為の拒否…………………240
沈黙の自由………………………149

つ

通　信……………………………205
　虚偽――………………………209
通信の秘密……………182, 221, 308
通信傍受…………………………183
津地鎮祭訴訟………237, 238, 246, 248, 250

て

出会い系サイト…………………163
TBSビデオテープ押収事件……203
帝銀事件…………………………41
抵抗権……………………………333
訂正放送…………………………194
敵意ある聴衆の法理……………273
適正手続の保障…………………134
適正な手続（due process）……30, 34
手続的デュー・プロセス………299
電子メール…………………163, 164
伝習館高校事件…………………74
天　皇……………………………348
天皇機関説事件……………254, 256
電波の特性論……………………206
電波公物論………………………206
電波法……………………………208
天賦人権…………………………334
典礼施行権………………………241

と

東海大学安楽死事件……………325
東京学館バイク禁止事件………81
東京都公安条例事件……………270
東京都保健婦管理職登用試験受験拒
　否事件…………………………355
討議理論…………………………341
同性婚……………………………280
同性婚訴訟………………………282
東大ポポロ事件…256, 257, 258, 261, 262
当番弁護士制度…………………45
東北電力女川原発訴訟…………320
時・所・方法の規制……………232
都教組事件………………………94
徳島市公安条例事件……………32
徳島遊動円棒事件………………122

事項索引　421

特定少年	135
特定秘密保護法	190
特別永住者	352
特別権力関係	368, 369
特別高等警察	353
特別の犠牲	116
独立宣言	333
図書館	180
特権の付与	244, 249
富平神社訴訟	249
富山大学単位不認定事件	369
囚われの聴衆（captive audience）	160, 207
トランス女性の女性トイレ使用等拒否事件	281
取調べの可視化	49
奴　隷	23
奴隷的拘束	23

な

内在的制約	104, 380
内申書	79, 316
内心説	144
内部統制権	275, 277
長野勤務評定事件	149
長良川リンチ殺人報道事件	197
流山中央高校事件	134
成田新法事件	37, 268, 272, 274
難民条約	336, 357
難民申請者	131

に

新潟県公安条例事件	224, 270
二重の危険の禁止	47
二重の基準論	19, 104, 384
二重のしぼり論	95
日曜日授業参観事件	80, 251

日教組グランドプリンスホテル新高輪集会拒否事件	273, 367
日産自動車事件	367
日本学術会議	254
日本司法支援センター（法テラス）	44, 140
日本テレビ・ビデオテープ押収事件	202
日本放送協会　→NHK	
入国の自由	351
ニューメディア	161
人間の尊厳	340
妊娠中絶	347

ぬ

抜穂の儀違憲訴訟	247

ね

年金減額訴訟	64

の

農地改革	117
農地改革事件	117

は

パートナー	280
破壊活動防止法	276
博多駅事件	195, 199, 203, 389
袴田事件	138
パスポート返納命令事件	21
パターナリスティックな規制	81
パターナリズム	323
強い――	324
弱い――	324
発信者情報の開示	162
発達権	77
番組調和準則	208

番組編集準則 …………………208
判　決 ……………………………132
犯罪被害者支援 ………………49
ハンセン病国家賠償訴訟 ……20, 125
判断過程統制 ……………………65
反論権 ……………………………193

ひ

ピアノ伴奏拒否事件 ……………147
BPO（放送倫理・番組向上機構）…210
比較衡量論 ………………………392
被疑者の権利 ……………………40
被疑者の国選弁護 ………………44
被疑者補償規程 …………………129
被告人の権利 ……………………40, 44
非訟事件 …………………………132
非訟事件手続法 …………………132
被選挙権 …………………………348, 354
非嫡出子 …………………………287, 408
非嫡出子相続分格差訴訟 ………287, 409
ビデオ ……………………………177
ヒト・クローン法 ………………259, 290
人質司法 …………………………47
ビニール本事件 …………………218
日の丸・君が代 …………………146
日の丸焼却事件 …………………236
表現内容規制 ……………………213, 214
表現内容中立規制 ………………213, 232
表現の自由 ………………………153, 239, 257, 267
平　等 ……………………………394, 395, 400
　　機会の—— …………………398
　　結果の—— …………………398
　　条件の—— …………………398
平等原則 …………………………400
票ハラスメント …………………232
広島市暴走族追放条例事件 ……271

ふ

フィルタリングソフトウェア …179
風営法 ……………………………221, 346
夫婦同氏義務付け違憲訴訟 ……286
夫婦の同氏（同姓） ……………285
福島原子力発電所事故 …………22
不告不理の原則 …………………34
侮辱罪 ……………………………225
豊前火力発電所操業差止訴訟 …320
普通教育 …………………………69
部分社会論 ………………………369
普遍性 ……………………………345
不法滞在 …………………………352
踏み絵 ……………………………146, 239
プライバシー ……………………216, 305, 306
プライバシー外延情報 …………317
プライバシー権 …156, 182, 305, 308, 348
　　——の自由権的側面 ………308
　　——の侵害 …………………319
プライバシー固有情報 …………317
不利益供述強要の禁止 …………150
プリミティブ・メディア ………157
ブログ ……………………………161
プログラム規定 …………………85, 320
プログラム規定説 ………………58, 123
プロセス的権利説 ………………298, 300
プロバイダー責任制限法 ………161
プロパティー ……………………332
文化相対主義 ……………………339
焚書坑儒 …………………………157
文面審査 …………………………391

へ

ヘイトスピーチ …………………225
　　——対策法 …………………226
ベーシック・インカム論 ………56

別件逮捕	41
弁護士強制主義	140
編集権	197
編集の自由	197
弁理士	141

ほ

帆足計事件	21
法	3
法の下の平等	395
傍受令状	183
法　人	6, 275, 358
──の国務請求権	359
法人社会的実在論	360
放送の自由	205
放送法	194, 208
法廷通訳	131
法廷の公開	133
法廷メモ採取事件（レペタ事件）	181, 196
法的三段論法	137
法適用平等説	396
法テラス →日本司法支援センター	
報道の自由	195
法内容平等説	396
法律審	137
法律による行政の原理	368
法律の留保	154, 238, 267, 368, 379, 396
暴力団	275
暴力団員に対する市営住宅明渡請求事件	15
暴力追放運動推進センター	276
保護観察	135
保護処分	134
ポジティブ・アクション	399
ポスト・ノーティス命令	360
牧会活動事件	241

ポツダム宣言	335
北方ジャーナル事件	170, 172, 214, 318
堀木訴訟	63, 64, 408
堀越事件	234, 371, 372
ポルノカラー写真誌事件	218

ま

マイナカード	311
マイナンバー	309, 311
マイナンバー法	311
マイナンバー法判決	311
マインド・コントロール（洗脳）	145
マグナ・カルタ	29, 333
マクリーン事件	351, 356
マス・メディア	160
丸刈り校則事件	81

み

Me Too 運動	231
未決拘禁者接見制限事件	199
未成年者	345
三井倉庫港運事件	92
三井美唄炭鉱労組事件	92, 277
三菱樹脂事件	145, 364, 366
箕面忠魂碑訴訟	246
「宮本から君へ」	175
民事訴訟制度のIT化	136
民　族	403
民法典論争	278

む

| 無知のヴェール | 340 |

め

| 明確性 | 210 |
| 明白かつ現在の危険（clear and present danger） | 224, 391 |

明白性の原則 …………………… 390
明白性の審査 ……………… 63, 104, 408
メイプルソープ写真集事件 ……… 219
名　誉 …………………………… 318
名誉毀損 ………………………… 319
名誉毀損罪 ………………… 225, 318
名誉毀損的表現行為 ……………… 214
名誉権 …………………………… 318
メディア・スクラム ……………… 200
メディア・リテラシー …………… 197

も

目的・効果基準 ………… 246, 250, 391
目的手段審査 ………………… 114, 404
目的審査 ………………………… 385
黙秘権 ……………………………… 43
森川キャサリーン事件 …………… 352
門　地 …………………………… 348, 404

や

ヤジ ……………………………… 229
「靖国　YASUKUNI」 …………… 176
靖国神社 ………………………… 247
薬局距離制限事件
　　……………… 97, 105, 106, 389, 393
八幡製鉄事件 ……………… 359, 360, 361
山田鋼業事件 ……………………… 91
山猫スト ……………………………… 91

ゆ

有害図書指定 …………………… 178
夕刊和歌山時事事件 ……………… 215
優生保護法 ……………………… 288
郵便法違憲判決 ………………… 125
ユニオン・ショップ ……………… 89

よ

抑　留 …………………………… 40
横浜教科書裁判 ………………… 174
「四畳半襖の下張」事件 ………… 217
「よど号」ハイ・ジャック新聞記事
　抹消事件 ……… 180, 199, 373, 374, 392
予防接種事故 …………………… 127
由らしむべし知らしむべからず … 188
より制限的でない他の代替手段
　（less restrictive alternatives＝
　LRA） …………………………… 235
　――の基準 ……………… 388, 391

り

利益衡量論 ……………………… 392
利己主義 ………………………… 294
離婚の自由 ……………………… 284
立法事実 ………………………… 105
立法者拘束説 ……………… 396, 397
立法者非拘束説 ………………… 396
立法不作為 ………………… 60, 125
リビング・ウィル ……………… 325
リベラル・デモクラシー ……… 341
リベンジポルノ ………………… 184
留置施設 ………………………… 42
良　心 …………………………… 144

れ

レーティング …………………… 177
歴史的・文化的環境 …………… 320
レセプト ………………………… 316
レセプト開示訴訟 ……………… 316
レモン・テスト ………………… 250

ろ

労　働 …………………………… 84

事項索引　425

労働委員会……………………………92
労働関係調整法………………………88
労働基準法……………………88, 346
労働基本権………………88, 91, 101
　——の自由権的側面………………91
労働協約………………………………89
労働組合 ………………87, 88, 89, 95
　——の組織強制……………………92
労働組合法……………………………88
労働三権………………………………88
労働三法………………………………88

労働者…………………………………88
労働審判委員会 ………………………86
労働法…………………………………85
「ろくでなし子」事件…………………219

わ

わいせつ ……………………209, 217
和歌山カレーライス毒物混入犯盗撮
　事件…………………………………200
忘れられる権利 ……………………184
早稲田大学講演会名簿提出事件 …315

判例索引

太字は，本文中の（判例）欄で取り扱っている頁を示す．

〔大審院〕
大判大正 5・6・1 民録 22 輯 1088 頁（徳島遊動円棒事件）・・・・・・・・・・・・・・・・・・・122
大判大正 15・3・24 刑集 5 巻 117 頁 ・・・・・・・・・・・・・・・・・・・・・・・・・・・・・・・・・・・・・・・225

〔最高裁判所〕
最大判昭和 23・3・12 刑集 2 巻 3 号 191 頁・・・・・・・・・・・・・・・・・・・・・・・・・・・・・・・・・45
最大判昭和 23・9・29 刑集 2 巻 10 号 1235 頁（食糧管理法違反事件）・・・・・・・・・62
最大判昭和 24・5・18 刑集 3 巻 6 号 839 頁（食糧緊急措置令違反事件）・・・・・・・379
最判昭和 25・4・11 最高裁判所裁判集民事 3 号 225 頁・・・・・・・・・・・・・・・・・・・・・・123
最大判昭和 25・9・27 刑集 4 巻 9 号 1805 頁・・・・・・・・・・・・・・・・・・・・・・・・・・・・・・・・47
最大判昭和 25・10・11 刑集 4 巻 10 号 2037 頁・・・・・・・・・・・・・・・・・・・・・・・・・・・・402
最大判昭和 25・10・25 刑集 4 巻 10 号 2126 頁・・・・・・・・・・・・・・・・・・・・・・・403, 407
最大判昭和 25・11・15 刑集 4 巻 11 号 2257 頁（山田鋼業事件）・・・・・・・・・・・・・・91
最判昭和 25・12・28 民集 4 巻 12 号 683 頁・・・・・・・・・・・・・・・・・・・・・・・・・・・351, 353
最大判昭和 27・1・9 刑集 6 巻 1 号 4 頁（食糧緊急措置令違反事件）・・・・・・・・・**117**
最大判昭和 27・8・6 刑集 6 巻 8 号 974 頁（石井記者事件）・・・・・・・・・・・・・・・・・204
最大判昭和 28・4・8 刑集 7 巻 4 号 775 頁（政令 201 号事件）・・・・・・・・・・・・・・・**94**
最大判昭和 28・12・23 民集 7 巻 13 号 1523 頁（農地改革事件）・・・・・・・・・・・・**117**
最大判昭和 28・12・23 民集 7 巻 13 号 1561 頁（皇居外苑使用不許可事件）・・・268
最大判昭和 29・11・24 刑集 8 巻 11 号 1866 頁（新潟県公安条例事件）・・・224, 270
最大判昭和 30・1・26 刑集 9 巻 1 号 89 頁（公衆浴場距離制限事件旧判決）・・・106
最大判昭和 30・3・30 刑集 9 巻 3 号 635 頁 ・・・・・・・・・・・・・・・・・・・・・・・・・・・・・・・235
最大判昭和 30・4・6 刑集 9 巻 4 号 663 頁（帝銀事件）・・・・・・・・・・・・・・・・・・・・・・41
最判平成 30・7・19 判タ 1456 号 51 頁 ・・・・・・・・・・・・・・・・・・・・・・・・・・・・・・・・・・・148
最大判昭和 30・12・14 刑集 9 巻 13 号 2760 頁 ・・・・・・・・・・・・・・・・・・・・・・・・・・・・・40
最大判昭和 31・7・4 民集 10 巻 7 号 785 頁（謝罪広告強制事件）・・・・・144, 149, **150**
最大判昭和 32・3・13 刑集 11 巻 3 号 997 頁（チャタレイ事件）・・・217, 219, 220, 380
最判昭和 32・6・19 刑集 11 巻 6 号 1663 頁・・・・・・・・・・・・・・・・・・・・・・・・・・・・351, 352
最大判昭和 32・11・27 刑集 11 巻 12 号 3132 頁 ・・・・・・・・・・・・・・・・・・・・・・・・・・・・・35
最大判昭和 32・12・25 刑集 11 巻 14 号 3377 頁 ・・・・・・・・・・・・・・・・・・・・・・・・・・・・352
最大判昭和 33・9・10 民集 12 巻 13 号 1969 頁（帆足計事件）・・・・・・・・・・・・・・・**21**
最大判昭和 33・12・24 民集 12 巻 16 号 3352 頁 ・・・・・・・・・・・・・・・・・・・・・・・・・・・245
最判昭和 35・3・3 刑集 14 巻 3 号 253 頁（街頭演説許可制事件）・・・・・・・・・・・・233

最大決昭和35・7・6民集14巻9号1657頁 ……………………………133
最大判昭和35・7・20刑集14巻9号1243頁（東京都公安条例事件）…………270
最大判昭和36・2・15刑集15巻2号347頁（あん摩師等広告制限事件）……222
最大判昭和37・2・21刑集16巻2号107頁（地方税法違反被告事件）………223
最大判昭和37・5・30刑集16巻5号577頁（大阪市売春取締条例事件）……32
最大判昭和37・11・28刑集16巻11号1593頁（第三者所有物没収事件）……35
最大判昭和38・5・15刑集17巻4号302頁（加持祈禱事件）………………241
最大判昭和38・5・22刑集17巻4号370頁（東大ポポロ事件）……256, 257, 258, 261, 262
最大判昭和39・2・26民集18巻2号343頁（義務教育無償制事件）…………76
最大判昭和39・5・27民集18巻4号676頁………………………………402
最判昭和41・6・23民集20巻5号1118頁 ………………………………215
最大判昭和41・10・26刑集20巻8号901頁（全逓東京中郵事件）………94, 370
最大判昭和42・5・24民集21巻5号1043頁（朝日訴訟）……………………62
最大判昭和43・11・27刑集22巻12号1402頁（河川附近地制限令事件）……117
最大判昭和43・12・4刑集22巻13号1425頁（三井美唄炭鉱労組事件）…92, 277
最大判昭和43・12・18刑集22巻13号1549頁（屋外広告物条例事件）…159, 233
最判昭和43・12・24民集22巻13号3254頁 ……………………………210
最大判昭和44・4・2刑集23巻5号305頁（都教組事件判決）………………94
最大判昭和44・4・2刑集23巻5号685頁（全司法仙台事件）………………94
最大判昭和44・6・25刑集23巻7号975頁（夕刊和歌山時事事件）…………215
最大判昭和44・10・15刑集23巻10号1239頁（「悪徳の栄え」事件）…217, 218
最大決昭和44・11・26刑集23巻11号1490頁（博多駅事件）……195, 199, 202, 203, 389
最大判昭和44・12・24刑集23巻12号1625頁（京都府学連事件）……295, 313
最大判昭和45・6・17刑集24巻6号280頁 ………………………………159
最大判昭和45・6・24民集24巻6号625頁（八幡製鉄事件）……359, 360, 361
最大判昭和45・9・16民集24巻10号1410頁………………………………374
最大判昭和47・11・22刑集26巻9号554頁（川崎民商事件）………………42
最大判昭和47・11・22刑集26巻9号586頁（小売市場距離制限事件）………106, 107, 108, 389
最判昭和47・11・30民集26巻9号1746頁（長野勤務評定事件）……………149
最大判昭和47・12・10刑集26巻10号631頁（高田事件）……………………44
最大判昭和48・4・4刑集27巻3号265頁（尊属殺重罰規定違憲判決）………………………………………………………………………404, 407
最大判昭和48・4・25刑集27巻4号547頁（全農林警職法事件）……91, 95, 370
最判昭和48・10・18民集27巻9号1210頁 ………………………………118

最大判昭和 48・12・12 民集 27 巻 11 号 1536 頁（三菱樹脂事件）………… 145, 364, **366**, 367

最判昭和 49・7・19 民集 28 巻 5 号 790 頁（昭和女子大事件）………………… 367
最大判昭和 49・11・6 刑集 28 巻 9 号 393 頁（猿払事件） ……… 370, **371**, 389, 392
最大判昭和 50・4・30 民集 29 巻 4 号 572 頁（薬局距離制限事件）…… 97, 105, **106**, 108, 109, 110, 389, 393
最大判昭和 50・9・10 刑集 29 巻 8 号 489 頁（徳島市公安条例事件）………… **32**
最判昭和 50・11・28 民集 29 巻 10 号 1698 頁（国労広島地本事件）………… **92**
最大判昭和 51・4・14 民集 30 巻 3 号 223 頁 …………………………………… 407
最判昭和 51・5・21 刑集 30 巻 5 号 615 頁（旭川学テ事件） … 69, **73**, 75, 77, 261
最判昭和 52・7・13 民集 31 巻 4 号 533 頁（津地鎮祭訴訟） … 237, 246, **248**, 250
最判昭和 53・3・15 民集 31 巻 2 号 234 頁（富山大学単位不認定事件）…… 369
最決昭和 53・5・31 刑集 32 巻 3 号 457 頁（外務省秘密電文漏洩事件）…… **201**
最大判昭和 53・10・4 民集 32 巻 7 号 1223 頁（マクリーン事件）…… 351, 352, **356**
最判昭和 53・11・15 刑集 32 巻 8 号 1855 頁（山陽電気軌道事件）…………… 91
最判昭和 55・9・22 刑集 34 巻 5 号 272 頁 ……………………………………… 229
最大判昭和 55・11・28 刑集 34 巻 6 号 433 頁（「四畳半襖の下張」事件）…… 217, 219
最判昭和 56・3・24 民集 35 巻 2 号 300 頁（日産自動車事件）……………… 367
最判昭和 56・4・14 民集 35 巻 3 号 620 頁（前科照会事件）………………… 315
最判昭和 56・4・16 刑集 35 巻 3 号 84 頁（月刊ペン事件）………………… 215
最判昭和 56・6・15 刑集 35 巻 4 号 205 頁（戸別訪問事件）……………… 235, 389
最大判昭和 56・12・16 民集 35 巻 10 号 1369 頁（大阪空港騒音訴訟）………… 320
最判昭和 57・4・8 民集 36 巻 4 号 594 頁（第 2 次家永訴訟）………………… 173
最大判昭和 57・7・7 民集 36 巻 7 号 1235 頁（堀木訴訟）………… 63, **64**, 65, 408
最大判昭和 58・3・8 刑集 37 巻 2 号 15 頁（ビニール本事件）………………… 218
最大判昭和 58・6・22 民集 37 巻 5 号 793 頁（「よど号」ハイ・ジャック新聞記事抹消事件）………………………………………………… 180, 199, 373, **374**, 392
最決昭和 58・10・26 刑集 37 巻 8 号 1260 頁（流山中央高校事件）………… 134
最判昭和 58・10・27 刑集 37 巻 8 号 1294 頁（ポルノカラー写真誌事件）…… 218
最大判昭和 59・12・12 民集 38 巻 12 号 1308 頁（税関検査事件）………… 169, **170**
最大判昭和 59・12・18 刑集 38 巻 12 号 3026 頁（駅構内ビラ配布事件）…… 159
最大判昭和 60・3・27 民集 39 巻 2 号 247 頁（大島サラリーマン税金訴訟）… 408
最大判昭和 60・7・17 民集 39 巻 5 号 1100 頁 ………………………………… 407
最判昭和 60・11・21 民集 39 巻 7 号 1512 頁（在宅投票制度廃止違憲国賠訴訟）…………………………………………………………………… 61, **125**
最判昭和 61・2・14 刑集 40 巻 1 号 48 頁 ……………………………………… 314
最大判昭和 61・6・11 民集 40 巻 4 号 872 頁（北方ジャーナル事件）…… 170, **172**,

判例索引　429

　　　　　　　　　　　　　　　　　　　　　　　　　　　　　　215, 318
最判昭和 62・3・3 刑集 41 巻 2 号 15 頁 …………………………159, 233
最大判昭和 62・4・22 民集 41 巻 3 号 408 頁（森林法違憲判決）…107, 114, 115, 387
最判昭和 62・4・24 民集 41 巻 3 号 490 頁（サンケイ新聞事件） ………193, 194
最大判昭和 62・9・2 民集 41 巻 6 号 1423 頁 ……………………………279, 284
最大判昭和 63・6・1 民集 42 巻 5 号 277 頁（自衛官合祀拒否訴訟）………239, 240
最判昭和 63・7・15 判時 1287 号 65 頁（麴町中学内申書事件） ……………79, 145
最判平成元・1・20 刑集 43 巻 1 号 1 頁（公衆浴場距離制限事件新判決〔第二
　小法廷・刑事事件〕）………………………………………………………107
最決平成元・1・30 刑集 43 巻 1 号 19 頁（日本テレビ・ビデオテープ押収事件）
　……………………………………………………………………………202
最判平成元・2・7 判時 1312 号 69 頁（総評サラリーマン税金訴訟）…………66
最判平成元・3・2 判時 1363 号 68 頁（塩見訴訟）……………………………357
最判平成元・3・7 判時 1308 号 111 頁（公衆浴場距離制限事件新判決〔第三小
　法廷・行政事件〕）……………………………………………………………107
最大判平成元・3・8 民集 43 巻 2 号 89 頁（法廷メモ採取事件〔レペタ事件〕）
　………………………………………………………………………181, 196
最判平成元・6・20 民集 43 巻 6 号 385 頁（百里基地事件） ………………367
最判平成元・9・19 刑集 43 巻 8 号 785 頁（岐阜県青少年保護育成条例事件）
　…………………………………………………………………………170, 178
最判平成元・12・14 民集 43 巻 12 号 2051 頁（三井倉庫港運事件） …………92
最判平成 2・1・18 民集 44 巻 1 号 1 頁（伝習館高校事件） …………………74
最判平成 2・2・6 訟月 36 巻 12 号 2242 頁（生糸輸入制限違憲国賠訴訟） ……125
最判平成 2・3・6 判時 1357 号 144 頁（医療法人社団亮正会事件） ………360
最判平成 2・4・17 民集 44 巻 3 号 547 頁（政見放送事件）…………………210
最決平成 2・7・9 刑集 44 巻 5 号 421 頁（TBS ビデオテープ押収事件） ………203
最判平成 2・9・28 刑集 44 巻 6 号 463 頁（渋谷暴動事件）…………………224
最判平成 3・4・19 民集 45 巻 4 号 367 頁 ……………………………………127
最判平成 3・9・3 判時 1401 号 56 頁（東京学館バイク禁止事件） ……………81
最大判平成 4・7・1 民集 46 巻 5 号 437 頁（成田新法事件）……37, 268, 272, 274
最判平成 4・10・29 民集 46 巻 7 号 1174 頁 ……………………………………37
最判平成 4・11・16 最高裁判所裁判集民事 166 号 575 頁（森川キャサリーン事
　件）………………………………………………………………………………352
最判平成 4・11・16 判時 1441 号 57 頁（大阪地蔵像訴訟）…………………246
最判平成 4・12・15 民集 46 巻 9 号 2829 頁（酒類販売免許制合憲判決）………107
最判平成 5・2・16 民集 47 巻 3 号 1687 頁（箕面忠魂碑訴訟）………………246
最判平成 5・2・26 判時 1452 号 37 頁 …………………………………………354

最判平成 5・3・16 民集 47 巻 5 号 3483 頁（第 1 次家永訴訟）………… 37, 172, 173
最判平成 6・2・8 民集 48 巻 2 号 149 頁（「逆転」事件）……………………… 312
最判平成 6・10・27 判時 1513 号 91 頁 ……………………………………… 373
最判平成 7・2・28 民集 49 巻 2 号 639 頁 ……………………………………… 354
最判平成 7・3・7 民集 49 巻 3 号 687 頁（泉佐野市民会館事件）………… 224, **272**
最大決平成 7・7・5 民集 49 巻 7 号 1789 頁（非嫡出子相続分格差訴訟）… 287, 409
最判平成 7・12・5 判時 1563 号 81 頁（再婚禁止期間違憲国賠訴訟）………… 285
最判平成 7・12・15 刑集 49 巻 10 号 842 頁（指紋押捺訴訟）………………… 314
最決平成 8・1・30 民集 50 巻 1 号 199 頁（オウム真理教解散事件）………… **243**
最判平成 8・3・8 民集 50 巻 3 号 469 頁（剣道拒否退学事件）……………… 80, 251
最判平成 8・3・15 民集 50 巻 3 号 549 頁（上尾市福祉会館事件）…………… 273
最判平成 8・3・19 民集 50 巻 3 号 615 頁（税理士会政治献金事件）… 149, 375, **376**
最判平成 8・7・18 判時 1599 号 53 頁（修徳学園パーマ禁止事件）………… 81, 389
最大判平成 9・4・2 民集 51 巻 4 号 1673 頁（愛媛玉串料訴訟）………… 246, **248**
最判平成 9・8・29 民集 51 巻 7 号 2921 頁（第 3 次家永訴訟）………………… 173, 174
最判平成 10・10・27 判例集未登載（未決拘禁者接見制限事件）……………… 199
最判平成 11・2・26 判時 1682 号 12 頁 ……………………………………… 373
最大判平成 11・3・24 民集 53 巻 3 号 514 頁 ………………………………… 42
最決平成 11・12・16 刑集 53 巻 9 号 1327 頁 ………………………………… 183
最判平成 12・2・29 民集 54 巻 2 号 582 頁（「エホバの証人」信者輸血拒否事件）……………………………………………………………………… 241, 325
最決平成 12・3・10 民集 54 巻 3 号 1073 頁 ………………………………… 204
最判平成 13・2・13 判時 1745 号 94 頁 ……………………………………… 138
最判平成 13・3・13 訟月 48 巻 8 号 1961 頁 ………………………………… 357
最決平成 13・7・16 刑集 55 巻 5 号 317 頁 …………………………………… 221
最判平成 13・12・18 民集 55 巻 7 号 1603 頁（レセプト開示訴訟）………… **316**
最判平成 14・1・22 判時 1776 号 58 頁 ……………………………………… 241
最大判平成 14・2・13 民集 56 巻 2 号 331 頁（証券取引法合憲判決）………… **115**
最判平成 14・4・5 刑集 56 巻 4 号 95 頁 ……………………………………… 114
最判平成 14・4・25 判時 1785 号 31 頁（群馬司法書士会事件）……… 149, 375, **376**
最判平成 14・7・9 判時 1799 号 101 頁（抜穂の儀違憲訴訟）………………… 247
最判平成 14・7・11 民集 56 巻 6 号 1204 頁（鹿児島大嘗祭違憲訴訟）……… 247
最大判平成 14・9・11 民集 56 巻 7 号 1439 頁（郵便法違憲判決）…………… **125**
最判平成 14・9・24 判時 1802 号 60 頁（「石に泳ぐ魚」事件）……………… 313
最判平成 15・3・14 民集 57 巻 3 号 229 頁（長良川リンチ殺人報道事件）…… 197
最判平成 15・6・26 判時 1831 号 94 頁（アレフ〔オウム真理教〕信者転入拒否事件）………………………………………………………………………… **15**

判例索引　431

最判平成 15・9・12 民集 57 巻 8 号 973 頁（早稲田大学講演会名簿提出事件）
....**315**
最判平成 15・12・11 刑集 57 巻 11 号 1147 頁 231
最判平成 16・6・28 判時 1890 号 41 頁 247
最判平成 16・11・25 民集 58 巻 8 号 2326 頁（「生活ほっとモーニング」事件）
....194, 208
最大判平成 17・1・26 民集 59 巻 1 号 128 頁（東京都保健婦管理職登用試験受
験拒否事件）..**355**
最判平成 17・7・14 民集 59 巻 6 号 1569 頁 181
最大判平成 17・9・14 民集 59 巻 7 号 2087 頁（在外国民選挙権訴訟）...61, 125, **126**
最判平成 17・11・10 民集 59 巻 9 号 2428 頁（和歌山カレーライス毒物混入犯
盗撮事件）..200
最判平成 17・12・1 判時 1922 号 72 頁（横浜教科書裁判）................174
最判平成 18・3・23 判時 1929 号 37 頁 374
最判平成 18・6・23 判時 1940 号 122 頁 247
最判平成 18・9・4 民集 60 巻 7 号 2563 頁 290
最決平成 18・10・3 民集 60 巻 8 号 2647 頁（NHK 記者事件許可抗告審）......204
最判平成 19・2・27 民集 61 巻 1 号 291 頁（ピアノ伴奏拒否事件）........147
最判平成 19・9・18 民集 61 巻 6 号 601 頁（広島市暴走族追放条例事件） 271
最判平成 19・9・28 民集 61 巻 6 号 2345 頁（学生無年金障害者訴訟）......**64**
最決平成 19・10・19 家月 60 巻 3 号 36 頁 283
最判平成 20・2・19 民集 62 巻 2 号 445 頁（メイプルソープ写真集事件）......219
最判平成 20・3・6 民集 62 巻 3 号 665 頁（住基ネット訴訟）................310
最判平成 20・4・11 刑集 62 巻 5 号 1217 頁（立川市防衛庁宿舎ビラ投函事件）
....**158**, 233
最決平成 20・5・8 家月 60 巻 8 号 51 頁 133
最大判平成 20・6・4 民集 62 巻 6 号 1367 頁（国籍法非嫡出子差別規定違憲判
決）..**350**, 387, 411
最判平成 20・6・12 民集 62 巻 6 号 1656 頁（NHK 従軍慰安婦番組事件）......198
最判平成 21・7・14 刑集 63 巻 6 号 623 頁 131
最判平成 21・11・30 刑集 63 巻 9 号 1765 頁（葛飾政党ビラ配布事件）......233
最大判平成 22・1・20 民集 64 巻 1 号 1 頁（空知太神社訴訟）......246, **248**
最大判平成 22・1・20 民集 64 巻 1 号 128 頁（富平神社訴訟）................249
最決平成 22・3・15 刑集 64 巻 2 号 1 頁 216
最判平成 22・7・22 判時 2087 号 26 頁（白山比咩神社事件）................246
最判平成 23・5・30 民集 65 巻 4 号 1780 頁 148
最判平成 23・6・6 民集 65 巻 4 号 1855 頁 148

最判平成 23・6・14 民集 65 巻 4 号 2148 頁 ……………………………148
最大判平成 23・11・16 刑集 65 巻 8 号 1285 頁 ……………………26
最判平成 24・1・16 判時 2147 号 127 頁 ……………………………148
最判平成 24・1・16 判時 2147 号 139 頁 ……………………………148
最判平成 24・2・9 民集 66 巻 2 号 183 頁 ……………………………148
最判平成 24・2・28 民集 66 巻 3 号 1240 頁（生活保護老齢加算廃止訴訟）……**63**
最決平成 24・7・9 判時 2166 号 140 頁 ………………………………221
最判平成 24・12・7 刑集 66 巻 12 号 1337 頁（堀越事件）………234, 371, **372**
最判平成 24・12・7 刑集 66 巻 12 号 1722 頁（世田谷事件）………234, 371
最判平成 25・1・11 民集 67 巻 1 号 1 頁（医薬品のネット販売規制違法判決）
……………………………………………………………………………**107**
最大決平成 25・9・4 民集 67 巻 6 号 1320 頁（非嫡出子相続分格差訴訟）
………………………………………………………………………287, 409
最判平成 26・1・16 刑集 68 巻 1 号 1 頁 ………………………………163
最判平成 26・7・18 訟月 61 巻 2 号 356 頁 ……………………………357
最決平成 26・12・9 判例集未登載 ………………………………………226
最判平成 27・3・10 民集 69 巻 2 号 265 頁 ……………………………350
最判平成 27・3・27 民集 69 巻 2 号 419 頁（暴力団員に対する市営住宅明渡請求事件）………………………………………………………………**15**
最判平成 27・12・3 民集 69 巻 8 号 815 頁 ……………………………47
最大判平成 27・12・16 民集 69 巻 8 号 2427 頁（再婚禁止期間違憲国賠訴訟）
……………………………………………………………………125, 285, 409
最大判平成 27・12・16 民集 69 巻 8 号 2586 頁（夫婦同氏義務付け違憲訴訟）
……………………………………………………………………………**286**
最判平成 28・12・15 判時 2328 号 24 頁（京都府風俗案内所規制条例判決）…**108**
最決平成 29・1・31 民集 71 巻 1 号 63 頁 ……………………………184
最大判平成 29・3・15 刑集 71 巻 3 号 13 頁 …………………………42
最大判平成 29・12・6 民集 71 巻 10 号 1817 頁（NHK 受信契約締結承諾等請求事件）………………………………………………………………………**211**
最決平成 29・12・18 刑集 71 巻 10 号 570 頁 …………………………37
最判平成 30・1・19 判時 2377 号 4 頁（官房機密費開示訴訟）………**189**
最決平成 30・12・20 判例集未登載 ……………………………………175
最決平成 31・1・23 判時 2421 号 4 頁 …………………………………283
最決令和 2・3・11 判例集未登載 ………………………………………283
最判令和 2・7・16 刑集 74 巻 4 号 343 頁（「ろくでなし子」事件）……219
最決令和 2・9・16 刑集 74 巻 6 号 581 頁（タトゥー施術業医師法違反事件）…109
最大判令和 3・2・24 民集 75 巻 2 号 29 頁（久米至聖廟訴訟）………**249**

判例索引 433

最大決令和3・6・23 判時 2501 号 3 頁 …………………………………286
最決令和3・11・30 裁時 1780 号 1 頁 …………………………………283
最判令和4・2・7 民集 76 巻 2 号 101 頁（あん摩指圧師養成施設訴訟）………**109**
最判令和4・2・15 民集 76 巻 2 号 190 頁 ………………………………228
最大判令和4・5・25 民集 76 巻 4 号 711 頁 ……………………………126
最決令和4・6・15 LEX/DB 25593067（黒髪染髪訴訟）………………82
最判令和4・6・24 民集 76 巻 5 号 1170 頁 ……………………………185
最判令和5・2・21 民集 77 巻 2 号 273 頁（金沢市庁舎前広場事件）………**269**
最判令和5・3・9 民集 77 巻 3 号 627 頁（最高裁マイナンバー法判決）…311
最判令和5・7・11 民集 77 巻 5 号 1171 頁（トランス女性の女性トイレ使用等
　拒否事件）……………………………………………………………281
最大決令和5・10・25 民集 77 巻 7 号 1792 頁（性同一性障害者特例法違憲決
　定）……………………………………………………………283, 326
最判令和5・11・17 民集 77 巻 8 号 2070 頁 …………………………175
最判令和5・12・15 民集 77 巻 9 号 2285 頁（年金減額訴訟）…………**64**
最判令和6・3・26 判タ 1523 号 72 頁 …………………………………283
最大判令和6・7・3 判例集未登載 ………………………………………289
最判令和6・7・11 判例集未登載…………………………………………242

〔高等裁判所〕
東京高決昭和 45・4・13 高民集 23 巻 2 号 172 頁（「エロス＋虐殺」上映禁止仮
　処分申請事件）…………………………………………………………217
名古屋高判昭和 46・5・14 行集 22 巻 5 号 680 頁（津地鎮祭訴訟二審）
　……………………………………………………………238, 246, 248
大阪高判昭和 50・11・27 判時 797 号 36 頁（大阪空港騒音訴訟二審）…………320
東京高判昭和 50・12・20 判時 800 号 19 頁（第 2 次家永訴訟二審）…………173
東京高判昭和 61・3・19 判時 1188 号 1 頁（第 1 次家永訴訟二審〔鈴木判決〕）
　……………………………………………………………………73, 173
東京高判平成元・6・27 高民集 42 巻 2 号 97 頁（第 2 次家永訴訟差戻審）……173
仙台高判平成3・1・10 行集 42 巻 1 号 1 頁（岩手靖国訴訟）……………246
福岡高判平成4・2・28 判タ 778 号 88 頁 ………………………………247
大阪高判平成4・7・30 判時 1434 号 38 頁 ……………………………247
東京高判平成4・12・18 判時 1445 号 3 頁 ……………………………127
福岡高判平成5・8・10 判時 1471 号 31 頁 ……………………………127
東京高判平成5・10・20 判時 1473 号 3 頁（第 3 次家永訴訟二審）……173
大阪高判平成8・9・27 判タ 935 号 84 頁（高槻内申書事件）……………79
東京高判平成9・11・26 判時 1639 号 30 頁（東京都保健婦管理職登用試験受験

拒否事件二審) ···355
大阪高判平成 11・11・25 判タ 1050 号 111 頁 ·································80
大阪高判平成 12・2・29 判時 1710 号 121 頁 (堺通り魔殺人事件) ·············196
東京高決平成 16・3・31 判時 1865 号 12 頁 (「週刊文春」事件) ···············217
大阪高判平成 17・7・26 訟月 52 巻 9 号 2955 頁 ·······························247
大阪高判平成 17・9・30 訟月 52 巻 9 号 2979 頁 ·······························247
東京高判平成 17・12・9 判時 1949 号 169 頁 (立川市防衛庁宿舎ビラ投函事件
　二審) ···158, 233
東京高判平成 18・2・28 家月 58 巻 6 号 47 頁 (国籍法非嫡出子差別規定違憲判
　決二審) ···350
大阪高判平成 18・11・30 判時 1962 号 11 頁 (住基ネット訴訟二審) ···········310
札幌高判平成 19・6・26 民集 64 巻 1 号 119 頁 (空知太神社訴訟二審) ·······248
大阪高判平成 19・8・24 判時 1992 号 72 頁 ··································146, 376
東京高判平成 19・12・11 判タ 1271 号 331 頁 (葛飾政党ビラ配布事件二審) ···233
名古屋高金沢支判平成 20・4・7 判時 2006 号 53 頁 (白山比咩神社事件二審)
　···246
東京高判平成 22・3・29 判タ 1340 号 105 頁 (堀越事件二審) ···········234, 372
東京高判平成 22・5・13 判タ 1351 号 123 頁 (世田谷事件二審) ················234
東京高判平成 22・11・25 判時 2107 号 116 頁 (日教組グランドプリンスホテル
　新高輪集会拒否事件二審) ···274
大阪高判平成 26・7・8 判時 2232 号 34 頁 ·······································225
東京高判平成 28・1・18 判例集未登載 ···353
東京高判平成 29・9・6 訟月 64 巻 1 号 133 頁 (パスポート返納命令事件) ······21
東京高判平成 30・5・18 判時 2395 号 47 頁 ·····································175
大阪高判平成 30・11・14 判時 2399 号 88 頁 (タトゥー施術業医師法違反事件
　二審) ···**108**
大阪高判令和 2・11・26 判例地方自治 488 号 18 頁 ······························228
東京高判令和 3・9・22 判タ 1502 号 55 頁 ·································131, 353
大阪高判令和 4・2・22 判時 2528 号 5 頁 ··289
東京高判令和 4・3・3 民集 77 巻 8 号 2162 頁 ···································175
東京高判令和 4・3・11 判時 2554 号 12 頁 ··289
大阪高判令和 5・1・16 判例集未登載 ··289
札幌高判令和 5・6・22 判例集未登載 ··230
東京高判令和 6・3・13 LEX/DB 25598383 ···49
札幌高判令和 6・3・14 判タ 1524 号 51 頁 ··282
大阪高判令和 6・9・3 判例集未登載 ···132
東京高判令和 6・10・30 判例集未登載 ··282

判例索引 　435

福岡高判令和 6・12・14 判例集未登載 ………………………………… 282

〔地方裁判所〕

東京地判昭和 35・10・19 民集 21 巻 5 号 1348 頁(朝日訴訟)……………… 59
東京地判昭和 39・9・28 下民集 15 巻 9 号 2317 頁(「宴のあと」事件)
　………………………………………………………………… 216, 306, 312
旭川地判昭和 43・3・25 下刑集 10 巻 3 号 293 頁(猿払事件) …………… 371
東京地決昭和 45・3・14 下民集 21 巻 3 = 4 号 413 頁(「エロス+虐殺」上映禁
　止仮処分申請事件一審) ……………………………………………………… 217
東京地判昭和 45・7・17 行集 21 巻 7 号別冊 1 頁(第 2 次家永訴訟一審〔杉本
　判決〕) ………………………………………………………………… 73, 172, 173
東京地判昭和 49・7・16 判時 751 号 47 頁(第 1 次家永訴訟一審〔高津判決〕)
　…………………………………………………………………………………… 173
山口地判昭和 54・3・22 判時 921 号 44 頁(自衛官合祀拒否訴訟一審)…… 240
札幌地決昭和 54・5・30 判時 930 号 44 頁 ……………………………………… 204
福岡地判昭和 54・8・31 判時 937 号 19 頁(豊前火力発電所操業差止訴訟)… 320
大阪地判昭和 55・5・14 判時 972 号 79 頁(私立高校超過学費返還請求事件)… 76
熊本地判昭和 60・11・13 行集 36 巻 11 = 12 号 1875 頁(丸刈り校則事件) …… 81
大分地決昭和 60・12・2 判時 1180 号 113 頁(信仰に基づく輸血拒否事件)… 241
東京地判昭和 61・3・20 行集 37 巻 3 号 347 頁(日曜日授業参観事件) … 80, 251
東京地判昭和 61・12・16 判時 1220 号 47 頁(1 票の較差違憲国賠訴訟)…… 125
大阪地判昭和 62・9・30 判時 1255 号 45 頁 ……………………………………… 127
東京地判平成元・10・3 判時臨増平成 2 年 2 月 15 日号 3 頁(第 3 次家永訴訟
　一審) …………………………………………………………………………… 173
大阪地判平成 2・11・26 判時 1424 号 89 頁(消費税違憲国賠訴訟)………… 125
東京地判平成 4・4・17 判時 1416 号 62 頁(未決拘禁者接見制限事件) …… 199
那覇地判平成 5・3・23 判時 1459 号 157 頁(日の丸焼却事件)……………… 236
仙台地判平成 6・1・31 判時 1482 号 3 頁(東北電力女川原発訴訟)………… 320
横浜地判平成 7・3・28 判時 1530 号 28 頁(東海大学安楽死事件) ………… 325
東京地判平成 8・5・16 判時 1566 号 23 頁(東京都保健婦管理職登用試験受験
　拒否事件一審)………………………………………………………………… 355
鹿児島地判平成 13・1・22 判例集未登載(アマミノクロウサギ訴訟)……… 321
熊本地判平成 13・5・11 判時 1748 号 30 頁(ハンセン病国家賠償訴訟)… **20**, 125
東京地判平成 13・9・12 判例集未登載 ………………………………………… 181
大阪地判平成 16・2・27 判時 1859 号 76 頁 …………………………………… 247
東京地決平成 16・3・19 判時 1865 号 18 頁(「週刊文春」事件一審) ……… 217
福岡地判平成 16・4・7 判時 1895 号 125 頁 …………………………………… 247

東京地八王子支判平成 16・12・16 判時 1892 号 150 頁（立川市防衛庁宿舎ビラ投函事件一審）……………………………………………………………158, 233
東京地判平成 17・4・13 判時 1890 号 27 頁（国籍法非嫡出子差別規定違憲判決一審）……………………………………………………………………350
金沢地判平成 17・5・30 判時 1934 号 3 頁（住基ネット訴訟）……………310
東京地判平成 18・6・29 刑集 66 巻 12 号 1627 頁（堀越事件一審）………234, 372
東京地判平成 18・8・28 刑集 63 巻 9 号 1846 頁（葛飾政党ビラ配布事件一審）……………………………………………………………………………233
東京地判平成 20・9・19 刑集 66 巻 12 号 1926 頁（世田谷事件一審）……234
東京地判平成 21・7・28 判時 2051 号 3 頁（日教組グランドプリンスホテル新高輪集会拒否事件一審）……………………………………………273, 367
京都地判平成 25・10・7 判時 2208 号 74 頁……………………………………225
東京地判平成 26・3・19 判タ 1420 号 246 頁…………………………………353
横浜地川崎支決平成 28・6・2 判時 2296 号 14 頁……………………………227
大阪地判平成 29・9・27 判時 2384 号 129 頁（タトゥー施術業医師法違反事件一審）…………………………………………………………………………108
さいたま地判平成 29・10・13 判時 2395 号 52 頁……………………………175
仙台地判令和元・5・28 判時 2413・2414 号合併号 3 頁……………………288
熊本地判令和元・6・28 判時 2439 号 4 頁………………………………………20
大阪地判令和 2・1・17 民集 76 巻 2 号 207 頁…………………………………228
東京地判令和 2・6・30 判時 2554 号 35 頁……………………………………288
大阪地判令和 2・11・30 判時 2506・2507 号合併号 69 頁……………………288
札幌地判令和 3・1・15 判時 2480 号 62 頁……………………………………288
札幌地判令和 3・2・4 判タ 1491 号 128 頁……………………………………288
大阪地判令和 3・2・16 判時 2494 号 51 頁（黒髪染髪訴訟一審）……………82
札幌地判令和 3・3・17 判時 2487 号 3 頁………………………………………282
東京地判令和 3・6・21 民集 77 巻 8 号 2121 頁………………………………175
神戸地判令和 3・8・3 賃金と社会保障 1795 号 23 頁…………………………288
名古屋地判令和 4・1・18 判時 2522 号 62 頁…………………………………315
札幌地判令和 4・3・25 判タ 1504 号 130 頁……………………………………229
大阪地判令和 4・6・20 判時 2537 号 40 頁……………………………………282
東京地判令和 4・11・30 判時 2547 号 45 頁……………………………………282
名古屋地判令和 5・5・30 判例集未登載……………………………………………282
横浜地判令和 5・7・11 判例集未登載………………………………………………228
東京地判令和 6・5・13 労働判例 1314 号 5 頁…………………………………399
静岡地判令和 6・9・26 判例集未登載（袴田事件再審無罪判決）……………139

〔簡易裁判所・家庭裁判所〕
神戸簡判昭和 50・2・20 判時 768 号 3 頁（牧会活動事件）……………241, **242**
名古屋家決令和 6・3・14 判例集未登載……………………………………284

【有斐閣アルマ】

憲法1 人権〔第9版〕

2000 年 4 月 30 日　初　版第 1 刷発行	2016 年 3 月 30 日　第 6 版第 1 刷発行
2004 年 4 月 1 日　第 2 版第 1 刷発行	2019 年 3 月 20 日　第 7 版第 1 刷発行
2007 年 4 月 1 日　第 3 版第 1 刷発行	2022 年 3 月 25 日　第 8 版第 1 刷発行
2010 年 3 月 15 日　第 4 版第 1 刷発行	2025 年 3 月 30 日　第 9 版第 1 刷発行
2013 年 3 月 30 日　第 5 版第 1 刷発行	

著　者　　渋谷秀樹・赤坂正浩
発行者　　江草貞治
発行所　　株式会社有斐閣
　　　　　〒101-0051　東京都千代田区神田神保町 2-17
　　　　　https://www.yuhikaku.co.jp/
装　丁　　デザイン集合ゼブラ＋坂井哲也
印　刷　　大日本法令印刷株式会社
製　本　　大口製本印刷株式会社
装丁印刷　株式会社亨有堂印刷所

落丁・乱丁本はお取替えいたします。定価はカバーに表示してあります。
©2025, 渋谷秀樹・赤坂正浩.
Printed in Japan　ISBN 978-4-641-22244-1

本書のコピー，スキャン，デジタル化等の無断複製は著作権法上での例外を除き禁じられています。本書を代行業者等の第三者に依頼してスキャンやデジタル化することは，たとえ個人や家庭内の利用でも著作権法違反です。

JCOPY　本書の無断複写（コピー）は，著作権法上の例外を除き，禁じられています。複写される場合は，そのつど事前に，(一社)出版者著作権管理機構（電話 03-5244-5088，FAX 03-5244-5089，e-mail: info@jcopy.or.jp）の許諾を得てください。